基于中国式现代化的
社会保障体系协同效应研究

仇晓洁 王晓洁 著

中国社会科学出版社

图书在版编目（CIP）数据

基于中国式现代化的社会保障体系协同效应研究 / 仇晓洁，王晓洁著. -- 北京：中国社会科学出版社，2024. 6. -- ISBN 978-7-5227-3729-4

Ⅰ．D632.1

中国国家版本馆 CIP 数据核字第 20245BJ094 号

出 版 人	赵剑英
责任编辑	谢欣露
责任校对	周晓东
责任印制	王　超
出　　版	中国社会科学出版社
社　　址	北京鼓楼西大街甲 158 号
邮　　编	100720
网　　址	http://www.csspw.cn
发 行 部	010-84083685
门 市 部	010-84029450
经　　销	新华书店及其他书店
印刷装订	三河市华骏印务包装有限公司
版　　次	2024 年 6 月第 1 版
印　　次	2024 年 6 月第 1 次印刷
开　　本	710×1000　1/16
印　　张	19.5
字　　数	320 千字
定　　价	98.00 元

凡购买中国社会科学出版社图书，如有质量问题请与本社营销中心联系调换
电话：010-84083683
版权所有　侵权必究

前　言

以习近平同志为核心的党中央在全面认识世界现代化的共性特征，深刻洞察世界现代化发展趋势的基础上，立足中国国情，于党的十九届六中全会提出"以中国式现代化推进中华民族伟大复兴"。在党的二十大报告中再次明确，高质量发展既是我国社会主义现代化的第一要务，又是中国式现代化的内在要求。社会保障作为保障和改善民生、维护社会公平、增进人民福祉的基本制度保障，是促进经济社会发展、实现广大人民群众共享改革发展成果的重要制度安排。社会保障制度与现代化相伴而生，在中国式现代化的道路上，高质量社会保障是必不可少的重要支撑，中国式现代化赋予了社会保障新的使命与责任，社会保障制度是推动中国式现代化的重要力量。

从中华人民共和国成立起，伴随现代化进程的推进，中国社会保障体系发生了深刻变革。在不同现代化发展阶段，社会保障改革目标、角色、内容以及所发挥的作用随之发生改变。据此，将现代化进程中社会保障制度发展历程分为四个阶段：第一阶段为"四个现代化"时期与社会保障制度创立阶段（1949—1977年），在此阶段提出"四个现代化"，实行的是与计划经济体制相一致的社会保障体系。第二阶段为现代化道路开创期与社会保障制度探索阶段（1978—2001年），此阶段计划经济开始向市场经济转型，经济体制经历全面深化改革，社会保障体系改革旨在为市场经济变革保驾护航。第三阶段为全面建成小康社会时期与社会保障制度创新发展阶段（2002—2020年），经济发展水平显著提升，人民生活水平明显改善，全面建成小康社会，社会保障体系经历城镇、农村社会保障体系创新以及城乡社会保障一体化。第四阶段为推进实现中国式现代化时期与高质量社会保障体系构建阶段（2021年至今），此阶段以推动经济社会高质量发展为任务，以实现共同富裕为目标，加快形成新质生产力，推进中国式现代化，在保障社会保障制度可持续发展的同时，坚持做到应保尽保、保障基本需求、提供多层次保障。

  2021年2月26日，习近平总书记在中共中央政治局第二十八次集体学习中明确提出，中国社会保障制度改革已进入系统集成、协同高效的阶段。社会保障体系发展新阶段的判断引起了学界的广泛讨论。根据现有研究成果，关于社会保障体系协同效应的研究，主要聚焦以下几方面：一是提升社会保障体系协同效应的认识。强化推进社会保障改革的系统集成和高效协同对于明确中国社会保障改革发展方向具有指导作用，社会保障发展进入新阶段的判断，从全局角度，强调改革系统性、整体性、协同性；从顶层设计角度，强调以问题导向、目标导向聚焦重点领域和关键环节，解决社会保障的体制性障碍、机制性梗阻，推动我国社会保障改革的目标集成、政策集成和效果集成。另外，社会保障体系改革还要突出经济、社会、科技文化发展的系统集成，重视经济发展、民生保障及可持续发展的系统集成，需要重视正式制度与非正式制度的系统集成和协同发展。二是社会保障体系协同性不足的表现。中国社会保障体系历经40多年的改革，各项制度均已"夯基垒台、立柱架梁"，社会保障改革与发展已经取得了巨大成效，但发展质量还不高，并未形成优良的整体效应。其协同性不足主要表现在社会保险、社会救助和社会福利三大系统间结构上的失衡，法定保障与补充保障间关系的失衡，各类社会保障制度间、社会保障与其他制度间不具有协调性。三是提升社会保险体系协同效应的建议。立足于中国实际，与中国社会发展、社会结构有机结合起来。根据社会保障体系的整体功能进行层次、结构的优化安排，厘清系统内各要素间的相互作用方式及其传导机理，高度关注社会保障制度与社会经济外部环境的互动机理及其影响效应，注重社会保障与经济发展的协同推进，社会保障与企业制度、劳动用工制度改革的协同推进，社会保障制度与财税、金融制度改革的协同推进，社会保障政策系统集成与体制机制改革的协同推进。在增强整体观、协同观、全局观、大局观的条件下，按照社会保障制度统一性、规范性要求，做好国家层级的顶层设计，提高社会保障内在质量，开创整个社会保障体系建设全面协调发展的新格局。四是社会保障体系协同发展的目标。实现共同富裕是促进社会保障体系建设的价值目标，促进社会保障高质量发展是实现共同富裕的重要行动途径和制度保障，要立足中国国情，服务于国家发展战略需要，坚持社会保障制度改革和发展的成功经验，在进一步完善社会保障制度中坚持制度的统一性和规范性。持续深化改革，优化社会保障结构，形成更加公平、更可持续、更有效率的社会保障体系。这些分析为本书提供了理论指导，也有助于政策制定和实践探索。

本书主要致力于在现有政策框架下，以中国式现代化为研究背景，研究如何提升社会保障体系各部分间、各项目间、区域间以及与中国式现代化间的协同效应。主要有以下几个特色：

第一，构建基于中国式现代化的社会保障体系协同效应提升的基本理论框架。挖掘中国式现代化以及高质量社会保障的内涵与特征，根据中国式现代化对社会保障提出的新要求，重新界定社会保障职能，深入探究二者的内在理论逻辑，依据系统理论、协同理论以及社会保障理论探究以中国式现代化为背景的社会保障体系协同效应提升的理论机理，为构建与中国式现代化相适应的社会保障体系提供理论依据。

第二，从现实性角度，运用实证分析的方法，评价中国式现代化与社会保障发展的协同效应。以统计数据，直观表现中国式现代化与社会保障发展间的关系；构建中国式现代化及社会保障质量测度指标体系，应用横纵向拉开档次法分别测度中国式现代化水平以及社会保障质量指数，通过脱钩指数模型、耦合协调度模型客观评价全国、分区域、分省市的中国式现代化与社会保障发展的协同效应。

第三，深入考量地区间社会保障政策以及不同社会保障项目间的协同效应。区域社会保障制度协同表现为地区间协同以及政策措施间协同，本书以京津冀养老服务为例，探究地区间社会保障政策的协同效应；而社会保障体系由不同社会保障项目构成，不同社会保障项目在社会保障体系中发挥着不同作用，各保障项目间具有协同性。本书基于城镇企业职工医疗保险与城乡居民医疗保险间的协同效应分析，探究社会保障体系项目间的协同效应。

第四，从系统、协同的角度探寻我国在推进中国式现代化进程中提升社会保障体系协同效应所面临的问题，最终以实现共同富裕为目标，沿着普惠、共享、可持续的方向推动我国不断提升社会保障体系协同效应。

需要说明的是，本书研究思路设计以及各章节的研究框架构建、研究方法选择由仇晓洁教授完成，其中本书前三章的主要研究工作由王晓洁教授承担，本书后五章的主要研究工作由仇晓洁教授承担，以下研究生也分别参与了各章节的研究工作：马丽亚、曹红参与第一章，李梦凡参与第二章，宋词、曹红参与第三章，邵雪参与第四章，王然、董妙妍参与第五章，唐瑞童参与第六章，吴文静参与第七章和第八章。

本书是在河北省教育厅人文社会科学研究重大课题攻关项目"提升我省社会保障体系协同效应的理论分析与实现路径研究"（ZD202217）研究报告基础上完成的，同时还得到了国家社科基金重点项目"人口老龄化、养老服务与公共财政保障机制研究"（18AJY025）、河北经贸大学出版基金、河北经贸大学财政学一流学科的大力支持，在此一并表示感谢！

仇晓洁

2024 年 3 月 31 日

目　录

第一章　理论基础 ····································· 1

第一节　中国式现代化的内涵及实践基础 ··············· 1
第二节　高质量社会保障体系的内涵与特征 ············· 8
第三节　中国式现代化与社会保障体系高质量发展间的
　　　　逻辑关联 ······································ 16
第四节　社会保障体系协同效应提升的基本理论 ········ 21

第二章　现代化进程中社会保障制度发展历程及经验总结 ···· 28

第一节　"四个现代化"时期与社会保障制度创立阶段 ···· 28
第二节　现代化道路开创期与社会保障制度探索阶段 ···· 31
第三节　全面建成小康社会时期与社会保障制度创新
　　　　发展阶段 ······································ 36
第四节　推进实现中国式现代化时期与高质量社会保障体系
　　　　构建阶段 ······································ 43
第五节　促进实现中国式现代化的社会保障体系发展
　　　　经验总结 ······································ 47

第三章　中国社会保障制度体系现状 ····················· 51

第一节　养老保障制度体系的现状 ····················· 52
第二节　医疗保障制度体系的现状 ····················· 67
第三节　就业保障制度体系的现状 ····················· 75
第四节　最低生活保障制度的现状 ····················· 80
第五节　结论 ······································· 84

第四章　中国式现代化与社会保障发展的现实性分析 …… 87

第一节　中国式现代化的现实性分析 …… 87
第二节　社会保障发展的现实性分析 …… 99
第三节　中国式现代化与社会保障发展水平间的关系 …… 136
第四节　小结 …… 137

第五章　中国式现代化与社会保障发展的协同效应评价 …… 139

第一节　文献综述 …… 139
第二节　中国式现代化与社会保障质量的分析模型与
　　　　指标选取 …… 145
第三节　中国式现代化与社会保障质量的评价结果 …… 159
第四节　中国式现代化与社会保障质量协同效应测度 …… 166
第五节　结论 …… 173

第六章　区域社会保障体系的协同效应测度
——以京津冀养老服务为例 …… 177

第一节　文献综述 …… 177
第二节　京津冀养老服务政策量化 …… 180
第三节　京津冀养老服务政策演进历程 …… 186
第四节　京津冀养老服务政策协同效应测度 …… 191
第五节　结论 …… 199

第七章　社会保障体系项目间的协同效应测度 …… 202

第一节　文献综述 …… 204
第二节　机理分析、理论基础与研究假设 …… 209
第三节　指标选取与数据说明 …… 216
第四节　协调效应测度模型构建与实证分析 …… 218
第五节　协调度影响因素的实证分析 …… 230
第六节　区域异质性分析 …… 250
第七节　结论 …… 254

第八章　社会保障体系协同效应提升面临的挑战、问题与路径 …… 261
　　第一节　社会保障体系协同效应提升的目标与原则 …………… 261
　　第二节　社会保障体系协同效应提升面临的挑战 ……………… 264
　　第三节　社会保障体系协同效应提升面临的问题 ……………… 269
　　第四节　社会保障体系协同效应提升路径 ……………………… 276

参考文献 ………………………………………………………………… 283

附　录 …………………………………………………………………… 296

第一章　理论基础

第一节　中国式现代化的内涵及实践基础

世界正处在一个新的交叉点上，面对世界百年未有之大变局，中国式现代化从中华民族伟大复兴战略全局出发，以建设社会主义现代化强国和实现中华民族伟大复兴为目标，逐步推进实践进程。中国式现代化不仅对本国的发展，也对其他发展中国家的发展产生了深远的影响，这是一种开创了人类文明新形态的现代化，以下从内涵、特征、实践基础三方面全方位论述中国式现代化的特殊性。

一　中国式现代化的内涵

中国式现代化与西方的资本主义现代化是不同的，是在深刻批判和显著超越资本主义现代化的基础上诞生的社会主义现代化。中国式现代化，是中国共产党在其自身特点基础上，结合其他国家的现代化特点，形成了具有中国特色的社会主义现代化。中国式现代化是人口规模巨大的现代化，是全体人民共同富裕的现代化，是物质文明和精神文明相协调的现代化，是人与自然和谐共生的现代化，是走和平发展道路的现代化。①

第一，"人口规模巨大"是中国最为显著的基本国情。根据国家统计局数据，中国人口已超14亿人，而目前西方国家中已经实现现代化的国家，其人口总和不超过10亿人。"现代化的实质是人的现代化"，脱离人民谈现代化建设，一切都是空谈。中国要建设社会主义现代化，必须以

---

① 习近平：《把握新发展阶段、贯彻新发展理念、构建新发展格局》，《求是》2021年第9期。

"庞大的人口"为实践依据，这既为中国式现代化建设创造了机遇，又带来了挑战。一方面，相较于人口较少的现代化，中国庞大的人口规模对制定现代化战略提出了更高的要求，大国的经济体量大，社会结构复杂，必须针对各个阶段的经济、社会特征来制定与工业结构相匹配的、渐进的、差异化的地区政策，解决由于发展不均衡而引起的城乡差距、地区差距等问题，这是最大的挑战和难点；另一方面，人口众多也为中国式现代化的发展提供了人口红利，中国作为世界上最大的发展中国家，不断增长的人口体量构成了中国这个"大市场"，高素质人才显著增多，城镇人口规模不断扩大，文化水平、医疗卫生条件、社会保障水平不断提高，为中国现代化道路的发展输送源源不断的动力和提供全方位保障。

第二，"全体人民共同富裕"的现代化是中国式现代化区别于西方现代化的显著标志。[①] 全体人民共同富裕，其中"共同"是指在这个伟大进程中，全体劳动人民都有机会参与其中，共享发展成果，实现人的全面发展；"富裕"是指在这个伟大进程中，全体劳动人民都可以获得最基本的物质保障。共同富裕作为一项动态的概念，在不同的历史时期拥有不同的内涵，但是，这些内涵均凸显了中国的现代化建设始终坚持以人民为中心的发展理念，把人民作为现代化的主体地位摆在面前，使全体人民都能分享到共同富裕的成果，这就是中国式现代化的根本要求。随着共同富裕理念的不断完善，人们越来越深刻地认识到了社会主义现代化的内部规律，不再把共同富裕和现代化看成两个独立的主体，而把它们作为一个有机的整体来看待。以共同富裕为核心，以高质量发展为目标，构建"共同富裕"与"中国式现代化"的统一共生关系。

第三，"物质文明和精神文明相协调"是中国式现代化体系构建的内在要求。邓小平强调，物质文明和精神文明都搞好，才是有中国特色的社会主义[②]，由此，现代化的发展不仅需要物质文明提供经济基础，还必须在推动经济全面发展的同时，加强精神文明建设，夯实现代化建设的上层建筑。这就要求中国式现代化能够提高人民的物质生活质量，丰富

[①] 本报评论员：《中国式现代化是强国建设、民族复兴的康庄大道——论深入学习领会习近平总书记在学习贯彻党的二十大精神研讨班式上重要讲话》，《人民日报》2023年2月11日第1版。

[②] 梁树发、郗戈、黄刚等：《中国特色社会主义理论体系之逻辑体系研究》，中国人民大学出版社2020年版。

人民的精神和文化生活，使人民的物质和精神需求得到更好的满足。坚持物质文明与精神文明和谐发展，体现了现代化发展的协调性，始终贯穿党和国家现代化建设实践全过程。

第四，"人与自然和谐共生"是中国式现代化推进的必然遵循及美好愿景，也是对生态文明思想的传承与发展。因此，在不牺牲生态环境的前提下，坚持绿色、低碳的发展理念，是解决人与自然之间矛盾的关键，要从中国实际出发，着眼于实现中华民族的可持续发展，在全球治理领域表现为人类命运共同体理念。这一要求从思想和理论的角度，对中国式现代化进程中解决经济发展和生态环境之间矛盾的基本原则进行了阐述，协调处理经济发展与生态效益之间的关系、眼前利益与长远利益之间的关系，要求实现中国式现代化这一目标的同时，要将可持续发展战略落实到位，实现高质量的现代化。

第五，"走和平发展道路"是当今世界的时代主题，也是社会主义现代化的本质要求。社会主义现代化建设的历程中，中国历来奉行的是独立自主、和平发展的对外政策，以和平促进发展，以发展捍卫和平，与各国进行互惠互利的友好交流，构建以国内大循环为主体、国内国际双循环相互促进的新发展格局，积极推动"一带一路"全球协作，构建人类命运共同体，顺应合作共赢的发展趋势，走和平发展道路，奠定了中国式现代化道路建设的物质基础与社会基础，为中国式现代化的实现提供支撑。

二 中国式现代化的特征

从中国式现代化历史演进的漫长历程可以看出，要想成功地推进中国式现代化进程，必须由"被动响应"走向"主动引领"，体现出鲜明的"坚持人民至上、全面协调发展、民族性与世界性"的超越性特征，从而进一步完善、充实中国式现代化的理论与实践。

第一，中国式现代化是坚持人民至上的现代化。中国共产党在一百多年的奋斗历程中，始终把人民的利益摆在首位，在中国式现代化的道路上，以人民为中心，这是中国共产党在对国际、国内形势和人民需求进行科学分析之后，做出的一种理性判断，也是党在中国式现代化道路上对人民至上的一贯坚持。在中国式现代化视野中，把人民至上作为中国式现代化发展的核心内容，以人民为中心来推动中国式现代化的发展，把"让全体人民共享发展成果"作为中国式现代化的重要特征，始终坚持以人为本的政治立场，将人的发展和社会进步结合起来，倡导让所有人都参与现代化发展进程建设，并将最终成果惠及全体人民，描绘出中国人民实现全面建设社会主义现代化的宏伟蓝图。人口所具有的规模性是中国式现代化建设的一大特色，一旦完成中国式现代化这一任务，那么将会有约14亿的中国人民跨入了现代化的行列，这将会是一个比全世界其他完成现代化的国家人口总数加起来还要多的数字，庞大的人口基数对于实现全体人民共同富裕，进而推动中国式现代化提出了更高要求。在中国特色社会主义的新时代，推进中国式现代化的伟大进程中，要始终坚持"人民至上"的世界观和方法论，要把"人民至上"和"全体人民共同富裕"这两种价值观和价值理想结合起来，融入国家建设、民族复兴的伟大实践中去。永远把人民放在心里，永远全心全意地为人民服务，永远和人民同甘共苦，是党理想信念的核心内容，也是中国社会主义制度的突出特点，始终为党和国家所关注。

第二，中国式现代化是全面协调发展的现代化。中国式现代化，以促进物质文明和精神文明全面发展，不断满足人民的物质生活和精神生活需要为根本目的[①]；以实现人与自然和谐共生，促进人与自然的协调发展为长远目标。首先，物质文明是国家现代化的物质基础，精神文明是国家现代化的文化支撑。西方国家现代化以积累物质财富为目的，片面追求经济增长，忽视物质和精神财富的和谐发展，是与实现高质量现代化目标不相适应的。在中国共产党领导下中国人民深刻认识到人类社会的全面发展要求物质和精神的和谐发展，重视人的物质和精神的统一是促进社会发展的题中之义，因此，中国式现代化要建成物质文明与精神文明相协调的现代化。此外，物质文明与精神文明相统一是人类生产、生活、工作、学习等各方面的综合要求，是人类发展进步的必要条件。因此，在推进现代化持续发展的过程中，中国共产党一方面要紧紧抓住经济建设这个中心环节，一心一意谋发展，集中精力搞建设，持续推动人民群众的物质生活水平迈上新台阶；另一方面要以社会主义核心价值体系为引领，将精神文明建设融入现代化，渗透于社会生活的各个方面。其次，中国式现代化是人与自然和谐共生的现代化，在现代化建设过程中，必须厘清人与自然的关系。马克思主义认为，人类源于大自然，依

---

① 欧阳雪梅：《推动"两个文明"协调发展》，《人民日报》2021年4月16日第9版。

赖于自然而存在，人们通过认识自然、改造自然、利用自然来谋求自身发展的过程中，必然要遵循自然规律。中国共产党坚持马克思主义的自然观，在推进社会主义现代化进程中，必须坚持经济建设与环境保护相结合，推动经济发展与生态文明建设相结合；扬弃西方资本主义国家"资本至上"的观点，不以生态为代价一味追求实现经济利益最大化，深入贯彻落实习近平生态文明思想，坚持以保护生态为前提，加速推进绿色转型，寻求新的发展机会，实现经济和生态协调发展，重视全球生态平衡，走"以人为本、全面协调可持续"的科学发展道路。

第三，中国式现代化是民族性与世界性的现代化。中华优秀传统文化是中国人民经过无数代人的努力和奋斗而形成的，其中蕴含着具有鲜明个性的文化基因，是建设现代化道路的源泉，历史悠久的伟大民族精神，为实现中国式现代化提供了精神支撑。因此，中国式现代化的形成是以其特有的国家标志和深厚的民族传承为基础的，是建立在深厚的文化基因和实现中华民族伟大复兴的理想之上的。此外，走和平发展之路，继承和发扬了中华民族的优良传统，也是中国式现代化的主题。中国是一个热爱和平的国家，中国人一向以追求和平为己任，中国在现代化进程中，走的是和平发展之路，而不是像西本资本家以侵略为手段，掠夺其他国家资源实现本国的发展。当前，中国同国际社会的关系正在经历一场深刻的变革。人们越来越多地意识到，中国与世界是不可分割的，世界的繁荣与中国的发展是不可分割的。中国实现现代化，就是要充分利用国际国内两个市场，把国内外的资源转化为中国的机会，将中国的机会转化为全世界的机会。在世界经济一体化发展的大背景下，中国秉持共商共建共享的全球治理观，以合作共赢促进国际关系、谋求共同发展，与全世界的人民一起，承担起建设地球现代文明秩序这一人类共同的使命，构建人类命运共同体，为世界发展贡献中国方案。

三　夯实实现中国式现代化的实践基础

首先，改革开放后，中国在拥有庞大人口基数的国情下，充分发挥了"大国"发展的整体优势，实现了经济持续快速发展，为探索中国式现代化奠定了扎实的物质基础。其次，在中国特色的现代化过程中，科学技术的引入、应用与创新一直是最明显的驱动力与标志，科学技术创新既是科学技术进步的必然要求，也是科学技术发展的最终结果，同时也是推动中国特色现代化进程的重要推手。此外，在"数字经济"的背景下，中国式现代化的推进与数字经济时代进程是紧密联系在一起的，"数字经济"对中国式现代化的推进起到了决定性作用。最后，"全面建设小康社会"是中国现代化发展的必然要求，也是中国特色现代化发展的必由之路。

第一，庞大的人口基数促使中国人民在中国共产党的带领下走上了一条独立探索的现代化道路，在人力资源供给和市场需求方面为实现中国式现代化提供了潜在的巨大优势。首先，人口规模巨大意味着中国拥有人才供应优势。改革开放以来，中国的农业生产率得到了提升，在市场导向下，更多农村富余劳动力向城市流动，大批外来务工人员进入城市各个行业，形成了一股强劲的生产力，中国的劳动力价格优势在经济发展中很大程度上体现出来。在劳动力价格优势的驱动下，工业化和城镇化得到了迅速的发展，城镇化水平持续提升，中国的产业体系变得越来越丰富，国内市场也在逐渐扩大，内需成为推动中国现代化进程的主要力量。在这一发展过程中，中国劳动力的文化水平和劳动技能随之不断提高，已逐渐形成了一种人力资源的富集，为中国未来的现代化进程提供有利条件。其次，巨大的人口规模蕴含着巨大的需求市场。随着人均收入的不断增长，国内居民的消费潜力也逐渐被开发出来，形成了一个巨大的内需市场，具有独特的优势。中国庞大的国内市场为企业的成长创造了有利的条件，许多优秀的公司在其发展的早期都是依靠多样化的需求市场而成长起来的，不仅在关键技术方面有了创新性突破，并且通过将上游和下游企业进行整合，建立起了一条比较完整的产业链，具备了较强的抗风险能力，从而在国际上形成了自己的竞争力，在中国追求更高层次的现代化进程中，起到至关重要的作用。

第二，回顾人类社会现代化的发展过程，科技创新开启并加快了人类工业化的历史进程，促进了以工业化为主要标志的现代化发展，高水平的科学技术和自主创新的能力作为经济社会高质量发展的核心推动力，促进了物质现代化和文化现代化的实现，为实现中国式现代化提供关键的战略支持。首先，实现中国式现代化的着力点在于发展物质文明，从根本上说，就是要不断地解放和发展生产力，而科学技术的进步能够使生产力发生巨大的飞跃。中国式现代化的物质基础是以实体经济为核心的，科技创新与实体经济和产业发展紧密相关。近年来，中国通过深化供给侧结构性改革等一系列有效政策来调整实体经济内部以及实体经济与虚拟经济间的结构性失衡，通过科技创新对产业结构的调整实现产业转型升级，以本土完整的产业链为基础的新一轮科技与产业变革以及产业创新系统支撑新型工业化之路，为中国式现代化提供更为丰富的物质基础。其次，中国式现代化道路需要精神文明为指引，科技文明推动精神文明的发扬。科技创新是先进文化中不可缺少的一个要素，可以增强国民的"文化自觉"和"文化自信"意识，激发文化供给的内在力量，推动文化产业的蓬勃发展。科技创新促进科技文化的发展，提高国民的创造力与科学素质，使其发展成为各行业的中流砥柱。科技创新不但可以提高全民族的思想水平，还可以创造良好的文化环境，规范国民行为准则，推动文化产业的蓬勃发展。

第三，数字经济是新发展格局的中坚力量，在当今世界的"数字化"变革过程中，数字经济处于科学技术的最前沿，与中国式现代化的本质特征密切相关，也是中国式现代化建设的重要工具。首先，充分发挥数字经济蓬勃发展带来的增加就业岗位和提升就业质量作用，加快各个行业的数字化转型，对中国式现代化，尤其是在人口庞大的背景下，有着十分重要的意义。着重发展县域数字经济，扩大通信网络，推动数字经济由部分发展走向整体繁荣，以数字经济促进深层次产业融合，促进地区均衡发展，为社会发展注入活力，大力推动共同富裕。数字经济提供了多元化的产品与服务，能够推动物质文明和精神文明的协调发展[①]，数字文明在给人类社会带来巨大财富的同时，也催生了新的生产、消费、分配观念，能够满足消费者个性化的精神和文化需要，为人民提供了丰富的精神食粮。其次，数字经济是基于数字化技术发展起来的一种绿色经济，通过将传统的线下生活方式转化为线上生活方式，减少能耗，是一种人与自然和谐共存的可持续发展模式。数字经济的生产、分配和消费方式，对于跨越文化差异和突破空间限制等方面都有很大的帮助，使世界上的资源更易于被整合，有利于构建网络空间命运共同体，实现世界性与民族性的有机统一，符合中国式现代化的基本特征和规律。数字经济时代，中国式现代化与数字经济的发展密不可分，唯有将数字经济的发展放到中国式现代化的大背景下来进行分析，才能够更好地理解数字经济在加速推动中国式现代化高质量发展中的重要战略价值。

---

① 欧阳日辉：《加快发展数字经济　助推中国式现代化》，《审计观察》2022年第12期。

第四，党的十八大的召开，标志着中国已进入全面建成小康社会的决胜阶段。党的二十大开启全面建设社会主义现代化国家新征程。中国全面建设小康社会是中国现代化道路的又一次扩展，也是中国式现代化理论形成的重大现实依据，标志着中国在经济、国家治理和思想文化建设方面取得了卓越的成绩。首先，在经济方面，进入新时代以来，中国正处于快速发展时期，城市化率逐年提高，农业现代化水平逐步提升，城乡地区差异在逐步缩小，共同富裕成果显著。产业结构进一步优化，工业系统逐步健全，现代服务业迅速发展，支撑中国经济增长的创新驱动作用显著加强。其次，在国家治理方面，进入新时代以来，中国的法治建设成绩显著，中国特色社会主义法治体系日益完善，全面依法治国、法治中国建设等工作也步入了新的发展阶段。最后，在思想文化建设方面，进入新时代以来，中国的文化事业蒸蒸日上，文化产业蓬勃发展，覆盖城乡的文化服务体系已基本建成，文化产品和服务供给更加多样化。全面建成小康社会在经济、政治、思想文化领域所取得的这些伟大历史性成就，为中国式现代化全面推进中华民族伟大复兴奠定了坚实基础。

第二节　高质量社会保障体系的内涵与特征

高质量发展已经成为当下最有时代感的一句话，社会保障作为改善和发展民生的重要制度安排、维护和塑造公平的重要手段、推动和实现共同富裕的重要抓手，同样需要在高质量发展理念指引下，奋勇前进。以下从内涵、特征、系统集成与协同高效、功能定位等方面系统阐释，形成社会保障高质量发展的全景式表达。

一　高质量社会保障体系的内涵

新时代，社会保障高质量发展的内涵，从体系结构来看，是指由政府对社会保障进行科学的制度安排，将社会保障系统、协调、规范、统一地纳入法治的轨道，构建一个全民、保障、公平、系统、可持续的社会保障体系，使人民对美好生活的向往得到充分的保障。

第一，高质量社会保障具有全民性。中国的社会保障制度是在我国社会主义市场经济体制建设的进程中，历经多年的改革和发展而逐渐形成的。社会保障制度的进一步完善，是建立一个覆盖所有人的社会保障制度，是促进社会平等、共同富裕的一个重要起点。扩大社保覆盖范围，既要兼顾参保人数，又要兼顾因社会发展结构的变迁而引起的需求结构变动。首先，高质量的社会保障体系注重查漏补缺，对任何个人和团体都不排斥，全面覆盖到位；完善纳入机制，将未纳入社会保障体系中的流动人口、灵活就业人员作为重点对象，提高服务水平，扩大社会保障的覆盖面，形成一个开放、全面、广泛的保障网络。其次，在寻求高质量发展的过程中，社会保障的扩面工作同样要注重质量和效率，不仅要做到"人员全覆盖"，更要提高群众参保积极性、主动性和稳定性，关注已参保人员中实际缴纳社保费的人数和应缴未缴的人数所占比重，防止出现已参保人员"退保"情况。

第二，高质量社会保障具有保障性。首先，社会保障水平是动态的，要处于一个"适度"的区间。从个人层面出发，对不同人群的社保需求进行准确定位，并依据工资水平、物价水平等因素，构建社保待遇的常态化调整机制。从政府层面出发，健全社会保障基金征缴体系，对基本社会保障险种的资金筹集结构及比例进行合理的界定，确定政府、用人单位和劳动者三者各自承担的缴费比例，规范缴费行为；推行以市场为导向的社保基金投资运作，提高投资回报率，实现投资资金的保值、增值；增加政府的财政资金投入，优化财政支出结构，建立社会保障战略储备金。其次，对市场与政府、中央与地方的社会保障职责进行合理定位，并对各方权限和边界进行厘清。高质量社会保障制度要求平衡所有的责任主体共同承担社会保障职责，各主体间进行充分对话与协商，以平等的原则进行社会保障的共建和共治，政府作为社会保障体系建设的领导者，从宏观治理层面为其他责任主体提供更好的发展环境，从而提高社会保障体系的供给能力；增强各责任主体积极履行社会保障义务的意愿和能力，共同承担社会保障责任。

第三，高质量社会保障具有公平性。社会保障是一项最根本的人权。在法律面前，人人平等享有，不受身份、职业的影响。在社会保障体系的构建中，应遵循法律的规定，使公民的合法权益得到保护，从而达到权利的公平性。社会保障可以对收入进行再分配，努力将各项社会保障待遇差距缩小到一个合理的水平，促进社会公平。首先，从地区层面讲，区域间经济发展水平的差异影响社会保障的公平性。我国东部地区拥有最多的企业，是国家经济发展的前沿，有些地方已经超越了发达国家的平均水平，成为拉动全国经济增长的主要力量。各类企业都在积极贯彻国家最新的社会保障政策，职工参保率相对较高，使居民可以享有更高的社会保障水平的同时，还能够吸引更多的投资者，这样不仅可以提高社保基金的收入，也可以促进地方经济进一步发展。中部地区和西部地区由于地理位置的差异，整体经济发展水平较低，财政补助的能力受限，社保基金缴费水平较低，社保资金的积累速度缓慢，造成了社保发展的滞后。因此，缩小地区贫富差距，进一步促进社会保障的公平势在必行。其次，从社会保障制度层面讲，由于历史遗留问题，城市居民、农村居民和城镇职工依旧采用不同的社会保险制度，社会保险制度仍处于多轨制共存的状况，这导致了保障水平的差异和缴费分担主体的差异。高质量的社会保障能够带来平等的基础保障和平等的补充保障机会，不断缩小城乡差距。

第四，高质量社会保障具有系统性。经过几十年的发展，中国社会保障已经进入系统集成、协同高效的发展阶段。新时代构建高质量社会保障体系，必须坚持系统思维，要从局部和整体来充分认识各组成部分之间的相互作用和相互依存关系。从整体发展的角度来看，均衡考虑保生存的社会救助制度、谋发展的社会保险制度、提水平的社会福利制度、补短板的补充保障制度。从宏观角度来看，要完善基本保障与补充保障，使之成为一个完整的保障体系，使人民群众的生活得到系统、全面的保障。具体而言，在特定的领域或者特定的制度设计上，必须保证其连贯性和整合性，使其能够更好地发挥其特殊的社会保障作用，在社会保障的各个方面建立体系化的制度安排。要正确地处理好各种制度间的关系，要坚持问题导向，要明确对制度的作用进行定位，实现体系之间相互补充、相互配合，增强社会保障的整体规划能力。

第五，高质量社会保障具有可持续性。高质量的社会保障制度必须实现可持续发展，只有这样才能持续保障人民群众最基本生活，抛开可持续发展谈社会保障体系只是空谈。首先，可持续的社会保障，要求必须立足本国国情，与本国的发展阶段相适应，符合本国的客观发展规律，不仅要从现实出发，解决实际问题，还要把目光放在未来，具备发展性、战略性和前瞻性，兼顾当前利益与长远利益，从制度的长期发展出发，在整体协调的基础上建立一套稳定、可持续运行的长效机制，以防范化解发展过程中可能产生的问题。其次，社会保障制度必须与当时的经济发展水平相适应，不能过高或过低，过高会带来地区财政压力，造成居民对社会保障的依赖性；过低则不能较好地发挥社会保障的作用；适中的社会保障待遇水平才能保证社会保障持续健康发展。

二　高质量社会保障体系的特征

总体而言，高质量社会保障体系将拥有更加全面的保障项目、更加公平合理的制度衔接机制、更完善的法制建设、更规范的业务体系和更严密的保障监督制度。从内涵出发，中国的高质量社会保障体系应具备以下特征：鲜明的人民性；制度的多层次；保障成果由人人公平享有；保障水平在区域、城乡、群体间实现协调发展。

第一，高质量社会保障体系具有鲜明的人民性，这是社会主义制度优势的集中体现。以人民为中心是中国新时期社会保障制度建设的一个重要方面，也是最具有中国特色的地方，中国社会保障体系正在以"以人民为中心"的发展理念为指引，不断迈上新台阶。在社会保障体制改革的进程中，中国的制度优势得到了最大限度的发挥，社会保障的制度设计能力、资源动员能力和组织实施能力都得到了极大的提高。在社会保障制度和体系改革建设方面进行了积极的探索，并在一定程度上克服了诸多困难，中国的社会保障制度得到了进一步的完善。

第二，构建多层次社会保障制度，满足人民对社会保障的个性化、多元化需求。基本保障制度与补充保障制度这两种方式相辅相成，通过社会救助制度保证人们的基本生活，通过社会福利制度提升保障水平，通过补充保障制度弥补短板，通过社会保险制度寻求长期的发展。在改革和健全基础社会保险制度、建立社会救助制度的同时，发展各类社会福利体制。例如，继续完善住房保障体系，大力推进城镇住房保障和保障性安居工程建设，为各类劳动者提供基本居住条件；积极发展多种形式的职业教育和培训，健全城乡居民基本养老保险、医疗保险等制度；着力提升劳动者的人力资本水平和发展潜力。随着城乡居民生活需求的不断提高，人民社会保障的福利待遇也在不断提高。社会保障的内涵，已经从传统意义上的物质保障和经济保障，转变为与服务保障和精神保障相结合，全方位地满足城乡居民的各种需要。

第三，实现社会保障成果人人公平享有，实现共同富裕。在促进共同富裕方面，应重视社会保障在调节收入再分配方面的功能。继续提高社会保障的覆盖率，力争达到所有人都能享受到基本的社会保障。强化对特殊群体的兜底性保障，使社会保障在扶贫工作中发挥更大的作用。社会保障制度的改革，坚持互助共济的思想，提倡社会成员间的相互扶持，注重对弱者和贫困人群的关爱，以实现社会保障的公平发展。社会救助制度、社会保险制度、社会福利制度等都表现出互助性和共济性。社会救助更属于典型的扶危济困，社会保险中的社会统筹部分属于典型的互助共济，社会福利是通过对公共资源的再分配，以有针对性地为特定群体提供资助的手段，以此来达到互助共济的目的。此外，慈善事业是由较高收入人群向较贫困人群提供的一种无偿的、自愿的资助，直接反映了社会的互助和文明。社会保障高质量发展的目标导向是共享发展，可以通过制度优化、覆盖范围扩大等方面的改革，持续缩小区域、城乡和群体之间的差距，解决在社会保障供给中存在的不平衡、不充分的矛盾，确保人民群众可以共享成果，从而更好地推动共同富裕。

第四，统筹推进社会保障体制改革，促进区域、城乡、群体间协调发展。首先，从收入角度看，利用收入再分配功能，提高低收入群体的收入，缩小收入差距，确保人民当期和未来可以享受到足够的社会保障待遇，提高社会保障的服务水平，从而解决人民的后顾之忧；从消费角度看，激发人们的消费需求，鼓励高质量的服务消费，推动消费结构的调整和升级，扩大内需，使人们共享经济社会发展成果，向实现共同富裕目标迈进，提高幸福感。其次，在投资领域，养老、医疗和住房保障都有很大的投资空间，通过扩大投资领域，发现新的投资热点，用社会保障来助力投资，为构建新发展格局做出贡献。社会保障可以对人民在社会生活中所面临的年老、疾病、生育、失业等风险，给予人民足够的保障，让人民可以享受到高质量的生活，从而提高人民的安全感。最后，社会保障可以提升人力资本，促进劳动力发展，在人民健康、教育、医疗方面提供服务，提高人民的获得感，促进人的全面发展，从而提高劳动力的质量。

三 系统集成与协同高效间的内在逻辑

随着中国式现代化的推进，中国特色社会保障体系的发展活力日益增强，逐步得到完善，高质量社会保障体系的建立，不只是个别的突破，而是全方位多层次的。在中国共产党的统一领导下，中国社会保障体系改革已进入一个系统集成、协同高效的新阶段，要按照统筹城乡社会保障体系建设的要求，充分发挥政府作用，坚持统筹兼顾，因地制宜地解决好改革发展中存在的突出矛盾和问题。把握好社会保障领域与其他有关领域之间的关系，在统筹考虑社会保障各方面工作的基础上，协调推进社会保障工作，以保障水平的提升来充分体现中国特色社会保障体系的优越性，更好地发挥其治理效能。

第一，树立社会保障体系建设的整体观与系统性，在推进共同富裕政策体系建设中社会保障由边缘化状态转变为核心地位，成为国家整体治理的重要工具。首先，坚持整体规划，大幅度提高社会保障制度自身内部的协调程度以及社会保障与整体社会经济发展的协调程度，尤其是要对城乡、区域间的社会保障制度进行统筹，对政府资源、市场资源、社会资源及个人与家庭资源进行统筹协调，使社会保障的综合效率达到最大。其次，不断加强社会保障体系建设的系统性与完善程度。从服务对象上看，社会保障由最初的基本民生保障转向了实现人的全面发展，其影响力日益增强；从覆盖范围来看，社会保障的覆盖面在持续增加，从原来的特定弱势群体扩大到全体国民，尤其对中等收入阶层产生广泛的影响；从治理效率来看，它对促进社会再分配、推动社会公平、实现全面发展起到了重要作用。

第二，社会保障体系具有很强的适应性，能够很好地发挥其协调功能。首先，社会保障体系的适应性主要体现在两个方面：一是在经济和社会发展的各个时期的不同阶段，它都有能力与之相适应；二是在经济社会发展不平衡、不稳定时，它也能够适应这种不平衡。其次，社会保障体系的协调功能就在于，能够根据环境的变化、经济发展的需要及时做出相应的调整。从世界现代化发展规律来看，在物质生产过程中，人和物作为构成社会的基本要素，两者都要发挥作用。但是人和物的关系不能无限地延伸，因为物质生产的发展也要依赖于人、依赖于制度，这就是整体协调发展面对的问题。社会保障制度是中国特色社会主义制度中的重要组成部分，社会保障制度的协调功能是在人、物、制度三个层面上对民生领域的人员调配、物质基础、制度安排进行协调的过程与结果的反映，社会保障制度有着特殊的价值及无可取代的地位。

第三，在社会保障体系中，积极地进行多目标整合，以达到多目标协同发展的目的。从一定意义上说，中国社会保障制度的发展历程，就是一个不断突破原有框架，调整自身目标定位的过程。近年来，随着中国经济社会发展形势的变化，中国社会保障制度的目标定位也发生了很大变化，逐渐从被动地选择单一的经济目标，逐渐向高质量的社会保障体系转变，促进经济、政治、社会与文化目标的协同发展。在中国，社会保障体系的改革已不是一项单纯的经济改革的辅助手段，而是一项极为重要的任务，那就是实现社会公平，共享改革发展的成果。

四 社会保障在中国式现代化中的功能定位

社会保障是保障和改善民生、维护社会公平、增进人民福祉的基本制度保障，是促进经济社会发展、实现广大人民群众共享改革发展成果的重要制度安排，发挥着民生保障安全网、收入分配调节器、经济运行减震器的作用，是治国安邦的大问题。[①] 建立健全中国特色社会保障制度，既是中国式现代化建设的基本保障，又是实现中华民族伟大复兴的重要制度保障。

第一，社会保障体系是社会经济运行的减震器。社会保障体系建设需要良好的经济基础，没有一个好的经济基础，就无法建立起高质量的社会保障体系。健全和完善的社会保障体系也可以反作用于经济领域，给经济社会发展带来良好的效益。如果没有长期、稳定、和谐的社会环境，中国经济发展就无法取得较好成就。社会保障体系的持续健全，对维护社会各方面的稳定发展，都起到了积极作用。一个好的社会环境，既能巩固经济高质量发展的态势，又能推动社会财富的积累，也能够有效保障市场的可持续健康发展。根据宏观经济所处的特定环境、条件和状况，充分考虑各种因素，制定具体的法律程序和规章制度，采取有针对性的措施来解决社会保障面临的现实问题。例如，发挥社保基金对资本市场的稳定作用，将社保基金投入到基础设施、科技创新和战略性新兴产业等领域；推进社保缴费基数、费率调整等政策措施，同时，还需要不断进行政策调整和完善，以确保其有效性和可持续性，从而赋能经济社会高质量发展。基本风险保障水平是衡量一个国家或社会稳定的一项重要指标，要想有效地预防和化解这些风险，最重要的一条就是要构建完善的社会保障体系。社会保障体系的健全，是社会安定与国家和谐的重要保证，可以有效地提升社会总消费增长，从而促进经济增长。

第二，社会保障体系是收入再分配的调节器。调整收入分配，推动社会公平是社会保障体系的根本职能和目的。社会保障对城乡居民和不

[①] 《织密织牢社会保障安全网》，《中国人力资源社会保障》2022年第5期。

同地区群体之间的收入再分配起到了很好的作用。在中国特色社会主义建设进程中，必须充分发挥社会保障对收入再分配和对收入差距的调节作用，扎实推进全体人民共同富裕。社会保障体系在收入重新分配中起到了积极的作用，促进全体社会成员共享共同富裕进程中的利益，不断提高社会保险的覆盖面，稳步提高城乡居民基本养老保险、基本医疗保险比例，严格控制并逐步缩小不同地区、不同人群的社会保险待遇差异。在稳步提升整体社会保障水平的基础上，构建差别化待遇调整机制，以改善低收入人群社会保障水平和发展有潜力的中等收入人群为重点，在发达地区和落后地区之间、在低收入人群和高收入人群之间实现资源流动。持续对中国的收入分配机制进行改进，始终坚持按劳分配的主体地位，拓宽再分配的统筹层次。

第三，社会保障体系是人民生活的安全网。推动社会保障事业高质量发展，必须织密织牢社会保障安全网，把更多的人纳入社会保障体系，这也是巩固共同富裕的必由之路。首先，要正确处理好政府和市场之间的关系。社会保障制度的建立是一个系统的工程，牵涉到方方面面，其中政府与市场的关系居于中心地位，政府是基础，市场是辅助，协调好政府与市场之间的关系，才能建立一个更完善的社会保障制度。政府应加强社会保障的制度设计和制度供给，压实地方政府责任及部门责任，对现有的社会保障制度和社会保障资源进行全面的整合，对筹资机制与支出结构进行优化，使社会保障的制度化和法治化程度得到显著提高。将市场的竞争激励和要素集中的优势充分发挥出来，加强防控机制和能力的建设，使社会保障的市场化、法治化水平得到显著提高。加强企业绩效管理和能力建设，尽可能地满足人民群众日益多样化、个性化的社会保障需求。其次，要正确处理好城市和农村之间的关系。要建立一个更具公平性的社会保障制度，就必须解决好城乡之间的关系。推动资源向乡村倾斜，推进义务教育均衡发展与城乡融合，推动城乡之间的要素流动，缩小不同群体之间的基本保障待遇差距。健全社保资金筹集和待遇补偿机制，灵活地调整社保缴费率，增加社会统筹的比例，适当下调个人账户基金的比例，保障城乡居民生活水平。

第三节　中国式现代化与社会保障体系高质量发展间的逻辑关联

党的十九大提出决胜全面建成小康社会和全面建设社会主义现代化强国目标[1]；党的二十大报告勾勒出了一幅中国式现代化统筹兼顾、全面推进中华民族伟大复兴的宏伟蓝图[2]，以习近平同志为核心的党中央创造性地提出中国式现代化。在中国式现代化的道路上，高质量社会保障是必不可少的重要支撑，中国式现代化赋予了社会保障新的使命与责任，社会保障制度是推动中国式现代化的重要力量。中国式现代化与社会保障体系高质量发展间的逻辑关联可以从以下几方面进行论述：中国式现代化促进实现社会保障体系高质量发展；中国式现代化最终目标的实现有赖于社会保障高质量发展；中国式现代化引领社会保障制度体系构建方向；社会保障体系高质量发展是社会保障体系构建的最终目标。

一　中国式现代化促进实现社会保障体系高质量发展

现代社会保障体系是在现代化背景下所产生的重要制度文明成果，回顾现代社会保障的发展历程，可以清晰地看到两条重要的历史脉络：实现现代化的国家都有健全的社会保障制度，走向现代化的国家都在建设自己的社会保障制度，这两个事实证明了社会保障和国家现代化程度的正相关性。因此，社会保障是一个国家现代建设的"标配"。中国式现代化的实现，促进了高质量社会保障质量的提升，必定创造现代社会保障新制度文明。首先，中国式现代化坚定的人民立场为高质量社会保障坚持"以人民为中心"发展提供了根本依据，加快促进社会保障制度实现全覆盖。现阶段，中国养老保险和医疗保险基本覆盖率已经达到较高水平，工作重点需放在弥补工伤保险和失业保险的制度缺失方面，在不盲目扩大特殊险种的覆盖范围的基础上，重点关注既没有被社会保险覆

---

[1] 习近平：《决胜全面建成小康社会　夺取新时代中国特色社会主义伟大胜利——在中国共产党第十九次全国代表大会上的报告》，人民出版社 2017 年版。

[2] 习近平：《高举中国特色社会主义伟大旗帜　为全面建设社会主义现代化国家而团结奋斗——在中国共产党第二十次全国代表大会上的报告（2022 年 10 月 16 日）》，《人民日报》2022 年 10 月 26 日第 1 版。

盖，又没有被纳入社会救助的"缺失的中间层"群体，在就业方式多元化的背景下，让更多的中间层群体得到更全面的保障，实现应保尽保、应救尽救，完善各种社会福利制度，促进高质量社会保障制度造福全体人民。其次，中国式现代化是物质文明和精神文明相协调的现代化，在保障人民物质基础上，丰富人民精神世界，实现物质文明和精神文明协调发展，加大人力资本投入，加快建设多层次社会保障。与此同时，全体人民共同富裕的现代化为多层次的社会保障体系构建奠定了经济基础，以"共富"为中国式现代化奠定经济基础，从"共享"的角度促进高质量社会保障公平性的实现。再次，从多层次的养老保险体系层面而言，保证老年人最低生活保障的基础上，提高基本养老金标准，完善城乡居民基本养老保险制度，统筹解决全国城镇职工养老保险制度之间的差异问题，提高城乡居民基本养老金水平；增加养老保险的形式，扩大企业年金的普及人群；开发理财、基金等养老金融产品。从多层次的医疗保障体系层面而言，鼓励非营利的公益医保，增强医疗保险保障能力；开发多类型商业健康保险，满足不同群体的保障需求。政府加大投入力度，促成养老服务机构的建成，实现老有所依、伤有所治。最后，地方政府应明确自身社保基金余额，平衡筹资和用资两部分，促进高质量社会保障有效运行，实现社保统筹水平的提升；均衡区域收入，缩小城乡、地区和群体间的收入差距；不断提升社会保障公共服务能力，与人民群众的需求相匹配。

二 中国式现代化最终目标的实现有赖于社会保障高质量发展

构建高水平的社会保障制度，既是实现高质量发展的必然要求，也是中国式现代化的必然要求。当前正处于中国式现代化建设新征程的关键时期，提出社会保障事业高质量发展，对于中国式现代化最终目标的实现具有十分重要的意义。社会保障事业高质量发展，就是要建设更加公平、可持续、有效率的社会保障体系，适应共同富裕的进程，为中国式现代化事业作出应有的贡献。[①] 第一，人口规模巨大是中国式现代化的主要特征，其表明了中国式现代化的核心立场是人民立场，人民作为现代化建设的主力军，共同享有现代化建设的成果，现代化最终目标是实

---

① 杨勤：《以高质量社会保障助力中国式现代化》，《中国劳动保障报》2023年5月10日第3版。

现人的自由而全面的发展，这些都依托于高质量社会保障制度对人民的全面覆盖。在扩大社会保障覆盖面工作取得不错成绩的基础上，强化企业劳动保障监察工作，提高全民参保工作的质量和效率，持续增加基金收入，稳步推进养老保险制度改革，使制度运行处于总体平稳状态。第二，全体人民共同富裕是中国式现代化的本质要求，是中国式现代化的现实基础，社会保障高质量发展通过统筹城乡等方面为实现全体人民共同富裕提供了制度保障和行动路径。坚持与健全城乡统筹发展的民生保障体系，按照城乡一体化的思想，对现有的制度安排进行优化，避免因区域差异、群体差异而导致收入、医疗、保险、救助等方面的不平等，持续缩小城乡社会保障的差距。第三，中国式现代化实现的基本途径是两个文明的和谐统一，其中，物质文明进步为中国式现代化创造了一个扎实的物质条件，精神文明发展为中国式现代化提供了强有力的意识形态指导，高质量社会保障在公平统一方面为两个文明的协调发展提供了有力支撑。在物质文明方面，在参保资格和待遇享受资格方面设立标准，并统一该标准，确定缴费基数和缴费比例，根据实际情况适当减免与调整，缩小城乡、区域和群体之间的差距，完善服务标准，在考虑宏观环境的基础上，稳步推进社会保障各项制度的整合统一。在精神文明方面，以社会保障本身蕴含的"天下为公""民为邦本"等思想来弘扬社会保障优秀传统文化，实现物质文明与精神文明相协调的现代化。第四，人与自然和谐共生是中国式现代化的价值追求，高质量社会保障的可持续性为其奠定了发展基础，可持续性不仅体现为社会保障在生态文明建设方面持续发展的支持，还表现为社会保障自身的可持续。增强社会保险基金的可持续性，提高社保基金投资运作的稳定性和增值的能力；加强养老金制度的可持续性；构建独立的长期护理险筹资和用资制度，减小其资金缺口，促进长期护理险的可持续发展，在不损害后代人享受社会保障的基础上，发展当代人的社会保障制度。第五，走和平发展道路是中国式现代化道路的基本遵循，不仅体现了中国制度和中国治理在世界舞台的优越性，还在某种程度上促进了世界各国民主法治建设以及经济发展的进程，而社会保障和经济发展是相辅相成的，社会保障是一个国家经济发展的决定因素，所以社会保障为中国式现代化走和平发展道路提供了经济支撑，经济发展与社会保障之间存在着互为补充、相互协调的关系，要防止因"泛福利化"而使社会缺乏生机，应当充分发挥社会保障的基础性支撑作用，推动中国式现代化行稳致远。

三　中国式现代化引领社会保障制度体系构建方向

中国式现代化的确定性决定了中国社会保障制度的确定性，中国特色社会保障制度的成熟定型将会为人类贡献出社会保障新制度文明。[①] 高质量发展离不开高质量的社会保障，在社会主义现代化的新征程上，人们对高质量的生活有着越来越高的期望，这就给我国在现代化进程中的社会保障责任赋予了新的使命，因此要努力建设与中国式现代化相适应的社会保障体系。以政策理念与制度逻辑现代化、经济社会一体化、治理能力与体系现代化"三位一体"构建中国式现代化社会保障体系，推动共同富裕进程中发挥多元功能。首先，中国式现代化是人口规模巨大的现代化，中国式现代化最根本的目的就是站在人民立场上为人民谋福利，所以需要构建覆盖全民的社会保障体系，让全方位社会保障制度惠及每一位公民。中国作为一个发展中的大国，拥有庞大的人口基数，所以在推进中国式现代化建设的过程中，要想持续改善民生，不断增进人民福祉，就必须以扩展社会保障的覆盖面为出发点，逐步落实各项社会保障政策，将灵活就业人员、新业态就业人员等人群纳入社会保障服务范畴；加大工伤保险、失业保险等的覆盖面；提高基本医疗保险参保率；积极推进对适龄人群的基本养老保险保障工作；完善以低保为核心的社会救助制度。其次，中国式现代化以建设公平统一、统筹城乡的社会保障体系为目标，以实现全民共同富裕、物质文明与精神文明和谐发展为目标的现代化。实现全体人民共同富裕是中国式现代化的基本目标，是中国式现代化的鲜明特征。共同富裕的基本内涵是共同和富裕达到有机统一，是消除两极分化和贫穷基础上的普遍富裕，所以需要从公平性和系统性两方面来构建社会保障制度体系。从系统性来说，共同富裕的根本目标是"发展为了人民、发展依靠人民、发展成果由人民共享"，就要求社会保障体系内的各种制度之间和制度内外部之间的关系得到有效协调，使其运行规范化，各种制度在社会保障体系中的作用得到长期的发挥；统一人员参保资格，将社会保险缴费规则及群体缴费基数制度化，依据不确定性因素所导致的社会风险以及各群体对社会保障的各项需求，

[①] 段丹洁：《高质量社会保障助力中国式现代化》，《中国社会科学报》2023年2月24日第1版。

系统性地促进各项保障体系的整合和统一。从公平性而言，要在逐步拓宽社保覆盖面的同时，减少各区域、城乡居民的收入差距，实现公平和效率的平衡，充分认识到城乡居民因身份差异而导致在社会保障上享有的权力不对等的现实问题仍然存在，通过构建统筹城乡的社会保障制度来从根本上将其解决。最后，中国式现代化是人与自然和谐共生、走和平发展道路的现代化，引领构建可持续和安全规范的社会保障制度体系。实现人与自然的和谐共生的主要目的是在推动经济高质量发展的同时，实现社会可持续发展，而社会保障在中国经济发展中起到托底作用，对于中国经济社会发展至关重要，由此，必须在中国式现代化的发展下构建可持续和安全规范的社会保障制度。可持续是以在不损害后代人利益的前提下，发展当代人的利益，同时需要在安全规范基础上，完善社会保障基金运行制度和健全社会保障基金的运行规则，从而实现社会保障基金的可持续运营。

四 社会保障体系高质量发展是社会保障体系构建的最终目标

中国共产党历来高度重视民生改善和社会保障工作。改革开放后，为了满足社会主义市场经济的发展要求，中国在体制上进行了一系列的改革，由单一的突破到全面的提升，初步建立起了一个基本的社会保障体系。党的十八大以来，中央将社会保障制度放在了更加重要的地位，使中国的社会保障制度走上了快速发展的道路，建立起了一个在全球范围内最庞大的、有中国特色的社会保障制度体系。党的十九大明确了要按照"兜底线、织密网、建机制"的要求，全面建成覆盖全民、城乡统筹、权责清晰、保障适度、可持续的多层次社会保障体系。习近平强调，建设中国特色社会保障体系，促进中国社会保障事业高质量、可持续发展。[①] 党的二十大报告对社会保障事业的高质量发展提出了明确的目标要求：健全覆盖全民、统筹城乡、公平统一、安全规范、可持续的多层次社会保障体系。第一，构建覆盖全民的社会保障。从个人层面讲，社会保障制度体系通过将流动性强的群体和重点人群纳入社会保障体系中，扩大社会保障覆盖范围，建立一个全方位和多角度的保障网络体系；从主体层面讲，社会和政府等都属于社会保障体系中重要的组成部分，各个主体积极参与，明确自身责任和义务，持续推进社会保障覆盖全员。

---

① 习近平：《促进我国社会保障事业高质量发展、可持续发展》，《求是》2022年第8期。

第二，构建统筹城乡的社会保障。从财政支出层面讲，缩小不同区域之间、城乡居民之间、城乡居民与城镇职工之间的基础养老金金额差距；从养老服务层面讲，各地区养老服务机构主要的发展重点还是在城镇，在农村的投资很少，亟须加大养老服务机构的数量，解决农村养老问题。第三，构建公平统一的社会保障。公平是指权利的公平。要使所有的公民都能享受到平等的社会保障，所有的公民都能在法律面前得到平等的对待，这就需要建立一套与法律规范相一致的社会保障体系，保护公民的合法权益，从而达到权利的公平性。统一是指制度的统一。基本医疗保险改革之初，部分省份和部分城市通过采取"先行先试"的试点政策来减少政策执行风险，尽管取得了一些工作成果，但从长远看，不利于制度一体化发展，所以要逐步建立制度统一的高质量社会保障体系。第四，构建安全规范的社会保障。采用多主体监督治理的方式来加强社保基金的安全性，提高社保基金投资运作的稳定性和增值能力，有助于实现社保基金的可持续发展。第五，构建可持续的社会保障。可持续需要在社会保障体系符合经济发展水平的前提下，各主体充分兼顾眼前的利益和长远的利益，立足当下发展，制定长远战略，不仅要解决现在的问题，还要考虑到将来发展过程中可能产生的问题，采取对策预防和化解，可持续才能实现。第六，构建多层次的社会保障体系，完善多层次、多险种的社会保障体系，以多层次养老保险、多层次医疗保险和长期护理险为抓手。多层次养老保险以夯实基本养老保险制度为基础，发展个人养老金，推动商业养老金融工具健康发展；多层次医疗保险以基本医疗保险为主体，医疗救助为托底，加入慈善、捐赠等方式构建多元医疗保障制度；重视长期护理险的缺口，从制度、服务等角度建立长期护理险制度。

第四节 社会保障体系协同效应提升的基本理论

一 社会保障体系是一个复杂大系统

从广义系统论的角度来看，系统是指由多个元素通过某种结构形式连接而成的，并发挥一定作用的有机整体。理论生物学家贝塔朗菲

(L. V. Bertalanffy) 于 1932 年提出"开放系统理论",由此系统论的思想正式被确定,1937 年提出了一般系统论原理,1968 年发表专著《一般系统论:基础、发展和应用》(*General System Theory*: *Foundations*, *Development*, *Applications*),确立了系统理论的学术地位。系统论是对系统进行研究的普遍范式,通过对不同系统的共性进行研究,并对它们的作用进行量化描述,兼具逻辑和数学的形式。从系统论来看,任何系统都具有普遍的基本特征,即整体性、关联性、层次性结构、动态平衡和时序性。系统论的中心思想就是"系统的整体观",即系统是由各个元素构成的整体,并不是由各部分机械相加,而是由各组成元素相互作用有机结合而成。系统内的要素并非孤立存在,各有其自身的地位和作用,这些因素互相联系,形成了一个密不可分的整体,脱离了这个系统的整体,就会丧失要素的功能。系统论的基本思想方法,就是分析待研究问题的系统构成及功能,研究系统、要素和环境之间的关系和变化规律,从系统化的最优角度来看待问题。从系统论的角度考察,社会保障的系统集成表现为社会保障大系统与社会保障各子系统两大维度,按系统结构组成了有机体系。社会保障系统的运作法则遵循"输入—转化—输出"过程,也就是从外部环境输入信息,对其进行转化后,制定公共政策,并向外输出。

第一,社会保障大系统是一个复杂的系统,涉及许多方面,如政策、法规、资金、服务和管理等。从社会保障大系统的角度来看,社会保障政策是该系统中最重要的部分,涉及社会保障制度的建立、实施和完善。国家出台相关政策,保证以社会保险、社会救助和社会福利制度为框架的社会保障体系的健全与有效运行,使每个公民都能享受应有的保障。同时,政府加强对财政拨款的管理与监管,保证财政拨款的正确使用与合理配置。此外,构建健全的社会保障制度,为社会保障提供全面的服务,使每个公民都能享受到相应的服务。政府制定资金和服务等方面的政策和规定,以确保社会保障制度的实施和完善;加强管理工作,对资金进行有效的管理、监督和分配,只有这样才能确保社会保障大系统能够正常运行并发挥作用。

第二,从社会保障各子系统来看,社会保障系统的完善是关键。社会保障系统包括社会保险、社会救助、社会福利和社会优抚四个子系统。社会保险是最基本的保障制度,包括养老保险、医疗保险、失业保险和工伤保险等[①]；社会救助制度是对家庭、个人或企业提供的帮助和支持，包括低收入家庭补助、临时救助和其他形式的社会福利。首先，在社会养老保险制度体系中，实现多层次、多元化，以当前第一支柱的基本养老保险为主要内容，大力发展第二支柱和第三支柱，遵循"规范发展、完善政策、适当倾斜"的原则，对养老保险第三支柱进行进一步完善，促进市场主体积极开发个人储蓄型养老保险产品，探索发展符合高收入群体需求、体现终身领取特点的商业养老保险。其次，加强多层次的医疗保障制度建设，推进多级医保体系的有效衔接。各地要按照统一规范的居民基本医疗保险政策，合理确定保障水平；在国家规定的药品和诊疗项目目录范围内，按照"保基本"的功能定位，将国家基本药物、医保目录药品、国家组织药品集中采购和使用试点药品以及医疗机构采购使用的其他药品和医用耗材一并纳入医保支付范围，执行统一的支付政策；将现行有效的政策和改革举措纳入国家层面的医保目录，按照基本医疗保险的功能定位和医保目录准入程序，建立完善医疗保障待遇清单制度，实现医保报销标准的规范化。最后，建立最低生活保障、特困人员供养、临时救助等综合的社会救助制度，形成以政府为主导、社会广泛参与的社会救助体系。完善医疗救助、临时救助等专项救助制度，建立健全慈善事业发展的政策法规体系。

二 社会保障子系统间的协同性

1971年联邦德国大学教授赫曼·哈肯（Hermann Haken）提出了协同的概念，1976年创立协同理论，从物理学的角度系统论述了协同效应，即在一个系统中，许多子系统之间的交互作用所造成的总体效果。协同理论将"系统—协同—自组织"作为基本概念范畴，是一种指导系统优化的方法，把系统看作一个有机的整体，由各种不同的元素组成，这些元素之间有着密切的联系。协同理论以系统为切入点，用来解释各种体系及活动现象由无序到有序的变化过程，可以帮助理解复杂系统中的各种复杂现象，各要素之间的相互作用等，提供更多关于如何优化系统结构和功能的信息。不同的系统，虽然具有不同的特性，但是在整体的环境中，这些系统之间既有相互作用，又有协同作用。近年来，协同理论得到了广泛的应用，也被用于分析社会保障体系内部构建。从协同高效

---

① 徐增辉：《制约城乡基本公共服务均等化的深层原因》，《经济纵横》2012年第2期。

的角度考察，社会保障的协同作用可分为内部协同、外部协同两个方面：内部协同指的是自身内部在不同环节、不同阶段，通过对同一资源的有效使用，从而达到整体效果；外部协同指在一个集群中，通过相互协作共享特定的资源，实现社会效益的最大化。

第一，统筹社会保障子系统之间的协同。整合城乡居民基本养老保险和基本医疗保险制度，逐步统一养老、医疗保险待遇，逐步缩小制度差距。推进机关事业单位和企业职工基本养老保险制度并轨，健全失业、工伤、生育保险体系，并根据经济发展状况，制定相应的调整机制，推进实现社会保险、医疗保障与最低生活保障的统一管理。

第二，统筹城乡结构协同，推动城乡社会保障制度一体化。按照城市的发展规律，在建设现代化城镇体系的同时，还要实施乡村振兴战略，培养新型农业主体，最终形成城乡一体化融合发展的新格局，而城乡融合发展离不开城乡社会保障体系统筹发展。目前，城乡社会保障体系在养老保险、医疗保险已实现城乡一体化，但在社会保障项目、社会保障水平、社会福利发展等方面，城乡之间还存在很大差距。社会保障作为重要的基本公共服务，通过制度一体化实现城乡社会保障统筹发展，进而促进城乡结构协同。

第三，统筹区域结构协同，加大对落后地区的财政补助力度。遵循主体功能区的建设理念，建立高密度的经济发展极，以实现集中的专业化生产和紧密的交往，并对非功能区展开有序的引导，缩小区域间社会保障水平差异，从而形成区域结构优化的红利。以养老保险为例，构建健全的全国基本养老保险统筹体，真正实现养老保险基金的跨省统筹；积极地缩小地区间差距，包括基本养老保险的发放标准和基本医疗保险的待遇水平；此外，避免一些经济较强的地区因其财力优势而过度提高社会保障程度，并要坚决捍卫"公平统一"的社会保障目标。

第四，统筹群体结构协同，稳步降低社会保险的人群差异。健全对城乡居民两类保险制度的财政补贴机制。根据我国经济和社会发展状况，适时调整城乡居民两类保险的补贴标准，使其能够适应经济发展的需要。通过将财政补助作为一种杠杆作用，逐步缩小社会保障待遇差异。持续提升城乡居民基本医疗保险的待遇水平，适当提高医疗保险基金的最高支付上限。重视经济系统、自然系统和社会系统之间的协调发展，使这三个体系达到一个耦合的最优态，进而为中国经济高质量发展提供最优的路径。

三 社会保障体系发展规律

社会保障作为一种社会制度,是国家和社会为了满足特定的社会成员的生存需要,通过国家立法强制实施,由政府、企业和个人共同承担责任,以确保其基本生活需要的一项制度。社会保障制度的诞生是人类社会在特定的历史时期必然产生的结果,在促进社会的良性运行与和谐发展中发挥着重要的作用。社会保障理论是对社会保障制度自身建设的规律和独特性的总结,是根据社会保障制度及其实践经验所形成的一套完整的、系统的理论基石,并逐步形成了理论体系,具有指导性和前瞻性。综观国内外有关社会保障理论的研究动向,可以看出,中国对社会保障的研究可分为基础理论和专业应用理论两大类。其中,社会保障的基础理论指的是社会保障的一般原理,即将社会保障体系看作一个整体,探讨社会保障制度体系发展规律。而社会保障的专业应用理论,则是要研究社会保障的各子系统,如社会救助、社会保险、社会福利和各类具体保障项目的运行规律,在此主要就基础理论而言。中国古代虽然提出了"大同社会论""仓储后备论""社会互助论"等社会思想[1],但关于社会保障的研究相对滞后。社会保障理论的起源主要在西方,其基础理论已经较为成熟,并逐渐发展出一些具有重要影响力的理论,比如庇古的福利经济学、凯恩斯的有效需求理论等,到了20世纪80年代,出现了多元化的发展,并出现了新自由主义等思潮。它们都是以经济效率为出发点,从宏观稳定、经济增长等方面对社会保障体系进行了探讨,并对西方国家的社会保障体系的构建产生了一定的影响。

第一,福利经济学社会保障理论。福利经济学的先驱是霍布森,该学科最终由英国经济学家庇古所创立。庇古在完全竞争的条件下,对福利的概念进行了充分的探讨,并对其作了详尽的论述与系统的整理与归纳,最后出版了一部《福利经济学》,从而奠定了该学科的思想基础,并构建了一套完整的福利经济学理论体系。社会福利是一种广义的福利,而经济福利则是一种狭义的福利,指的是一种"能直接或间接地用货币计量的社会福利"。庇古从边际效用递减理论出发,从两个方面对国家的福利进行了分析:一是国民收入问题的重要性;二是对国家福利的重要性。国民收入分配的平均程度越高,所带来的社会、经济利益也就越大。

---

[1] 刘丽:《浅析孔孟社会保障思想》,《人口与经济》2005年第5期。

因此要想提高社会福利，就要在生产层面上加大国民收入的总量，在分配层面上缩小贫富差距。对一个社会而言，当财富数量不变时，要想提高整个社会的整体福利，只能通过收入再分配来实现。政府可以采取的措施主要有：加大对劳动者的经济补助力度，提高其工作环境，为其生病、失业、养老等问题提供相应的物质救助和社会服务；对高收入者实行累进税，对低收入者提高失业救济金和社会救济金，使他们的整体福利效应得到提高；通过普遍养老金制度体系对收入进行有效的转移，以达到社会公平公正。

第二，凯恩斯主义社会保障理论。凯恩斯指出，在"消费倾向定律""资本边际效率定律""流动性偏好定律"三条定律的控制下[①]，会出现消费需求与投资需求的有效需求不足局面，从而造成就业人数减少，出现非自愿失业现象。政府对公共投资有一定的调控作用：以大规模的基本建设项目为主体，补充社会资本；以社会福利为基础，对国民收入的再分配进行调整，例如，通过税收制度和社会福利制度。政府在社会福利方面的介入，可以提高居民的消费意愿，使宏观经济达到平衡。其机制为：在经济衰退期，社保收入增长较慢，而消费增长较快；而在繁荣时期，情况则恰恰相反。在这种情况下，社保基金的收入和支出的快慢变化，能够自动地对社会需求产生影响，进而达到平抑经济波动的目的。凯恩斯从资本主义体系的良性运行需求出发，对社会福利制度存在的必要性与合理性进行了论证，并阐明了一个自由的市场体系无法进行自我调节，只能通过政府在社会保障方面对经济大规模干预作为补偿性调整机制。

第三，新自由主义社会保障理论。在不同发展时期，新自由主义的政治代言人有所不同，20世纪70年代末主要是以撒切尔夫人为主的政治团体，而到了80年代则是以里根政府为主，尽管执掌者不同，但无论是在经济政策上，还是在执行社会福利计划时，都强调要让市场经济的自由度占主导地位。因此，有学者认为，新自由主义是亚当·斯密和穆勒的政治学思想的有机结合，是一种新的政治学思想。自由主义学派提倡在市场经济中，要让自由竞争成为可能，不允许政府对经济和社会生活进行干预，认为人的自由是不能被侵犯的，把重点放在了对个人自由的

---

① 陈祖洲：《二十世纪英国经济政策的理论基础》，《南京大学学报》（哲学·人文科学·社会科学版）1997年第3期。

保障上，其中就包括了对个人权利和私有财产的保护。自由主义学派在英、美两个国家都很受欢迎，其中有一部分原因是他们的政治立场比较保守，另一部分原因则是他们的经济状况很差，导致了他们对社会安全的投入很少。自由派对于福利国家模式的完全否认，太过偏激。

第四，中间道路的社会保障理论。中间道路是20世纪初期出现的一种"民主社会主义"与"自由主义"的意识形态，在20世纪后期对西方国家造成了很大的影响。走中间道路，其本质是调整资本主义，调整过后的资本主义，既能促进经济发展，又能提高社会福利。该学派认为，尽管资本主义是一种很好的制度，但它也存在一些无法克服的缺点与问题，例如，它导致了贫困、失业等社会问题；政府与市场相结合，既能保证社会公正，又能最大化效率，又能保证社会的公平性。该学派对民主社会主义学派的"政府干涉"和新自由主义学派均持不同意见，因此被称为中间道路流派。20世纪80年代末90年代初，新自由主义引发新一轮经济萧条和社会危机，中间道路流派以"第三条路"的形式崛起，并发展壮大，主要代表人物是吉登斯、布莱尔等，他们对国家干预主义与新自由主义进行了深刻的思考，并把这两种思想融为一体，提倡在发展经济的同时，也要注意保持公正，提倡权利和义务的均衡，建立一个积极的福利社会。

第二章　现代化进程中社会保障制度发展历程及经验总结

第一节　"四个现代化"时期与社会保障制度创立阶段

这一阶段从中华人民共和国成立1949年到1977年，在此阶段提出"四个现代化"，实行的是与计划经济体制相一致的社会保障体系。

一　"四个现代化"时期的环境分析

在中华人民共和国成立之初，由于长时间的战争与混乱，国家发展千疮百孔，与此同时，西方的敌人也对我国进行了严密的封锁与打压破坏，使经济遭受重创，并对社会发展产生了巨大影响。在这种条件下，党和国家既要保证经济社会大局稳定，又要努力在较短时间内改变落后面貌，特别是要实现经济和收入水平的较快增长。所以在1956年党的八大会议上，国家领导人为了把中国从一个农业落后的国家迅速转变为工业先进的国家，强调要重点解决经济落后的问题。在这个时候，建立一个更加全面的产业体系，是全党和全国人民最迫切的任务。随后，又在1964年三届全国人大会议上进一步强调了我国建设社会主义民主国家的重要性，又指出我国要在较短的历史发展阶段，拥有现代农业、工业、军事和科技实力，为实现"四个现代化"目标而努力奋斗，不再仅仅局限于工业化领域。所谓"四个现代化"，其实就是工业、农业、国防、科技四个方面的现代化。从科学的现代观点来看，工农现代化是指通过经济手段实现现代化，国防现代化则是通过政治手段实现现代化，而科学技术的现代化是以文化的方式来实现的。[①]

[①] 汪青松、王辰璇：《中国式现代化的历史演进与新时代高度》，《理论学刊》2022年第6期。

可以看出，此时的现代化具有两个特点：一是现代化的内容主要指向经济。这个时期我国对现代化的认识和实践，无论是建立工业国、实现工业化，还是实现四个现代化，或者是围绕这个目标展开的一系列建设，都有强烈的以经济发展为基础的价值导向，这是党对国强民富历史使命的勇敢担当和具体实践。二是现代化内涵在扩大。现代化的中心是工业化，但是只有工业化，农业落后，国防落后，科技落后，那就谈不上工业化。从工业现代化到"四个现代化"的转变，可以看出中国共产党更加全面、更加符合国情地认识了现代化。

在"四个现代化"目标的引领下，我国面临着产业结构转型升级、摆脱经济落后的问题。中国共产党通过抗战充分意识到了人民群众的重要性，只有先保护好人民的利益，社会才能得到发展，提出了要在全国范围内积极探索发展社会保障，来改善民众生存条件，创造良好稳定的能够实现"四个现代化"的社会条件。

二 社会保障制度创立阶段特征

（一）城镇社会保障体系：以劳动保险制度为主要标志

中华人民共和国成立至70年代城镇经济体制改革启动以前，我国一直实行的是与计划经济体制相一致的社会保障体系。这一阶段的社会保障体系，既有劳动保障，也有医疗保险，二者都得到很好的贯彻执行。中央十分重视城镇医疗保障体系建设，以公费医疗等形式建立了城镇医疗保险体系，以农村为单位建立了合作医疗体系。[1]

在劳动保障方面，我国自1951年颁布《中华人民共和国劳动保险条例》后，劳动保障工作就有了重大突破，为中国的建设打下了良好的基础。《中华人民共和国劳动保险条例》（以下简称《条例》）的出台，标志着新时期企业职工基本养老保险体系的建立，也标志着新时期劳动保障体系的进一步健全。《条例》在征收、管理、保障等方面提出了具体的要求，并对劳动保险的实施和监督作出了明确的规定。比如劳保的各种费用，有些是直接从企业的管理部门或资方支付的，有些是通过工会支付的。中华全国总工会是指导地方工会、行业工会贯彻落实劳动保障工作的最高领导机构，对劳动保障工作负总责。各工会基层委员会负责具体管理劳保事务，企业每月需要支付劳保费用，金额为职工工资总额的

---

[1] 郑功成：《中国社会保障70年发展》，《社会科学文摘》2019年第12期。

3%，所缴劳保费用全部存入基层工会委员会，建立了以发放抚恤金、补助金、救济费等相关费用为主要内容的劳动保险相关基金。

劳保医疗制度，主要是针对国有企业，如煤矿、铁路、民航、石油、运输、邮电等行业，职工以及他们的家属，也可以享受到半费的医疗待遇。① 城镇集体所有的企业，也可以参照执行。企业职工医保基金由职工工资总额按规定的比例5.5%提取②，其费用在企业的"生产成本"科目中支付。在职人员和退休人员的工资支出分别由所在企业负担，实行个人自缴自支。1952年发布的《关于全国各级人民政府、党派、团体及所属事业单位的国家机关工作人员实行公费医疗预防的指示》，标志着公费医疗制度在全国范围内的正式实施，并在各级人民政府、各党派团体以及所属单位广泛推广。无论是乡村地区的二等或更高级别的革命伤残军人、高等教育机构的学生，还是政府、政党、人民团体、文化、教育、科研和卫生等公共事业单位的员工，都是享受公费医疗福利的受益者，医疗费用主要来自财政拨款。未纳入医保体系的城市人口是相对较少的。可以说，对于整个城市居民来说，医保的公平程度是非常高的，这是一个由国家来全面承担的保险制度。

（二）农村社会保障体系：以"五保"与合作医疗制度为主要标志

在计划经济的整个时期，农村的社会保障系统主要依赖"五保供养"和"合作医疗"这两种方式来运作。这一现象的产生，除与当时乡村社会、经济的发达程度密切相关外，还与农户生产、生活模式密切相关。

在社会主义改造基本完成后，根据农业和合作社的发展状况，制定了农村"五保"供养制度这一政府方针，旨在解决农村地区部分老人生活不能自理、缺乏劳动能力的问题。在我国的集体经济组织中，"五保"一般采用"集体供养"的办法，以"人民公社"下属的生产队为基础，由其直接向"五保户"发放补贴，并给予其生产、生活上的特殊照顾。③ 在农合阶段，按照互助的原则，中央和地方政府为广大农民提供了最基本的医疗服务，并在一定程度上促进了"合作医疗"的发展。该制度从山西高平县开始摸索和尝试，到后来在全国各地得到了快速的推广，成

---

① 廖藏宜：《中国医保建制改革70年》，《中国人力资源社会保障》2019年第11期。
② 资料来源：《中华人民共和国劳动保险条例》。
③ 周肖：《新中国构建农村社会保障体系的初步探索（1949—1957）》，《毛泽东邓小平理论研究》2022年第2期。

为我国构建农村医疗保障体系的依据。与此同时,"合作医疗"又正好符合当时广大农村的实际需求,与卫生院、"赤脚医生"并称为"三大法宝"①,农村社会保障体系的起步发展阶段也正发生在这个时期,同时也确立了一个复合型的框架——以集体保障为主,社会保险为辅。而且集体农村社会保障体系这一种模式体制,是一种由生产体制自身来承担的体制,也不需要在体制之外另设体制。但是由于当时生产力水平低下,抵御风险能力较差,仅仅是农业合作社内部的自我保障,与实际上的现代社会保障制度还有很大差距。农村集体社会保障制度的实施范围,仍然属于传统的福利需求基准型社会保障体系的范畴。

第二节 现代化道路开创期与社会保障制度探索阶段

这一阶段从党的十一届三中全会的召开1978年到2001年,此阶段为计划经济向市场经济转型时期,经济体制经历全面深化改革,社会保障体系改革旨在为市场经济变革保驾护航。

一 现代化道路开创期的环境分析

经过前一个阶段的艰苦摸索,在面临何去何从的困境中,我国领袖们进一步意识到,要继续走"四个现代化"之路,要从历史的正面与负面的经验中,走出一条适合我们自己的、独立的道路。在新的历史条件下,面对的是怎样走出一条具有中国特色的现代化道路,如何实现社会主义现代化的奋斗目标问题。党的十一届三中全会确定了发展社会主义现代化的主旋律,提出把经济建设放在首要位置,把发展社会主义现代化放在首要位置;紧随其后,邓小平同志在党内的理论会议中再一次强调了走中国特色的现代化之路,要从我国国情出发,进一步表明要从我国发展实际出发实现现代化。②

在改革开放的大环境下,我国的城市经济呈现出飞速增长的势头,众多经济要素不断涌现,为社会主义市场经济体制注入了新的动力,目

---

① 邓大松、李芸慧:《新中国70年社会保障事业发展基本历程与取向》,《改革》2019年第9期。

② 郭璇、郭占恒:《中国式现代化的发展逻辑和历史进程》,《观察与思考》2023年第8期。

前，市场经济为主导的体制已经开始形成。在这种背景下，我国开始进入全面深化改革时期，以适应社会发展的新形势。在20世纪70年代末到80年代初，我国经济体制经历了深刻的改革，这一系列的变革极大地改变了我国的经济模式。原有的社会保障体系因为计划经济体制的逐步衰退而出现不稳定的苗头。① 80年代中叶以来，随着城镇和国有企业的不断深化，由计划经济形成的"铁饭碗"和"大锅饭"逐步被打破，出现了人才资源向社会流动的新局面。随着我国经济的发展，第二产业、第三产业的就业人数不断增加，工业化和城市化进程不断加快，我国经济发展水平不断提高。为配合我国不断发展的市场经济，并与改革开放同步，对社会保障体系进行了较为广泛、深入的系统研究和变革，如何为国有企业"减负"，保证经济改革的顺利进行，是社会保障体系改革的重中之重。② 这就要求改革不仅要有效地保护集体职工和个人职工的合法权益，而且要把国有大中型企业搞活。

我国改革开放的步伐在20世纪90年代逐步加快。邓小平南方谈话和党的十四大的召开标志着我国社会主义改革开放和"四个现代化"建设步入了新的发展阶段。党的十四大明确指出，要推动我国的经济体制改革，实现从计划经济体制向社会主义市场经济体制的转变，这是党的奋斗目标。在这种背景下，我国开始进入全面深化改革时期，以适应社会发展的新形势。在第十四届中央委员会第三次全体会议上提出的《关于建立社会主义市场经济体制若干问题的决议》中，社会保障制度被认为是保障市场经济正常运作的关键机制，并明确指出需要建立一个由各单位和个人共同承担的多级社会保障体系，并强调了制定城镇职工养老、医疗保险办法的必要性，同时也指出了多层次社会保障制度也是社会主义市场经济的重要支撑。我国的社会保障政策早已突破了狭隘的鼓励国有企业改革的政策，转向了市场政策，表现了鲜明的效益理念。

二 社会保障制度探索阶段特征

（一）城镇社会保障体系的恢复与改革探索

20世纪80年代中期以后，我国开始对城市社会保障制度进行全面的改革。一方面，新兴的企业经营者和私人所有者在成长，外资、中外合

---

① 郑秉文：《中国社会保障40年：经验总结与改革取向》，《中国人口科学》2018年第4期。
② 何文炯：《新中国70年：国民社会保障权益的进步与展望》，《西北大学学报》（哲学社会科学版）2020年第1期。

作企业的数量不断增多，规模也在不断扩大，这就需要将从原本只覆盖国有企业职工群体的社会保障体系扩展到多种其他所有制形式的企业职工，进而促进社会保障制度的覆盖面扩大，推进社会保障制度的社会化运作。另一方面，国有企业自身进行了制度变革，导致了一批国有企业员工不得不下岗。可以看出，城镇社会保障制度成为国有企业改革配套的产物[1]，因此，以养老和医疗保险为主要内容的社会保险项目，成为社会保障制度改革的重中之重。

在城镇职工基本养老方面，《国营企业实行劳动合同制暂行规定》的发布和执行，为国有企业的雇用方式带来了根本性的变革，废除了"铁饭碗"和终身雇用制度，从而有效地推动了国有企业的进一步发展。1991年，《关于企业职工养老保险制度改革的决定》明确了养老保险制度应由国家、企业和个人共同承担的责任。同时，该决定强调以个人缴费为主、社会统筹和个人储蓄并重的方式来缴纳养老金。在1995年发布的《关于深化企业职工养老保险制度改革的通知》文件中，明确提出了"统账结合"的具体执行策略，从中可以看出此策略是基于我国在扩大参保范围、将"社会统筹"与"个人账户"相结合的试点工作而得出的。在1997年发布的《关于建立统一的企业职工基本养老保险制度的决定》（以下简称《决定》）文件中，首次引入了"社会统筹"与"个人账户"这两大概念，并将它们融合，从而塑造了一个新的观念。养老保险资金的收集方式已经从即时收取和支付转变为同时收取和支付，并且部分资金得以积累，同时在《决定》中也突出了个人和企业的筹资责任，个人账户是按照个人工资的4%来建立的，其中，在《决定》提出的同年个人缴款率不得低于本人薪金的4%，其后，以每两年一次的幅度增加一个百分点，直至最后达到个人缴款额的8%，剩余的资金则由企业缴纳。随着个人缴纳比率的增加，企业缴纳的份额也要逐渐降低到工资的3%。《决定》也将企业职工基本养老保险制度纳入其中，并对企业及个人的缴费比例、企业及职工个人账户的规模及基本养老金的计算方法作了相应的规定。与此同时，养老金的计算方法也已形成。一个具有"统账结合"特色的城镇养老保障体系已基本形成。

在城镇职工基本医疗方面，根据我国的状况，在城市企业中进行基

---

[1] 陈旭辉：《促进共同富裕的社会保障制度改革研究》，《南方金融》2023年第1期。

本医疗保险改革，其必要性要远远大于对"退休""失业"的改革。从1992年到1998年，我国一直在积极探索"统账结合"的医疗保险模式。1994年在江苏镇江、江西九江两市启动了"两江试点"，试点结果证明这一模式行之有效。接着，1996年之后，这一先驱计划还向其他城市推广开展。经过多年研究与实践，1998年12月《关于建立城市职工基本医疗保险制度的决定》（以下简称《决定》）出台，该决定实现了全国城镇职工医疗保障制度改革。通过对全国各地职工医保制度的改革，确定了"统账结合"的医保制度，并规定了职工医保制度、多层次医保制度以及药品管理制度改革的方针。所有单位职工均可享有城市职工基本医保。在劳动部门对灵活就业人员、农民工以及非公有制经济等方面进行进一步完善之后，将会把城镇职工的基本医疗保险覆盖面扩大到所有城镇从业人员。医保基金的支付责任由单位和个人共同承担。企业应根据员工工资的6%进行缴纳，而个人则应根据自己工资的2%进行缴纳，而退休人员则不再需要缴纳。《决定》的出台，作为医疗保障体系核心的城镇医疗保险制度终于确立起来。

在城镇失业保险方面，《关于待业保险工作情况的报告》指出，为进一步深化企业体制改革和为下一步的重点工作提供有力的保障，构建失业保险制度是必要的。《国有企业职工待业保险规定》是在1993年提出的，规定企业应为其失业保险金缴纳月收入的0.6%，但是最多不能超过职工月薪的1%，对所有国有企业员工进行了全面的保障。虽然在这个时期"失业保险"这个词还在争论中，但是这次改革势在必行。随着国有企业改革的不断深化，下岗职工人数不断增加。这一时期，国家也开展了一系列的"再就业"项目，并于1998年年底，国务院常务会议通过了《失业保险条例》，对失业保险制度进行了明确规定。例如，城市中的企业要按其基础工资的2%缴纳失业保险，而员工只需按其本人工资的1%缴纳。从这个角度来看，这时才真正地建立了失业保险制度。

在工伤和生育保险方面，1996年5月，劳动部提出要实行"两保"，也就是两个体系，即工伤和生育保险。《企业职工工伤保险试行办法》于8月正式发布，提出在全国范围内，要努力使市县覆盖率达到50%，未来十年要使90%以上的市县完成改革，平均工伤保险费率标准一般不能高于工资总额的1%，等等，由此，我国工伤保险体系初步形成。1977年，劳动部发出《生育保险覆盖计划通知》，提出有必要设立孕产保障基金，逐步将女性生育保险费用从企业自负转为社会自负,并将参保对象从国有企业扩大到不同类型的企业,并在全国实行统一的保险项目、缴费比例、给付标准。比如,规定了缴纳保险费的比例,一般为职工工资收入的0.6%,但不能超过1%这个上限。生育保险制度通过此举也正式得到了确立。到此,我国已成功建立五险并列的城镇职工社会保障体系。

在城镇最低生活保障方面,借鉴上海低保方面的规定,于1999年9月颁布了《城市居民最低生活保障条例》,将其经费纳入国家财政预算,并将其编入社会救助基金,实行特殊管理、专款专用,也对低保对象进行了明确的界定,这样才能更好地把钱用在正确的地方。我国正式建立了城市低保制度。

(二)农村社会保障体系的改革探索

改革开放之初,随着城市社会保障制度的发展,人们对城市社会保障制度进行一系列的思考和改革探索,而农村社会保障制度的进展不尽如人意,出现了一些退步的现象。随着家庭联产承包责任制的实施,农村集体经济组织的实力不断下降,引起了农村资源配置关系的改变,合作医疗制度丧失了赖以存在的经济基础,一度兴盛的新型合作医疗面临着普遍的解体。[1] 然而,我国在农村卫生制度的改革和调整方面并未及时采取行动,因此我国开始研究建立农村社会保障制度来应对这种情况。

在农村养老保障方面,20世纪80年代中期以来,我国对农村社会养老问题开始了探讨。在我国一些经济较发达的乡村,在集体社区开展工作,采取商业化运作的方式,对集体负责的社会保障基金进行了初步探索,然而,这种方法的效果并不显著,因此不适合在全国范围内推广。1997年颁布的《县级农村社会养老保险管理工作规程》,针对我国农村养老保险面临的突出问题,进行了相应的规定。农村养老保险工作的目标和重要性,在随后召开的党的十五大和人大九届一次会议上都得到了再次强调。1998年,我国将农村养老工作从民政部转移到了劳动和社会保障部,但是,因为各种原因,我国农民参保人数急剧下降,这就造成了保险基金不能正常运转,农民的养老问题十分突出。[2] 1999年,国务院明确提出,在农村地区,还没有建立和完善的社会保障制度的现实条件,

---

[1] 林淑周:《中国共产党农村社会保障的百年探索实践及启示》,《广西社会主义学院学报》2021年第3期。

[2] 宋少燕:《我国农村社会保障体系问题研究》,《农村经济与科技》2021年第6期。

对新社保体系停止了探索，转而着重解决现行社保体系的困境。

在农村医疗保障方面，1991年，《关于农村医疗卫生工作改革和加强的请示》提出，为我国农村医疗制度的探索之路奠定了基础。1993年，党中央出台《关于建立社会主义市场经济体制若干问题的决定》，出台了一系列的方针和措施，并在全国贯彻执行，这开启一个新的时期。随后，我国卫生部于1994年与世界卫生组织联合进行了中国农村合作医疗的试点工作，以期为我国农村合作医疗的法律法规的制定提供一定的理论依据。我国在1997年颁布的《关于发展和完善农村医疗合作若干意见》中，明确提出了"到2000年基本实现城乡居民基本医保"的目标。《关于农村卫生改革与发展指导意见》指出，要充分发挥国家有关法律、法规、政策等方面的优势，积极探索和研究新型农村合作医疗制度。这一系列文件的颁布实施，在很大程度上促进了新时期农村合作医疗的恢复与发展。

在农村最低生活保障方面，为了更好地落实五保政策，政府改革了五保户救助办法，对五保户资金来源进一步做出了明确规定。1991年，国务院发布《农民负担费用和劳务管理条例》，对农村五保供养基金进行了界定，即"村庄统筹经费"和"福利金"，并在此基础上进一步完善了农村五保供养经费的制度。通过这种方式，确保了五保制度的延续，并使五保制度的供养人数和水平得到了大幅增加。另外，1994年颁布的《农村五保供养工作条例》对五保供养制度进行了进一步的完善，并对其各种细则进行了详尽的规定，使五保制度在中国特色下更加规范和法制化。1995年，在全国民政部门召开的低保大会上，农村低保制度被提了出来，并开始在农村开展试点工作。1996年，民政部印发了一项关于加快农村社会保障体系建设的文件，再次强调了建立普遍的农村最低生活保障制度的重要性。

第三节　全面建成小康社会时期与社会保障制度创新发展阶段

这一阶段从2002年到2020年全面建成小康社会，经济发展水平显著提升，人民生活水平明显改善，实现了共同繁荣。社会保障体系经历城镇、农村社会保障体系创新以及城乡社会保障一体化。

一 全面建成小康社会时期的环境分析

在总结了过去改革和探索的经验和教训后，我国正式宣布迈入新的时代。中国共产党仍然努力推动社会主义现代化的全面建设，于2020年全面建成小康社会。社会主义建设阶段的现代化和改革开放新时期的现代化都高度重视经济发展指标，但是，全面的现代化是一个包括经济、政治、社会、文化和生态文明在内的全方位的现代化，因此，它的内涵也就更为丰富。这一转型使现代化目标，在已有的物质与精神成就的基础上，向立体的、能动的、可持续的、全方位的高质量发展的现代化新模式迈进。经济繁荣，政治文明，社会和谐，生态文明，是实现小康社会的必然要求。在这个阶段的经济发展水平意味着经济状况已经达到了全面建设小康社会的标准，人民生活水平也得到了广泛改善，在我国的所有区域、在所有的社会层次上达到了共同繁荣。

全面小康的本质要求是实现全民共同富裕，但要实现全面小康，最大的困难就是要把不同的社会群体的保障需要纳入其中。尽管改革开放以来，社会保障工作有了很大的突破，民生工作也有了长足的进步，但是，社会是曲折持续地发展的，这主要体现在：城乡发展失衡，特别是在社会保障体系上。一是由于小康口号的提出、城镇化的持续推进、人口越来越多地涌入城镇、城乡收入也不断扩大，城镇人口在制度设计上长期成为社会保障的重点对象，从而造成农村社保制度建设长期被忽视，导致制度公平程度下降。① 二是各地区之间的发展差异很大。由于我国财政有限，中西部地区、革命老区、边疆地区等地区基础设施薄弱，经济发展落后于东部地区，这里的人民生活、公共服务水平亟待改善，制度的统筹性有待加强。三是美国次贷危机引发的国际金融危机，对处于转型期的外向型经济产生了严重的影响。政府逐渐意识到上述问题，对制度的公平性予以高度重视，开始重点探索和建设农村社会保障制度，大力推进全民社保制度的构建，以拉动消费，从而达到以国内需求为导向的经济增长。并且党的十六大以来，党中央又着重提出加快建立和完善城乡居民社会保障制度，社会保障进入城乡协调发展新阶段。我国的社

---

① 汪兆江、刘丹鹭：《从"发展型社会"到"社会型发展"——中国式现代化社会保障体系的范式取向》，《新经济》2023年第6期。

会保障制度也开始了全面发展和制度创新的进程，以适应时代发展的要求。

二 社会保障制度体系创新阶段特征

（一）城镇、农村社会保障体系创新阶段（2002—2011年）

随着改革开放的深入，我国的社会保障制度的运作路径已经由单位保障或单位福利转变为社会保障，其整个逻辑也由劳动保障转变为社会保障。[①] 随着市场经济体制的不断完善，各种类型的企业不断涌现，社会保障体系涵盖了各种经济形态的劳动者群体。而20世纪90年代后期，随着我国市场经济转型、全面小康社会的快速发展，城市化进程中出现了下岗、失业、区域发展不均衡等一系列社会问题，这些问题又迫切需要新的社会政策来解决。

1. 城镇社会保障体系的创新

（1）城镇居民基本医疗保险

在城镇居民医疗方面，随着《关于开展城镇居民基本医疗保险试点的指导意见》的发布，从2007年开始，一个新的政策开始实施，我国开始了全民医保体系的改革，旨在为不在城镇职工医保范围内的在校学生、少年儿童以及其他无就业人员提供医保服务。缴费要兼顾到户，也要考虑到政府的补助。对城镇医疗保险参保人员每人每年平均不低于80元，城镇特困人员医疗保险参保人员不低于60元。对中西部地区，根据新农合相关规定，由中央政府给予50%的资金支持。同年，在经历了2003年大病医疗制度在城镇职工中试点后，大病医疗制度扩大至城市居民。此举使城市居民也能享受到大病医疗的保障，减轻了他们在面临重大疾病时所面临的经济负担。从2007年起，我国在全国实行了城镇居民基本医疗保险制度，并把它纳入"社保"的范畴。这一步骤使医疗保障覆盖更多的城镇居民，使他们的医药费用负担得到有效减轻。

（2）城镇居民基本养老保险

在城镇居民养老方面，2000年，国务院出台了《关于印发完善城镇社会保障体系试点方案的通知》，提出了八项任务，其中包括"设立企业年金"和"优化企业年金"等。接着，辽宁启动了企业缴费由个人账户

---

① 胡晓义：《论我国社会保障制度改革的系统集成、协同高效》，《中国社会保障》2023年第2期。

直接扣减，个人账户中的基金份额由11%调整为8%，同时把社保基金和个人账户基金分开管理。基础养老金由统筹基金负责支付，而个人账户将承担个人养老金的支付责任。此外，随着缴费年限的增加，比例也会相应提高。在2005年，辽宁作为试点地区，发布了《关于完善企业职工基本养老保险制度的决定》，这一政策的实施，使该制度得到了非常出色的执行。比如，把基础养老金的计发标准从社会平均工资的单一因素改为社会平均工资和个人缴费工资的双重因素，并将个人账户养老金的固定计发月数120个月调整为根据个人退休年限确定的计发月数。根据《关于实施城镇居民社会养老保险试点的指导方案》，2011年6月，全国范围内进行了大规模的城乡统筹试点工作，力求在全国范围内为全国人民提供基本的社会保障。我国的"全民医保""全民养老"等制度建设，第一次在制度上实现了全面覆盖，"人人享受保障"的目标逐渐变为现实。

在企业年金方面，2000年12月，国家发布了《关于推进城镇社会保障体系改革的试点方案》，将传统的辅助性养老金转变为企业年金，从而开启了企业年金的发展之路，并在对前一阶段各地试点经验的总结提炼上规范了企业年金的运用方式和税惠政策。在该试点方案推动下，辽宁率先开始试点。2003年，中央决定对企业养老保险实行税收优惠。此后，税收优惠政策在全国范围内陆续实施，幅度从4%—12.5%。《企业年金试行办法》《企业年金基金管理试行办法》等都对企业年金的缴费方式、决策程序、管理方式、投资产品的可投资比例以及投资产品的选择等方面做出了具体的规定。还提出了一种新的、以市场为导向的、以人为本的企业年金的基本框架——完全积累型的信托模式。《企业年金基金管理办法》于2011年进行修改，在操作上做了新的完善，其中包括了明确投资范围、确定出资比例等方面。在企业年金的管理和信息披露等方面也进行了更加全面和细致的改进和调整。企业年金制度在不断完善和优化。

2. 农村社会保障体系的创新

在农村养老保障方面，2008年10月，我国推出了一种新型的农村社会保障体系，即个人缴费、集体支持以及国家补助。自国家出台《关于开展新型农村社会养老保险试点的指导意见》以来，我国有关部门本着"保障基本权益，扩大覆盖面，灵活实施，可持续发展"的原则，正式引入了"新农保"政策，并经过多年的试点，使其成为涵盖了绝大部分农村老年人口的社会保障体系，这是千禧年来首次由农民享有的社会保障；截至2012年，我国已经有4.6亿农民参加了新农保，这意味着新农保在全国范围内实现了高度的覆盖。①

在农村医疗保障方面，2002年，第十六届全国人大会议提出，要在具备条件的地区试行农村医疗保险，国务院《关于进一步加强农村卫生工作的决定》明确提出"大病统筹"的新型农村合作医疗制度，目的是使农民享受到更加全面和高质量的医疗服务。同时，该决定对新农合的未来发展提出了积极展望，强调要进一步完善制度机制，为了更好地满足广大农民群众的卫生需要，必须加强卫生资源的分配与管理。在2010年之前，几乎所有人都将获得参保的机会。2003年，我国正式发布了《关于实施新型农村合作医疗制度的通知》，并在全国各地展开了试验，这一年可以说是新农合制度的起始之年。从2006年起，以国家卫生部为代表的有关部门，开始在全国范围内积极推进，到2009年，参加新农合的比例已达94%，初步形成了一套覆盖我国广大农民的比较成熟的新农合制度。②

在农村最低生活保障方面，中华人民共和国成立以来，就一直实行以"五保户"等形式为代表的农村最低保障制度。不过改革开放之前，我国实行的是计划经济，依托农村集体经济组织向农村居民发放最低生活保障，改革开放以后，计划体制开始动摇，原有的在农村集体经济组织上建立的最低保障制度体系已经破产。尤其是20世纪末，乡镇企业的不振以及工农产业的巨大"剪刀差"引发了大量农村贫困问题，农村迫切要求建立新的农村最低保障制度。中国农村最低保障制度在进入21世纪后，取得了巨大的成就，从一无所有到有了一个完善的制度。③《关于建立农村最低生活保障制度的通知》是2007年颁布的，对低保对象、标准、资金的来源进行了详细的界定，由此，我国的农村低保制度正式开始，这是一项历史性的工作。

在农村五保工作方面，2003年我国全面进行农村税费改革，改变了农村提留收取使用办法，"五保"的经费从农业税中划拨，同年，我国对农村税费进行了全面改革，改变了农村提留收取使用的方式。同时，将农业税中的经费划拨给"五保"，从而更大程度地保障了"五保"的经

---

① 章卫东、赵琪：《新农保可持续发展机制探索》，《中国财政》2014年第5期。
② 资料来源：《2009年中国卫生事业发展统计公报》。
③ 张兴华、陈家贤：《农村社会保障制度的完善》，《中国集体经济》2022年第20期。

费。《关于进一步加强农村五保供养工作的通知》为"三农"工作提出了新的要求，并在此基础上提出了新的要求。2006年，我国取消了农业税，切断了五保供养经费，并及时出台了新修订的《农村五保工作供养条例》，规定本地区县级以上人民政府对五保对象负责，由国家财政提供资金支持，从而实现了对五保供养的基本完善。

伴随这一时期中国经济快速发展，不完善的农村社会保障制度导致对社会稳定的威胁日益严重。在这样的背景下，随着2002年党的十六大的召开，中国农村社会保障工作取得了重大突破，一个以新型农村合作医疗、农村最低保障制度、新型农村社会养老保险为核心，以政府救灾、医疗救助等其他社会保障为辅的全新的、规范化的农村社会保障制度正在加速形成，城乡社会保障失衡的趋势有所缓解。

（二）城乡社会保障一体化阶段（2012—2020年）

从2012年开始，我国全面启动了"城乡统筹"工作。城乡二元养老保险体系正在朝着消除差别的新起点迈进。2012年11月，党的十八届三中全会第一次明确提出了我国社会保障体系改革的基本原则，包括提高社会保障的公平性，适应流动性，确保可持续发展。此外，还着重指出了统筹推进城乡社会保障制度的重要意义，为今后的社会保障制度的构建与发展指明了明确的方向，同时也是我国社会保障制度发展的一个重要标志。[1] 党的十九大报告中明确提出，要建立一个覆盖所有人、城乡统筹、权责明确、保障适当、可持续发展的多层次社会保障制度。从党的十九大到现在，我国多层次的社会保障制度建设已经步入了一个新的阶段，中国特色社会主义保障制度的建设也正稳步推进。可以看出，我国社会保障制度在这一时期迈上新台阶。

在养老保障方面，《城乡养老保险制度衔接暂行办法》的出台，标志着城镇、农村基本养老保险制度的全面融合，使我国步入了一个全新的发展时期。只要符合条件就可以参加。这种统一的社会养老保险制度被称为城乡居民社会养老保险，不管是农村居民还是城市居民，都可以享受同样的待遇、领取条件和规则。同年，国务院常务会议做出了新农村社会养老保险与城镇居民社会养老保险合并的决定，指出"到2020年，

---

[1] 王贤斌，苏蒙蒙：《中华人民共和国70年农村社会救助政策回顾、反思与展望》，《宁波大学学报》（人文科学版）2020年第1期。

以最大限度地保证参保居民的基本养老生活为前提，实现公平、统一、协调、规范"的目标。从 2015 年开始，中国围绕着城乡社会养老保险政策的衔接做了一系列补充，有关部门先后颁布了多项城乡居民基本养老保险衔接办法，加大了与"一元化"养老保险相配套的其他社会保障制度改革力度。我国于 2017 年出台的《"十三五"国家老龄事业发展和养老体系建设规划》，为应对老龄化作出重大战略部署，并进一步深化社会保障体制改革。城乡居民养老保险制度与中国的城乡统筹发展战略相一致，为构建公平、公平和可持续的社会保障体系打下了良好的基础。

在医疗保障方面，"新农合"制度从 2003 年建立以来，基本覆盖了所有农村居民，改善了农村居民的身体健康，缓解了群众看病难的问题。但是，"新农合"与城镇居民医疗保险还存在巨大区别，城乡社会保障资源分配不平等造成了很多社会公平问题。为此，2016 年国务院出台了《关于整合城乡居民基本医疗保险制度的意见》，提出要统筹城乡居民医保，构建统筹城乡居民医疗保障体系。其中，医保整合政策从覆盖面、筹资方式、保范围、保目录、定管理、保基金五个层次实现"六统一"。2018 年全国两会提出的机构改革方案，组建了实现城乡居民医保机构合并的国家医疗保障局（以下简称国家医保局）。统筹城乡居民医保一体化已是大势所趋。从 20 世纪 90 年代开始，中国的城乡二元经济社会体制已经开始瓦解，为了消除城乡之间的隔阂，我国在 2014 年发布了《关于进一步推进户籍制度改革的意见》。2017 年，国家发展和改革委员会（以下简称国家发改委）将全力推进居民身份证的全面实施，以便更好地促进外来人口的城市定居。2019 年，中央办公厅和国务院发布了《关于促进劳动力和人才社会性流动体制机制改革的指导意见》，全面推动户籍制度的放宽或废除，为户籍制度的进一步改善提供了积极推动。城乡二元制度的改革推动着医疗保险的整合，使医疗保险从"分散规划""各异标准""分散管理""分散经办"模式向"统筹规划""一致标准""集中管理""统一经办"模式转变。

在最低生活保障方面，《关于建立社会救助和保障标准与物价上涨挂钩的联动机制的通知》与《关于进一步规范城乡居民最低生活保障标准制定和调整工作的指导意见》是由国家发改委、民政部、财政部三个部委共同印发的，旨在建立一套全面动态调整的城乡低保标准体系，以缓解因物价上涨而带给贫困群众的生活压力。2012 年 9 月，国务院印发

《关于进一步加强和改进最低生活保障工作的意见》（以下简称《意见》），对城乡低保工作进行了进一步的规范，并以《意见》为指引，出台了与之相适应的相关政策。并提出了"生活费支出""恩格尔系数""消费支出"等计算方法，将这些计算方法结合起来，根据实际情况，对低保标准进行动态、实时的调整，确保其不低于最低工资标准。此举措加强了低保工作保障，使城乡最低生活保障得到了更好的落实。

第四节 推进实现中国式现代化时期与高质量社会保障体系构建阶段

从"十四五"规划实施第一年2021年到现在，此阶段以推动经济社会高质量发展为任务，以实现共同富裕为目标，推进中国式现代化。在保障社会保障制度可持续发展的同时，坚持做到应保尽保、保障基本需求、提供多层次保障。

一 推进实现中国式现代化时期的环境分析

以习近平同志为核心的党中央在全面认识世界现代化的共性特征，深刻洞察世界现代化发展趋势的基础上，立足中国国情，于党的十九届六中全会明确提出"以中国式现代化推进中华民族伟大复兴"。我国政府根据基本国情，对中国式现代化进行了系统性的深远规划和前瞻性的战略思考，全面推进社会主义现代化建设，使经济、政治、文化、社会、生态等各个重要方面的现代化都能无缝衔接起来。[1]"创新、协调、绿色、开放、共享"五大发展思想是国家治理体系和治理能力现代化的重要内容，在此基础上，中国特色社会主义建设将更加科学合理，党和国家各项事业不断取得新的成绩。中国式现代化进一步坚持全体人民共同富裕理念，以实现生产目标与生产效率的统一。同时，中国式现代化的推进是一个复杂的系统工程，需要综合考虑多个关键要素，具体内容有：顶层设计与实践探索、战略与策略、守正与创新、效率与公平、活力与秩序、自立自强与对外开放等。为实现整体推进和系统谋划的目标，在

---

[1] 章玉贵、赵文成:《中国式现代化:经济内涵、逻辑演进与范式创新》,《上海经济研究》2023年第5期。

"十四五"规划中明确提出了推动经济社会高质量发展的任务，最终的目标是确保全体人民共同享有富裕。要做到这一点，就需要把促进全体人民共同富裕摆在一个非常突出的位置，这既是社会主义的本质要求，又是中国式现代化的本质特征，也是广大民众所期待的。而共同富裕的本质，就是要以社会保障为前提，以人民的基本和普遍的利益为基本出发点。① 所以，在实现共同富裕的过程中，社会保障体系起着举足轻重的作用，进而推进现代化。而且，在新的时代条件下，我国的社会主要矛盾也发生了变化，这就是人们日益增长的对美好生活的需要与发展之间的不平衡和不充分之间的矛盾。这也给社会保障制度带来了更高的需求，除推动经济发展、促进社会公平之外，社会保障还应该承担起增进人民福祉、实现成果共享的任务，持续满足人民对美好生活的需求就成了社会保障制度所要面对的一个重大问题。② 我国的社会保障体系正在社会主要矛盾的牵引下不断健全和成长。

相继，党的二十大报告再次提出，高质量发展既是我国社会主义现代化的第一要务，又是中国式现代化的内在要求。在经济范畴内，高质量发展就是对优质的质量和效率的不断追求，以供给侧结构性改革为核心，驱动经济实现质的飞跃、效率的提升和动力的转变。在社会保障方面，需要紧密关注不平等和不充分的问题，要坚持以人民为中心的发展思想，创建一个全面覆盖、统筹城乡、公正统一、安全规范、可持续的多层次社会保障体系，为人民群众构筑起一张更加严密、可靠、牢固的社会保障网络，让人民群众过上更加美好的生活。社会保障既是保障和改善民生，又是维护社会公平，增进民生福祉的制度保证，起到了保障民生安全、调节收入分配、平稳经济运行的作用。因此，时代发展的必然要求，就是要促进我国社会保障事业向高质量和可持续发展迈进。③

二 高质量社会保障体系构建阶段特征

在过去的70年中，社会保障工作在各个领域都取得了巨大的发展。

---

① 贾玉娇：《社会保障制度推进共同富裕的理论逻辑与实践逻辑》，《社会保障评论》2023年第2期。

② 林卡：《回顾与展望：中国社会保障体系演化的阶段性特征与社会政策发展》，《人民论坛·学术前沿》2021年第20期。

③ 白维军：《高质量发展视角下的社会保障制度整合优化》，《中国高校社会科学》2023年第2期。

一是新老社会保障体系的全面转换。在进行了一场全面而深刻的制度改革之后，我国的社会保障制度正在经历转变，以适应社会主义市场经济和社会发展的需求。过去的制度以国家负责、主要覆盖城镇居民、单位（集体）包办、单一层次、免缴费型福利为基本特征。目前，我国正逐步构建起以政府为主导、覆盖所有人、共同承担责任、社会化和多元化的社会保障体系。[1]

二是社会保障事业是一个全方位的发展过程，是一个让所有人都能享受到国家发展成果的根本方式，也是一个有力的保证。目前，我国已经建立了一个在全球范围内最庞大的社会保障系统。根据《中华人民共和国 2021 年国民经济和社会发展统计公报》的数据，截至 2021 年，参加职工基本养老保险的人员有 48075 万人，比 2020 年多 2454 万人，增长了 5.38%。其中，城乡居民基本养老保险比上年增长 554 万人，总参保人数达到了 54797 万人。职工医保参保人数已达 5422 万人，比 2020 年多 967 万人。城乡居民基本医保参保人数为 136424 万人。目前，失业保险、工伤保险和生育保险分别为 22958 万人、28284 万人和 23851 万人。与 2020 年相比，失业保险参保人数增长了 1268 万人，增幅达 5.85%；工伤保险增长了 1521 万人，增长率为 5.68%，生育保险增加 283 万人，增长幅度较小。乡村中有 3474 万人受到了低保的照顾，而在城镇则有 738 万人获得了相应的支持。主要社会保险项目已经实现了"所有符合条件的人都应该受到保障"，社会保障已经实现了制度上的全面覆盖。随着社会保障制度的健全，人们的生活质量也在不断提高。同时，社会救助水平也在持续上升，其他各项保障待遇也在不断地增长，这些都说明了人民群众通过社会保障制度分享国家发展成果的份额在不断地增加。

三是在减少贫富差距，促进社会公平，解决重大问题方面发挥了重要作用。首先，社保制度是防止和减少贫困的最主要机制。[2] 例如，所有老年人均可享有养老金，为防止和减轻老年人的贫穷提供了强大的后盾；成功实施全民医疗保险的目标已基本达成，从根本上削弱了疾病与贫困之间的关联；其他各种社会保障制度的建立，也都在一定程度上降低了被保障人员的经济负担，提高了他们的转移收入。特别是针对扶贫对象

---

[1] 鲁全：《新中国成立以来中国共产党的社会保障理念发展与制度实践》，《社会保障评论》2022 年第 6 期。

[2] 郭红建：《从精准扶贫看完善农村社会保障制度的紧迫性》，《今日财富》2021 年第 8 期。

的社会保障专项行动，能够解决低收入群众的温饱问题，让他们衣食无忧，并使他们的教育、医疗和住房都得到安全保障。其次，在新冠疫情的影响之下，不但维持了各种社会保障制度的正常运行，还提高了其保障水平，通过及时地采取一系列的对策，让人民群众吃下了最可靠的"定心丸"，充分显示了这一制度的坚强韧性和卓越功能。

面对以上成果，在实现社会主义现代化的进程中，党中央更是把社会保障体系建设摆在了更高的地位，在保障制度可持续发展的同时，坚持做到应保尽保，保障基本需求，提供多层次保障。在此期间，一系列重大决策和部署都提出了新的思路、新要求，使我国的社会保障制度建设步入了高速发展的轨道，主要体现在以下两个方面：

在养老保障方面，在这一时期，主要体现为第三支柱——个人养老金的发展。我国个人养老金体系进入顶层设计始于 2019 年以后。从 2020 年 12 月的中央经济工作会议，到 2021 年政府工作报告，再到 2021 年出台的《中共中央 国务院关于加强新时期老龄工作的意见》，都一再强调要促进和规范第三层次个人养老金发展。《关于推动个人养老金发展的意见》于 2022 年发布，为构建健全的个人养老金制度奠定了坚实的基础。其中明确规定，个人养老金可以使用个人账户，缴费由参保人自己负担，并通过全额累计的方式进行积累。参保人员应该为自己的养老保障金的缴纳、收益收集、支付和缴纳个人所得税等事项，在个人养老金信息管理服务平台上建立一个属于自己的专属个人养老金资金账户。2022 年 9 月 27 日，国务院常务会议通过了一个决定，对具有商业运营扶持性质的个人养老金实施个人所得税优惠政策：对于缴费者，按年 12000 元的限额缴费，在税前扣除的部分，不征收其投资收益，实际收取的税负由 7.5% 降到 3%。由此，我国个人养老金制度已经迎来规范发展的新阶段，第三层次养老保险制度体系得以构建。①

在医疗保障方面，2019 年，《关于建立健全城乡融合发展体制机制和政策体系的意见》中强调，到 2022 年，"城乡融合"将初具规模，到 2035 年，"城乡融合"将得到进一步提升，到 21 世纪中叶，"城乡融合"将基本实现。实现城乡协调发展、乡村振兴，让全体人民共同分享富裕

---

① 塞滨徽：《中国城镇职工多层次养老保险制度分析与优化研究》，博士学位论文，西南财经大学，2021 年。

成果。作为城乡一体化发展的关键一步，城乡基本医疗保险制度正从制度并轨逐步走向实质性的全面并轨。在这一阶段，随着城乡一体化战略的推进和城乡分割的户籍制度的打破，我国城乡二元发展体制正在逐步瓦解。城乡基本医疗保险制度在制度层面和实践层面不断创新，初步形成了一体化发展的基本框架，受保对象、受保程度、补助标准和发展模式等方面都有了一体化的突破。我国的医疗保险参保率已达95%，参保人数持续增长，目前已有13亿多人参保，医疗保险的保障程度不断提高，大部分地区的医疗保险报销率都在80%以上，居民的医疗保险报销率则维持在75%以上。[①] 农村大病医保、大病救助等政策推进了"精准扶贫"的进程。

第五节 促进实现中国式现代化的社会保障体系发展经验总结

中华人民共和国成立初期，在一穷二白、极度落后的条件下，在计划经济体制下，依靠全国上下的共同努力，在工业化过程中，形成了以城镇工人为主的单位劳动保障制度。改革开放以来，通过消除不适应生产力发展的体制机制的弊端，不但维持了长达数十年的经济高速增长，而且构建了符合社会主义市场经济发展要求，覆盖广大劳动者、城乡居民，促进经济高速发展，促进社会稳定发展的现代社会保障制度。梳理我国社会保障制度改革在现代化进程中所取得的辉煌成就可以得出以下六方面的结论。

第一，结合国情和国际经验，坚持先保障后救助的制度模式。在充分考虑国情的基础上，中国在社会保障制度建设的路径上进行了创新。西方市场经济国家的社会保障制度，多以社会救助、贫困救助等方式起步，当社会救助、贫困救助等方式无法有效解决社会发展中出现的问题时，才逐步确立社会保障制度。[②] 中国之所以走创新道路，是因为当时中国所面临的问题和体制基础都与发达市场经济国家不同：在国企改革之后，由于中国所依靠的是已经存在了几十年的劳保体系，所以第一步就

---

① 数据来源：《2022年全国医疗保障事业发展统计公报》。
② 郑功成：《中国式现代化与社会保障新制度文明》，《社会保障评论》2023年第1期。

是建立一套社会保障体系来化解社会风险。从这一点可以看出，我国在市场经济转轨过程中，社会保障体系不能解决的问题，再寻求社会救助体系的帮助，同时，在社会保障体系的结构上，养老和医疗体系创新地采用了"统账结合"的体系结构，以保证社会成员参与社会保障体系的积极性，同时也确保了社会保障在社会成员中起到基本的互助共济作用。

第二，发挥中国的制度优越性，推动社会保障体系的改革和建设。要想真正地维护社会主义制度的实质，就应该从社会保障制度的改革转向创造新的社会保障制度，在其中烙上中国优秀传统的印记，将家庭保障、社会互助、机构福利等本土化因素融入其中，始终坚持党的领导，始终走社会主义道路，保证社会保障在共同富裕的道路上前进，为实现共同繁荣和共享发展提供坚强的制度保证。我国社会保障体制改革具有"接力办大事"的政策延续性特征，中国共产党始终坚持"自上而下"的改革路线，这给了政策制定者很大的自主性，甚至在面临经济下滑的情况下，仍然能够保持战略冷静，坚持中国共产党的领导，坚决完成各项改革任务，促进社会和经济发展双赢的同时，充分展示了社会保障制度的卓越之处。[①] 更重要的是，我国社会保障体系的发展，以及社会各项基础设施的完善，并不完全是经济社会发展演变的结果，也不是对国外社会保障体系发展经验以及国外模式的简单复制，而是在试点先行的基础上，进行持续的总结和提高，从而在理论的指导下，有意识地推动渐进的改革，最大限度地发挥中国特色社会主义的优势。

第三，坚持以人为本的原则，实现社会保障的城乡统筹、协调发展。要把党的宗旨贯穿始终，把"为人民谋幸福"作为建设中国特色社会保障制度一个基本的起点。在遵循法治、政府主导、互助共济等世界上主要国家的社会保障制度的共性之外，中国特色的社会保障制度还表现出一种将"坚持人民性"作为其基本立场的特殊性。[②] 更多呈现的是其追求社会价值而非经济价值的特征。从计划经济时代到改革开放，再到今天，我国的社会保障体系始终具有很强的人民性，这一点也是我国最大的特点。"以人为本"，是建设中国特色社会主义的根本出发点。伴随经济社

---

① 席恒、余澍、李东方：《光荣与梦想：中国共产党社会保障 100 年回顾》，《管理世界》2021 年第 4 期。

② 贾玉娇：《中国共产党百年社会保障制度实践的本质研究》，《社会保障评论》2022 年第 2 期。

会发展，我国一直对社会保险的运作机制进行探索，并采用"项目统筹型"的独特方式，使社会保障体系在制度上达到了养老和医疗的全覆盖。在建立城乡居民的养老和医疗保险体系的过程中，国家在保险和福利方面进行了创新，将保险与福利相结合，最大限度地为城乡居民提供基本养老、基本医疗服务，不仅能满足城乡居民对基本养老、医疗服务的需要，还能最大限度地保护百姓的权利。

第四，健全法规制度，营造良好稳定的保障环境。坚持以中国特色为核心的社会主义市场经济体制，现代社会保障制度建立在依法互助共济的基础之上，正如习近平总书记所说："要从立法、执法、司法、守法各环节加强社会保障工作，在法治轨道上推动社会保障事业健康发展。"[①]一个高质量的社会保障体系，需要完善的法制作为保障，应该按照立法先行、以法定制、依法实施的国际通行做法，提出一系列完善的社会保障立法方案，并将其付诸实施。[②] 首先，从根本上改变我国在社会保障方面的立法落后状况，使之完全有法可依，用好法律来推动善治。对此，加强和完善社会保障法律制度是我国人民代表大会及其常委会的重要职责，有关部门应积极推动这一法律制度的建设。其次，需要改变对法制观念缺失的现状，以确保社会治安工作的法制化。在此方面，特别要求各级政府及其主管部门和用人单位严格按照法律、法规和政策来执行各项社会保障制度。在保障自身合法权益方面，社会成员同样应该通过学习法律来维护权益。最后，改变司法机构中存在的不作为或自身定位不准确的状况，在社会保障方面对违法犯罪的人员予以刑事处罚。

第五，加快优化现行制度，打造成熟的社会保障体系。首先，把社会保障纳入国家的管理之中，实行互助共济、共建共享的多元化发展道路。具体来说，就是要在统筹发展的视角下，对相关保障制度进行综合平衡的考量，包括以保障生存为目的的社会救助制度、促进发展的社会保险制度、提高生活水平的社会福利制度、补齐短板的保障制度等。还要将优抚安置制度作为重点，从宏观上通过对基本保障和补充保障进行完善，形成一条完整的保障链条，做到应保尽保。从中观、微观两个方面来看，在特定的领域、特定的制度安排上，应保持其连贯性、整合性，

[①] 习近平：《促进我国社会保障事业高质量发展、可持续发展》，《求是》2022年第8期。
[②] 林闽钢：《构建中国特色社会保障制度——面向中国式现代化的自主性发展之道》，《社会保障评论》2023年第1期。

以使其能够更好地发挥其特殊的作用。形成具体到社会保障各个环节、体系化的制度安排。与此同时，要正确处理好社会保障体系中各种制度之间的关系，以问题和目标为导向展开工作，对制度的作用进行明确定义，使不同类型制度能够相互补充、相互配合，实现同类型的制度无缝对接，以及不同类型的制度能够顺利衔接，进而提高社会保障体系整体效能和水平，增强社会保障制度的统筹谋划能力、协调推进能力、应对各类风险挑战能力，最终形成制度的合力。让各制度一起协调运作。其次，要发展有中国特色的社会保障制度，必须从顶层设计入手，使各方面的制度协调统一。在特定的时间、特定的条件下，可以有一些体制上的差别、水平上的差别，但是，要确立一个长远的、一致性的目标，承认阶段性的差别是将来实现一致性的过渡阶段。在此基础上，进一步加强制度的刚性约束，对社会保障的自由裁量权进行严格规范，在时机成熟的情况下，坚决终止"试点"，使其在全国范围内全面推广，并通过有效的监管，提高其权威性与执行力，提高其效率。现代社会保障作为一个巨大的系统，如果没有一个科学的顶层设计，将会与其他系统发生冲突，造成"效果对冲"，同时，这个系统中的各个子系统容易发生结构失调、运作紊乱，从而造成整体效能的降低。① 最后，要不断地对各种制度进行完善，不断地推动中国特色的社会保障体系走向成熟。

  第六，坚守脱贫底线，推进社会保障实现共同富裕的进程。我国坚持走一条积极主动的扶贫之路，强调教育、卫生和基本公共服务的均等化，并在此基础上，提出了立足于兜底保障，着力构建发展性的社会保障体系的构想。中国共产党在坚持实现全民共同富裕的目标前提下，坚定地推进社会保障体系的建设、改革、完善，并深知这是一个长期而艰巨的任务。我国的社会保障制度改革具有内在的一致性特征，社会保障制度从最初的互助共济、责任共担，到互助共济与责任分担相结合，再到精准帮扶、全民共享，其不同时期使命虽然各不相同，但都服务于促进共同富裕、实现现代化的奋斗目标，为稳定实现全体人民共同富裕提供坚实的基础性支撑。②

---

  ① 王延中、龙玉其、宁亚芳：《"十三五"时期的中国社会保障建设成效与基本经验》，《辽宁大学学报》（哲学社会科学版）2020年第2期。

  ② 余璐、单大圣：《中国共产党领导社会保障发展的百年探索与基本经验》，《中国发展观察》2023年第1期。

第三章　中国社会保障制度体系现状

　　社会保障制度是国家通过立法而制定的社会保险、救助、补贴等一系列制度的总称，是现代国家最重要的社会经济制度之一。社会保障制度主要是通过集体和个人共同投保、强制储蓄的方法来筹集保障金，但毋庸置疑的是，国家对于社会保障及社会救济等方面划拨的财政补贴等各专项资金，同样也是保障金中重要且不可或缺的一部分。自21世纪以来，我国社会保障事业在改革开放进程中取得历史性成就，提高了我国社会福利、社会救助等惠及人民的保障水平。在面临人口老龄化和经济增长新常态等问题时，应当进一步发挥财政的调节作用，发挥其经济减震器的功能，保障我国民生，从而进一步追求社会的公平正义。

　　如今，我国的社会保障系统主要还是以社会保险为主。习近平总书记在党的十八大上对于我国社会保障体系建设给出了进一步的指示，这说明我国应加大对于社会保障的改革力度，重视社会保障体系建设，通过增加财政投入等方式推动我国的社会保障体系建设步入快车道。这十年来，我国在社会保障的各个领域都有长足进步，其中包括制度安排、资金筹集等多个方面，尤其是在养老保险、医疗保障、社会救助等方面取得了切实的成就。目前，我国的社会保障体系已经转变为系统集成、协同高效的模式，我国社会保障体系的目标是构建"健全覆盖全民、统筹城乡、公平统一、安全规范、可持续的多层次社会保障体系"。目前，我国的多层次社会保障制度体系构建已经基本完成。

　　综上所述，我国的社会保障覆盖的广度和深度都在不断拓展，自21世纪以来，我国的社会保障体系飞速发展，不仅是我国全体国民共享国家发展成果的制度保障，也同样是全球社会保障体系中不可磨灭的一部分。

第一节　养老保障制度体系的现状

伴随着经济和民众生活水平的不断提高，与之相应的养老保障体系也在不断完善，民众的平均寿命也随之延长。但是，与之相对的是人口老龄化也随之加重。对于老龄化社会，国际标准是指一个国家或地区的60岁以上人口占总人口的10%以上，抑或65岁以上人口占总人口的7%以上时，则此国家或地区进入老龄化社会。而我国2021年统计数据显示，我国65岁以上老年人口占总人口的14.2%，远远超出了国际标准所制定的7%，由此可见，我国面临的老龄化问题十分严峻。

为了解决人口老龄化的难题，世界银行在1994年就提出了"三支柱"养老模式：第一支柱是以现收现付制为主的强制公共管理制度；第二支柱是以完全积累制为主的私人经营强制储蓄制度；第三支柱是以完全基金制为主的自愿储蓄制度。在这"三支柱"当中，第一支柱只能满足有限的养老保障，而老年人口要想得到充分的养老保障，还要靠第二支柱、第三支柱的辅助来进行自我储蓄。

我国基于此模式，通过结合我国的实际情况，初步建立了我国的养老保险体系，在经过多年的实验和改进后，逐步形成了包括基本养老保险、补充养老保险和个人储蓄养老保险的我国特色的"三支柱"养老保险体系。基本养老保险作为养老保险体系第一支柱，其中包含了城乡居民养老保险和城镇职工养老保险，第一支柱在"三支柱"养老保险体系中占据了十分重要的地位；补充养老保险作为养老保险体系的第二支柱，其中包含企业年金和职业年金；个人储蓄养老保险作为养老保险体系的第三支柱，其中包括个人储蓄和商业养老保险等。在我国特色"三支柱"养老保险体系中，第一支柱基本养老保险由政府财政兜底，国家负有这一部分的养老责任；第二支柱补充养老保险则是由企业和个人来共同承担，企业负主要的养老责任；第三支柱个人储蓄养老保险是由个人来储蓄或者购买商业保险，个人来负责自身的养老责任。

目前，我国的养老保险体系构建颇有成效。截至2021年年底，全中国有10.3亿人参加了基本养老保险，同时有2.9亿人领取到了基本养老金。由于参加基本养老保险的老年人口缴纳的金额各有不同，因此不同老年人不能够拿到同样的养老金，彼此之间还存在差距，但老年人口基本都享受到了养老金待遇，此外，养老金不仅做到了应享尽享，还做到了养老金 18 年以来年年攀升，尤其是到了党的十八大之后，城乡居民养老保险的基本养老金增长幅度更是在 1 倍以上，取得了惊人的成绩和进步。

一　城镇企业职工养老保险制度现状

在"三支柱"养老保险体系中，第一支柱的地位无疑极为重要，是"三支柱"养老保险体系中的基础。第一支柱中又包含了城乡居民养老保险和城镇职工养老保险，其中，城镇职工养老保险是指国家依据相关法律法规规定，劳动者到达国家法定退休年龄、办理退休手续后，或者是因为年老丧失劳动能力而不得不退出劳动岗位后，为了保障劳动者的基本生活而设立的一种社会保险制度。城镇职工养老保险是基于国家立法的政府行为，法律规定强制劳动者必须参加。通过区分不同类型的参保人，城镇职工养老保险又可以分为企业职工养老保险和机关事业单位养老保险，这两种保险都采用的是社会统筹和个人账户相结合的制度，要求企业和个人以各自的法定比例缴费。

我国的城镇职工养老保险制度主要包括以下几个部分。

（一）参保缴费制度

我国城镇职工养老保险的参保人员范围包括城镇各类企业及其职工、企业化管理事业单位及其职工、无雇工的个体工商户、未在单位参保的非全日制从业人员以及其他灵活就业人员。在城镇企业就业并签订劳动合同的职工根据法律规定应当参加城镇职工养老保险，而个体工商户和灵活就业人员则可以自由选择是否参加城镇职工养老保险。

城镇职工养老保险是由单位和个人共同缴纳的，其中单位缴纳费用是以单位工资总额作为基数，缴费比例一般为 16%，最高不超过 20%，一般机关单位缴费比例为 20%；职工个人缴纳养老保险费用，以个人工资为基数，按 8% 的缴费比例缴纳，个人工资超过当地人力资源和社会保障局规定的缴纳基数的 300% 的，超过的部分不计入个人缴费工资基数，而个人工资不满当地人力资源和社会保障局规定的缴纳基数的 60% 的，按照当地人力资源和社会保障局规定的缴纳基数的 60% 来计算缴纳费用，当地人力资源和社会保障局规定的缴纳基数为当地上一年全口径平均月工资，人力资源和社会保障局每年会进行更新。城镇个体工商户和灵活就业人员选择参加城镇职工养老保险的，缴费基数可以选择按照当地人力资源和社会保障局发布的本年缴费基数的60%—300%来进行缴纳，缴费比例为20%，其中8%计入个人账户，退休后按企业职工基本养老金计发办法计发基本养老金。

各个地区根据情况的不同，缴费基数和比例又有所区别，如表3-1所示。

表3-1　　　　　　　　各地区缴费金额和比例

地区	缴费基数下限（元）	缴费基数上限（元）	企业缴费比率（%）	个人缴费比率（%）
东部地区	**5000**	**25204**	**16**	**8**
北京	6326	33891	16	8
天津	4751	23755	16	8
河北	5955	29776	16	8
辽宁	3974	19869	16	8
上海	7310	36549	16	8
江苏	4494	22470	16	8
浙江	3957	19785	16	8
福建	4212	21060	16	8
山东	4242	21207	16	8
广东	5284	26421	16	8
海南	4491.6	22458	16	8
中部地区	**3968**	**19840**	**16**	**8**
山西	3863	19314	16	8
内蒙古	4481	22407	16	8
吉林	3993	19966	16	8
黑龙江	3858	19290	16	8
安徽	4019	20094	16	8
江西	4002	20010	16	8
河南	3579	17895	16	8
湖北	4077	20385	16	8
湖南	3945	19725	16	8
广西	3863	19317	16	8

续表

地区	缴费基数下限（元）	缴费基数上限（元）	企业缴费比率（%）	个人缴费比率（%）
西部地区	**4269**	**21344**	**16**	**8**
四川	4246	21228	16	8
贵州	4114	20572	16	8
云南	4144	20718	19	8
陕西	4618	23088	16	8
甘肃	3840	19200	16	8
青海	4817	24087	16	8
新疆	4253	21265	16	8
重庆	4118	20590	16	8

资料来源：各地区人力资源和社会保障局2023年数据。

从表3-1中可以看出，相较于东西部地区来说，中部地区的平均缴费基数较低，缴费基数是根据月平均工资来计算的，因此这就意味着中部地区的收入水平相对较差。从各地区来看，东部地区缴费基数下限最低的是浙江省，仅为3957元，缴费基数下限最高的是上海市，为7310元，两者相差大约3000元；中部地区最低缴费基数下限是黑龙江省，为3858元，最高缴费基数下限是内蒙古，为4481元，两者相差大约600元；西部地区最低缴费基数下限是甘肃省，为3840元，最高缴费基数下限是青海省，为4817元，两者相差将近1000元。通过观察各地区的数据，可以发现，缴费基数下限相差并不大，都在3900元左右。缴费基数上限则相差较大，尤其是东部地区相较于中西部来说超出许多。综观全国，最高缴费基数下限（上海市）和最低缴费基数下限（河南省）则相差近4000元。由此可见，我国地区间收入水平及保障水平的差距较为显著。

（二）领取制度

我国领取法定养老金需要满足以下条件：职工个人需要达到我国法定退休年龄，并且已经连续缴纳养老保险15年以上。满足以上条件后即可领取到法定养老金，且对于企业退休人员，国家还给予实行社会化管理的服务待遇。另外，若是职工退休后死亡还会发放以下费用：首先是根据职工本人上年度全口径月平均工资的300%来发放丧葬费，若是非退休而是离休职工则为固定金额5000元；其次是会根据职工本人上年度全口径月平均工资的1000%来发放一次性抚恤费，若是非退休而是离休职工则为平均工资的2000%；最后，国家还会给职工符合供养条件的直系亲属生活困难补助费，按月发放，直至供养直系亲属死亡。上述死亡待遇，不同省份和地区的规定不一定完全相同，具体要按照当地的人力资源和社会保障局的规定。此外，职工个人若是还没有退休就已经死亡，其个人账户中的余额可以被继承。

在实际生活中，若职工个人累计缴费年度没有达到15年，退休后不能按月领取法定养老金的，可以通过以下几种方式来领取法定养老金：首先，职工可以将其缴费时间延长到15年，满15年后就可以依法领取养老金，若是职工在社会保险法实施之前就已经参保，延长缴费5年依然达不到了15年的，可以选择一次性缴费至满15年；其次，职工若是不愿延长缴费时间的，可以选择转入户籍所在地城乡居民养老保险，享受户籍所在地当地的城乡养老保险待遇；最后，若是职工个人选择放弃领取养老金的，可以向当地人力资源和社会保障部门提交正式的书面申请来终止个人的养老保险关系，人力资源和社会保障部门按照法定程序通过申请后，应当就其职工个人账户中的储存额一次性返还。

二　城乡居民养老保险制度现状

城乡居民养老保险作为除城镇企业职工以外的城乡居民的重要养老保障，在第一支柱养老保险中是十分重要的组成部分。城乡居民养老保险主要覆盖范围是没有签订劳动合同的城乡居民和一部分没有选择职工养老保险的个体工商户和灵活就业人员。可以说，城镇职工养老保险和城乡居民养老保险互为补充，为几乎所有居民提供了养老保障，在我国老龄化越加严重的情况下缓解了养老压力。同城镇职工养老保险相比，城乡居民养老保险拥有更大的参保人群，并且具有托底保的效用，体现了我国保险制度的公平性和基本性。

2014年，新型农村居民养老保险与城镇居民社会养老保险合并成为城乡居民养老保险，城乡居民养老保险实现一体化，不再区分城市户籍和农村户籍，打破城乡二元结构。

（一）参保缴费政策

根据我国相关法律法规规定，城乡居民养老保险的参保条件为：除在校学生外，年满16周岁，非国家机关和事业单位工作人员及不属于职工基本养老保险制度覆盖范围的城乡居民,可以在户籍地参加城乡居民养老保险。与城镇职工养老保险不同,城乡居民养老保险是以年为单位来缴费的,国务院规定了12档的缴费标准:100元、200元、300元、400元、500元、600元、700元、800元、900元、1000元、1500元、2000元,按不同的档次国家会给予不同金额的财政补贴,各地区政府可以根据地区情况来调整缴费档次和金额,也可以调整每档财政补贴的金额,原则上地方政府规定的缴费金额最高档次不能超过当地灵活就业人员参加职工基本养老保险的年缴费额,居民参保时可以自由选择缴费档次,多缴多得。

在具体实施中,各个地区因为情况的不同,缴费标准也有所区别(见表3-2)。

表3-2　　　　　　　　　　不同地区的缴费标准

地区	缴费标准上限（元）	缴费标准下限（元）
东部地区	**5809**	**307**
北京	9000	1000
天津	4800	600
河北	8000	200
辽宁	3000	200
上海	5300	500
江苏	2500	100
浙江	5000	100
福建	3000	200
山东	8000	100
广东	4800	180
海南	10500	200
中部地区	**4600**	**200**
山西	5000	200
内蒙古	2000	100
吉林	2000	100
黑龙江	3000	200
安徽	6000	200

续表

地区	缴费标准上限（元）	缴费标准下限（元）
江西	6000	300
河南	5000	200
湖北	8000	400
湖南	3000	200
广西	6000	100
西部地区	**4688**	**200**
四川	6000	200
贵州	3000	100
云南	9000	200
陕西	3000	200
甘肃	5000	300
青海	4000	200
新疆	3500	200
重庆	4000	200

资料来源：各地区人力资源和社会保障局 2023 年数据。

从表 3-2 中可以看出，东部地区平均缴费基数相较于中西部地区要高一些，中西部地区平均缴费上限和下限基本相同。从东部地区来看，最高的缴费标准下限为北京，1000 元，最低的是江苏、浙江、山东，都为 100 元，相差了 9 倍；从中部地区来看，最高的缴费标准下限是湖北，为 400 元，最低的是内蒙古、吉林、广西，都为 100 元，相差了 3 倍；从西部地区来看，最高的缴费标准下限是甘肃，为 300 元，最低的是贵州，为 100 元，相差了 2 倍。综上所述，东部地区费用差距最大，中西部地区则相对小。

（二）缴费补贴政策

根据我国相关法律法规，参加城乡居民养老保险的居民可以得到政府给予的各项财政补贴，财政补贴主要分为入口补贴和出口补贴两部分，入口补贴就是在居民参保缴费时给予的补贴，出口补贴则为基础养老金补贴。入口补贴即缴费补贴，国务院规定地方政府应对参保居民予以补贴，对于选择最低档位缴费的居民，地方政府每年的财政补贴不得少于 30 元，根据缴费档位的提升，地方政府应当按实际情况增加补贴金额，对于缴费档次在 500 元以上的参保居民，地方政府每年给予的补贴不得少于 60 元；此外，对于重度残疾等困难群体参保缴费的，地方政府应为其代缴部分或全部的当地最低档位的费用，具体标准地方政府可以根据当地实际情况来制定。

在实际执行过程中，由于各个地区经济情况不同，补贴的状况也有所区别，如表 3-3 所示。

表 3-3　　　　　　　　不同地区的补贴状况

地区	补贴阶梯	最低补贴标准（元）	最高补贴标准（元）
东部地区	—	54	238
北京	四阶	60	150
天津	十阶	60	200
河北	七阶	30	120
辽宁	七阶	40	160
上海	十阶	200	675
江苏	十二阶	30	≥60
浙江	九阶	30	80
福建	十二阶	40	200
山东	八阶	30	≥80
广东	九阶	30	≥60
海南	十七阶	40	320
中部地区	—	35	227
山西	十阶	35	300
内蒙古	十二阶	30	≥60
吉林	十二阶	30	170
黑龙江	十二阶	40	140
安徽	十五阶	40	200
江西	十四阶	40	230
河南	十五阶	30	340
湖北	六阶	45	402
湖南	十三阶	30	60
广西	八阶	30	200
西部地区	—	34	236

续表

地区	补贴阶梯	最低补贴标准（元）	最高补贴标准（元）
四川	十五阶	40	280
贵州	十阶	30	300
云南	十八阶	10	100
陕西	十阶	30	300
甘肃	十四阶	30	150
青海	十五阶	30	≥60
新疆	八阶	60	350
重庆	十三阶	40	175

资料来源：各地区人力资源和社会保障局2023年数据。

从表3-3中可以看出，各个地区的财政补贴水平并没有相差太远。从最高补贴标准来看，上海的财政补贴是最高的，达到了675元，湖南最低，仅为60元。从各地区情况来看，东部地区最高的是上海市的675元，最低的是浙江省的80元（仅统计固定补贴标准，下同），相差7.4倍；中部地区最高的是湖北省的402元，最低的是湖南省的60元，相差5.7倍；西部地区最高的是新疆的350元，最低的是云南省的100元，相差2.5倍。综上所述，西部地区最高补贴标准相差最小，而东部地区是相差最大的，这同现实经济情况也相符合。

（三）基础养老金补贴制度

根据我国人社部发布的文件，自2022年7月1日起，城乡居民养老保险基础养老金最低标准由2020年规定的每人每月93元涨至每人每月98元，目前我国的基础养老金标准主要依靠省级统筹，国家统筹作为辅助。因此，各地区可以根据当地实际情况来调整基础养老金最低标准，切实执行人社部下达的文件，保证当地的基础养老金发放到位。

这也就造成了我国31个地区城乡居民养老保险基础养老金并未统一的现象，如表3-4所示。

表3-4　　　各地区城乡居民养老保险基础养老金情况

地区	基础养老金（元）
东部地区	**316**
北京	924

续表

地区	基础养老金（元）
天津	307
河北	108
辽宁	108
上海	1100
江苏	173
浙江	180
福建	123
山东	160
广东	190
海南	107
中部地区	**114**
山西	103
内蒙古	140
吉林	103
黑龙江	90
安徽	87
江西	123
河南	123
湖北	125
湖南	113
广西	131
西部地区	**139**
四川	115
贵州	128
云南	113
陕西	175.5
甘肃	108
青海	185
新疆	150
重庆	135

资料来源：各地区人力资源和社会保障局2023年数据。

从表3-4中可以看出，东部地区的补贴远远超出中西部地区，主要原因在于东部的个别地区如北京和上海的基础养老金补贴远远超过其他地区，从全国来看，最高的基础养老金补贴是上海市的1100元，而最低的则是安徽省，仅为87元，两者相差11.6倍。从各地区来看，东部地区最高的基础养老金补贴是上海市的1100元，最低的基础养老金补贴是海南省的107元，相差9.3倍；中部地区最高的基础养老金补贴是内蒙古的140元，最低的基础养老金补贴是安徽省的87元，相差0.6倍；西部地区最高的基础养老金补贴是陕西省的175.5元，最低的基础养老金补贴是甘肃省的108元，相差0.6倍。综上，东部地区养老金补贴标准差距最大，中西部则相差不大，这也与现实的经济水平相符。

三 企业年金制度现状

我国"三支柱"养老保险体系的第二支柱是补充性养老保险，包括职业年金和企业年金，其中企业年金受益范围更广。所谓企业年金，就是在企业和职工在依法缴纳法定城镇职工养老保险的前提下，根据企业实际情况由企业自主决定是否设立的一种补充养老保险形式。企业年金主要依附的是延期支付理论，延期支付理论是指企业年金是职工本身劳务报酬的一部分，企业只是将这一部分劳务报酬进行了延期支付，也可以理解为企业年金是企业与职工共享一部分的企业利润。在我国"三支柱"养老保险体系中，第一支柱固然起着支撑作用，但是第二支柱的作用不可小觑，对老龄化逐步加重的我国社会来说，第二支柱的发展刻不容缓，是建设我国多层次养老保障体系的要点。

企业年金的发展主要经历了以下几个重要时点：20世纪末，政府就发布了相关文件来倡导企业加强补充养老保险的建设，在文件中官方规定了补充养老保险的框架制度和注意事项，并且初步提出了我国多层次养老保险体系的制度框架；21世纪初，政府发布了文件《关于完善城镇社保体系的试点方案》，此文件将过去规定的补充养老保险的名称改为企业年金，文件中还明确了企业年金的定义和其运作的模式；2010年，企业年金进入了我国企业补充保险阶段，在这个阶段中，我国明确规定了企业年金的具体制度，包括参保缴费制度、领取制度、管理制度等，对于企业年金的监管也逐步提上日程并且不断地完善。

目前，我国企业年金制度已经基本成型，在企业年金制度当中，政府、企业、职工个人、市场都是其责任主体。我国相关文件规定，我国企业年金的税收制度采用的是 EET 的优惠模式，这种模式的具体运作方法是指在企业年金的购买和资金使用时，税收部门不进行征税，而是在职工个人领取到企业年金养老金时再予以征税，这种模式最大的优点是效率较高，这也是我国企业年金税收制度采用此模式的原因之一。而我国企业年金的给付制度采用的是 DC 给付模式，DC 给付模式是指职工个人的累计缴费都会储存在其个人账户中，职工个人可以自由地选择一个或者几个由国家提供的基金来进行投资，职工个人自负盈余，职工个人账户的退休后的余额决定了养老金的给付水平，因此 DC 给付模式也被称为完全累计制。

（一）参保缴费政策

要想参与企业年金制度，首先就要参加基本养老保险，但参加了基本养老保险也不意味着一定要参加企业年金制度，企业年金制度是在企业已经加入基本养老保险制度后，自愿选择是否要参与的一种补充养老保险制度。

参与企业年金制度后，就要进行缴费，企业年金费用是由企业职工个人和企业来共同缴纳的。根据相关法律法规的规定，企业年金企业缴费的部分不能超过企业在职职工总工资的 8%，企业和企业职工共同缴纳的费用不能超过企业在职职工总工资的 12%，因此在实际缴纳时，存入职工个人账户中的金额往往为企业缴纳职工工资的 8%，职工个人负责缴纳职工工资的 4% 并由企业代扣代缴。但值得注意的是，企业负责缴费的金额存在限额，不能超过企业年金平均额的 500%。此外，为了防止市场变化所带来的通胀导致企业年金金额缩水，在必要的时候，可以由政府来对企业和职工个人缴费比例有所调整。

而对于各个地区来说，实际情况不同，企业年金的实施制度就应该做出相应改变，这样才能更好地适应当地情况，然而，由于我国实行企业年金制度时间不久，因此基本大部分的省份都按照中央规定的缴费比例设定，并没有相应地做出地域性改变。

（二）领取制度

职工个人需要满足以下条件才能领取企业年金：首先，职工个人必须首先已经参加了基本养老保险；其次，职工个人需要达到国家规定的退休年龄，抑或没有达到退休年龄但是已经丧失劳动能力不能进行相关劳动的职工也可以领取企业年金。

在达到上述条件后，职工个人就可以从企业年金个人账户中领取企业年金，职工个人可以选择分次按月或者一次性领取企业年金个人账户的资金，也可以将其个人账户中的部分或全部资金拿来购入商业养老保险。在领取企业年金时，若职工个人已经出国定居，就可以要求将企业年金个人账户中的资金一次性提取出来。此外，若是职工在没有退休时就已经死亡或者退休后死亡的，其个人账户中的企业年金余额可以由他人继承。

我国相关法律法规规定，企业要想实施执行企业年金，首先应当将企业年金方案报送当地政府，根据企业所属地来选择报送不同等级的政府部门，地方企业应当将企业年金方案报送所在地县级以上人民政府人力资源和社会保障行政部门，中央直属企业应当将企业年金方案报送人力资源和社会保障部，跨省企业应当将企业年金方案报送其总部所在地省级人民政府人力资源和社会保障行政部门，省内跨地区企业应当就企业年金方案报送其总部所在地市级人民政府人力资源和社会保障行政部门。人力资源和社会保障部门在收到企业提出的企业年金方案后15日无异议的，视为通过企业年金方案，企业可以按报送的企业年金方案来执行企业年金。

企业在实施企业年金时存在问题或者其他原因，可以申请变更或者是终止企业年金方案。在申请变更企业年金方案时，企业和职工要对变更的方案进行一致通过后才可以进行变更，变更后的方案还要再经过职工代表大会通过，全体职工无异议后方可在10日内报送相关部门审核，同时应当通知受托人，审核通过后变更方案正式开始执行。在申请终止企业年金时，需满足以下条件之一：①企业因依法解散、被依法撤销或者被依法宣告破产等原因，致使企业年金方案无法履行的；②因不可抗力等原因致使企业年金方案无法履行的；③企业年金方案约定的其他终止条件出现的。满足其中一个或数个条件后，企业可以向相关部门提出申请，并在企业年金方案终止后对于企业年金基金进行清算。

四　个人养老金制度现状

我国多层次养老保险体系已基本搭建完成，然而组成我国养老保险体系的"三支柱"养老保险发展并不均衡，截至2021年年末，第一支柱也就是基本养老保险中的城镇职工养老保险和城乡居民养老保险规模已有6.4亿元，占总养老金的56%；第二支柱的职业年金和企业年金规模合计有 4.4 万亿元，占总养老金的 38%；而我国的第三支柱产业规模还没有达到万亿元，仅占 6%。因此，发展我国第三支柱迫在眉睫，2022 年年初，国务院发布文件《关于推动个人养老金发展的意见》，个人养老金制度正式落地，进一步完善了养老保障结构。

个人养老金虽然在 2022 年才正式落地，但是关于我国第三支柱的建设，早在 20 世纪末随着我国市场经济的快速发展就已经开始出现萌芽。1991 年，我国政府发布文件《国务院关于企业职工养老保险制度改革的决定》，其中就提出要建立个人储蓄性养老保险与基本养老保险和企业养老保险三者互为补充的制度；2008 年，天津市政府首先对于个人储蓄养老保险制定了具体准则并进行试点，这也是我国个人养老金探索的起点，随着天津的示范，我国一些地区也展开了试点，为我国个人养老金制度的发展提供了宝贵经验；2018 年，人社部也就个人养老金制度在"十三五"规划中提出意见和建议，这也促进了个人养老金制度的发展；2022 年，人力资源和社会保障部等五个部门共同发布了文件《个人养老金实施办法》，对于个人养老金的实施细则做出了明确规定，其中包括参加流程和监督管理等方面。

目前，个人养老金已经成为我国第三支柱个人储蓄养老保险的重要组成部分，也同样为我国多层次养老保险体系建设做出了重要贡献。根据我国相关法律法规规定，只要参加了我国基本养老金的劳动者，就可以参与到个人养老金制度中，个人养老金实行完全累积制账户制度，参保者需开设两个账户，分别为个人养老金账户和个人养老金资金账户，由个人向资金账户中缴费，但一年缴费金额不能超过 12000 元。账户中的个人养老金账户主要用来登记参保人的信息，从而享受个人养老金服务和税收优惠政策，而账户中的个人养老金资金账户则主要用来储存所缴的费用、购买商业养老保险和储存所得的收益，账户中的资金不得在达到能领取个人养老金法定条件之前领取，是封闭管理式账户。

根据我国法律法规规定，参保人在达到国家所规定的退休年龄、完全丧失劳动能力不能进行劳动的、出境定居等国家规定的情况下，就可以按月、按次或者一次性领取个人养老金，领取方式由参保人自行决定，但决定后不可更改，若是参保人个人养老金并未完全领取或未领取就死亡的，参保人死亡后其个人账户中的财产可以被继承。

目前我国的个人养老金并未完全成熟，为了推动我国个人养老金的发展，也为了更好地推行个人养老金，国家在税收上对于个人养老金实施优惠政策，实际执行中，在缴费环节，个人养老金在综合所得汇算清缴时，以每年12000元的限额据实扣除；在投资环节，个人养老金投资收益暂缓征收个人所得税；在领取环节，个人养老金按3%的优惠税率来征收个人所得税。这种在缴费和投资环节不征收个人所得税而在领取时才缴纳个人所得税的模式被称为EET模式。这种税收模式在实际缴纳时对于高收入群体来说能够取得更大的优惠，因此，此模式也有助于个人养老金在高收入群体间的普及。

五 养老服务制度现状

养老服务制度是向社会上所有老年人口提供的满足老年人基本护理需求、提升老年人生活水平的一种服务制度，包括提供基本的生活护理、医疗救援以及精神需求。养老服务制度主要是针对没有能力负担自身的养老服务、只能寻求政府以及社会帮助的老年群体，这些老年人通过国家给予的财政拨款和一系列服务建设和措施能够获得基本的养老服务，大大地提高了这些老年人口的晚年生活质量。

我国的养老服务制度的发展主要经过了以下几个节点：1994年，国家发布文件《中国老龄工作七年发展纲要（1994—2000年）》，标志着我国养老服务制度的正式启动；2009年，在民政部的带头下各地区纷纷开始建设养老服务制度建设，从此，养老服务建设进入加速期，各地区养老服务建设如火如荼；到了"十二五"规划阶段，我国明确提出要建设以居家为基础、社区为依托、机构为支撑的养老服务体系；2015年，我国民政部等部门联合发布文件《关于推进医疗卫生与养老服务相结合的指导意见》，文件指出要将养老服务制度同医疗保险相结合，相辅相成，互相融合发展。

我国的"居家为基础、社区为依托、机构为支撑的养老服务体系"框架已经基本搭建完成，在我国养老服务制度中，医养结合起到了十分重要的作用，其中最能体现医养结合的特点的是长期护理险，虽然它是医疗保险体系中的一部分，但其主要目的是护理退休的老年人口，因此，它也是我国养老服务体系中不可或缺的一部分。长期护理险正在我国多个地区开展试点工作，相信在将来，我国养老服务制度依托着长期护理险的正式实施能够更加完善与健全。

第二节 医疗保障制度体系的现状

我国的医疗保障体系主要是由城镇职工基本医疗保险、城乡居民基本医疗保险构成，其中城乡居民基本医疗保险由城镇居民医疗保险和新型农村合作医疗保险（简称新农合）合并而成。城镇职工基本医疗保险针对的是企业职工和单位职工，而城镇居民基本医疗保险和新农合主要针对的是非就业城镇居民和农村居民。城乡居民基本医疗保险相比新农合、城镇职工基本医疗保险所覆盖的范围要广，基本覆盖了城乡居民约10亿人，对保障我国城乡居民的身体健康提供了巨大助力。

我国的医疗保障体系从党的十九大就开始部署，党的十九大提出了实施健康中国的伟大战略，建设我国医疗保障体系作为其中一项重要内容。党的十九大之后就开始加快建设发展，现在我国的医疗保险参保率已经稳定在了95%以上，基本做到了人人参保。而随着经济的发展，我国政府对于医疗保险的补贴力度也不断加大，医保报销的比例也越来越高，现在我国医保报销率都已经达到了70%以上，这也意味着居民个人自身负担的费用越来越少。另外，现在越来越多的药物都加入了医保清单，居民看病压力大大减轻，因病致贫、返贫现象越来越少。

一 城镇职工基本医疗保险制度现状

城镇职工基本医疗保险是针对城镇企业职工设立的医疗保险制度，企业和职工根据当地法规规定的比例各缴一部分费用，城镇企业职工医疗保险实行属地管理，职工根据工作所在地的相关规定来进行缴费。

（一）参保缴费制度

根据我国相关法律法规规定，城镇所有企业、单位和职工个人都必须依法参加城镇职工医疗保险，个人参加保险的除与企业建立了劳动关系的职工还包括了个体工商户及其雇员、创业担保贷款借款人和灵活就业人员。

在实际缴费过程中，企业和职工个人应当按照当地医疗保障局官方文件规定的缴费比例来共同缴纳保险费。保险费额就等于缴费基数乘以缴费比例。缴费基数一般来说是职工个人的工资金额，但职工工资低于上一年全口径平均工资的60%的，按60%来作为缴费基数；职工工资高于上一年全口径平均工资的 300%，按 300%来作为缴费基数；灵活就业人员则可以选择上一年全口径平均工资的 60%到 300%中的各个档位来作为缴费基数。目前我国规定的缴费比例为企业缴纳 6%，职工个人缴纳 2%，与此同时职工个人还要缴纳每人每月 5 元的大病医疗保险费，职工个人缴费部分由企业代扣代缴。但在实际执行过程当中，各地区情况不同，缴费的比例也各不相同。

从表 3-5 中可以看出，职工个人的缴费比例都保持与国家规定的一致，为 2%。企业缴费比例则是按照各地区的不同情况有所调整，基本都或多或少调高了比例，最低的缴费比例为内蒙古、河南、青海这几个地区，都和国家规定的一致，为 6%，最高的地区为云南、重庆和天津，都为 10%。

表 3-5　　　　　　　　　城镇职工医疗保险缴费情况

地区	缴费基数下限（元）	缴费基数上限（元）	企业缴费比例（%）	个人缴费比例（%）
东部地区	4999.7	25203.8	8.63	2.00
北京	6326.0	33891.0	9.80	2.00
天津	4751.0	23755.0	10.00	2.00
河北	5955.3	29776.3	8.00	2.00
辽宁	3974.0	19869.0	8.60	2.00
上海	7310.0	36549.0	9.50	2.00
江苏	4494.0	22470.0	8.00	2.00
浙江	3957.0	19785.0	9.50	2.00
福建	4212.0	21060.0	8.00	2.00
山东	4242.0	21207.0	8.00	2.00
广东	5284.0	26421.0	7.00	2.00
海南	4491.6	22458.0	8.50	2.00
中部地区	3968.0	19840.3	7.30	2.00
山西	3863.0	19314.0	8.00	2.00
内蒙古	4481.0	22407.0	6.00	2.00
吉林	3993.0	19966.0	7.00	2.00
黑龙江	3858.0	19290.0	7.50	2.00
安徽	4019.0	20094.0	8.00	2.00

续表

地区	缴费基数下限（元）	缴费基数上限（元）	企业缴费比例（%）	个人缴费比例（%）
江西	4002.0	20010.0	7.00	2.00
河南	3579.0	17895.0	6.00	2.00
湖北	4077.0	20385.0	8.00	2.00
湖南	3945.0	19725.0	8.70	2.00
广西	3863.0	19317.0	6.80	2.00
西部地区	**4247.4**	**21237.0**	**7.98**	**2.00**
四川	4246.0	21228.0	7.55	2.00
贵州	4114.0	20572.0	7.50	2.00
云南	3973.0	19866.0	10.00	2.00
陕西	4618.0	23088.0	8.00	2.00
甘肃	3840.0	19200.0	8.00	2.00
青海	4817.0	24087.0	6.00	2.00
新疆	4253.0	21265.0	6.80	2.00
重庆	4118.0	20590.0	10.00	2.00

资料来源：各地区人力资源和社会保障局2023年数据。

（二）报销制度

根据我国相关法律法规规定，城镇职工基本医疗保险在一个结算年度内，发生了符合报销规定的医疗费用，就可以进行报销，报销的起付点和报销比例根据医院等级的不同也各不相同：三级医院起付点为659元，报销比例为50%，报销费用上限为2000元；二级医院住院起付点为300元，报销比例为55%；一级医院没有起付点，报销比例为60%。二级医院、三级医院的医疗费用保险上限为10万元。另外，老年人口和儿童和一些特殊情况例如残疾人的报销比例会相应的调高，起付点也会相应地下调，这也体现了我国尊老爱幼的传统思想。

在实际报销过程中，不同地区根据实际情况，起付标准和报销比例会有所不同。以门诊报销比例为例，起付标准主要有以下几种类型：一是仅区分退休员工和在职员工并给予不同的起付标准，例如北京的在职员工起付标准为1800元，退休员工则是1300元，采用此种类型的地区主要有北京、辽宁、浙江、福建、广东、安徽；二是不仅区分退休员工和在职员工，还区分年龄阶段并给予不同的起付标准，例如天津市的在职员工起付标准为 800 元，退休职工不满 70 岁的为 700 元，超过 70 岁的为 650 元，采取此种类型的地区主要有天津、河北、上海；三是不仅区分退休员工和在职员工，还区分医院级别并给予不同的起付标准，采用此种类型的有海南、山东、山西；四是仅有固定的起付标准，采用此种类型的有黑龙江、江西、安徽、甘肃、新疆；五是仅按医院级别来界定起付标准，采用此种类型的有吉林、湖南、四川、贵州、云南、重庆；另外还有一些特殊的地区，没有起付标准，只有最高限额，采用此种类型的有江苏、河南、湖北、广西、陕西、青海。报销比例则分为以下几种类型：一是以仅用金额来界定不同的报销比例，采用此种方法的有北京；二是用金额和医院级别来共同界定不同的报销比例，采用此种方法的有天津、江苏、安徽；三是采用金额和年龄以及退休与否来界定不同的报销比例，采用此种方法的有河北、山西；四是采用退休与否以及年龄、医院等级来界定不同的报销比例，采用此种方法的有辽宁、上海、浙江、海南、吉林、江西、四川、甘肃、新疆、重庆、青海；五是仅按医院级别来界定不同的报销比例，采用此种方法的有广东、黑龙江、河南、湖北、湖南、广西、贵州、云南、陕西；六是采用退休与否以及年龄、医院等级还有金额来界定不同的报销比例，采用此种方法的有福建、山东。

二 城乡居民基本医疗保险制度现状

城乡居民基本医疗保险是针对没有与企业签订劳动合同的居民而设立的医疗保险制度。2016 年，国家出台关于整合城镇居民医疗保险和新农合的文件，各地区开始统一建立城乡居民医疗保险制度，主要内容包含以下几个方面。

（一）参保缴费制度

城乡居民基本医疗保险是针对有当地户籍，而且并未参加城镇职工基本医疗保险的居民而设立的医疗保险制度，其中不只包含了社会无业、失业人员，还包括了未成年人和已经成年但是仍在学校就读的在籍学生。可以说，城乡居民医疗保险填补了城镇职工基本医疗保险没有涵盖的空缺，两者合一有了我国几乎涵盖所有人群的基本医疗保险制度。

城乡居民基本医疗保险的缴费标准是各地区根据国家发布文件以及各地方实际情况来制定的。目前我国规定正常成年居民为 380 元/年，而未成年儿童的缴费标准为每人 100 元/年，其中的 40 元由政府补助，有一些特殊情况例如重度残疾等情况的居民，由政府全额补助。目前我国大部分地区都适用于380元/年的缴费标准，少部分地区根据实际情况会提高缴费标准，还有些地区是分档位来缴费的。具体标准可以参照表3-6。

表3-6　　　　各地区城乡居民基本医疗保险的缴费标准

缴费标准	地区
与国家下达文件相同 [360元/(年·人)]	河北、山东、海南、山西、黑龙江、安徽、江西、河南、湖北、湖南、广西、贵州、云南、陕西、甘肃、青海、新疆、吉林
与国家下达文件不同 [元/(年·人)]	北京（665）、天津（350/980）、辽宁（450）、上海（885）、江苏（610）、浙江（670）、福建（430）、广东（549）、内蒙古（400）、四川（405/515）、重庆（350/725）

资料来源：各地区医疗保障局发布2023年数据。

（二）政府补助制度

到2023年，国家对于城乡居民基本医疗保险的财政补助相较于2022年的610元又增加了30元，达到了每人640元/年，各地区根据国家制定的标准为基准，可以根据当地实际情况来进行调整，但是最低不得低于国家制定的标准（见表3-7）。

表3-7　　　　各地区城乡居民基本医疗保险的财政补贴

财政补助标准	地区
与国家下达文件相同 [640元/(年·人)]	河北、山东、海南、山西、黑龙江、安徽、江西、河南、湖北、湖南、广西、贵州、云南、陕西、甘肃、青海、新疆、吉林
与国家下达文件不同 [元/(年·人)]	北京（2295）、天津（1020）、辽宁（640）、上海（1895）、江苏（1190）、浙江（1240）、福建（740）、广东（820）、内蒙古（650）、四川（680）、重庆（610）

资料来源：各地区医疗保障局发布2023年数据。

（三）报销制度

根据最新的国家文件，城乡居民医疗保险的报销比例主要是根据年龄以及医院等级来界定的，具体标准为70周岁以上的老年人、其他城镇居民、学生及儿童，发生符合报销范围的10万元（学生及儿童：18万元）以下医疗费，三级医院起付标准500元，报销比例50%（学生及儿童：55%）；二级医院起付标准300元，报销比例60%；一级医院报销比例65%。不同地区根据实际情况，起付标准和报销比例可能会有所变化。

三 大病医疗保险制度现状

大病医疗保险制度是对城镇职工基本医疗保险和城乡居民基本医疗保险的补充和拓展，主要是在基本医疗保险的基础上给予的基础医疗保险没有涉及的大病医疗保障。凡是被列为大病医疗保险类目的，病人可在国家规定范围内由医保报销的定点医疗机构通过大病医疗保险报销。国家制定大病医疗保险制度主要是减轻我国居民的大病医疗费用负担，尽可能防止因病返贫情况出现。我国大病医疗保险制度的主要内容包括以下几个方面：

（一）参保缴费制度

大病医疗保险的参保条件为参加了基本医疗保险的参保人。参保人加入大病医疗保险后，在参保人患有大病并因此要花费昂贵的医疗费用时，首先由基本医疗保险为参保人做出报销，对于超出基本医疗保险限额的部分，再由大病医疗保险根据相关规定进行报销，其中规定中的大病并不是指某一种或某一类病症，而是因病而发生的大额医疗费用。

大病医疗保险制度规定，大病医疗保险的筹资费用由基本医疗保险基金中进行列支，不需要参保人自己缴纳大病医疗保险费用，筹资标准由各地区政府相关部门根据当地实际情况自行确定。

（二）报销制度

大病医疗保险需要参保人先通过基本医疗保险进行报销，超过部分达到18000元后，大病医疗保险再进行报销，即大病医疗保险起付标准为18000元，达到这个起付标准后，还分为不同档次进行报销：在18000—36000元的，按国家规定报销为60%，36000元到报销限额的部分，按国家规定报销75%，大病医疗保险在一个年度内最高限额即400000元。在实际应用中，由于各地区的情况各不相同，因此各地区也可以根据本地区实际情况来对报销制度进行差异化调整。

四 长期护理险制度现状

长期护理险是为参保人因年老或因病等原因长期不能自理，无法独立完成日常一系列活动而提供长时间护理以及其他帮助而设立的制度。由于设立时间较短，因此并不完善，但已经有了成为社保"第六险"的趋势。在未来老龄化问题持续发酵下的社会，长期护理险能为我国失能老人提供极大的帮助。因此，长期护理险同样是我国社会保障体系中不可或缺的一部分。

2012年，长期护理险在我国青岛市开始试点；2020年，试点城市达到将近50个。相信在不远的将来，长期护理险能在全国推行使用，其具体内容如下。

（一）申请缴费制度

长期护理险的申请条件要求参保人为满足年龄达到60岁以上并且已经加入基本医疗保险，并按法律法规进行缴纳保险费用满15年的失能老人。参保人要经当地有资格的医疗或康复机构判断已经失能，并且失能的时间要持续6个月以上才能申请长期护理险的陪护等待遇。

根据相关规定，若是参保人参加城镇职工医疗保险且未达到法定退休年龄的，以参保人缴纳的基本医疗保险费用为基数，按照企业和参保人个人各0.1%的缴费比例来缴纳长期护理险费用，参保人缴费金额由单位代扣代缴；若是参保人参加城乡居民医疗保险的，以医疗保障局公布的上年度在职员工全口径医疗保险平均缴费基数为基数，参保人个人在缴纳基本医疗保险时按0.2%的缴费比例来缴纳长期护理险费用；参加城镇职工医疗保险并达到法定退休年龄已经退休的参保人，则按医疗保障局公布的上年度在职员工全口径医疗保险平均缴费基数，并在个人缴纳基本医疗保险时按0.2%的缴费比例来缴纳长期护理险费用。

（二）享受待遇制度

长期护理险需要先达到申请条件即参保人需要满足年龄为60岁以上并且已经加入基本医疗保险，并按法律法规进行缴纳保险费用满15年，已经失能的条件，通过向有关部门提出申请并通过失能评估后，从评估通过后的次月就可以享受长期护理等待遇；若是参保人满足其他条件但缴费年限未满15年的，按照15年来补足长期护理险缴费金额，就可以享受长期护理险的待遇。

参保人在通过申请后，可以根据自身情况来选择不同的护理方式以便满足参保人不同的需求，护理方式主要分为居家护理和非居家护理两大类。居家护理又主要包括以下两种具体护理方式：一是居家个人护理，即参保人选择居家享受长期护理险待遇，由参保人或其监护人选择某个护理服务人员，在委托机构的指导下为参保人提供可靠的护理服务，护理标准为每人40元/天；二是居家上门护理，即参保人选择居家享受长期护理险待遇，由参保人或其监护人选择符合标准的护理机构，由护理机构来派遣人员进行护理服务，护理标准为每人 50 元/天。非居家护理则主要是指机构集中护理。在这种护理方式下，参保人选择非居家享受长期护理险待遇，可以由参保人或其监护人选择符合标准的护理机构，参保人在自身选择的护理机构中长期入住并享受护理服务，护理标准为每人 50 元/天。

在享受长期护理险待遇期间，若是参保人在护理人员的长期护理和医疗机构或康复机构的治疗后不再符合失能标准，或是参保人因死亡等原因停止缴纳长期护理险后，除参保人死亡原因在次日不再享受长期护理险的待遇，其他原因导致不符合享受长期护理险待遇的，参保人都在次月不再享受长期护理险的待遇。

五　医疗救助制度现状

我国医疗救助制度主要是指对于农村以及城镇的贫困人口有医疗困难的居民进行直接或者间接的经济上的补助。并且，我国法律法规规定，无论此类贫困人口有没有参加基本医疗保险，只要存在符合医疗困难的标准，都可以向政府相关部门申请寻求医疗补助。医疗救助制度的资金来源主要是财政拨款，同时也有一部分来自社会各方面的捐赠，筹集起来的财政拨款和社会捐赠会建立专门的基金，由各地区政府相关部门进行管理并对符合要求的居民进行补助。我国的医疗救助制度发展至今，已经有一个较为健全和完善的框架和机制，主要包括以下几个方面：

一是救助范围。一开始我国医疗救助制度主要是把城乡符合最低保障的贫困人口列入医疗补助范围，但随着制度的发展和完善，其他困难人口也被列入了这个范围，其中不光包括残疾等具有特殊困难的人群，还包括因病致贫、因病返贫的部分人群，医疗救助制度最大限度地让我国贫困人口不再害怕自己的高额医疗费用。

二是救助标准。我国医疗救助制度的救助标准主要是由我国各地的地方政府相关部门来核定的，不同地区的贫困率和贫困人口组成都有一定的不同，另外各地区的经济状况也各不相同，不能一概而论。因此，各地区根据当地不同的情况来差异化地制定救助标准，设定科学的起付线以及医疗费用报销比例和救助封顶金额，这样才能对当地的居民更好地进行医疗救助。

三是救助内容。对于没有参加基本医疗保险的居民，政府会根据规定来对居民的医疗费用进行一定比例的报销,而对于已经参加基本医疗保险的居民,政府则是对超出基本医疗保险负担的金额后,仍存在大额的居民个人无法负担的医疗费用进行一定比例的报销,在实际救助中,医疗救助制度主要侧重于住院医疗救助,兼顾于门诊医疗救助。

第三节 就业保障制度体系的现状

一 工伤保险制度现状

工伤保险作为"五险一金"中重要组成部分,是国家为了保障劳动者在工作中发生意外事故或其他情况所造成的受伤、疾病、死亡后,能够得到政府以及劳动单位所给予的经济补偿。所给予的经济补偿根据劳动者所受到的伤害高低,不仅包括医疗费用,还包括保障生活的费用。1996年,政府发布《企业职工工伤保险试行办法》;2010年,我国颁布了《社会保险法》,并在法律中明确了工伤保险的制度规范。主要包括以下几个方面内容。

(一)参保缴费制度

工伤保险制度规定,只要雇用劳动者的单位和劳动者存在劳动关系,那么单位就要让劳动者参加工伤保险并缴纳相关费用。不同于基本养老保险和医疗保险的是,在缴纳工伤保险时,是由单位全额缴纳工伤保险费用的,即劳动者个人无须缴纳工伤保险费用,单位所缴纳的工伤保险费用=缴费基数×缴费比例。一般来说,缴费基数为劳动者缴纳当月的前12个月平均工资作为缴费基数,但是若劳动者平均工资高于当地人力资源和社会保障局公布的上一年度当地职工全口径月工资平均值的300%,按当地人力资源和社会保障局公布的上一年度当地职工全口径月工资平均值的300%来作为缴费基数;劳动者平均工资低于当地人力资源和社会保障局公布的上一年度当地职工全口径月工资平均值的60%的,按当地人力资源和社会保障局公布的上一年度当地职工全口径月工资平均值的60%来作为缴费基数。在实际应用中,国家规定工伤保险的缴费基数不必与"五险"中的其他四险缴费基数相同。工伤保险的缴费比例则是各地区政府根据当地工伤发生率等实际情况来确定的,一般都在0.2%到1%的区间。具体见表3-8。

表 3-8　　　　　　　　工伤保险缴费基数和比率

地区	缴费基数下限（元）	缴费基数上限（元）	企业缴费比率（%）	个人缴费比率（%）
东部地区	**4301**	**21777**	**0.43**	**0.00**
北京	6326	33891	0.40	0.00
天津	4751	23755	0.65	0.00
河北	3726.65	18633	0.70	0.00
辽宁	3678	19149	0.70	0.00
上海	7310	36549	0.26	0.00
江苏	4494	22470	0.40	0.00
浙江	3957	19785	0.20	0.00
福建	2030	10150	0.40	0.00
山东	4242	21207	0.40	0.00
广东	2300	11500	0.40	0.00
海南	4491.6	22458	0.20	0.00
中部地区	**3892**	**19522**	**0.26**	**0.00**
山西	3863	19314	0.40	0.00
内蒙古	4481	22407	0.20	0.00
吉林	3703	19154	0.20	0.00
黑龙江	3858	19290	0.20	0.00
安徽	4019	20094	0.20	0.00
江西	3528	17640	0.20	0.00
河南	3579	17895	0.20	0.00
湖北	4077	20385	0.20	0.00
湖南	3945	19725	0.56	0.00
广西	3863	19317	0.20	0.00
西部地区	**4136**	**20678**	**0.35**	**0.00**
四川	4246	21228	0.32	0.00
贵州	4114	20572	0.40	0.00
云南	3770	18850	0.36	0.00
陕西	3926	19630	0.20	0.00
甘肃	3840	19200	0.20	0.00
青海	4817	24087	0.20	0.00
新疆	4253	21265	0.50	0.00
重庆	4118	20590	0.60	0.00

资料来源：各地区人力资源和社会保障局 2023 年数据。

第三章 中国社会保障制度体系现状 / 77

（二）赔偿制度

在工伤保险实际赔付时，主要按照以下标准和制度来进行赔偿：

若是工作期间劳动者受了工伤，要按工伤的严重程度来进行赔偿：首先，若是劳动者在工作中出现意外导致对劳动者的一般伤害，此时工伤保险需要赔付劳动者的医疗费用、工伤造成的不能工作的期间工资、期间的食宿以及交通费用，以及工伤若是造成劳动者住院的，工伤保险也会赔付住院期间对于劳动者伙食的补助费用。其次，若是因工伤导致劳动者残疾的，工伤保险除了要赔付劳动者以上造成一般伤害要赔付的费用外，还要赔付一次性伤残补助金、伤残津贴等费用，以及残疾后劳动者要购买的医疗器械例如轮椅等费用，其中伤残补助金是按1—10级的等级来进行赔付的，根据数字的增长，伤残程度依次减轻，即1级伤残赔偿最多，10级赔偿最少。

若是工作期间因工伤导致死亡或失踪的，按以下标准进行赔付：首先，若是劳动者因工伤死亡的，工伤保险要按照当地上一年度职工全口径月平均工资的6倍来赔付丧葬补助金，按照上一年度国家公布的城镇居民人均可支配收入的20倍来赔付一次性工亡补助金，以及按照劳动者生前工资的一定比例赔付供养亲属抚恤金，其中配偶或亲属中的孤儿或孤寡老人每月能得到劳动者生前工资的40%，其余亲属则为30%，但所有亲属所得到的抚恤金之和不能超过劳动者生前工资。其次，若是劳动者失踪时，失踪后的三个月内先照常发放工资，等到失踪时间超过三个月，若已经宣告死亡的，按死亡的同等待遇来赔付，若没有宣告死亡但确实家庭存在困难的，可以申请供养亲属抚恤金，并按50%的比例提前支取一次性工亡补助金。

二 失业险制度现状

失业保险是针对单位员工因失业而暂时没有收入时为其提供经济补偿，以此来保障员工个人在找到下一份工作之前的基本生活的保险制度。

（一）参保缴费制度

根据相关法律法规规定，我国单位在职员工都要参加失业保险。在缴费时，缴费金额=缴费基数×缴费比例，其中缴费基数一般以单位职工个人工资为缴费基数，但个人工资超过当地人力资源和社会保障局规定的缴纳基数的300%的，超过的部分不计入个人缴费工资基数，而个人工资不满当地人力资源和社会保障局规定的缴纳基数的60%的，按照当地人力资源和社会保障局规定的缴纳基数的60%来计算缴纳费用,当地人力资源和社会保障局规定的缴纳基数为当地上一年全口径月平均工资。单位按缴费基数的2%进行缴纳,而个人则按照缴费基数的1%由单位进行代扣代缴,各地区由于情况各不相同,可以根据当地实际情况来调整缴费比例(见表3-9)。

表3-9　　　　　　　　　失业保险缴费基数与比率

地区	缴费基数上限(元)	缴费基数下限(元)	企业缴费比率(%)	个人缴费比率(%)
东部地区	4350	22669	0.56	0.44
北京	6326	33891	0.50	0.50
天津	4751	23755	0.50	0.50
河北	3726.65	18633.25	0.70	0.30
辽宁	3678	19149	0.50	0.50
上海	7310	36549	0.50	0.50
江苏	4494	22470	0.50	0.50
浙江	3957	19785	0.50	0.50
福建	2575	19962	0.50	0.50
山东	4242	21207	0.70	0.30
广东	2300	11500	0.80	0.20
海南	4491.6	22458	0.50	0.50
中部地区	3892	19522	0.60	0.40
山西	3863	19314	0.70	0.30
内蒙古	4481	22407	0.50	0.50
吉林	3703	19154	0.70	0.30
黑龙江	3858	19290	0.50	0.50
安徽	4019	20094	0.50	0.50
江西	3528	17640	0.50	0.50
河南	3579	17895	0.70	0.30
湖北	4077	20385	0.70	0.30
湖南	3945	19725	0.70	0.30
广西	3863	19317	0.50	0.50
西部地区	4136	20678	0.61	0.39

续表

地区	缴费基数上限（元）	缴费基数下限（元）	企业缴费比率（%）	个人缴费比率（%）
四川	4246	21228	0.60	0.40
贵州	4114	20572	0.70	0.30
云南	3770	18850	0.70	0.30
陕西	3926	19630	0.70	0.30
甘肃	3840	19200	0.70	0.30
青海	4817	24087	0.50	0.50
新疆	4253	21265	0.50	0.50
重庆	4118	20590	0.50	0.50

资料来源：各地区人力资源和社会保障局 2023 年数据。

（二）失业保险申领制度

根据失业保险制度规定，只有参保人参加失业保险并按规定缴费满 1 年，在非自愿失业后办理失业登记的，可以按照当地相关规定申领失业保险金。失业保险金额主要是按当地政府公布的同一年度当地最低工资标准的 75% 计发。根据参保人在失业前和参保人所在单位共同缴纳失业保险费用的累计时间，参保人在失业后能领取到失业保险金的时间长短也各不相同；若是缴费累计时间在 1 年到 5 年的，参保人在失业后最多可以领取 12 个月的失业保险金；若是缴费累计时间在 5 年到 10 年的，参保人在失业后最多可以领取 18 个月的失业保险金；若是缴费累计时间大于 10 年的，参保人在失业后最多可以领取 24 个月的失业保险金。

三 生育险制度现状

生育保险是针对劳动者在生产和养育后代的期间因暂时无法立刻投入工作所导致的工作中断情况，当地政府给予劳动者经济补助的一项社会保险制度。它主要包括以下几个方面内容。

（一）参保缴费制度

根据生育保险制度规定，只要劳动者与劳动单位签署了劳动合同并建立了劳动关系，那么就要参加生育保险，生育保险的对象不只是针对女性劳动者，男性劳动者也应当参加生育保险。

缴纳生育保险费用时，缴费金额=缴费基数×缴费比例。其中，缴费基数一般以单位职工个人工资为缴费基数，但个人工资超过当地人力资源和社会保障局规定的缴纳基数的300%的,超过的部分不计入个人缴费工资基数,而个人工资不满当地人力资源和社会保障局规定的缴纳基数的60%的,按照当地人力资源和社会保障局规定的缴纳基数的60%来计算缴纳费用,当地人力资源和社会保障局规定的缴纳基数为当地上一年全口径月平均工资。单位按缴费基数的0.8%进行缴纳,而个人则不用缴纳生育保险,各地区由于情况各不相同,可以根据当地实际情况来调整缴费比例。

(二) 生育保险申领制度

根据生育保险制度规定,要想申领生育保险金,就要在申领之前的至少9个月内都缴纳了生育保险费用。各地区由于实际情况不同,要求的缴费时长也不同,但最少为9个月。达到申领条件后,劳动者可以在生产后的半年到1年内提交申请,若是超过时限,视为自动放弃生育保险金的领取。劳动者在时限内申领后,可以选择由劳动者所在的单位统一上报给有关部门,有关部门通过申请后将生育保险金发放单位账户中,单位再统一发放给职工个人,也可以选择由职工个人到所在的社区有关部门进行办理申领手续,自行申领生育保险金。

生育保险金额的组成主要包括以下几个部分:首先是生育医疗费用,包括符合国家标准范围内的产检费用和住院以及手术费用,另外若是劳动者因生育造成疾病的,生育保险金也会支付医疗费用;其次是生育津贴,即劳动单位上一年度日平均工资乘以劳动者法定产假天数,各地区由于情况各不相同,可以根据当地实际情况来调整生育津贴金额。

第四节 最低生活保障制度的现状

最低生活保障制度,即以家庭为单位,政府就人均收入低于当地政府公告的最低生活标准的人口给予一定现金资助,从而满足家庭基本生活需求的社会保障制度。

一 城镇居民最低生活保障制度现状

城镇居民最低生活保障制度是针对那些城镇家庭人均收入低于所在地区的城镇最低生活标准的家庭。主要包括以下几个方面内容。

（一）保障对象

城镇居民最低生活保障制度的保障人群主要分为以下几类：首先也是最主要的一类为没有生活来源并且没有劳动能力获得收入的城镇居民；其次是虽然有劳动能力但处于失业状态且暂时无法重新就业，家庭人均收入低于城镇居民最低生活保障标准的家庭；最后一类是虽然有工作或是已经退休，所领取的月工资或退休金低于城镇居民最低生活保障标准的居民。除上述几类居民外，有重度残疾或符合城镇居民最低生活保障标准的残疾人，也可以申领城镇居民最低生活保障金。

（二）保障标准

不同地区的城镇低保标准由于地区生活成本、收入水平等社会经济条件不同而不同，保障标准制定依据主要包括能够维持当地基本生活的食物费用、穿着费用、住宿费用以及未成年居民教育费用，其中住宿费用包含着当地各项能源费用（水、电等）。各地区政府相关部门在了解当地生活所需的各项物价后，制定城镇居民最低生活保障标准并报送本级审批及上级政府备案后，当地城镇居民最低生活保障标准方可执行。若是需要调整城镇居民最低生活保障标准，要重新按照流程报送以及备案。

城镇居民在满足申领要求后，可以向当地有关部门提出申请领取城镇居民最低生活保障金，不同地区因为当地情况的不同，所给予的保障金金额也不相同（见表3-10）。

表3-10　　　　　　　　最低生活保障标准

地区	地区平均保障标准（元）
全国	711.4
东部地区	**887**
北京	1245
天津	1010
河北	710.6
辽宁	705.9
上海	1330
江苏	803.2
浙江	935.3
福建	714.6

续表

地区	地区平均保障标准（元）
山东	814.5
广东	914.8
海南	576.8
中部地区	**674**
山西	615
内蒙古	762.5
吉林	612.4
黑龙江	650.2
安徽	686.3
江西	768.6
河南	604.6
湖北	674.2
湖南	591
广西	772.7
西部地区	**641**
四川	623.8
贵州	651.1
云南	667.9
陕西	651.1
甘肃	650.6
青海	665.2
新疆	586
重庆	636

资料来源：各地区人力资源和社会保障局 2021 年统计数据。

二　农村最低生活保障制度现状

农村最低生活保障制度，即针对农村家庭人均收入低于农村最低生活保障标准的农村居民所提供的一项社会保障制度，旨在为这部分农村居民提供基本生活保障。它主要包括以下几个方面内容。

（一）保障对象

主要是针对农村家庭收入低于农村最低生活保障标准的农村居民。

（二）保障标准

农村最低生活保障制度根据以下几个方面来规定保障标准：当地农村能够维持基本生活的食物费用、穿着费用和住宿费用和未成年居民教育费用，其中住宿费用包含当地各项能源费用（水、电等）。各地区县级政府相关部门在了解当地生活所需的各项物价后，制定城镇居民最低生活保障标准并报送上级政府备案后，当地农村居民最低生活保障标准方可执行。

农村居民在满足申领要求后，可以向当地有关部门提出申请领取城镇居民最低生活保障金，不同地区因为当地经济情况的不同，所给予的保障金金额也有所差异（见表3-11）。

表3-11　　　　　　　　农村最低生活保障标准

地区	平均保障标准（元）
全国	530.2
东部地区	**805.5**
北京	1245.0
天津	1010.0
河北	463.4
辽宁	505.3
上海	1330.0
江苏	790.9
浙江	935.3
福建	711.3
山东	633.9
广东	733.8
海南	501.2
中部地区	**493.5**
山西	473.5
内蒙古	555.1
吉林	444.6
黑龙江	441.0
安徽	684.9

续表

地区	平均保障标准（元）
江西	543.3
河南	398.5
湖北	504.8
湖南	438.0
广西	451.5
西部地区	**436.1**
四川	443.5
贵州	389.9
云南	411.3
陕西	444.1
甘肃	409.1
青海	410.3
新疆	456.4
重庆	524.3

资料来源：各地区人力资源和社会保障局2021年统计数据。

第五节　结论

一　城乡差异

城乡之间的差距还是较大的。从养老保险方面来看，城乡居民基本养老保险最低缴费基数仅为100—200元，而城镇职工缴费基数最低也有2075元，相差了20倍，而最高缴费基数则相差3倍左右。从医疗保险方面来看，城乡居民基本医疗保险每年交380元，而城镇职工基本医疗保险则是按照社保基数根据个人2%的比例来缴费的，一年按照全国各地区最低缴费基数即河南地区的来算也有858.96元，比城乡居民基本医疗保险多出1倍还要多，而按照全国各地区最高缴费基数也就是上海的缴费基数来算，一个月的医保个人缴费就已经达到了730.98元，将近城乡居民基本医疗保险一年的两倍。由此可见，医疗保险城乡差距还是很大的。从最低生活保障制度来看，全国城乡平均保障标准相差200元左右，这说明城市和农村贫困人口的基本生活费用相差20%左右，相比于养老保险和医疗保险，差距并没有那么明显。

二　区域差异

从东中西部地区社会保障水平来看，东部地区的社会保障水平是最高的，中部、西部地区则相差不大。从城镇职工基本养老保险来看，东部地区平均缴费基数是最高的，下限为5000元，上限为25204元；西部地区次之，下限为4269元，上限为21344元；最低的是中部地区，下限为3968元，上限为19840元。其中，中部与西部地区缴费下限相差300元左右，而东部与中部缴费基数下限则相差大约800元，因而中部与西部虽有差距，但差距并不如东部与中西部的差异大。从城乡居民基本养老保险来看，中部与西部缴费下限和上限相差很小，下限一致都为200元，而上限都在4600元左右，而东部地区上限和下限则分别为307元、5809元，这主要是由于北京、天津、上海等几个发达城市拉高了缴费基数下限，上限高则是因为北京、河北、海南等地阶梯数多，因此拔高了上限。由于城镇职工基本医疗保险和工伤保险、失业保险的大部分地区缴费基数相同，因此呈现的区域化特征也是一致的。从城镇最低生活保障来看，中部地区与西部地区平均保障水平差异不大，都在650元左右，而东部地区则比中西部地区多出将近100元，为711.4元，全国地区保障标准最高的是上海的1330元，而最低的是海南的576.8元，两者相差一倍还多。而农村最低生活保障中部、西部地区平均保障水平差异不大，都在450元左右，而东部地区则比中西部地区多出将近一倍，为805.5元，全国地区保障标准最高的是上海的1330元，而最低的是河南的398.5元，两者相差二倍还多。

三　多头治理

综观整个社会保障体系，养老保险、工伤保险、失业保险的主管部门都为当地社会保障部门，一般为人力资源和社会保障局。职工养老保险、工伤保险、失业保险是由工作单位代扣代缴给当地税务机关，而城乡居民和灵活就业人员养老保险大部分则是自己通过App或者微信、支付宝小程序等途径缴纳给税务局。而医疗保险目前的主管部门主要为新建立的医疗保障局，收费部门还是各地税务局。而最低生活保障的主管部门则为各地民政局。从以上分析来看，社会保障的管理倾向于多头管理，每个社会保障模块都可能由不同的部门来进行管理，而收费几乎都是由税务部门代征，由此可见社会保障体系管理杂乱，多头治理情况严重。

四 低水平社会保障

我国将建成的社会保障体系为多层次的社会保障体系，包括：一是以国家为主体的各级政府社会保障体系，如医疗保障体系、养老保障体系等；二是以商业保险为主体的社会保障体系，如车辆保险、人身保险、健康保险等；三是民间组织保障体系，如红十字、各类基金等；四是以集体、个人名义捐款资助等方式形成的保障体系；五是国际组织、国家等在特殊时期或特殊事项中形成的援助、捐款、扶持等活动形成的保障体系。而目前，我国的保障体系还停留在低水平保障体系当中，因为我国保障体系的架构主要是由以国家为主的各级政府社会保障体系构成的，我国的商业保险不够完善，民众参与度也并不高，因此我国目前的政策导向是加强商业保险的架构，以税收优惠等政策来引导民众自行加入商业保险等非政府主导的社会保障，如企业年金和个人养老金都是我国为此做出的努力。

第四章 中国式现代化与社会保障发展的现实性分析

第一节 中国式现代化的现实性分析

一 衡量现代化的一般性指标表现

选取英格尔斯（Inkeles）现代化标准（于20世纪70年代提出）作为衡量现代化的一般性指标。英格尔斯的现代化研究从人文角度出发，将人的现代化视为现代化的核心，并指出人的现代化是现代化社会得以持续、健康发展的基础。英格尔斯提出的现代化标准，为传统工业社会现代化的研究和量化评估开辟了一种新的途径，也是世界上公认的衡量发展中国家现代化程度的一种方法。

我国2021年英格尔斯现代化标准数据如表4-1所示。

表4-1　　我国2021年英格尔斯现代化标准数据

评价维度	现代化判定指标	现代化门槛	我国2021年数据
经济现代化	人均GDP	>3000美元	11718.67美元
	农业产值占GDP比重	<12%—15%	7.30%
	服务业产值占GDP比重	>45%	53.30%
	非农业劳动力占总劳动力比重	>70%	37.56%
	城市人口占总人口比重	>50%	64.72%
人的现代化	成人识字率	>80%	96.79%
	在校大学生比重	>10%—15%	18.86%
	每名医生服务的人数	<1000人	3861人
	婴儿死亡率	<3‰	5.00‰

续表

评价维度	现代化判定指标	现代化门槛	我国 2021 年数据
人的现代化	人口自然增长率	<1‰	0.34‰
	平均预期寿命	>70 岁	80.88 岁

资料来源：由《中国统计年鉴》《中国劳动统计年鉴》《中国人口与就业统计年鉴》数据计算得出。

按英格尔斯现代化标准数据，2021 年我国大部分的指标都达到了现代化标准的门槛。从经济现代化的评价维度来看，2021 年我国的人均国内生产总值、农业产值占国内生产总值比重、服务业产值占国内生产总值比重、城市人口占总人口比重均较大程度超过英格尔斯现代化标准所规定的门槛。我国非农业劳动力占总劳动力比重为 37.56%，没达到英格尔斯现代化标准，这主要是由于我国是一个以农业为主的国家，因此农业劳动力在整个劳动人口中所占的比例很大。从人的现代化的评价维度来看，2021 年我国的成人识字率、在校大学生比重、人口自然增长率以及平均预期寿命均达到了英格尔斯现代化标准所规定的门槛，但婴儿死亡率这一项数据为 5‰，尚未达到英格尔斯现代化标准所规定的门槛，我国每名医生服务的人数为 3861 人，也未达到英格尔斯现代化标准所规定的门槛，这是因为我国是人口大国，医生的数量有限，所以我国每名医生服务的人数较多。虽然在 2021 年我国大多数指标达到了英格尔斯现代化标准所规定的门槛，但该标准由于提出时间较早，且由于评价客体不同，所以并不能完全适合我国现代化评价，我国离现代化还是有一段距离的。

二 衡量中国式现代化特征的指标表现

（一）区域经济发展水平差距

结合经济社会整体发展水平、地理区位等因素，将国内的 31 个省级行政区划单位（未包括港、澳、台地区）分成三个地区组。[①] 选取人均地区生产总值最高的省份与最低的省份数值之比作为衡量区域经济发展水

---

① 东部地区包括北京、天津、河北、辽宁、上海、江苏、浙江、福建、山东、广东、海南 11 个省、直辖市；中部地区包括山西、吉林、黑龙江、安徽、江西、河南、湖北、湖南 8 个省；西部地区包括内蒙古、广西、重庆、四川、贵州、云南、西藏、陕西、甘肃、宁夏、青海、新疆 12 个省、自治区、直辖市。（下文分组均与此相同）

平差距的指标依据，如表4-2所示。

表4-2　　　　　　　　2021年三大地区经济发展水平

地区	地区生产总值（亿元）		人均地区生产总值（元）		人均地区生产总值增长率（%）	
	平均值	极值比	平均值	极值比	平均值	极值比
东部地区	56344.19	19.21	109206.27	3.40	7.62	1.53
中部地区	34780.90	4.45	64835.50	1.83	8.85	1.77
西部地区	19975.84	25.89	62353.00	2.12	6.86	1.48

资料来源：由《中国统计年鉴》《中国劳动统计年鉴》《中国人口与就业统计年鉴》数据计算得出。

从地区生产总值来看，东部地区的平均值最高，西部地区的平均值最低。从各地区生产总值的极值比可以看出，中部地区的极值比最低，为4.45，而东部地区和西部地区的极值比分别为19.21和25.89，说明相较于东西部地区，中部地区的发展水平差距较小。从人均地区生产总值来看，东部地区人均地区生产总值平均值最高，为109206.27元，而中部地区和西部地区的人均地区生产总值平均值分别为64835.50元和62353.00元，这两个地区的均值较为接近。从三大地区人均地区生产总值的极值比来看，中部地区的数值最低，说明该地区发展水平较为均衡，而东部地区的人均地区生产总值极值比最大，为3.40。说明相较于其他两个地区，东部地区的发展水平较不均衡。从人均地区生产总值增长率来看，中部地区的增长率平均值最高，为8.85%，最低的为西部地区的6.86%。人均地区生产总值增长率极值比这一项中，西部地区数值最小，为1.48，说明西部地区的发展水平较为均衡，中部地区的数值最大，为1.77，但是总体来看发展水平也较为均衡。

综上所述，从总体上来看东部地区的经济较为发达但是地区内部发展水平不够均衡。中部地区的经济发展水平虽然低于东部地区，但是增长率较高，发展态势较好，且区域内发展水平较为均衡。西部地区的经济发展水平低于东部地区和中部地区，但西部地区的发展水平一直较为均衡。

（二）城乡收入差距

选取城镇居民与农村居民人均可支配收入之比作为衡量城乡收入水

平差距的指标依据。由表 4-3 来看，从整体上，城镇居民的人均可支配收入由 2012 年的 24564.70 元增加到了 2021 年的 47411.90 元，2021 年城镇居民的人均可支配收入值为 2012 年的 1.93 倍，比 2020 年增长 8.16%；农村居民的人均可支配收入则由 2012 年的 7916.60 元增加到 2021 年的 18930.90 元，2021 年农村居民的人均可支配收入值为 2012 年的 2.39 倍，比 2020 年增长了 10.50%；城乡居民收入差距逐渐缩小，收入比数值由最开始 2012 年的 3.10 降到 2021 年的 2.50。我国城乡居民人均可支配收入均呈现逐年增加的态势，收入水平有了明显的提升，城乡居民收入差距在这十年间有所波动，但是总体来看我国城乡收入差距是在缩小的。

表 4-3　　2012—2021 年城镇居民与农村居民人均可支配收入

年份	城镇居民人均可支配收入（元）	农村居民人均可支配收入（元）	城乡居民人均可支配收入比
2012	24564.70	7916.60	3.10
2013	26467.00	9429.60	2.81
2014	28843.90	10488.90	2.75
2015	31194.80	11421.70	2.73
2016	33616.20	12363.40	2.72
2017	36396.20	13432.40	2.71
2018	29250.80	14617.00	2.00
2019	42358.80	16020.70	2.64
2020	43833.80	17131.50	2.56
2021	47411.90	18930.90	2.50

资料来源：由《中国统计年鉴》《中国劳动统计年鉴》《中国人口与就业统计年鉴》数据计算得出。

（三）整体收入差距

选取基尼系数作为衡量整体收入水平差距的指标，有效地预警贫富分化的量变临界点，基尼系数越小表示收入差距越小。

由图 4-1 可以看出，我国的基尼系数在 2012 年至 2021 年经历了一定的波动，但是通过添加的趋势线来看，我国的基尼系数呈现逐年降低的趋势。细化来看，在 2012 年至 2015 年出现了一定程度的下降，从 0.474 降至 0.462。这表示收入分配的不平等程度有所减轻，显示出收入分配有所改善，整体收入水平差距渐渐缩小。这一改善可能得益于我国政府采取的一系列措施，如提高最低工资标准、扩大社会保障覆盖范围、加强贫困地区的扶贫政策等。同时，我国经济持续快速增长，助推了更多人们分享经济增长带来的收入机会。

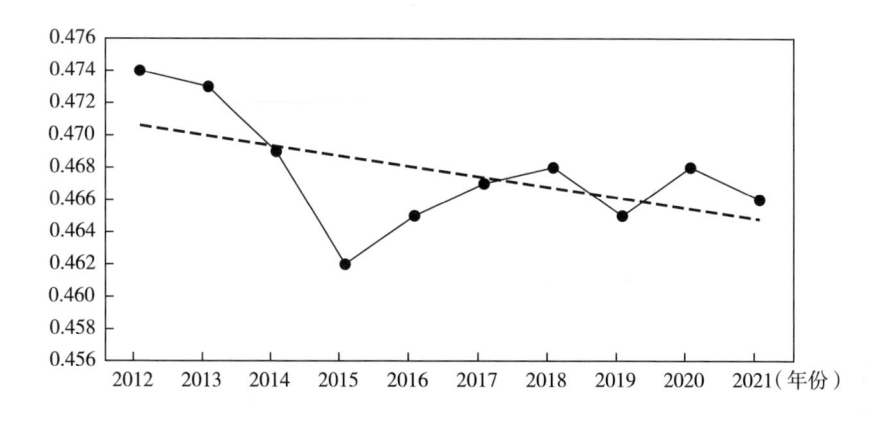

图 4-1　中国 2012—2021 年基尼系数

资料来源：由《中国住户调查年鉴》数据得出。

然而，在 2016 年至 2021 年，基尼系数呈现出一定的波动，2016 年至 2018 年基尼系数从 0.465 上升至 0.468，在 2019 年时下降至 0.465，在 2020 年上升至 0.468，最后在 2021 年降至 0.466。首先，地区间的收入差距是导致收入分配不平等的一个重要因素。我国的东部地区相对发达，收入水平普遍较高，而中西部地区和农村地区的收入水平相对较低。这导致了城乡收入差距和地区间的不平等现象。特别是在经济增长放缓和结构调整的背景下，一些行业和地区的收入差距有所扩大，可能导致收入分配的不平等程度上升。在收入分配改革中，需要加大对中西部地区和农村地区的支持，推动区域间的协调发展，以减少地区差距。其次，教育和技能的不平等也对收入分配产生影响。教育程度和技能水平对个体的就业机会和收入水平有着重要影响。然而，在教育资源分配上，我国仍存在城乡和地区之间的差异。加大对教育领域的投资，特别是在农村和欠发达地区，提供高质量的教育资源和公平的教育机会，有助于提高人民的技能水平和就业机会，进而减少收入差距。职业结构和行业间的收入差距也是收入分配不平等的一个重要因素。一些高收入行业如金融、科技和互联网领域，相对于传统产业，拥有更高的平均工资水平，这加剧了收入分配的不平等。在促进收入分配公平的过程中，需要进一步推动经济结构的转型升级，鼓励发展新兴产业和高附加值行业，以创造更多高质量就业机会，缩小不同行业间的收入差距。此外，人口老龄化也可能影响收入分配的公平性。

尽管近年来我国仍面临整体收入水平差距较大、收入分配不平等的挑战，但我国政府意识到收入分配不平等问题的复杂性和长期性，为了应对收入分配不平等问题，采取了一系列政策。例如，加大对教育、医疗、社会保障等领域的投入，推进农村扶贫和城市低保制度改革，以及实施就业促进政策等。这些举措有助于改善收入分配格局，减少不平等现象。基尼系数从整体上看也有所降低，这说明这些举措是科学有效的。应当继续推动收入分配改革，进一步加强监管和治理，推动经济结构调整和改革，以实现更加公平和可持续的收入分配。通过综合施策，我国可以进一步缩小整体收入水平差距，降低收入分配不平等，促进社会的公平与可持续发展。这将为我国全面建设社会主义现代化，推动我国经济、社会和谐稳定奠定良好的基础。

（四）基本公共服务均等化

基本公共服务均等化既是对公共利益的现实反映，又是对公民权益的实现所提供的战略支撑。由于衡量指标是多元化的，且工作量较大，因此选择通过参考张乐[①]的指标体系制定和研究结果，从基本公共教育、基本劳动就业创业、基本社会保障、基本医疗卫生、基本公共文化体育和基本公共设施六个指标对我国基本公共服务均等化水平进行评价。结合经济社会整体发展水平、地理区位等因素，将国内的31个省级行政区划单位（未包括港、澳、台地区）分成三个地区组。

1. 基本公共教育

由图4-2可知，东部地区的均等化水平指数为0.030，是三个地区中指数最高的区域。中部地区的均等化水平指数为0.028，地区基本公共教育指数极值比为3.29，是三个地区中极值比最大的区域，内部基本公共教育水平差距较大。西部地区的均等化水平指数为0.026，为三个地区中

[①] 张乐、李杰：《基本公共服务均等化水平测度及区域差异分析——基于2011—2020年省级面板数据》，《内蒙古大学学报》（哲学社会科学版）2023年第3期。

均等化水平指数最低的区域。西部地区极值比为 2.39，为三个地区中极值比最小的区域，区域内部基本公共教育水平差距较小。总体来说，东部地区的基本公共教育均等化水平最高；西部地区均等化水平最低，但内部差距最小。

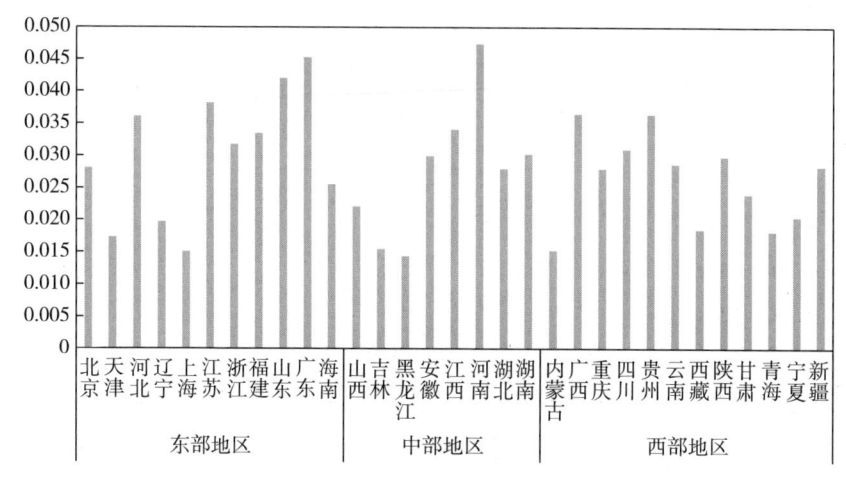

图 4-2　中国 2020 年基本公共教育指数

资料来源：根据张乐、李杰《基本公共服务均等化水平测度及区域差异分析——基于 2011-2020 年省级面板数据》整理得出。

2. 基本劳动就业创业

由图 4-3 可知，东部地区的均等化水平指数为 0.084，是三个地区中均等化水平指数最高的区域，基本劳动就业创业指数极值比为 2.90，是三个地区中极值比最大的区域，内部差距最大。中部地区的均等化水平指数为 0.082，仅次于东部地区，中部地区内部的极值比为 1.88，是三个地区中极值比最低的区域，内部差距最小。西部地区的均等化水平指数为 0.070，其为均等化水平指数最低的区域。总体来说，我国东部地区的基本劳动就业创业均等化水平最高，是三个地区中内部差距最大的地区。西部地区是我国基本劳动就业创业均等化水平最低的地区，其内部存在一定差距，仅次于东部地区。

3. 基本社会保障

由图 4-4 可知，东部地区的均等化水平指数为 0.117，是三个地区中均等化水平指数最高的区域，地区内部基本社会保障指数极值比为 1.91，

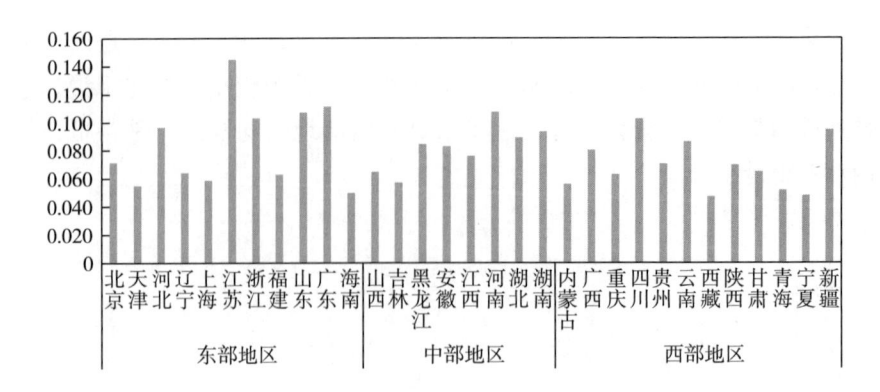

图 4-3　中国 2020 年基本劳动就业创业指数

资料来源：根据张乐、李杰《基本公共服务均等化水平测度及区域差异分析——基于 2011—2020 年省级面板数据》整理得出。

是三个地区中极值比最大的区域，内部差距较大。中部地区的均等化水平指数为 0.108，仅次于东部地区，极值比为 1.23，是三个地区中极值比最小的区域，内部差距最小。西部地区的均等化水平指数为 0.099，三个地区中均等化水平最低。总体来说，东部地区的基本社会保障均等化水平最高，但是三个地区中内部差距最大的区域。西部地区的均等化水平最低，其内部差距仅次于东部地区。

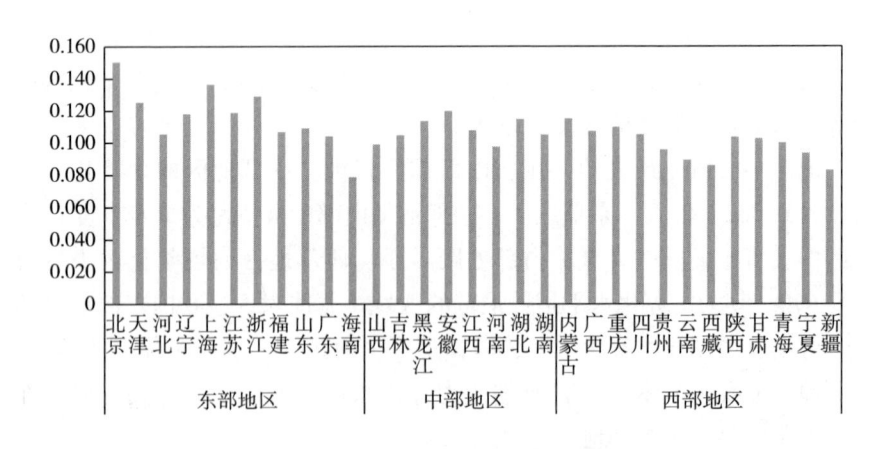

图 4-4　中国 2020 年基本社会保障指数

资料来源：根据张乐、李杰《基本公共服务均等化水平测度及区域差异分析——基于 2011—2020 年省级面板数据》整理得出。

4. 基本医疗卫生

由图4-5可知，东部地区的均等化水平指数为0.046，三个地区中均等化水平最低，地区内部基本医疗卫生指数极值比为2.50，是三个地区中内部极值比最大的地区，内部差距较大。中部地区的均等化水平指数为0.053，其为三个地区中均等化水平指数最高的区域，中部地区内部极值比为1.22，为三个地区中极值比最小的地区，内部差距最小。西部地区的均等化水平指数为0.049，仅次于中部地区，其内部极值比为1.55，仅次于东部地区，内部存在一定差距。总体来说，我国中部地区的基本医疗卫生均等化水平最高，其为三个地区中内部差距最小的区域。东部地区是我国基本医疗卫生均等化水平最低的地区，是三个地区中内部差距最大的区域。

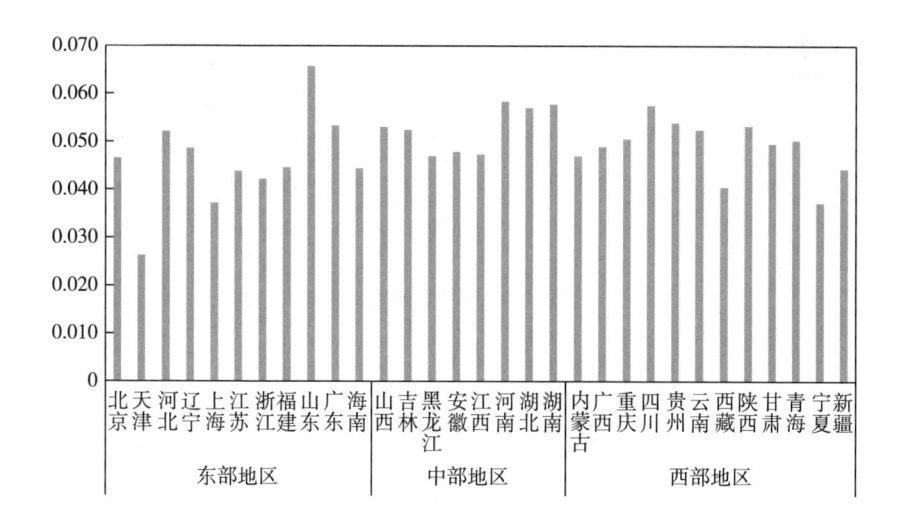

图4-5 中国2020年基本医疗卫生指数

资料来源：根据张乐、李杰《基本公共服务均等化水平测度及区域差异分析——基于2011—2020年省级面板数据》整理得出。

5. 基本公共文化体育

由图4-6可知，东部地区的均等化水平指数为0.083，是三个地区中均等化水平指数最高的区域，地区内部基本公共文化体育指数极值比为3.20，是三个地区中极值比最大的区域，内部差距最大。中部地区的均等化水平指数为0.064，仅次于东部地区，极值比为2.35，为三个地区中极值比最小的地区，内部差距最小。西部地区的均等化水平指数为0.052，是三个地区中平均指数最低的区域，极值比为3.03，仅次于东部地区。总体来说，东部地区是三个地区中基本公共文化体育均等化水平最高的地区，但内部差距最大。西部地区是我国基本公共文化体育平均水平最低的地区，其内部存在一定差距，仅次于东部地区。

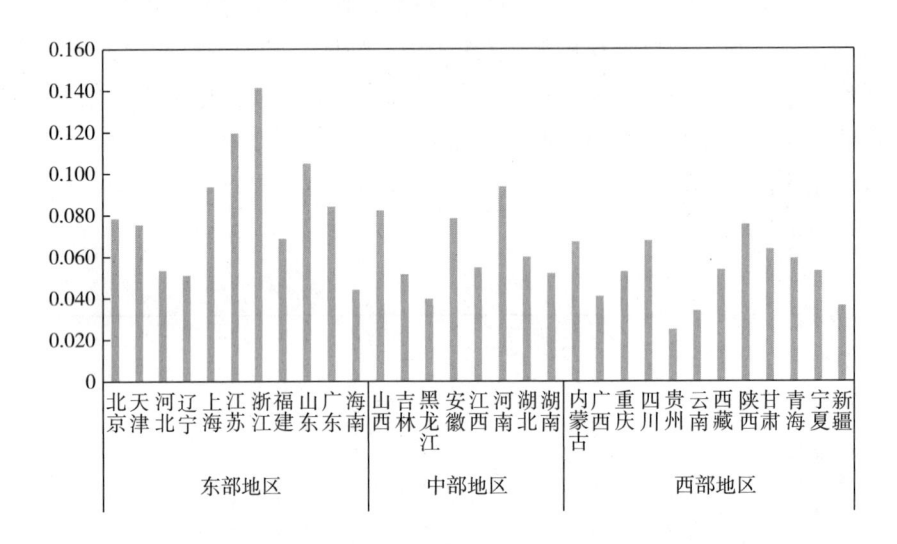

图 4-6　中国 2020 年基本公共文化体育指数

资料来源：根据张乐、李杰《基本公共服务均等化水平测度及区域差异分析——基于2011—2020 年省级面板数据》整理得出。

6. 基本公共设施

由图 4-7 可以看出，东部地区的基本公共设施均等化水平为 0.074，是三个地区中平均指数最高的区域，东部地区内部基本公共设施指数极值比为 1.30，为三个地区中极值比最小的地区，内部差距较小。中部地区的平均指数为 0.068，仅次于东部地区，极值比为 1.36，为三个地区中极值比最大的地区，内部差距较大。西部地区的平均指数为 0.066，为三个地区中基本公共设施水平平均指数最低的区域。西部地区极值比为1.35，仅次于中部地区，其地区内部基本公共设施水平存在一定差距。总体来说，东部地区的基本公共设施均等化水平最高，其地区内部水平差距是三个地区中最小的。西部地区是我国基本公共设施平均水平最低的地区，其内部水平存在一定差距，仅次于中部地区。

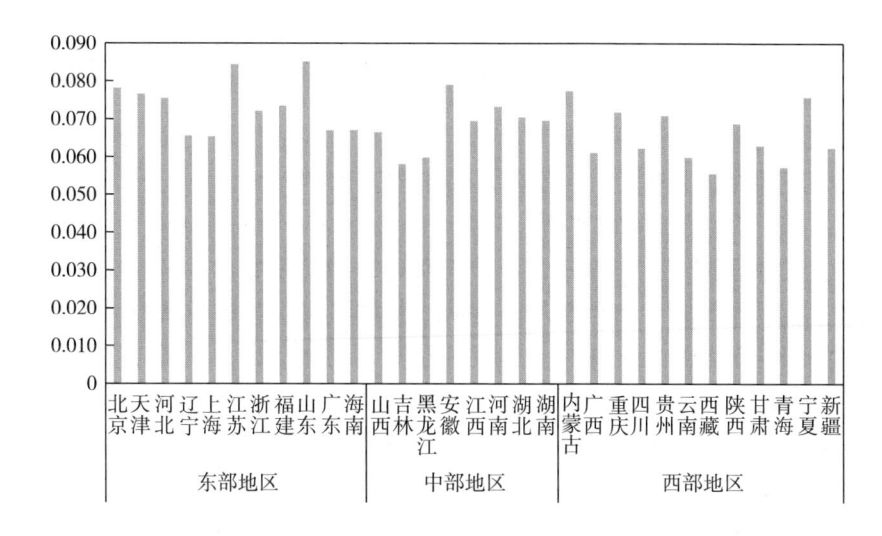

第四章　中国式现代化与社会保障发展的现实性分析 / 97

图 4-7　中国 2020 年基本公共设施指数

资料来源：根据张乐、李杰《基本公共服务均等化水平测度及区域差异分析——基于 2011—2020 年省级面板数据》整理得出。

7. 基本公共服务整体均等化水平区域差异分析

由表 4-4 可以看出，东部地区是三个地区中基本公共服务均等化指数最大的地区。中部地区基本公共服务均等化指数仅次于东部地区。西部地区基本公共服务均等化指数是三个地区中数值最低的。由此可见，经济较为发达的东部地区的基本公共服务均等化指数较高。

表 4-4　　　　2020 年中国基本公共服务均等化指数

地区	基本公共服务均等化指数
东部地区	0.32
中部地区	0.28
西部地区	0.22

资料来源：根据张乐、李杰《基本公共服务均等化水平测度及区域差异分析——基于 2011—2020 年省级面板数据》整理得出。

近年来，尽管我国政府已经采取了一系列措施来促进均等化，在基本公共服务均等化水平提高上取得了一定进展。但由于地区差异和城乡差距，仍然存在教育、医疗、社会保障和基础设施等方面的不平等问题。

因此，政府应进一步加大对农村地区和欠发达地区的投入，提高公共服务的均等化水平，确保人民能够享受到公平和平等的公共服务。同时，还需要加强跨部门协调和政策整合，推动区域间的协同发展，缩小城乡和地区之间的发展差距，实现公共服务的真正均等化。

（五）精神文明建设水平

伴随中国式现代化推进，精神文明建设的地位和作用日益突出。精神文明与物质文明相协调发展，是从"整体性文明"的逻辑上对社会主义现代化内涵和目标的重构，体现了党对现代化认识不断深入、战略上不断成熟、实践上不断丰富，进而开创、推进、拓展了中国式现代化道路。选取全国文化及相关产业增加值占国内生产总值的比重作为评价精神文明建设水平的指标，整理汇总得到2017—2021年全国文化及相关产业增加值以及全国文化及相关产业增加值占国内生产总值的比重，如表4-5所示。

表4-5　　　　　　　　　精神文明建设水平指标

年份	全国文化及相关产业增加值（亿元）	全国文化及相关产业增加值占GDP比重（%）
2017	34722.00	4.20
2018	41171.00	4.48
2019	44363.00	4.50
2020	44945.00	4.43
2021	52385.00	4.56

资料来源：国家统计局官网。

通过对比分析数据可以发现，2017—2021年，我国文化及相关产业增加值呈现出逐年增加的规律，2021年的文化及相关产业增加值为2017年的1.51倍，且我国文化及相关产业增加值仍有继续增加的趋势。全国文化及相关产业增加值占国内生产总值的比重由2017年的4.20%增加到2021年的4.56%，2021年全国文化及相关产业增加值占国内生产总值的比重为2017年的1.09倍，从总体上来看该比重的数值逐年增加，我国的精神文明建设水平逐年提高。

（六）人与自然和谐共处水平

人与自然和谐共生是中国式现代化的绿色保障。大自然是人类生存的基础，尊重自然、遵循自然、保护自然是中国式现代化内在要求，也是走生产发展、人民富裕、生态良好的文明发展之路的必然抉择。根据第十三届全国人大常委会审议的《全国人民代表大会常务委员会执法检查组关于检查实施情况的报告》，2021年，我国地级及以上城市空气质量优良天数比例为87.5%。相对于2015年，我国地级及以上城市的PM2.5含量下降了34.8%，降至30微克/立方米。城市的优良天数比例上升了6.3个百分点，达到了87.5%，重度污染天数下降了53.6%，较多地区的空气质量都达到了有史以来最好的水平。国家愈发关注生态环境，致力于人类与自然的和谐相处。我国没有像西方发达国家那样走"先污染后治理"的旧路，这是中华优秀文化与社会主义现代化建设相结合的重大成就。

第二节 社会保障发展的现实性分析

一 养老保障发展现状

（一）养老保险

由于2014年，新型农村居民社会养老保险（以下简称新农保）与城镇居民社会养老保险（以下简称城居保）合并为城乡居民社会养老保险，为了保持数据口径的一致，所以在对养老保险参保率相关数据进行分析时，选取的期间为2014年至2012年，并且未将公务员及军人等特殊人群纳入研究对象。

1. 覆盖率

我国现有的社会养老保险主要分为两大类：一类是城镇职工基本养老保险，另一类是城乡居民基本养老保险。将我国2014年至2021年的城乡养老保险参保率①整理绘制图4-8，可看出我国城乡养老保险参保率由2014年的61.19%逐年增加到2021年的72.82%，2021年的城乡养老保险的参保率为2014年的1.19倍，整体呈现上升趋势。基本实现了制度上的全覆盖，人均保障水平日益提升。

---

① 城乡养老保险参保率=（城镇企业职工基本养老保险参保缴费人数+城乡居民基本养老保险参保缴费人数）/地区人口数。

(年份)

[图表：2014—2021年的城乡养老保险参保率柱状图，横轴54.00—74.00(%)]

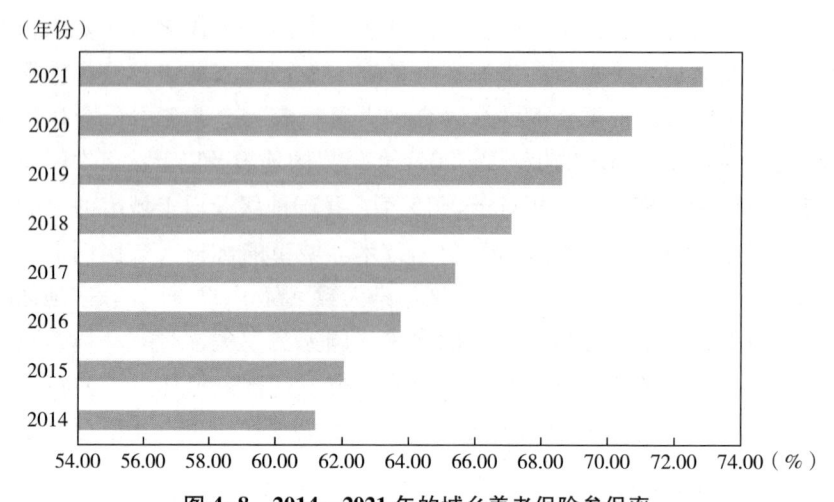

图 4-8　2014—2021 年的城乡养老保险参保率

资料来源：由《中国统计年鉴》《中国劳动统计年鉴》《中国人口与就业统计年鉴》数据计算得出。

2. 保障水平

养老金替代率是指个人在退休时领取的养老金和其之前收入的比率，反映了职工在退休前和退休后的生活质量差别。本部分选取城镇职工基本养老保险替代率①、城乡居民基本养老保险替代率②两项指标对我国城乡养老保险的保障水平进行评价。

由表 4-6 可以看出，我国城镇职工基本养老保险替代率始终保持在 12.00% 以上，对比于 2014 年的 12.38%，2021 年我国城镇职工基本养老保险替代率有所下降，但仍未低于 12.00%。我国城乡居民基本养老保险替代率相较于城镇职工基本养老保险替代率较为稳定，保持在 0.65% 左右。可以看出，我国城乡养老保险的保障水平是稳步提升的。

表 4-6　中国 2014—2021 年社会养老保险保障水平指标

年份	城镇职工基本养老保险替代率（%）	城乡居民基本养老保险替代率（%）
2014	12.38	0.61

---

①　城镇职工基本养老保险替代率=城镇职工基本养老保险基金年人均支出/上年城镇单位就业人员平均工资。

②　城乡居民基本养老保险替代率=城乡居民基本养老保险基金年人均支出/上年城镇单位就业人员平均工资。

续表

年份	城镇职工基本养老保险替代率（%）	城乡居民基本养老保险替代率（%）
2015	12.95	0.74
2016	13.54	0.68
2017	13.98	0.68
2018	14.34	0.75
2019	13.74	0.71
2020	12.43	0.68
2021	12.07	0.70

资料来源：由《中国统计年鉴》《中国劳动统计年鉴》《中国人口与就业统计年鉴》数据计算得出。

3. 可持续水平

参考国内外学者有关养老保险可持续性内涵的讨论，选取城镇职工基本养老保险负担系数[①]、城镇职工基本养老保险基金累计结余系数[②]、城镇职工基本养老保险基金当期收支率[③]、城乡居民基本养老保险负担系数[④]、城乡居民基本养老保险基金累计结余系数[⑤]、城乡居民基本养老保险基金当期收支率[⑥]这六项指标作为评价我国城乡养老保险可持续水平的指标。

由表4-7可以看出，我国城镇职工基本养老保险负担系数较低，近十年来均维持在0.35左右，城镇职工基本养老保险基金累计结余系数以及城镇职工基本养老保险基金当期收支率近年来有降低的趋势，结合现状分析，由于我国在2019年5月1日启动"减税降费"政策，社保费率

[①] 城镇职工基本养老保险负担系数＝城镇职工基本养老保险待遇领取人数/缴费人数。

[②] 城镇职工基本养老保险基金累计结余系数＝城镇职工基本养老保险基金累计结余金额/上年城镇职工基本养老保险基金支出金额。

[③] 城镇职工基本养老保险基金当期收支率＝当年城镇职工基本养老保险基金收入/当年城镇职工养老保险基金支出。

[④] 城乡居民基本养老保险负担系数＝城乡居民基本养老保险待遇领取人数/城乡居民基本养老保险参保缴费人数。

[⑤] 城乡居民基本养老保险基金累计结余系数＝城乡居民基本养老保险基金累计结余金额/上年城乡居民基本养老保险基金支出金额。

[⑥] 城乡居民基本养老保险基金当期收支率＝城乡居民基本养老保险基金收入/城乡居民基本养老保险基金支出。

的下调已经进入实施期，社保缴费比率的下调，一方面减轻了企业的负担，另一方面也导致了社保基金的收入下降。当前，我国老龄人口比例不断增加，已经步入了一个中度老龄化社会，社会养老保险基金的开支越来越大。我国城乡居民基本养老保险负担系数相较于职工基本养老保险负担系数更低，维持在0.30左右，城乡居民基本养老保险基金累计结余系数与城乡居民基本养老保险基金当期收支率也大于职工基本养老保险的相关指标，2021年城乡居民基本养老保险基金累计结余系数达到了3.40，远远超过了城镇职工基本养老保险基金累计结余系数1.02。通过比较可以看出，相较于城镇职工基本养老保险，我国城乡居民基本养老保险的可持续水平更高。随着"4-2-1"家庭结构的演变、家庭养老照料的作用削弱，养老保险可以较好地补偿因家庭供养资源匮乏而导致的老年人幸福感下降，特别是对农村老年人的养老保障应给予更多的关注，但城乡居民养老保险和城镇职工养老保险相比，农村居民的养老保障水平整体上还是比较低的。下一步，基层政府要通过各种途径，加强对城乡居民基本养老保险制度的宣传，让居民对该制度的益处有一个全面的认识，同时要把多缴多补、长缴多得的政策落到实处，促使居民尽早参保，提高缴费档次，并长期保持下去，让居民切实地享受到国家的惠民惠农政策，消除后顾之忧，真正做到老有所依。

表4-7　　中国2014—2021年社会养老保险可持续水平指标

年份	城镇职工基本养老保险负担系数	城镇职工基本养老保险基金累计结余系数	城镇职工基本养老保险基金当期收支率	城乡居民基本养老保险负担系数	城乡居民基本养老保险基金累计结余系数	城乡居民基本养老保险基金当期收支率
2014	0.34	1.72	1.16	0.29	2.85	1.47
2015	0.35	1.62	1.14	0.29	2.92	1.35
2016	0.36	1.49	1.10	0.30	2.54	1.36
2017	0.38	1.38	1.14	0.30	2.94	1.39
2018	0.39	1.34	1.15	0.30	3.06	1.32
2019	0.39	1.22	1.08	0.30	2.84	1.32
2020	0.39	0.98	0.87	0.30	3.13	1.45
2021	0.38	1.02	1.07	0.30	3.40	1.44

资料来源：由《中国统计年鉴》《中国劳动统计年鉴》《中国人口与就业统计年鉴》数据计算得出。

4. 区域差异

结合经济社会整体发展水平、地理区位等因素，将国内的 31 个省级行政区划单位分成三个地区组。下面将从参保率、保障水平两个方面分析这三类地区的差异。

（1）参保率

将三类地区 2021 年的城乡养老保险参保率作为覆盖率的评价指标，统计结果如图 4-9 所示。

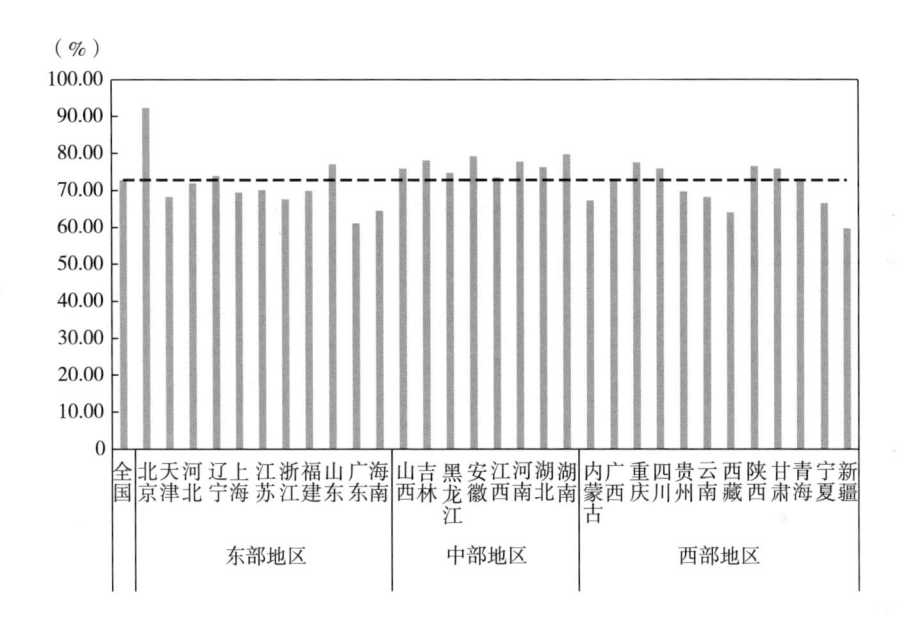

图 4-9 2021 年社会养老保险参保率

资料来源：由《中国统计年鉴》《中国劳动统计年鉴》《中国人口与就业统计年鉴》数据计算得出。

总体来说，2021 年我国社会养老保险的参保表现较为理想，中部地区相比东部地区和西部地区，参保率较为均衡。东部地区最高的为北京，参保率超过了 90%，其也是全国参保率最高的地区；西部地区的参保率是三个地区中最低的，该地区中大部分的省、自治区、直辖市没有达到全国平均水平。总体来看，东部地区内部差距较大，而中部地区则更为均衡且均值大于其他两个地区，西部地区总体参保率低于其他两个地区，但区域内参保率数值较为均衡。

(2) 保障水平

选取 2021 年的城镇职工基本养老保险替代率与城乡居民基本养老保险替代率两项指标对我国这三类地区的城乡养老保险的保障水平进行评价。由图 4-10 可以看出，城镇职工基本养老保险替代率始终大于城乡居民基本养老保险替代率。

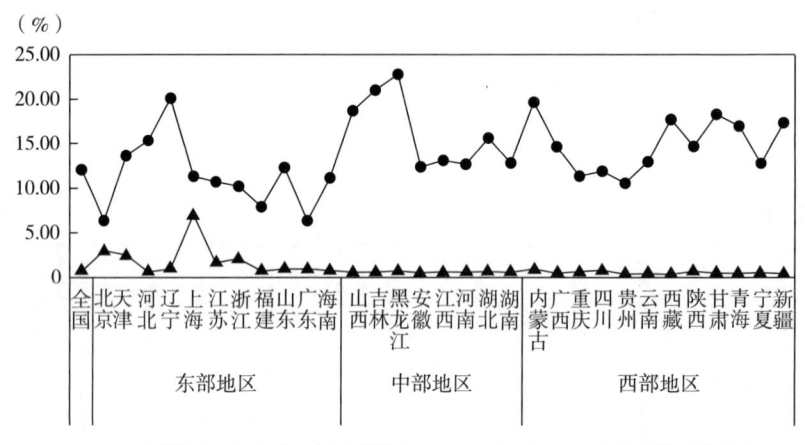

图 4-10　2021 年城镇职工基本养老保险替代率与城乡居民基本养老保险替代率

资料来源：由《中国统计年鉴》《中国劳动统计年鉴》《中国人口与就业统计年鉴》数据计算得出。

利用图 4-10 中的数据分别计算出全国和东部、中部、西部地区 2021 年的城镇职工基本养老保险替代率与城乡居民基本养老保险替代率两项指标的均值并制成图 4-11。

从上文的覆盖率来看，我国各地区的城乡养老保险覆盖率较高。从保障水平角度来看，受平均工资水平、基本养老保险待遇水平、退休职工人数等多重因素的影响，城镇职工基本养老保险替代率呈现出明显的区域差异，即使经济发展水平相对较高的东部地区，各地级单位也有明显的地域特征。2021 年，东部地区的城镇职工基本养老保险替代率最低，中部地区最高。从数值上来看差距相差不大，覆盖率较为平均。东部地区内部城镇职工基本养老保险替代率极值比为 3.17，为三个地区中内部差异最大的地区，中部地区内部城镇职工基本养老保险替代率极值比为

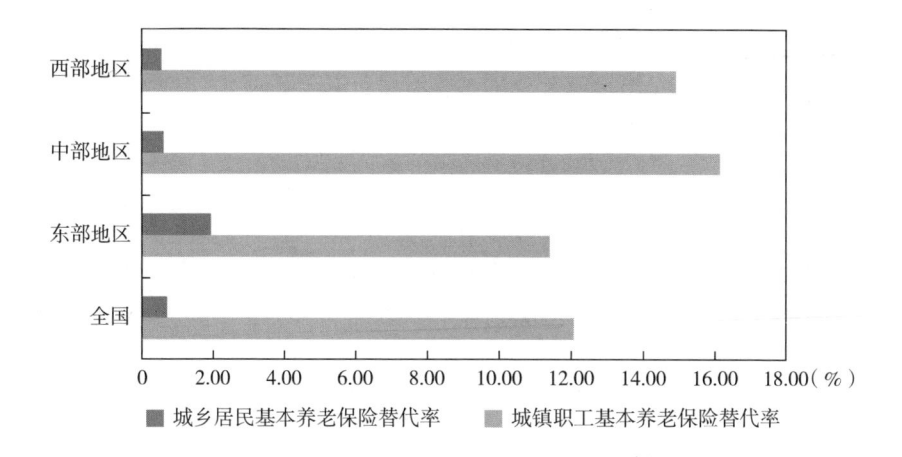

```
         西部地区
         中部地区
         东部地区
           全国
               0    2.00  4.00  6.00  8.00  10.00 12.00 14.00 16.00 18.00(%)
              ■ 城乡居民基本养老保险替代率        城镇职工基本养老保险替代率
```

**图 4-11　2021 年各地区城镇职工基本养老保险替代率和
城乡居民基本养老保险替代率**

资料来源：由《中国统计年鉴》《中国劳动统计年鉴》《中国人口与就业统计年鉴》数据计算得出。

1.84，为三个地区中内部差异最小的地区，西部地区内部城镇职工基本养老保险替代率极值比为 1.86，仅次于东部地区，区域内部存在一定差距。而东部地区的城乡居民基本养老保险替代率远超中部、西部地区，这是因为东部地区中大部分为经济较为发达的省，其城乡养老保险的保障水平更高，但其极值比为 11.19，也远超中部地区和西部地区，为三个地区中内部差异最大的地区。中部地区内部城乡居民基本养老保险替代率极值比为 1.38，为三个地区中内部差异最小的地区。

（二）企业年金

企业年金作为社会保障的一种补充，其实质是企业通过延迟支付的方法给予员工劳动报酬，在提升了员工退休后生活水平的同时，也能够达到吸引、保留优秀人才的目的。以企业年金为代表的第二支柱是我国的主要养老保障制度体系十分重要的一部分，其在经历了十几年的发展之后，逐渐步入了一个平稳的发展时期。本章将我国 2012 年至 2021 年企业年金参保率绘制成图 4-12。

由图 4-12 可以看出，在 2012 年至 2014 年数值都较为稳定，但是在 2014 年至 2015 年，我国企业年金的参保率有所下降，而自 2015 年开始至 2021 年，我国企业年金的参保率变化趋势总体上为逐年增加，在 2021

年达到了 2.84%。我国企业年金 2021 年的参保率为 2012 年的 1.13 倍。按照此发展趋势，我国企业年金的参保率预计还会继续增加。

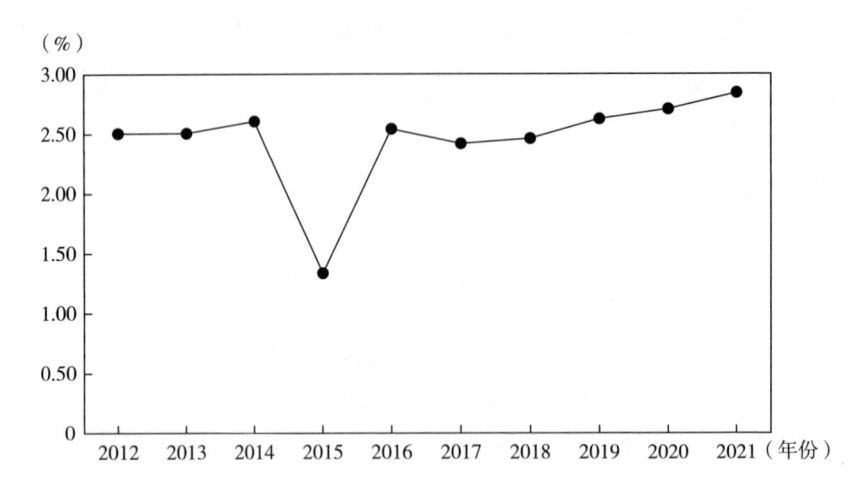

图 4-12　2012—2021 年企业年金参保率

资料来源：由《中国统计年鉴》《中国劳动统计年鉴》《中国人口与就业统计年鉴》数据计算得出。

我国企业年金资金积累规模在 2020 年年底超过两万亿元。在投资管理上，企业年金的资产配置主要是固定收益类，超过 80%，且企业年金市场已趋于成熟，其市场化运作的总体成效是明显的，投资表现比较稳定，这与其"稳健、长期、分散风险"的投资理念相吻合。我国企业年金基金的累积规模迅速扩大，但是参保人数仍然偏少。2016 年以来，我国企业年金无论是参保企业数量还是参与职工人数以及资金总量都呈现出不断增长的态势，企业年金也在不断地发展壮大。

但目前缴纳企业年金的仅为少数职工。企业年金作为社会养老体系的第二支柱，与基本养老保险相比，它的不同之处在于其为自愿缴纳，企业要承担一定的费用。对中小型民营企业来说，由于其盈利能力不强，难以承担起企业年金的责任。那些经营状况较好、质量较好的企业都已基本实现了企业年金制度的建设。企业年金是一种比较标准化的养老理财产品，但在我国，企业年金仍然存在以下两个问题：一是覆盖率偏低，大多数企业未将其纳入企业的人力资源管理中去；二是一些较早设立企业年金的企业的经营模式比较落后，未能发挥其对人才的吸引、激励、稳定和提高员工退休福利的功能。需要企业的决策层能够以准确的视角看待企业年金成本和营业收益间的关系，正确看待建立企业年金的成本与经营效益之间的关系，要从更科学、更完善的人力资源管理的视角来看待企业年金在劳动关系中的重要性，使新老制度顺利地衔接起来，使企业和员工的利益长期协调发展。

（三）个人养老金

个人养老金作为我国第三支柱制度的一种制度安排，和其他的商业养老金融业务一起组成了养老保险的第三支柱，两者相辅相成，共同发展。我国社会保障制度具有"总量小，增长慢，支出大"的特征。社会保障基金的覆盖面没能做到全部覆盖，基金的征缴工作也不能完全到位。与此同时，越来越多的退休者和越来越多的退休金支出使压力增大。要进一步扩大覆盖面，打牢缴费基数，增强参保能力，实现社会保障体系的全面覆盖，需要在增加收入方面下功夫。个人养老金制度的建立，是为了满足人们多层次、多样化的养老保险需要。它可以为基础养老保险和企业年金、职业年金提供额外的积累，在退休后还可以获得额外的收入，从而使退休后的生活质量得到更大的提升，使晚年的生活更加有保障和质量。个人养老金的收益，实际上取决于其所购买银行理财产品的收益。个人有权按照自己的意愿使用个人养老金账户中的资金购买理财产品、储蓄存款、商业养老保险、公募基金等产品。然而，个人养老金收益依赖于市场产品的投资回报率，而目前国际金融市场波动很大，不能为参保人提供一个稳定的收入预期，所以其收益的优势相对于其他市场产品来说并不明显。从目前的个人养老金市场情况以及人民群众的金融意识与观念来看，个人养老金市场或许不会呈几何数的井喷式增长，但其整体的发展速度将会加快。

（四）养老服务

在人口老龄化快速发展的背景下，老年人的健康养老问题越来越突出，他们对医疗服务的需求越来越高，对服务品质的需求也越来越高。其现状表现为：

一是我国区域发展不均衡，尤其是城市和农村之间的差异较大。例如，江苏省常熟市机构养老已初步形成了一种新型的城乡统筹、分层分区管理模式。但是对湖南省慈利县的调查发现，一些乡镇尚未建成养老院，一些新建成的养老院由于经费不足，没有与之相适应的设备。

二是我国养老机构的质量有待提高。老年的住养者对于机构养老，尤其是医疗护理、生活照料、精神文化生活等方面的要求很高。为满足这一需要，养老机构需要在硬件、技术和服务水平进行提升，特别是在专业服务的层次。当前我国的机构养老还存在许多问题，与发达国家的先进水平相比还有较大的差距，养老服务的质量需要进一步提升。首先，目前我国养老院的从业人员大多缺少专业的训练，员工的队伍不稳定，有相当一部分是临时性的，而且总体的文化程度和整体素质都比较差。在养老机构中提供服务的大部分员工不是科班出身，系统性地接受过专业训练的也不多。其次，养老机构的服务功能、结构和内容比较单一，服务层次较低，无法满足老年人的康复和照顾需要，也无法满足老年人的精神文化需要。在农村，大多数的机构都只是保证老年人的基本生活水平，也就是管吃管住，缺乏医疗照顾，对老年人的实际需要，特别是在心理上的需求没有给予足够重视。

三是我国机构养老供给量不足，住房利用率低。我国机构养老供给较为短缺，且资源利用效率较低，以"千人拥有50张养老病床"为基准，全国估计需要800万张养老病床，而当前只有266.2万张，缺口高达近540万张，与机构养老发展需求相距甚远。目前北京市的养老院平均病床数是72张，个别养老院的病床数在500张以上，一半机构的床位数在32张以下，床位短缺和不均衡是一个亟待解决的问题。目前国内养老院数量虽多，但病床数还不到老年人总数的0.86%，与国际水平相去甚远。此外，当前我国很多地区的养老床位的入住率不高。

二 医疗保障发展现状

（一）社会医疗保险

1. 覆盖率

社会医疗保险又称疾病社会保险，被保险人因病、伤、残等原因导致其收入减少和医疗费用损失，由保险机构给予物质援助的社会保险。包括医疗津贴及医疗保健，即对医疗、特殊医疗、门诊、住院疗养、居家照料及药物供给等方面的支出。社会医疗保险是指政府以法律的形式强制执行，以单位或个人为单位，按照一定的比例缴费，设立社会医疗保险基金，向职工提供医疗服务。社会医疗保险是指在职工生病后，由社会保险机构对职工所需的医疗费用进行一定程度的补助或补偿，以帮助劳动者早日恢复身体和工作能力，尽早地进入社会再生产过程。社会医疗保险是社会保险中的一项重要内容，通常是由国家承担，并通过经济、行政和法律手段来实施，并对其进行组织管理。

我国 2012—2021 年社会医疗保险参保率①如图 4-13 所示。

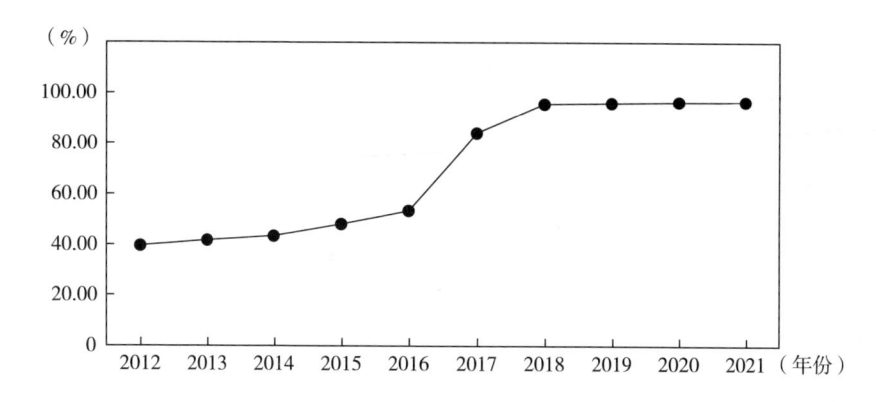

图 4-13 中国 2012—2021 年社会医疗保险参保率

资料来源：由《中国统计年鉴》《中国劳动统计年鉴》《中国人口与就业统计年鉴》数据计算得出。

由图 4-13 可以看出，我国社会医疗保险的覆盖率从 2012 年开始逐年上涨，在 2018 年以后保持平稳上涨，2021 年我国社会医疗保险参保率为 96.49%，为 2012 年的 2.44 倍。总体来说，基本上实现全覆盖。

2. 保障水平

选取城镇职工基本医疗保险报销率②、城乡居民基本医疗保险报销率均值③、城乡每万人卫生技术人员数④、城乡每万人医疗卫生机构病床数量⑤这四个指标作为评价社会医疗保险保障水平的指标。利用《中国统计年鉴》《中国劳动统计年鉴》《中国人口统计年鉴》数据，得到我国

---

① 社会医疗保险参保率＝[城镇职工基本医疗保险人数（含在岗职工、退休职工和城镇居民）+城乡居民医疗保险参保人数]/各地区人口数。
② 城镇职工基本医疗保险报销率＝人均城镇职工基本医疗保险基金支出/（人均城镇职工基本医疗保险基金支出+城镇居民人均医疗保健支出）。
③ 城乡居民基本医疗保险报销率＝人均城乡居民基本医疗保险基金支出/（人均城乡居民基本医疗保险基金支出+农村居民人均医疗保健支出）。
④ 城乡每万人卫生技术人员数＝卫生技术人员数/城乡常住人口数。
⑤ 城乡每万人医疗卫生机构病床数量＝医疗卫生机构病床数量/城乡常住人口数（以万人为单位）。

2012—2021年城镇职工基本医疗保险报销率和城乡居民基本医疗保险报销率，如表4-8所示。

表4-8　中国2012—2021年社会医疗保险保障水平指标

年份	城镇职工基本医疗保险报销率（%）	城乡居民基本医疗保险报销率（%）	城镇职工与城乡居民基本医疗保险报销率均值之比
2012	63.34	37.52	1.69
2013	65.51	37.64	1.74
2014	64.45	35.28	1.83
2015	64.36	36.68	1.75
2016	63.24	37.56	1.68
2017	63.72	34.88	1.83
2018	62.29	35.83	1.74
2019	62.75	39.19	1.60
2020	63.22	36.16	1.75
2021	62.28	36.85	1.69

注：2016年以前用新农合代替城乡居民基本医疗保险时，部分城市提前进行了试点，则以新农合人均筹资作为人均城乡居民基本医疗保险基金支出。

资料来源：由《中国统计年鉴》《中国劳动统计年鉴》《中国人口与就业统计年鉴》数据计算得出。

由表4-8可知，城镇职工基本医疗保险报销率远高于城乡居民医疗保险报销率，并且在过去的10年里，上述两个指标都没有太大的改变，整体上比较稳定。城镇职工基本医疗保险报销率与城乡居民基本医疗保险报销率的比值一直保持在1.70左右。我国2012—2021年城乡每万人卫生技术人员数和城乡每万人医疗卫生机构病床数量的变化趋势如图4-14所示。

由图4-14可以看出，在2012—2021年我国城乡每万人卫生技术人员数和城乡每万人医疗卫生机构病床数量逐年上升，其中城乡每万人卫生技术人员数由2012年的49.11人增加到2021年的79.60人，而城乡每万人医疗卫生机构病床数量则由2012年的42.12床增加到2021年的66.90床。由于近年来我国社会经济等都有着巨大的进步，医疗资源配备更加合理，医疗设施更加完善，医疗人才数以及医疗床位数更加充足，

第四章　中国式现代化与社会保障发展的现实性分析 / 111

可以推测出，我国城乡每万人卫生技术人员数和城乡每万人医疗卫生机构病床数量将会保持逐年上升的趋势。

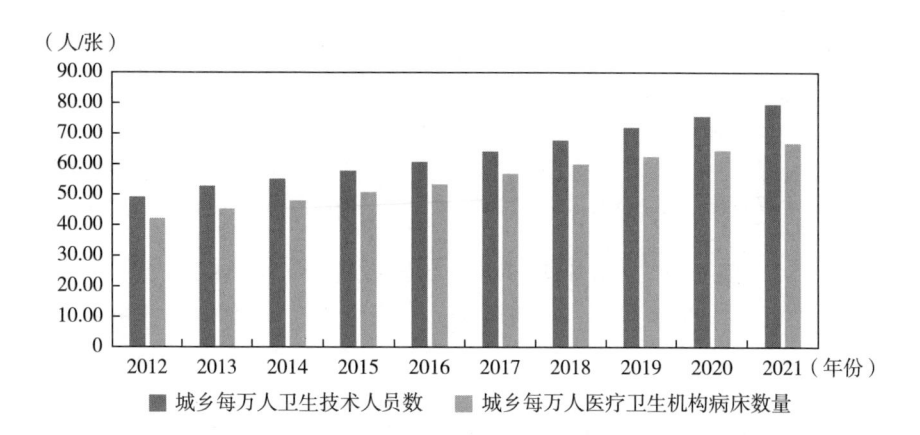

图 4-14　中国 2012—2021 年卫生资源供给

资料来源：由《中国统计年鉴》《中国劳动统计年鉴》《中国人口与就业统计年鉴》数据计算得出。

3. 可持续性

城镇居民基本医疗保险基金是参保居民看病就医的重要保障，关系到所有参保人员的身心健康，关系到制度的可持续发展。因此，有必要对城镇居民基本医疗保险基金的累计结余情况和收支情况进行分析，从而对制度的可持续性进行评价。因此，选取城镇职工基本医疗保险基金累计结余系数①、城镇职工基本医疗保险基金当期收支率②、城乡居民基本医疗保险基金累计结余系数③、城乡居民基本医疗保险基金当期收支率④这四项指标作为评价社会医疗保险的评价指标。以上四项指标 2012 年至 2021 年的变化趋势如图 4-15 所示。

---

①　城镇职工基本医疗保险基金累计结余系数＝城镇职工基本医疗保险基金累计结余/上年城镇职工基本医疗保险基金支出。
②　城镇职工基本医疗保险基金当期收支率＝城镇职工基本医疗保险基金收入/城镇职工基本医疗保险基金支出。
③　城乡居民基本医疗保险基金累计结余系数＝城乡居民基本医疗保险基金累计结余/城乡居民基本医疗保险基金支出（由于新农合未有公开支出数据，不包括新农合数据）。
④　城乡居民基本医疗保险基金当期收支率＝城乡居民基本医疗保险基金收入/城乡居民基本医疗保险基金支出。

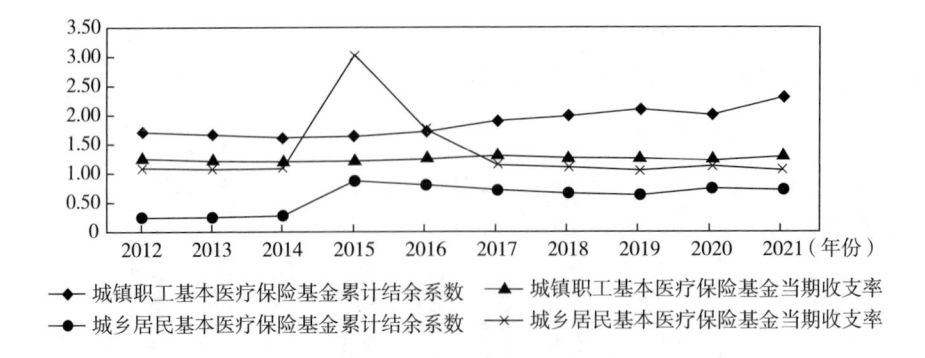

图 4-15　中国 2012—2021 年社会医疗保险可持续水平

资料来源：由《中国统计年鉴》《中国劳动统计年鉴》《中国人口与就业统计年鉴》数据计算得出。

由图 4-15 可知，城镇职工基本医疗保险基金累计结余系数由 2012 年的 1.71 增加至 2021 年的 2.29，城乡居民基本医疗保险基金累计结余系数由 2012 年的 0.25 增加至 2021 年的 0.72，两项指标均有了较大的增加，增强了基金抵御风险的能力，保障了制度的可持续性。而城镇职工基本医疗保险基金当期收支率在这十年中由 1.25 增加至 1.29，城乡居民基本医疗保险基金当期收支率由 1.09 减少至 1.05。从总体上来看，我国社会医疗保险的可持续性水平有了增加，但是，随着人口结构、经济、社会发展水平的不断变化，现行医保体系的可持续性发展受到了空前的挑战。这主要体现在医保基金局部收支不平衡，也就是在整体上有结余的情况下，一些地区的城镇职工医保和居民医保出现了"收不抵支"现象。此外，从总体上讲，基金开支的快速增长也造成了"隐形缺口"，城镇职工医疗保险的支出增速高于收入增速 1.1 个百分点，而城乡居民医疗保险的支出增速则高于收入增速 9.0 个百分点。长此以往，医疗保险基金或将面临难以为继的窘境。

城市的医疗服务设施比乡村要好，乡村的配套定点医院的卫生条件相对落后。受经济发展水平的制约，我国农村地区的医疗设施状况普遍不佳，居民对医疗环境的满意度不高。与此同时，医疗机构设备更新速度慢，药品品种单一，仅能够满足最基本的医疗需要。农村地区缺乏高水平、高素质的医务人员；乡村医生队伍的整体素质，对农村医保政策的执行成效有很大的影响。农村的医疗人员是为农民提供服务的最直接

第四章　中国式现代化与社会保障发展的现实性分析 / 113

对象，也是实施新农村合作医疗的关键，因此，提高农村医疗人员队伍的素质是提高新农合效率的关键。农民的经济收入比较低，但是新农合的费用却在不断上涨，从原来的 10 元/人到 220 元/人。农民负担越来越重，若一户人口较多，那么新农合的缴费总额就会越大。对于收入本来就很低的农民来说，让他们在每年的年底前拿出几千块钱来买医疗保险，而且在年底之前不累计，无疑会给农民带来很大的压力。相对于农村居民，城市居民能够被提供更多的医疗服务。城镇职工基本医疗保险是以强制性为主的保障制度，企业每月为职工缴纳个人薪资水平的 8%，职工个人缴纳 2%，由职工自己支付 2%的费用，存入银行卡里，作为员工日常用药的费用。城镇职工享有更高的医疗保健水平，因为三级医院基本上都设在城区。因此，与农民相比，城镇职工可以获得更好的医疗服务。

4. 区域差异

（1）医疗保险参保率[①]

将三个地区的医疗保险参保率汇总制成图 4-16。

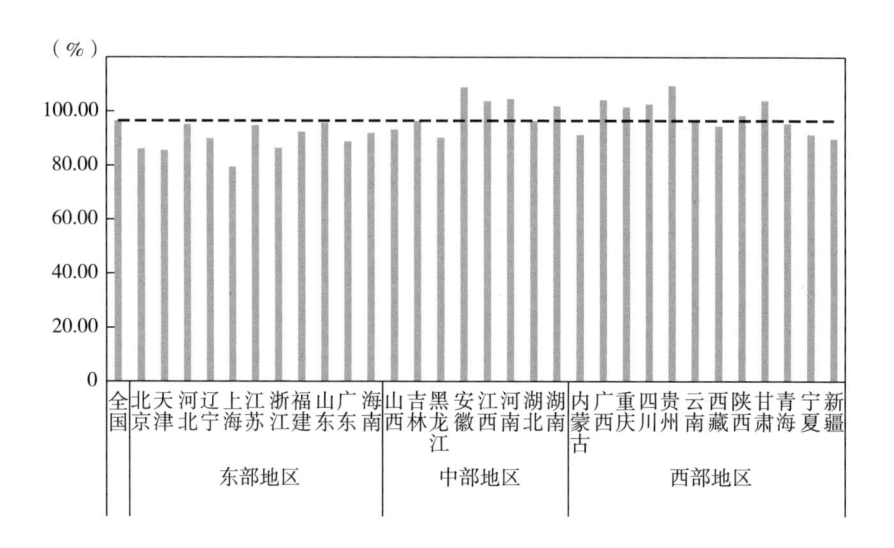

图 4-16　2021 年社会医疗保险参保率

资料来源：由《中国统计年鉴》《中国劳动统计年鉴》《中国人口与就业统计年鉴》数据计算得出。

[①]　医疗保险参保率＝[城镇职工基本医疗保险人数（含在岗职工、退休职工和城镇居民）+城乡居民医疗保险参保人数]/各地区人口数。

整体来看，2021年，大多数地方的医保覆盖范围均比全国平均水平要低。全国社会医疗保险参保率为96.49%，东部地区的为89.72%，是三个地区中参保率最低的地区，中部地区和西部地区较为接近，分别为99.64%和98.26%。可以得出结论，中部地区和西部地区的医疗保险参保率水平较高，东部地区的医疗保险参保率水平比其他地区低，且该地区中大部分的省、直辖市、自治区没有达到全国水平。

（2）保障水平

为了更准确地评价各地区医疗保险的保障水平，选取城镇职工基本医疗保险报销率[①]和城乡居民基本医疗保险报销率[②]这两项指标作为评价各地区医疗保险保障水平的指标。将各地区2021年相关数据汇总如表4-9所示。

表4-9　　　　　　2021年各地区医疗保险保障性指标汇总

		城镇职工基本医疗保险报销率（%）	城乡居民基本医疗保险报销率（%）	城镇职工基本医疗保险报销率与城乡居民基本医疗保险报销率之比
全国		62.28	36.85	1.69
东部地区	北京	66.48	54.64	1.22
	天津	55.83	31.97	1.75
	河北	63.35	31.38	2.02
	辽宁	52.24	35.18	1.48
	上海	61.29	54.06	1.13
	江苏	59.13	38.56	1.53
	浙江	59.97	47.24	1.27
	福建	66.41	37.42	1.77
	山东	65.63	39.24	1.67
	广东	60.67	41.74	1.45
	海南	63.48	38.73	1.64

---

① **城镇职工基本医疗保险报销率**＝人均城镇职工基本医疗保险基金支出/（人均城镇职工基本医疗保险基金支出+城镇居民人均医疗保健支出）。

② **城乡居民基本医疗保险报销率**＝人均城乡居民基本医疗保险基金支出/（人均城乡居民基本医疗保险基金支出+农村居民人均医疗保健支出）。

续表

		城镇职工基本医疗保险报销率（%）	城乡居民基本医疗保险报销率（%）	城镇职工基本医疗保险报销率与城乡居民基本医疗保险报销率之比
中部地区	山西	57.22	40.64	1.41
	吉林	54.78	27.97	1.96
	黑龙江	54.98	31.09	1.77
	安徽	63.18	34.13	1.85
	江西	64.73	41.58	1.56
	河南	63.94	36.06	1.77
	湖北	60.68	32.58	1.86
	湖南	58.58	30.47	1.92
西部地区	内蒙古	58.60	29.57	1.98
	广西	62.52	39.91	1.57
	重庆	57.85	32.75	1.77
	四川	60.30	31.49	1.91
	贵州	66.69	46.19	1.44
	云南	67.30	44.91	1.50
	西藏	74.86	51.61	1.45
	陕西	61.88	34.50	1.79
	甘肃	63.10	36.43	1.73
	青海	70.37	40.55	1.74
	宁夏	57.29	36.64	1.56
	新疆	60.90	41.82	1.46

资料来源：由《中国统计年鉴》《中国劳动统计年鉴》《中国人口与就业统计年鉴》数据计算得出。

从城镇职工基本医疗保险报销率来看，2021年全国水平为62.28%，在东部地区的11个地区中，有6个地区没有达到全国水平，东部地区中城镇职工基本医疗保险报销率最高的为北京，达到了66.48%，最低的为辽宁的52.24%，东部地区内部极值比为1.27，仅次于西部地区，地区内部存在一定差异。在中部地区的8个地区中，有5个地区没有达到全国水平，最高的是江西的64.73%，中部地区内部极值比为1.18，为三个地区中数值最小，地区内部差异较小。在西部地区的12个地区中，有6个地区没有达到全国水平，最高的为西藏的 74.86%，西部地区内部极值比为 1.31，为三个地区中内部差异最大的区域。从总体上来看，东部地区的城镇职工基本医疗保险报销率较高，大多数地区都超过了全国平均水平，但其内部存在一定差异，而中部地区和西部地区的城镇职工基本医疗保险报销率数值则较低，但中部地区内部差异相比于西部地区和东部地区差异较小。

从城乡居民基本医疗保险报销率均值来看，2021 年全国水平为 36.85%，在东部地区的 11 个地区中，仅有 3 个地区未达到全国水平，其中最高的为北京的 54.64%，东部地区内部城乡居民基本医疗保险报销率极值比为 1.74，仅次于西部地区，地区内部存在一定差异。在中部地区的 8 个地区中，仅有山西和江西达到全国水平，其他 6 个地区均未达到全国水平，并且吉林最低，为 27.97%，中部地区内部城乡居民基本医疗保险报销率极值比为 1.49，为三个地区中最小的，地区内部差异较小。在西部地区的 12 个地区中，有 6 个地区没有达到全国水平，最高为西藏的 51.61%，西部地区内部城乡居民基本医疗保险报销率极值比为 1.75，为三个地区中内部差异最大的区域。从总体上来看，东部地区和西部地区城乡居民基本医疗保险报销率相对于中部地区较多，并且地区内部差异水平也大于中部地区。中部地区的城乡居民基本医疗保险报销率数值整体较低，但地区内部差异较小，较为均衡。从城镇职工基本医疗保险报销率与城乡居民基本医疗保险报销率之比这一数值来看，我国大部分地区均保持在 1.65 左右，其中中部地区较为均衡。

通过对两项保障性指标的数据进行分析可以看出，经济整体上较为发达的东部地区相较于中部地区和西部地区来说，保障性更好，西部地区的经济发展水平虽然落后于中部地区，但其保障性水平相对优于中部地区。结合我国国情可以看出，为了实现共同富裕，国家将医疗资源和人才分配向欠发达地区倾斜，有效地考虑到了经济欠发达地区的人员医疗保障，医疗资源分配不平衡的现象有了很大的改善，贫富差距也有所缩小。

(二) 大病医疗保险

基本医疗保险是指对医保目录内的符合规定的医疗费用，按照一定的比例进行报销，是由政府以法律的方式强制执行的城乡居民最基础的医疗保障，所以，在全国范围内，参保率达到了 95%，基本达到了全面覆盖。大病医疗保险并非一种单独的制度，它是在城乡居民医保基础上的一种扩展。它的筹资机制不是另外的统筹，而是从基本医保基金的余额中提取一部分。它的功能是以基层医保为基础，实行双重补偿，是一项为民服务的政策性制度。从城乡居民大病医疗保险的性质来看，这一体系是在国家主导下，由参保人和统一的保障机制组成的，它的运作机制是通过法定的招投标过程来决定承办商业保险的机构的资格。从实质上讲，大病医疗保险是对基本医疗保险制度的一种扩展，是一项具有重大意义的惠民工程，对解决"因病致贫、因病返贫"等问题具有重大意义。

我国大病医疗保险存在以下问题：①大病医疗保险支付报销手续烦琐，报销比例偏低；我国居民在参保过程中，因医疗资源的不平衡，常发生跨省就医现象，导致住院费用结算过程复杂，无法为患者提供方便快捷的"一站式"服务。与此同时，人们对医疗消费的要求也越来越高。因此，大病医疗保险的补偿率不能一直保持在一个水平上，而是要根据经济和社会发展的实际情况，让老百姓得到更多的实惠。②对大病医疗保险政策执行的针对性研究表明，大病医疗保险被许多家庭成员视为"二次保"，在政策的执行过程中存在严重的道德风险，"医病共谋"现象频繁发生，经常出现"小病大医，大病重医"的问题，加之缺少有效的监督手段，这使特惠性政策变为普惠性待遇，这种现象不利于大病医疗保险基金的可持续使用，违背了大病医疗保障制度的初衷。③大病风险的防范意识较为不足。尽管大病医疗保险政策可以很好地缓解家庭的医疗负担，但更多的是要让每一个家庭都能按照自己的实际情况，来选择不同的方法来避免或者预防大病风险。然而，有些家庭的经济状况比较差，对大病医疗保险的政策并不了解，也缺乏相应的医疗服务，因此，很多老年人得不到预先的防治和治疗，他们的身体状况会变得越发糟糕。家庭人员患重大疾病的风险大大增加，使得大病医疗保险的推行变得更加困难。

（三）长期护理险

人口老龄化是当今世界各国共同面对的一大难题。根据国家统计局数据，2020年60岁及以上的老年人已经达到16.6%，而到2050年这个数字预计还会增加到30%。与世界各国相比，我国商业保险公司可选择的护理保险产品不多，与长期护理保险相关的需求未被充分挖掘，对失能老年人的长期照护保障缺乏已成为一个迫切需要解决的社会问题。2016年，我国人力资源和社会保障部印发《关于开展长期护理保险制度试点的指导意见》，在青岛、上海、南通、长春、承德、荆门、上饶、安庆、成都、石河子、广州、苏州、齐齐哈尔、宁波、重庆共15个城市进行了长期护理险制度的试点。至今，国家长期护理险试点城市已经扩展到了48个城市。因资料数据的缺失，仅得到我国2016年到2021年的长期护理保险统计数据。

由图4-17可以看出，2016—2019年长期护理险的覆盖率较为稳定，没有大的波动，但是在2020年我国长期护理险覆盖率有所增加，并且在2021年我国长期护理险覆盖率也稳定在16.72%。2021年，我国长期护理险覆盖率较2016年增长了约4个百分点。这说明随着经济的发展和推广力度的加大，我国长期护理险覆盖率越来越高，并且仍有继续增长的趋势。从15个第一批试点地区的不同政策执行情况来看，广州等经济发达地区的养老保障参保率比较高，并且能够集中精力解决失能老年人的护理养老问题，有一定的参考价值。重庆目前的长期护理险缴费渠道单一，已成为医保基金收支平衡的一大难题。在荆门等经济发展相对落后的地区，采取分步实施的长期护理险制度，逐步覆盖了城乡居民、职工，并且具有很高的赔付率，其正在进行探索中的互联网长期护理险模式，

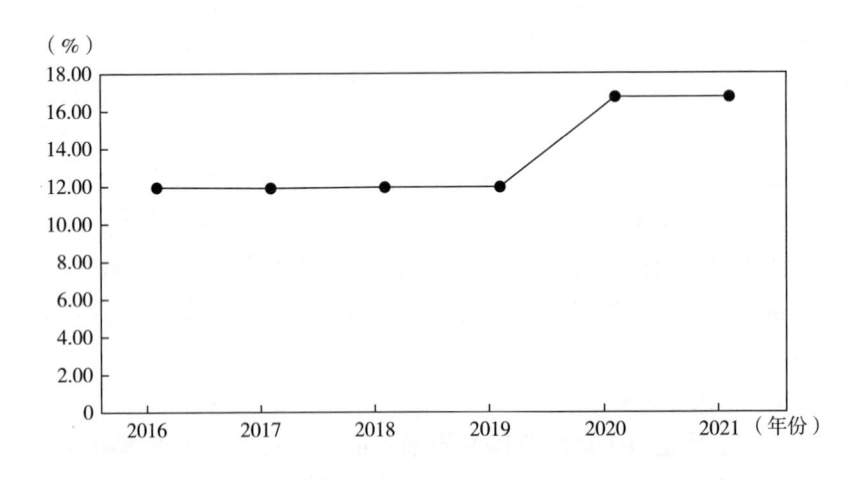

图4-17　中国2016—2021年长期护理险覆盖率

资料来源：由《中国统计年鉴》《中国劳动统计年鉴》《中国人口与就业统计年鉴》数据计算得出。

是一种非常有价值的方式，可以供其他地区参考。承德长期护理险的发展历史比较长，资金来源也比较广泛，但其保障覆盖的范围也存在一定的局限性。目前，我国长期护理险制度尚处在摸索之中，在推行过程中，存在保险范围、资金来源、等级评定和给付等方面的诸多不足之处。

（1）覆盖面过于狭窄，扩大覆盖面的余地较大。从15个第一批试点城市的情况来看，大部分城市尚未实现城乡居民和城镇职工参保的全覆盖，通常不包括农村居民、失业或非常规就业者以及非老年失能者。此外，鉴于中国75%的残障人口居住在乡村，"老年残疾化"的变化趋势使农村成为失能高危区域。随着年轻的农民进城打工，农村失能老人对长期护理服务的潜在需求越来越强，但是农村家庭收入一般较低，老人失能后基本失去经济来源，导致他们没有能力支付失能照护所产生的巨额费用。所以，保险覆盖面狭窄是一个迫切需要解决的问题。

（2）资金来源单一，对医疗保险资金的依赖性较强。各试点地区探索了多种筹资途径，其中明确提出了由个人、单位、政府三方共同筹集长期护理险基金，但是在实际操作过程中，政策要求并没有得到很好的落实，大部分城市的个人缴费和单位缴费都没有落实，财政补贴的扶持力度也是十分有限的。目前15个地区都是以医保基金划转为主，医保基金负担增加，长期依靠医保基金筹措资金难以彻底解决问题。

（3）待遇给付不够，无法满足基本的护理需要。从第一批试点的各个地区来看，长期护理险的给付水平普遍偏低。虽然部分地区按70%的给付比例进行给付，但大部分给付计划都有"给付限额"的规定，很难保障失能人员的日常照护支出。同时，实行定额缴费的试点地区的缴费水平也不高，某试点地区一天20多元的缴费标准很难覆盖失能人员的日常护理支出，无法高效地发挥长期护理险的保障功能。

（4）失能等级的评估依据各不相同。指导意见中对失能等级的判定标准、执行方式等方面没有作出具体的规定，在实际操作中也没有一个统一标准。在第一批试点的15个城市中，多数区域的分类标准尚不完善，评价的主观性强，在实践中难以完全体现公平原则。

当前，我国长期护理险仍处在试点阶段，并没有在全国范围内展开，如何使长期护理险真正做到全覆盖、受益最大化与公平化，是下一步要着力解决的。

(四) 医疗救助

我国自2005年开始建立的城市医疗救助制度体系,其救助对象分为两类:一是没有参加城镇职工基本医疗保险的城镇居民低保对象;二是已参加城镇职工医疗保险,但仍承受着很大的经济压力,以及处于困境中的特殊群体。

而农村医疗救助体系较早就设立了。医疗救助方式主要是对重大疾病救助对象的医疗支出进行补贴,并为其参与地方合作医疗提供资金支持。2003年,在全国范围内建立了农村医疗救助体系,出台《关于进一步完善城乡医疗救助制度的意见》对城乡医疗救助资金来源、救助计划、结算方式及制度衔接等问题进行了规定。这是一个重大的里程碑,标志着我国城乡医疗救助由建立到规范发展的新阶段。从2005年开始,随着医疗救助制度的实施,救助人数不断增加,有效地缓解贫困家庭医疗困难的现状。

三 就业保障发展现状

(一) 工伤保险

1. 参保率

工伤保险也称为职业伤害保险,是一种以社会统一的方式,将雇主单位缴纳的工伤保险费集中起来设立基金,当出现劳动者在生产经营过程中因意外伤害或职业病,从而导致死亡、暂时或永久失去劳动能力的情况时,向劳动者提供合法的医疗救治和必要的经济补偿的社会保障制度。这一补偿不仅包括医疗、康复等支出,而且还应包括保障其基本生活所需的支出。

由图4-18可知,2012—2021年中国工伤保险参保率最高的一年是2012年,为66.85%,之后一直在下降,在2016年降到这十年最低值。随后,中国工伤保险参保率不断提升,2021年为60.48%,为2012年的90.47%,下降了9.53%。可见,十年中我国工伤保险参保率呈现先下降再上升的走势。

2. 保障水平

选取工伤保险待遇替代率[①]作为评价工伤保险保障水平的指标。由图4-19可以看出,中国工伤保险待遇替代率在50.00%左右,2012年中国

---

① 工伤保险待遇替代率=人均年工伤保险基金支出/上年城镇单位就业人员平均工资。

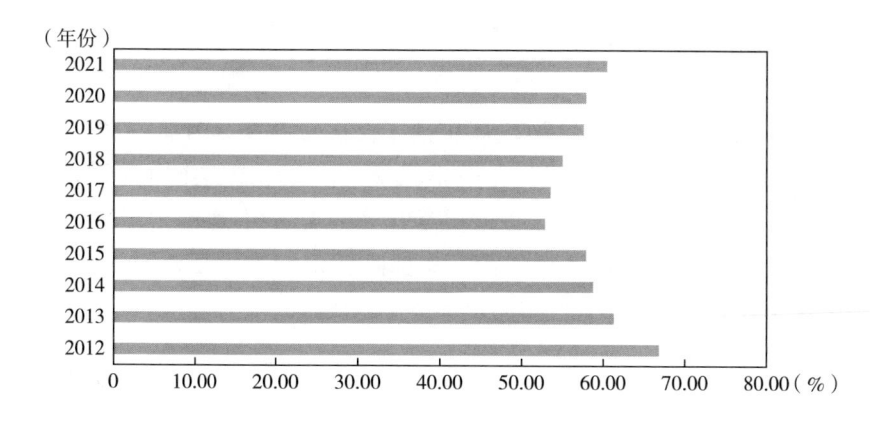

图4-18　2012—2021年中国工伤保险参保率

资料来源：由《中国统计年鉴》《中国劳动统计年鉴》《中国人口与就业统计年鉴》数据计算得出。

工伤保险待遇替代率为50.89%，在2012年至2014年呈现增长的趋势，并在2014年达到了60.30%，为这十年的最大值，2014年至2021年回落至50.00%左右后呈现出较为稳定的上下波动。总体而言，我国工伤保险待遇替代率较为稳定，说明其保障水平较为稳定。

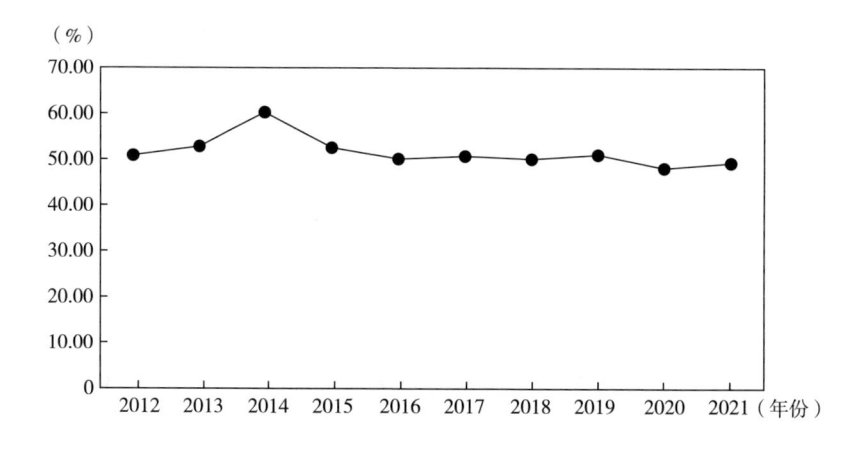

图4-19　2012—2021年中国工伤保险待遇替代率

资料来源：由《中国统计年鉴》《中国劳动统计年鉴》《中国人口与就业统计年鉴》数据计算得出。

3. 区域差异

（1）参保率

由图4-20可以看出，2021年中国工伤保险参保率为60.48%。东部地区内部的各地区工伤保险参保率相差较大，内部极值比为2.22，是三个地区中内部差异最大的区域；但参保率也是三个地区中最高的，为73.14%。中部地区内部各个省份工伤保险参保率水平相差不是特别大，但参保率较低，是三个地区中参保率最低的地区，仅为47.24%。

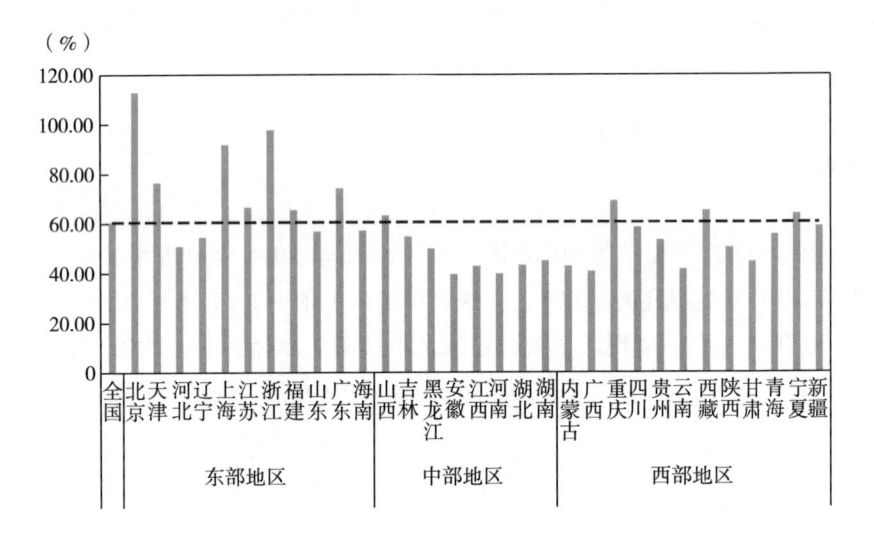

图4-20 中国2021年工伤保险参保率

资料来源：由《中国统计年鉴》《中国劳动统计年鉴》《中国人口与就业统计年鉴》数据计算得出。

（2）保障水平

由图4-21可知，2021年中国工伤保险待遇替代率为60.26%，东部地区工伤保险待遇替代率在三个地区中最低，为51.87%。中部地区的工伤保险待遇替代率较高，为55.75%，且各地区的工伤保险保障水平较为均衡。西部地区内部各地区工伤保险保障水平差距最大，其工伤保险待遇替代率为71.03%，是三个地区中工伤保险保障水平最高的地区。

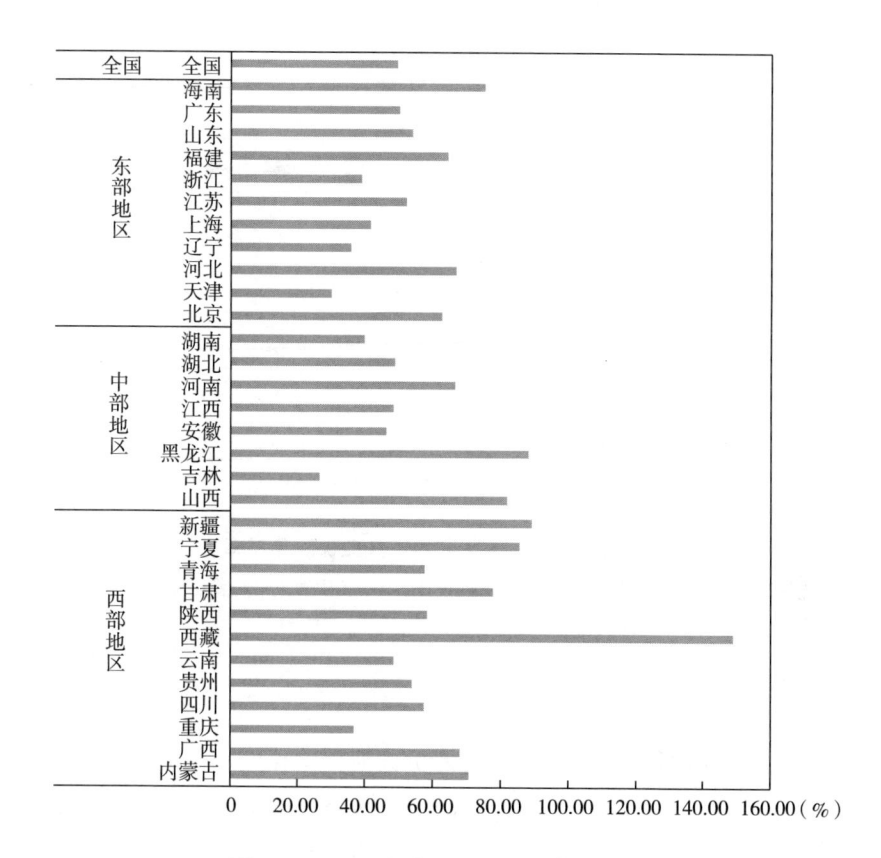

图 4-21　2021 年中国工伤保险待遇替代率

资料来源：由《中国统计年鉴》《中国劳动统计年鉴》《中国人口与就业统计年鉴》数据计算得出。

（二）失业保险

1. 参保率

失业保险是由政府以法律形式规定的，由社会统一集中设立资金，为那些由于失业而暂时失去了经济来源的工人，给予物质上的援助。由图 4-22 可知，2012—2016 年，中国失业保险的参保率一直在下降，在 2016 年达到了这十年的最低值（43.66%）。在 2016 年以后中国失业保险参保率呈现出逐年上升的规律，在 2021 年达到了 49.08%，其为 2012 年的 92%。虽然没有超过 2012 年的 53.54%，但是按照其稳定增长的趋势，中国失业保险参保率的未来发展趋势还是稳中向好的。

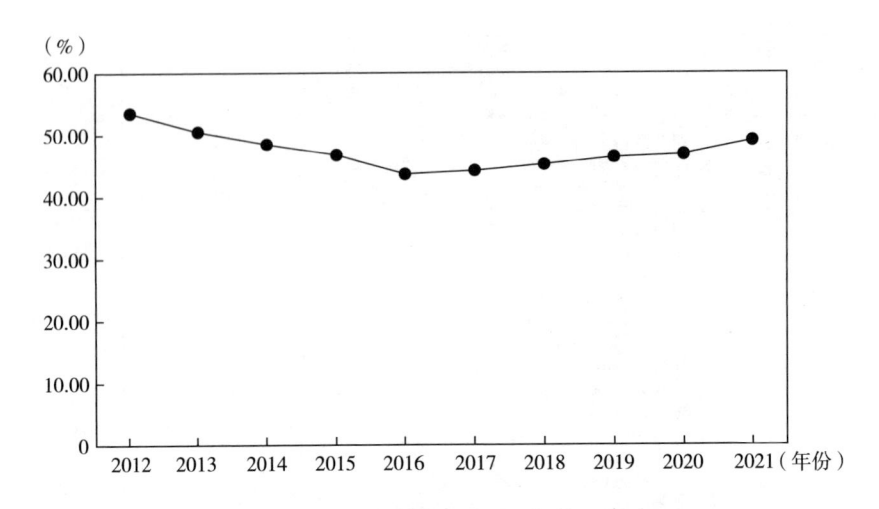

图 4-22 2012—2021 年中国失业保险参保率

资料来源：由《中国统计年鉴》《中国劳动统计年鉴》《中国人口与就业统计年鉴》数据计算得出。

2. 保障水平

选取失业保险待遇替代率①作为评价失业保险保障水平的指标。由图 4-23 可知，2012—2021 年中国失业保险待遇替代率呈现出持续波动的变化规律，大部分年份稳定在 55.00% 左右。2012—2020 年总体上来看，中国失业保险待遇替代率呈现上升的趋势，由 52.84% 上升到 86.06%，如此高的失业保险待遇替代率可能是受新冠疫情的冲击，经济下行导致平均工资降低，失业人数增多，从而使失业保险待遇替代率增高。2021 年，中国失业保险待遇替代率下降到 59.47%，说明我国失业保险体系抗冲击能力较强。

3. 可持续性

为了更准确地评价失业保险的可持续性，选取失业保险基金累计结余系数②和失业保险负担系数③作为评价失业保险可持续性的指标。由表 4-10 可以看出，2012—2018 年中国失业保险基金累计结余系数稳定在 6.00 左右，中间有的年份虽然有所波动，但是很快又降到平均水平范围。

---

① 失业保险待遇替代率=人均失业保险金支出/上年城镇单位就业人员平均工资。
② 失业保险基金累计结余系数=失业保险基金累计结余/失业保险基金支出
③ 失业保险负担系数=享受失业保险待遇人数/参加失业保险人数

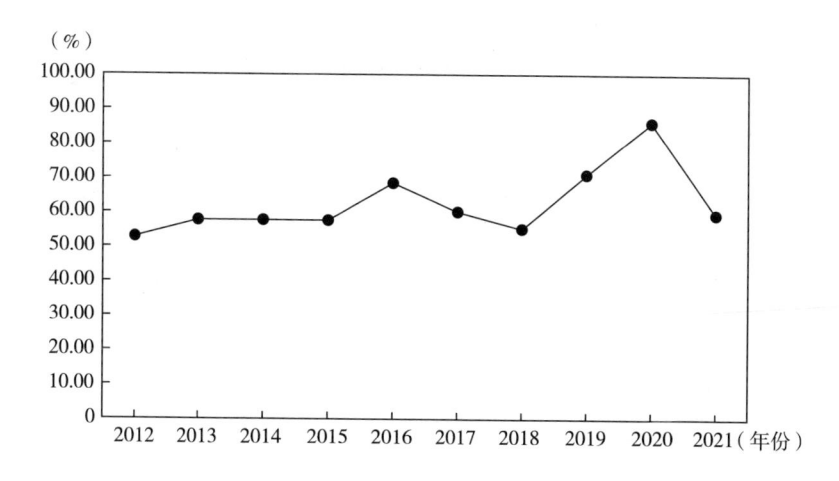

图 4-23　2012—2021 年中国失业保险待遇替代率

资料来源：由《中国统计年鉴》《中国劳动统计年鉴》《中国人口与就业统计年鉴》数据计算得出。

在 2019 年则开始出现大幅下降，在 2020 年则达到了这十年的最低值 1.60，2021 年中国失业保险基金累计结余系数有了小幅度的增加，但是相较于 2012 年仍下降了 66.00%。2019—2021 年我国失业保险基金累计结余系数出现大幅度降低，可能是由于受新冠疫情的影响，失业人数陡增，使失业保险基金累计结余系数降低很多。从失业保险负担系数来看，2012—2021 年中国失业保险负担系数始终保持在 0.01，一直很稳定，可持续性较强。

表 4-10　　　　　2012—2021 年中国失业保险可持续性指标

年份	失业保险基金累计结余系数	失业保险负担系数
2012	6.50	0.01
2013	6.93	0.01
2014	7.24	0.01
2015	6.90	0.01
2016	5.46	0.01
2017	6.21	0.01
2018	6.36	0.01
2019	3.47	0.01

续表

年份	失业保险基金累计结余系数	失业保险负担系数
2020	1.60	0.01
2021	2.21	0.01

资料来源：由《中国统计年鉴》《中国劳动统计年鉴》《中国人口与就业统计年鉴》数据计算得出。

4. 区域差异

（1）参保率

由图4-24可看出，中国失业保险参保率为49.08%，东部地区的失业保险参保率为63.53%，是三个地区中最高的地区，东部地区内部极值比为3.34，也是三个地区中内部差距最大的地区。中部地区的失业保险参保率为36.71%，是三个地区中失业保险参保率最低的地区，但地区内部差距不大，失业保险参保率水平较为均衡。

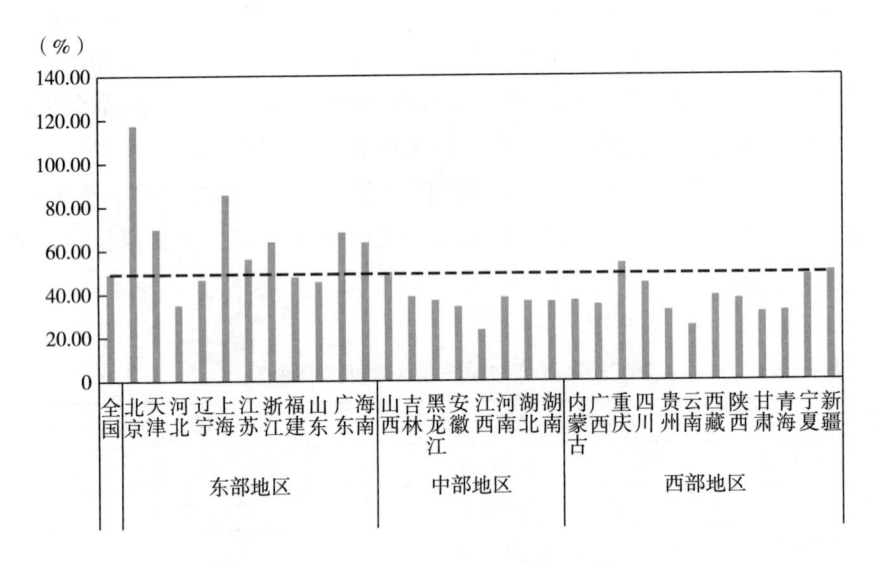

图4-24　2021年中国失业保险参保率

资料来源：由《中国统计年鉴》《中国劳动统计年鉴》《中国人口与就业统计年鉴》数据计算得出。

(2) 保障水平

由表 4-11 可以看出，中国失业保险待遇替代率为 59.47%，在三个地区中，东部地区的失业保险待遇替代率最低，为 56.12%，其内部极值比为 2.88，地区内部差距较大。中部地区失业保险待遇替代率为 93.04%，三个地区中最大，中部地区内部极值比为 3.52，为三个地区中内部差异最大的地区。西部地区失业保险待遇替代率为 77.03%，相对于东部地区和中部地区来说，西部地区内部差距较小。

表 4-11　　　　　　　　2021 年中国失业保险待遇替代率

地区		失业保险待遇替代率（%）
全国		59.47
东部地区	北京	100.62
	天津	38.28
	河北	64.85
	辽宁	55.05
	上海	42.55
	江苏	45.34
	浙江	34.98
	福建	85.27
	山东	50.30
	广东	53.92
	海南	46.18
	平均值	56.12
中部地区	山西	92.57
	吉林	146.95
	黑龙江	82.29
	安徽	41.71
	江西	109.25
	河南	97.84
	湖北	116.75
	湖南	56.97
	平均值	93.04

续表

地区		失业保险待遇替代率（%）
西部地区	内蒙古	80.44
	广西	49.76
	重庆	26.51
	四川	64.35
	贵州	74.21
	云南	46.98
	西藏	123.96
	陕西	92.41
	甘肃	177.16
	青海	59.17
	宁夏	73.12
	新疆	56.25
	平均值	77.03

资料来源：由《中国统计年鉴》《中国劳动统计年鉴》《中国人口与就业统计年鉴》数据计算得出。

（三）生育保险

1. 参保率

生育保险是由政府以法律形式确定的，在工作中的女性由于生育孩子导致临时中断工作时，由国家和社会为其提供必要的物质援助和生活保障的一类社会保险。国家通过建立生育保险制度为生育妇女提供生育津贴、医疗服务和产假待遇，不仅可以保证她们的身心健康，还可以为孩子的养育和发育创造一个有利的环境，所以，生育保险对于社会劳动力的生产和再生产起到了非常重要的作用。将2012年至2021年中国生育保险参保率[①]整理并绘制成图4-25。

由图4-25可知，中国生育保险参保率从2012年的54.26%下降到2021年的50.78%，总体上在50.00%上下波动，参保率较为稳定。

---

① 生育保险参保率=生育保险参保人数/城镇就业人数。

图 4-25　2012—2021 年中国生育保险参保率

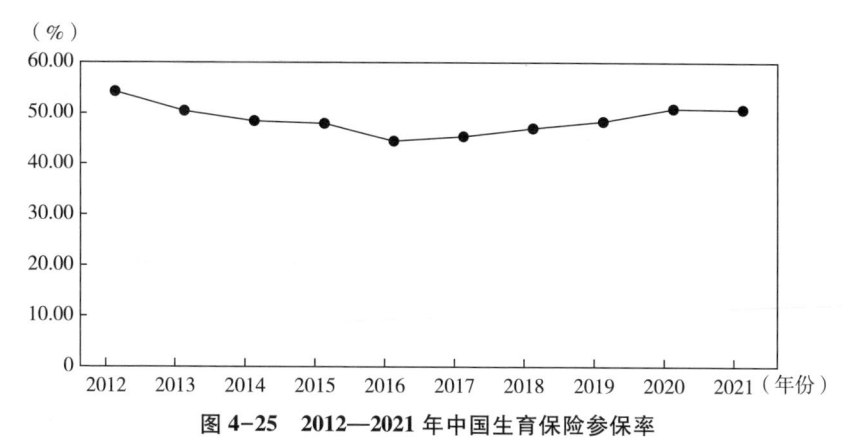

资料来源：由《中国统计年鉴》《中国劳动统计年鉴》《中国人口与就业统计年鉴》数据计算得出。

2. 保障水平

选取生育保险待遇替代率①作为评价生育保险保障水平的指标。由图 4-26 可看出，中国生育保险待遇替代率从 2012 年的 14.88% 下降到 2021 年的 9.53%，总体呈现出走低态势。分析其原因，可能是因为生育人口数下降，生育保险基金支出规模降低，人均生育保险基金支出随之下降，使生育保险替代率降低。

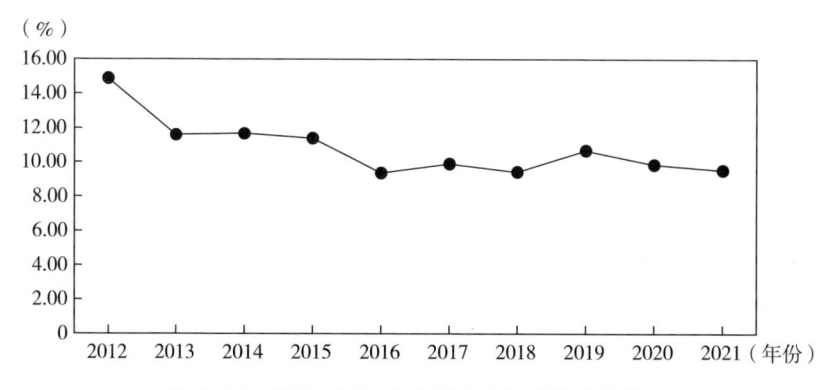

图 4-26　2012—2021 年中国生育保险待遇替代率

资料来源：由《中国统计年鉴》《中国劳动统计年鉴》《中国人口与就业统计年鉴》数据计算得出。

---

① 生育保险待遇替代率＝人均月生育保险基金支出/上年城镇单位就业人员月平均工资。

3. 区域差异

（1）参保率

由图4-27可看出，中国生育保险参保率为50.78%。东部地区生育保险参保率为62.69%，是三个地区中最高的地区，内部极值比为2.21，说明存在一定差异。中部地区生育保险参保率为37.59%，是三个地区中生育保险参保率最低的地区。西部地区生育保险参保率为43.80%，其中西藏最高，为54.74%。经济较为发达的东部地区生育保险参保率最高，西部地区其次，中部地区最低。

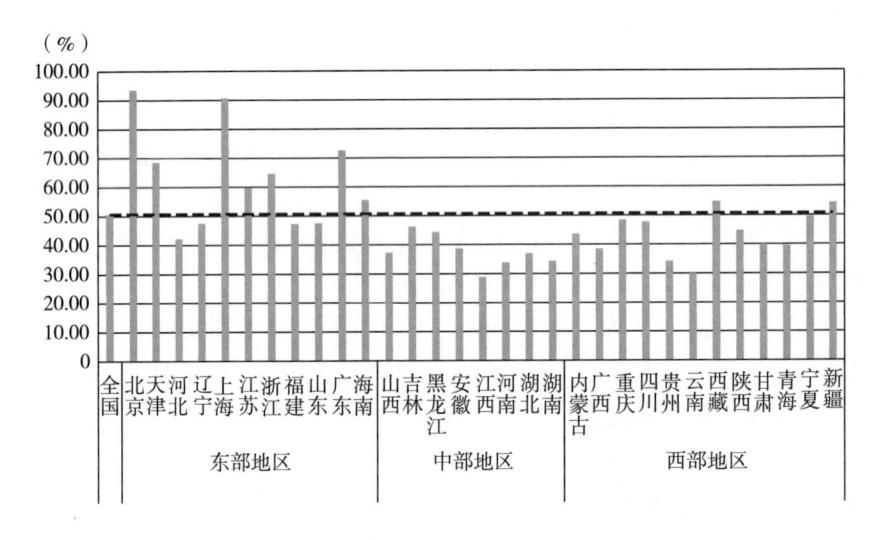

图4-27 2021年中国生育保险参保率

资料来源：由《中国统计年鉴》《中国劳动统计年鉴》《中国人口与就业统计年鉴》数据计算得出。

（2）保障水平

由表4-12可知，中国生育保险待遇替代率为9.53%，西部地区生育保险待遇替代率为13.16%，是三个地区中替代率最高的地区，其中西部地区的新疆的生育保险待遇替代率最高，为21.20%；中部地区生育保险待遇替代率为12.26%，是三个地区中生育保险待遇替代率最低的地区，中部地区内部极值比为3.76，地区内部差异较大；东部地区生育保险待遇替代率为13.11%，其中有3个省低于全国生育保险待遇替代率。结合参保率发现，经济发达的东部地区生育保险参保率最高，西部地区的参保率略低于东部地区；但从生育保险待遇替代率来看，生育保险参保率平均值较低的西部地区却优于参保率最高的东部地区。

表 4-12　　　　　　　　2021 年中国生育保险待遇替代率

地区		生育保险待遇替代率（%）
全国	全国	9.53
东部地区	北京	15.10
	天津	11.55
	河北	20.82
	辽宁	12.10
	上海	19.90
	江苏	10.31
	浙江	5.07
	福建	23.84
	山东	13.59
	广东	3.18
	海南	8.79
	平均值	13.11
中部地区	山西	11.36
	吉林	9.78
	黑龙江	8.86
	安徽	12.97
	江西	6.88
	河南	25.90
	湖北	9.32
	湖南	13.02
	平均值	12.26
西部地区	内蒙古	17.07
	广西	16.80
	重庆	9.30
	四川	15.44
	贵州	7.36
	云南	17.35

续表

地区		生育保险待遇替代率（%）
西部地区	西藏	6.29
	陕西	13.51
	甘肃	15.48
	青海	8.84
	宁夏	9.28
	新疆	21.20
	平均值	13.16

资料来源：由《中国统计年鉴》《中国劳动统计年鉴》《中国人口与就业统计年鉴》数据计算得出。

四　最低生活保障发展现状

（一）参保率

最低生活保障又称低保，指政府对家庭人均收入低于当地最低生活标准的人口给予一定现金资助，确保家庭成员的基本生活需求的社会保障制度。由图4-28可以看出，2012—2021年中国低保参保率[①]总体走低，从2012年的5.51%降到2021年的2.98%。说明人民的生活水平得到不断提升，同时也可看出，低保参保标准的提升滞后于低收入人群收入的上涨幅度。

（二）保障水平

选取城市平均最低生活保障标准替代率[②]、农村平均最低生活保障标准替代率[③]和城乡平均最低生活保障标准替代率[④]作为评价最低保障水平的指标。由图4-29可以看出，中国城市平均最低生活保障标准替代率始终保持在1.45%左右，由2012年的1.37%上升到2021年的1.55%。且城市平均最低生活保障标准替代率低于农村平均最低生活保障标准替代率。我国农村平均最低生活保障标准替代率从总体上来看呈现出上升的

---

① 低保参保率=（城市低保人数+农村低保人数）/各地区人口数。
② 城市平均最低生活保障标准替代率=城市最低生活保障平均标准/城镇居民家庭人均可支配收入。
③ 农村平均最低生活保障标准替代率=农村最低生活保障平均标准/农村居民家庭人均收入。
④ 城乡平均最低生活保障标准替代率=（城市最低生活保障平均标准+农村最低生活保障平均标准）/（城镇居民家庭人均可支配收入+农村居民家庭人均可支配收入）。

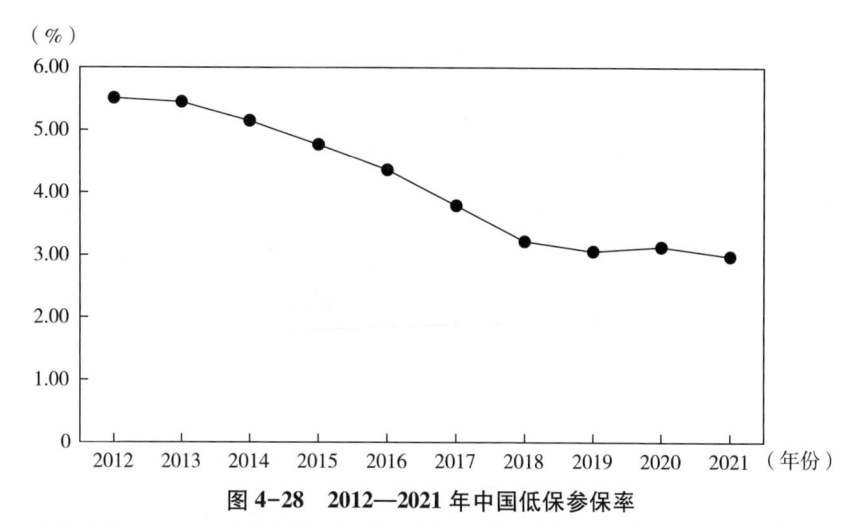

图 4-28 2012—2021 年中国低保参保率

资料来源：由《中国统计年鉴》《中国劳动统计年鉴》《中国人口与就业统计年鉴》数据计算得出。

趋势，由 2012 年的 24.65%增加到 2021 年的 33.61%。我国城乡平均最低生活保障标准替代率从整体来看也呈现增长的趋势，由 2012 年的 7.37%上升到 2021 年的 10.66%。由这三项指标可以看出，农村最低生活保障水平年均增幅大于城镇最低生活保障水平年均增幅。综上，农村最低生活保障水平高于城镇最低生活保障水平，全国整体最低生活保障水平较为稳定。

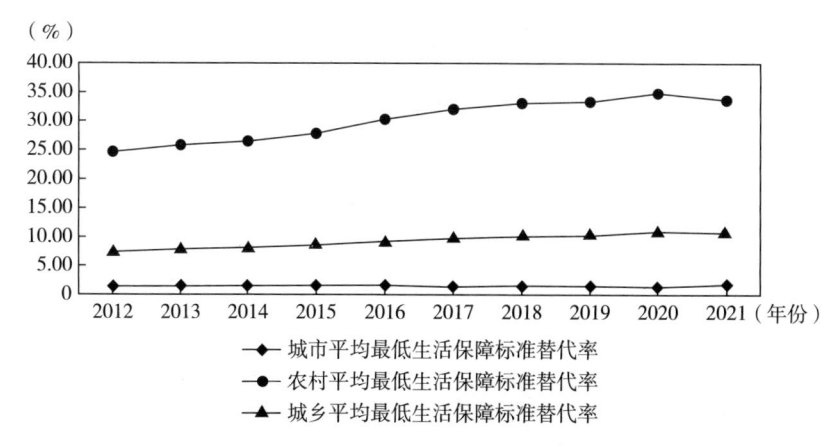

图 4-29 2012—2021 年中国最低生活保障水平指标

资料来源：由《中国统计年鉴》《中国劳动统计年鉴》《中国人口与就业统计年鉴》数据计算得出。

（三）区域差异

1. 参保率

由图 4-30 可以看出，我国 2021 年的最低生活保障参保率平均水平为 2.98%，西部地区的最低生活保障参保率为 5.39%，是三个地区中最低生活保障参保率最高的地区；其次为中部地区，其最低生活保障参保率为 3.44%；最低的为东部地区，其最低生活保障参保率为 1.47%。可见，我国各地区经济发展水平与最低生活保障参保率呈负相关，经济越发达的地区最低生活保障参保率越低；经济发展水平越低的地区，最低生活保障参保率越高。

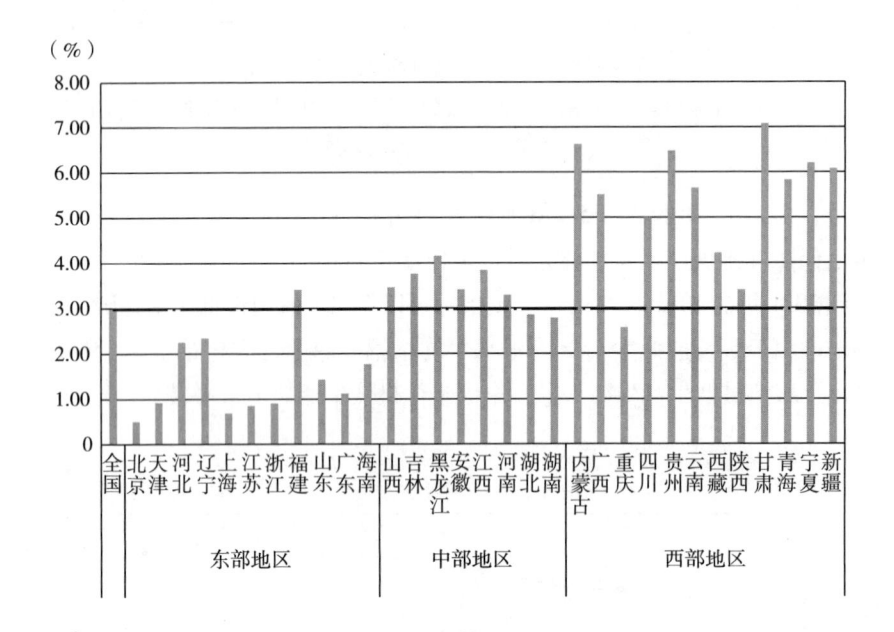

图 4-30　2021 年中国最低生活保障参保率

资料来源：由《中国统计年鉴》《中国劳动统计年鉴》《中国人口与就业统计年鉴》数据计算得出。

2. 保障水平

选取城市平均最低生活保障标准替代率、农村平均最低生活保障标准替代率和城乡平均最低生活保障标准替代率作为评价 2021 年我国各类地区最低生活保障水平的指标。

由图 4-31 可以看出，2021 年全国城市最低生活保障标准替代率为

1.65%。西部地区的城市平均最低生活保障标准替代率为1.70%，是三个地区中最高的地区；其次是中部地区，其城市平均最低生活保障标准替代率为1.67%；最低的是东部地区，其城市平均最低生活保障标准替代率为1.58%。我国城市平均最低生活保障标准替代率较为稳定，2012—2021年基本稳定在1.65%左右，全国范围内最高的为西藏的2.09%。

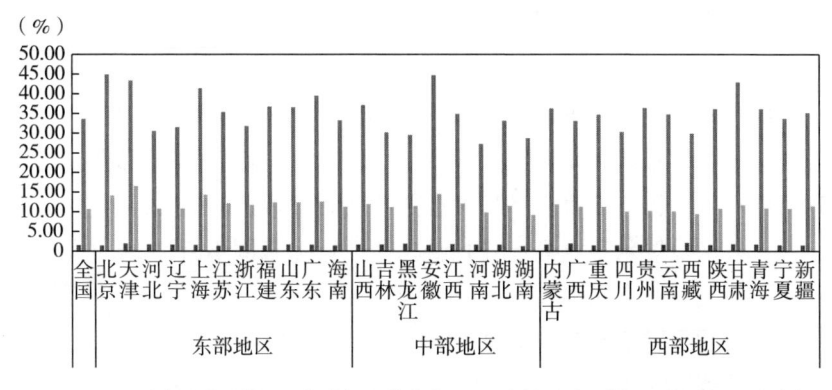

图4-31 中国2021年最低生活保障的保障水平

资料来源：由《中国统计年鉴》《中国劳动统计年鉴》《中国人口与就业统计年鉴》数据计算得出。

从农村平均最低生活保障标准替代率来看，我国2021年的全国水平为35.18%。东部地区的农村平均最低生活保障标准替代率为36.83%，是三个地区中最高的；其次为西部地区，其农村平均最低生活保障标准替代率为34.98%；最低的为中部地区，其农村平均最低生活保障标准替代率为33.22%。

从城乡平均最低生活保障标准替代率来看，2021年全国城乡平均最低生活保障标准替代率为11.64%。东部地区的城乡平均最低生活保障标准替代率为12.66%，是三个地区中最高的；中部地区的城乡平均最低生活保障标准替代率为11.48%，仅次于东部地区；西部地区的城乡平均最低生活保障标准替代率为10.82%，是三个地区中最低的。

由以上三项指标的数据分析可以看出，经济发达的东部地区的城市平均最低生活保障水平比经济欠发达的中部地区和西部地区低，但是从农村平均最低生活保障水平和城乡平均最低生活保障水平来看，中部地区和西部地区低于东部地区。总体来说，我国最低保障水平还是较高的，且地区间水平较为接近，并未出现差距特别大的情况。

第三节 中国式现代化与社会保障发展水平间的关系

中国的现代化进程与社会保障发展水平之间存在紧密的关系，中国式现代化进程对社会保障发展水平的提高产生了深远影响。同时，社会保障发展水平的提高，也会助推中国式现代化发展进程。

一 经济发展水平提高促使社会保障的覆盖范围不断扩大

通过上文对社会保障中的养老保障、医疗保障、就业保障、最低保障几个方面的现状进行分析，可以看出随着我国经济水平的发展，社会保障的覆盖范围在不断扩大。这是因为经济的高质量发展带动政府财政能力提升，为社会保障体系的完善和发展创造了有利条件。经济繁荣带来了财政收入的增加，使政府能够配置更多资源用于社会保障体系的完善，比如包括提高基本养老金、提升医保报销比例、改善基层医疗卫生服务条件、扩大失业保险的覆盖范围等，以更好地满足人民群众在医疗、养老等领域的社会保障需求，完善现有社会保障制度。更为重要的是，覆盖范围的不断扩大、保障水平的不断提高体现了社会保障的普惠性。通过将更多的人纳入社会保障体系，政府实现了资源的公平分配，缩小了社会贫富差距，促进了社会的稳定、和谐。经济发展的红利不再局限于一部分人，而是逐渐惠及更广大的群体，实现了社会保障的公平效应。

二 社会保障水平提高有效缩小贫富差距

随着经济的不断增长，政府能够通过税收和财政政策的调控，实现财富再分配，从而逐步缩小社会贫富差距。这一趋势对于提高社会保障水平和减轻贫困人口的经济负担产生了积极影响。经济增长为政府提供了更多的财政收入，使政府有更多的资金用于社会保障体系的建设和完善。政府通过提高社会保障基金的投入，加大对低收入群体的扶助力度，从而确保他们能够享受到基本医疗、养老等社会保障服务。通过这种方式，社会贫富差距逐渐减小，更多的人能够分享经济增长成果。同时，政府可以通过税收政策和财政调控,实现财富的再分配。例如,通过适当调整税收体系,对高收入人群进行适度征税,然后将部分税款用于提供覆盖面更广、保障水平更高的社会保障,提升低收入人群社会保障水平,从而进一步缩小社会贫富差距。

三 现代化进程促进社会保障体系不断完善

随着现代化进程的推进,政府的财政治理能力得到有效提升,这为社会保障体系的建设和完善提供了保障,社会保障体系的完善主要体现在养老保障、医疗保障、就业保障、最低保障等多个方面。政府在完善社会保障制度体系方面取得了显著进展,通过扩大多个保障项目的保障范围,提高养老保险、医疗保险、失业保险、工伤保险、最低保障等保障项目的保障水平,促使广大劳动者在退休、失业、受伤时能够获得更为充分的保障。这种基本社会保障制度的建设,有效地减轻了个体、家庭在特殊情况下的经济压力,促进社会的稳定和可持续发展。政府在提高医疗救助水平方面取得了积极成果。就业的保障范围也得到了扩大。通过提供教育补助、培训机会和就业服务,政府帮助人们获取更好的就业机会,从而提高了他们的综合素质和生活质量。这种全面的就业保障措施有助于社会各阶层的人们实现自我发展,进一步缩小社会的不平等现象。现代化进程改善了人们的生活水平,对社会的稳定与可持续发展起到了积极的推动作用,为社会保障体系的完善奠定了坚实的基础。

第四节 小结

随着我国经济的发展,2021年我国大多数指标均达到了英格尔斯(Inkeles)现代化标准所规定的门槛,但由于该标准提出时间较早,并不能完全适用于我国的现代化评价,我国离现代化仍有一段距离。我国东部地区经济发展水平高于中部地区,西部地区的经济发展水平低于东部地区和中部地区。2012—2021年,我国城乡的收入水平不仅大大提高,发展的差距也在逐渐缩小。这些年,第一,我国基本公共服务均等化水平、精神文明建设水平以及人与自然和谐共处水平均有了提升。从整体基本公共服务均等化水平来看,我国东部地区的公共服务均等化水平大于中部地区和西部地区,其中西部地区的公共服务均等化水平最低。但是，综合各项细化来看，东部地区内部的差异水平总体来说比较大，中部地区和西部地区相对来说较小，内部水平较为均衡。第二，从社会保障发展层面来看，我国社会保障的养老保障、医疗保障、就业保障、最低保障中相关保险的覆盖率在2012—2021年均有所提升，并且东部地区和西部地区相关保险的保障水平和可持续性整体上优于中部地区。这是由于我国东部地区的经济发展水平优于中部地区和西部地区，西部地区的经济发展水平虽然不够高，但是我国十分重视对西部地区的政策扶持，因而从社会保障发展层面来看，我国中部地区稍逊于东部地区和西部地区。第三，中国式现代化与社会保障发展水平之间有着十分密切的关系。随着经济发展水平的逐步提升，社会保障的覆盖范围同样在不断扩大，现代化进程在推动社会贫富差距的减小和养老体系的完善方面发挥着重要作用。随着现代化进程的推动，我国人均国内生产总值逐步提升，也引发了人们对医疗保障的更高需求。在现代化进程的推动下，社会保障体系得以全面完善，社会保障水平得以提升，从一定程度上为我国的中国式现代化进程提供助力。中国式现代化与社会保障发展水平两者之间互相促进、相辅相成。

第五章　中国式现代化与社会保障发展的协同效应评价

社会保障制度是保障和改善民生、维护社会公平、增进人民福祉的基本制度，是促进经济社会发展、实现广大人民群众共享改革发展成果的重要制度安排。社会保障制度与现代化相伴而生，现有社会保障制度是现代化孕育的重大制度文明成果，同样中国式现代化最终目标的实现有赖于社会保障制度的支撑。关于中国式现代化与社会保障高质量发展间的逻辑关联，已在第一章中做了深入论述，但现有成果关于中国式现代化与社会保障发展间的协同性鲜有人研究。本部分主要就其展开实证分析，运用横纵向拉开档次法，从纵向与横向角度对中国式现代化与社会保障质量进行综合测度，得到中国式现代化发展水平以及社会保障质量在不同时间段的测度值；通过耦合协调度模型来评价中国式现代化水平与社会保障发展间的协同性。为下一步构建与中国式现代化相适应的社会保障体系提供实践理论依据。

第一节　文献综述

中国式现代化与社会保障体系之间关系的研究，多从理论视角分析，或就中国式现代化的某一方面与社会保障发展间的关系进行实证分析，忽略了中国式现代化的整体表现，未就中国式现代化与社会保障发展间的协同性从实证角度进行分析论证，本书主要从以下三方面展开研究。

一　中国式现代化测度

目前，我国学者对中国式现代化的研究主要从其内涵、特征等方面展开，但对于中国式现代化水平测度研究还不够深入，主要集中于现代化指标体系的构建、测度方法两方面。

（一）中国式现代化指标体系的建立

现代化评价指标体系主要包括现代化综合指标体系、现代化具体分类评价指标体系、新发展理念评价指标体系以及现代化特征评价指标体系。比较早的一部分学者建立了现代化综合指标体系，认为采用人均GDP或人均GNP等指标衡量现代化建设水平。[①] 但采用此评价指标体系的一个弊端就是会过分重视经济增长对现代化建设的影响，而相对忽视精神文明、生态文明以及共建共享等方面因素对中国式现代化发展的影响，无法应对新发展阶段中国式现代化的需求变化。随着对现代化发展的研究深入，国内部分学者提出了根据现代化具体领域分类选取指标，进而构建指标体系的观点。分别对农业现代化、工业现代化、流通现代化、城市现代化、生态现代化等领域进行探究分析，构建了相应的指标评价体系，还有学者对人口素质、政府治理、区域经济、农村发展、教育事业、企业管理、水利建设、城镇化水平等细分领域的评价指标体系进行了探讨，为构建中国式现代化评价指标体系提供了重要参考。但此类根据具体领域分类构建现代化指标体系的观点，没有将中国式现代化建设和新发展阶段的理念结合，缺乏长远性。考虑到新发展理念与现代化建设的联系，还有学者以新发展理念构建现代化建设的评价指标体系，以五大新发展理念为依据，构建评价指标体系。[②] 基于新发展理念的五个方面，立足于国内外丰富的实践与中国式现代化理论逻辑，结合评价指标体系的文化根基、国际经验与基本原则等内容，可构建更能体现新发展理念的中国式现代化评价指标体系。[③] 此类研究把新发展理念与现代化建设进行了一定的结合，更能科学地反映现代化建设水平。还有部分学者参考以上各种评价指标体系，充分考虑中国式现代化的内涵，综合党的二十大提出的中国式现代化是人口规模巨大的现代化、全体人民共同富裕的现代化、物质文明和精神文明相协调的现代化、人与自然和谐共生的现代化、走和平发展道路的现代化的五大特征，构建更为科学合理

---

① 刘瑞、程卫平、周志文：《中国现代化标准探讨》，《宏观经济研究》2001年第6期。
② 李旭辉等：《基于五大发展理念的经济社会发展评价体系研究——基于二次加权因子分析法》，《数理统计与管理》2019年第3期。
③ 蒋永穆、李想、唐永：《中国式现代化评价指标体系的构建》，《改革》2022年第12期。

的中国式现代化指标体系①，以进行现代化测度。

（二）中国式现代化测度的方法选择

现代化测度方法主要包括熵权法、Dagum 基尼系数、Kernel 密度估计法、动态演进的 Markov 链、耦合协调度模型、空间收敛模型。熵权法属于客观赋权法的一种，故其比较客观，在一定程度上规避了赋予权重时的主观性。②

Dagum 基尼系数是衡量居民收入分配差异程度的常用方法，能解决样本之间的交叠问题，并描述子样本的分布情况。③ Kernel 核密度估计法是一种常见非参数评估方法，其可通过连续的密度函数曲线对随机变量的分布形态进行描述，也常被用于对中国式现代化的测度。对中国式现代化进行测度还可以采用齐次的 Markov 链方法。④ 还有学者采用耦合协调度模型与空间收敛模型对中国式现代化进行测度，研究现代化各维度之间的互动关系和协调发展情况。综合来说，在测度中国式现代化过程中，采用不同的评价方法，将直接影响到评估结果的科学性与准确性，所以，测度方法应根据研究的问题进行合理的选取与设计。

针对现代化评价指标体系与测度方法的研究成果较为丰富。学术界已经充分认识到评价指标体系以及现代化测度在现代化建设中的重要作用，只有完整、准确、全面地贯彻新发展理念，才能构建出行之有效的中国式现代化评价指标体系，选出适合的测度方法。但是，当前关于中国式现代化评价指标体系与测度方法的研究总体上仍处于起步阶段，评价指标体系的构建与研究较为薄弱，测度方法研究缺乏灵活性，具有系统性与创新性的研究成果偏少。与此同时，指导原则的缺位阻碍了理论建构与因果解释，量化指标选取的科学性、理论性与逻辑性较为缺乏，评价标准略显分散，指标体系完备性与指标数据可得性的矛盾未得到妥善解决，经济社会指标在现代化评价指标体系中占比过大。总体而言，

---

① 陈胜利、万政：《数字经济对中国式现代化水平的影响效应及作用机制》，《统计与决策》2023 年第 17 期。

② 刘忠宇、热孜燕·瓦卡斯：《中国农业高质量发展的地区差异及分布动态演进》，《数量经济技术经济研究》2021 年第 6 期。

③ Dagum C，"A New Approach to the Decomposition of the Gini Income Inequality Ratio"，Empirical Economics，Vol. 22，No. 4，1997.

④ 谭燕芝等：《中国农民共同富裕水平测度及时空分异演变》，《经济地理》2022 年第 8 期。

既有成果尚不适应全面建成社会主义现代化强国的要求，因此学术研究成果扩容增量、提质增效刻不容缓，中国式现代化测度研究任重道远。

二　社会保障质量测度

社会保障制度作为增进人民福祉、维护社会公平与改善民生问题的基本制度支持，如何推动其实现高质量的发展是当今一个备受关注的课题。目前我国关于社会保障高质量发展的研究比较丰富，但对社会保障质量的测度与分析却并不多见，学术界对这一方面的研究还有所欠缺。现有对于社会保障质量测度的探讨主要在于社会保障质量评价的研究。

（一）社会保障质量评价指标体系建立

较早时期的研究一般都以能反映社会保障的各项支出与收入的指标来建立社会保障评价体系，以对社会保障质量进行系统的评价[1]，后又有学者从社会保障的缴费与给付水平以及给付能力等方面选取评价指标对社会保障质量进行测度。国外通常使用社会性支出占一国 GDP 比重衡量国家社会福利发展水平，社会性支出主要为在社会福利方面政府的公共支出。有别于国外以社会性支出占 GDP 比重作为测度社会福利水平的指标，我国学者结合我国实际情况，通常采用社会保障支出额占 GDP 比重来衡量我国社会保障的质量水平。[2] 当然，建立社会保障高质量发展评价体系不仅要考虑经济因素，还应考虑社会包容等因素。由于我国的社会保障体系是一个多维度、多层面的结构体系，故对社会保障质量测度时，可从社会经济保障、社会包容、社会赋权、社会凝聚四个维度构建评价体系。[3] 为解决社会保障体系高质量发展过程中存在问题并反映其内在规律，还可以从社会保障支出水平、社会保障优抚、社会保障待遇、社会保险覆盖率等维度构建社会保障质量评价指标体系，对社会保障质量进行测度，提升研究质量与结果的准确性。[4]

（二）社会保障质量测度方法

选取合适的评价指标并建立社会保障质量评价后，可采用熵值法、

---

[1]　朱庆芳：《我国社会保障指标体系综合评价》，《社会学研究》1995 年第 4 期。
[2]　孙早、刘李华：《社会保障、企业家精神与内生经济增长》，《统计研究》2019 年第 1 期。
[3]　金红磊：《高质量社会保障体系内容及构建路径：一项基于社会质量理论的分析》，《中国行政管理》2022 年第 11 期。
[4]　夏䶮、徐立青：《共同富裕视域下我国社会保障体系高质量发展测度》，《中国流通经济》2023 年第 4 期。

层次分析法、综合赋权法等方法计算社会保障质量的评价指标权重，并根据权重计算出社会保障指数。① 同时，还可用空间自相关分析法，通过检验空间区域内某一要素与其相邻空间要素的关联性对社会保障质量进行测度。除此之外，采用横纵向拉开档次法的动态差异综合评价法对社会保障质量进行测度，可得到社会保障高质量发展不同时间段的测度值，便于比较各年的社会保障高质量发展水平，既是对社会保障的高质量发展进行分析，也是对社会保障质量进行有效测度的方法。②

中国社会保障制度已解决了从"没有"到"有"的问题，正转向追求"更高质量发展"的目标，意味着社会保障制度体系改革步入优质、高效、可持续发展新阶段，但鲜有文献对社会保障质量进行测度。我国对于社会保障质量测度的研究虽然在逐渐增加，但还是不够丰富。建立对新时代社会保障质量测度的评价指标体系以及选择合适的测度方法，是当前重要的研究问题。

三 中国式现代化与社会保障发展水平间关系的实证分析

目前我国并没有学者直接对中国式现代化与社会保障发展水平关系开展实证分析研究，但由于中国式现代化具有人口规模巨大、全体人民共同富裕、物质文明与精神文明相协调、人与自然和谐共生、走和平发展道路的特征，可通过对共同富裕、经济发展、收入差距等与社会保障发展水平之间的关系进行实证分析，反映中国式现代化水平与社会保障发展水平的关系。

（一）社会保障与经济发展协调性研究

关于社会保障与经济发展协调性研究，Alesina 等认为社会保障制度是一种福利制度，其本质是社会福利，且福利水平需要精准控制，保障水平既不能过高也不能过低，否则会阻碍经济发展。③ 在制度建立初期，社会保障支出不利于经济发展，两者协调发展能力可能会降低。随着制度日趋完善，大量研究表明，中国社会保障支出不仅能够有效地推动区

---

① 李琼等：《中国社会保障与经济发展耦合的时空特征及驱动力分析》，《地理研究》2020年第6期。

② 夏韡、徐立青：《共同富裕视域下我国社会保障体系高质量发展测度》，《中国流通经济》2023年第4期。

③ Alesina A, Perotti R, "The Welfare State and Competitiveness", *American Economic Review*, Vol. 87, No. 5, 1997.

域经济发展，而且还能够通过辐射作用向其他地区扩散，产生溢出效应。① 利用耦合协调度模型，对中国社会保障和经济发展的协调发展情况进行了测度，发现两者耦合协调度的空间差异正在逐步减小，二者的关系也从一开始的磨合变得逐渐协调适应。②

已有对不同社会保障项目实证分析的研究发现，社会保障和经济发展并没有实现协调发展，两者之间可能呈现出一种倒"U"形关系。③ 穆怀中（1997）通过引入生产函数提出社会保障适度水平的测算模型，通过测算发现社会保障与经济发展处于适度范围内。④ 社会保障和经济发展的协调性、适应性也许和社会保障所处的发展阶段有关，在不同制度的发展阶段，社会保障与经济发展可能存在协同效应，实证分析发现全国层面上社会保障质量与经济发展基本相适应，但农村地区的社会保障质量和经济发展不相适应。⑤

（二）社会保障与共同富裕研究

共同富裕是中国特色社会主义的本质要求，也是建设中国式现代化的重要特征。社会保障体系高质量发展有助于实现社会财富再分配及强化互助共济功能，是推进共同富裕的重要路径。⑥ 闫金山⑦、汪洪溟、李宏等通过实证分析验证了社会保障能增加居民消费支出、改善居民收入，解决城乡收入分配不均问题，以助力早日实现共同富裕。⑧ 对社会保障与共同富裕进行实证研究时，考虑到共同富裕视角下各地区经济发展水平等要素的差距较大，可采用基于共同富裕差异的动态评价方法，以明晰

---

① 李琼、赵阳、李松林等：《中国社会保障与经济发展耦合的时空特征及驱动力分析》，《地理研究》2020年第6期。

② 杨亮、丁金宏、郭永昌：《中国社会保障与经济发展耦合协调度的时空特征分析》，《人口与经济》2014年第4期。

③ 柳清瑞、沈毅、陈曦：《社会保障水平变动规律的跨国实证分析》，《人口与发展》2014年第6期。

④ 穆怀中：《社会保障适度水平研究》，《经济研究》1997年第2期。

⑤ 杨翠迎、何文炯：《社会保障水平与经济发展的适应性关系研究》，《公共管理学报》2004年第1期。

⑥ 杨穗、赵小漫：《走向共同富裕：中国社会保障再分配的实践、成效与启示》，《管理世界》2022年第11期。

⑦ 闫金山：《社会保障能促进居民增加消费支出吗——基于收入的实证分析》，《广西社会科学》2021年第8期。

⑧ 汪洪溟、李宏：《改革开放以来社会保障收入分配调节效应实证分析》，《中国软科学》2019年第12期。

其内在机理与演化趋势。① 可用模型对数据进行动态测度，并对活动中产生的数据进行分析②，以挖掘不同地区共同富裕水平差异数据，即从初始阶段探索人民内心情感需求与实际生活需求数据，并检验共同富裕实现路径是否符合人民需求，以及共同富裕活动是否对社会保障体系高质量发展产生持续积极影响。目前对于社会保障体系高质量发展及其与共同富裕的关系已有较多研究成果，但仍存在诸多局限：一方面，现有研究多侧重单一视角及聚焦共同富裕与社会保障发展理论层面分析，鲜有文献从实证角度分析共同富裕视域下我国社会保障体系高质量发展水平；另一方面，现有研究尚未对共同富裕视域下我国社会保障体系高质量发展的省份与区域差异方面进行探讨。

综上所述，实现中国式现代化，促进我国社会保障高质量发展是当今时代我国重要的一个研究课题。我国学术界虽然对中国式现代化测度以及对社会保障质量的测度有一定的研究，但仍存在一些不足，且并无研究明确对中国式现代化与社会保障发展水平间的关系进行实证分析，需要学术界对中国式现代化水平以及社会保障发展水平进行更全面、更深入的研究。

第二节　中国式现代化与社会保障质量的分析模型与指标选取

一　中国式现代化与社会保障质量综合评价分析模型

（一）模型选取

根据现有中国式现代化以及社会保障质量的测度方法，本部分对中国式现代化与社会保障质量进行综合评价分析，对熵权法、耦合协调度模型以及横纵向拉开档次法进行比较分析，确定最合适的评价方法来进行测度。

熵权法是一种客观赋权方法，它的基本原理是根据数据的变化程度

---

① 夏斟、徐立青：《共同富裕视域下我国社会保障体系高质量发展测度》，《中国流通经济》2023年第4期。

② 曹春燕等：《EDM高程导线数据采集处理系统设计及实现》，《人民黄河》2020年第S2期。

对指标赋权。熵权法作为一种客观赋权法，能够有效地避免评价过程中评价人员的一些主观因素给评价结果带来的偏差。但本书对于中国式现代化与社会保障质量进行综合评价分析时采用的是面板数据，具有时间动态性，而熵权法没有办法反映中国式现代化与社会保障质量数据的动态变化。

横纵向拉开档次法可用于处理三维立体数据，能直观呈现截面数据随时间推移的变化趋向，是一种客观评价法。采用横纵向拉开档次法对中国式现代化和社会保障质量进行测度，首先，可以从横向上表现出我国不同省份间中国式现代化发展水平以及社会保障质量的发展差异；其次，可以从纵向上体现出各省份中国式现代化水平和社会保障质量在2012—2021年发展的总体规律，充分考虑到中国式现代化与社会保障质量面板数据的时间动态性，可得到中国式现代化发展水平以及社会保障质量不同时间段的测度值。此方法便于比较各地区与各年的中国式现代化发展水平与社会保障质量，进而对中国式现代化与社会保障质量进行更为准确的评价分析。

综合上述分析，对中国式现代化与社会保障质量进行综合评价可采用横纵向拉开档次法，同时从纵向与横向角度对中国式现代化与社会保障质量进行综合测度，得到中国式现代化发展水平以及社会保障质量在不同时间段的测度值。该测度值即中国式现代化发展水平与社会保障质量指标体系中各指标在不同年份的综合指数，根据指数大小进行综合排名。综合指数越大，发展水平越高，反之亦然。具体进行评价时，由于构建的中国式现代化与社会保障质量综合评价体系中的评价指标数据存在缺失问题，对中国式现代化与社会保障质量综合评价分析可采用广义期望最大（Generalized Expectation Maximization，GEM）算法对缺失值进行计算补缺。GEM可在已知数据发展趋势的情况下，根据初值条件估计参数值，并不断更新参数值，如此反复迭代直至实现收敛。在数据补全之后再采取横纵向拉开档次法进行综合评价。

在对中国式现代化与社会保障质量综合评价的基础上，采用Tapio脱钩模型构建中国式现代化发展水平与社会保障质量指数之间的脱钩弹性系数，描述中国式现代化对社会保障质量的作用以及社会保障质量对中国式现代化发展系统的反馈，并对二者演变趋势与特征进行描述；通过耦合协调度模型，进一步从系统论角度研究中国式现代化与社会保障质量的相互关系，促进中国式现代化与社会保障质量之间的可持续性发展。

综上所述，本书选取面板数据的横纵向拉开档次法对中国式现代化与社会保障质量两个指标进行综合测度。根据测度结果对两者的协调发展进行分析，主要采用 Tapio 脱钩模型、耦合协调度模型分析中国式现代化与社会保障质量之间的脱钩状态以及两者的协调发展状态。

（二）模型建立

1. 中国式现代化与社会保障质量综合评价模型

对中国式现代化与社会保障质量进行综合评价分析时，可采用横纵向拉开档次法，分别建立模型对中国式现代化与社会保障进行综合评价。

构建采用横纵向拉开档次法计算的中国式现代化发展评价模型，以我国 30 个省份（由于西藏数据缺失较多，较为特殊，在评价体系中剔除了西藏，下同）为评价对象，以 $P_i(i=1, 2, \cdots, 30)$ 来表示；用 $x_j(j=1, 2, \cdots, 24)$ 作为评价指标，如人均 GDP、社会保险覆盖率、每 10 万人拥有大学文化程度人员数等共 24 个指标，按照时间从 2012—2021 年以 $t_1, t_2, \cdots, t_{10}$ 进行排序，形成面板数据 $\{x_{ij}(t_n)\}$，在对面板数据进行正向化及无量纲化处理后得到了 $\{x_{ij}^*(t_n)\}$，进而得到 30 个省份的评价函数为：

$$y_i(t_n) = \sum_{j=1}^{24} \omega_j x_{ij}^*(t_n), \ i = 1, 2, \cdots, 30; \ j = 1, 2, \cdots, 24; \ n = 1, 2, \cdots, 10 \tag{5.1}$$

其中，ω_j 为归一化求得的各指标权重，$y_i(t_n)$ 为评价对象 P_i 在时刻 t_n 处的综合评价值。

在采用横纵向拉开档次法计算的社会保障质量综合评价模型中，同样以全国 30 个省份为评价对象，以 $P_i(i=1, 2, \cdots, 30)$ 来表示；$x_j(j=1, 2, \cdots, 40)$ 作为评价指标，如城乡养老保险参保率、职工基本医疗保险报销率、城乡低保待遇比、商业养老保险（寿险）缴费占比等 40 个指标，按照时间从 2012—2021 年 $t_1, t_2, \cdots, t_{10}$ 进行排序，形成面板数据 $\{x_{ij}(t_n)\}$，在对面板数据进行正向化及无量纲化处理后得到 $\{x_{ij}^*(t_n)\}$，进而得到 30 个省份的评价函数为：

$$y_i(t_n) = \sum_{j=1}^{40} \omega_j x_{ij}^*(t_n), \ i = 1, 2, \cdots, 30; \ j = 1, 2, \cdots, 40; \ n = 1, 2, \cdots, 10 \tag{5.2}$$

其中，ω_j 为归一化求得的各指标权重，$y_i(t_n)$ 为评价对象 P_i 在时刻 t_n 处的综合评价值。

2. Tapio 脱钩模型

利用 Tapio 脱钩模型，引入弹性概念测算中国式现代化与社会保障质量之间的脱钩指数，Tapio 脱钩弹性（DE_{t_k}）计算如下：

$$DE_{t_k} = \frac{(S_{t+k}-S_t)/S_t}{(Q_{t+k}-Q_t)/Q_t} = \frac{\Delta S_{t_k}}{\Delta Q_{t_k}} \tag{5.3}$$

其中，S_{t+k} 为第 $t+k$ 年的社会保障质量，S_t 为第 t 年社会保障质量，Q_{t+k} 为第 $t+k$ 年中国式现代化发展指数，Q_t 为第 t 年中国式现代化发展指数，DE_{t_k} 为第 t 年到第 $t+k$ 年两个综合指标的脱钩指数。根据脱钩指数 DE_{t_k} 的测算结果与取值区间，对中国式现代化与社会保障质量的脱钩状态进行划分，分类结果见表 5-1。

表 5-1　中国式现代化与社会保障质量的脱钩状态及类型划分

脱钩状态	细分脱钩状态	ΔS_{t_k}	ΔQ_{t_k}	脱钩指数 DE_{t_k}	经济发展类型
脱钩	相对脱钩	大于 0	大于 0	$0 \leq DE_{t_k} < 0.8$	集约扩张型
	绝对脱钩	小于 0	大于 0	$DE_{t_k} < 0$	挖掘发展型
	衰退脱钩	小于 0	小于 0	$DE_{t_k} > 1.2$	发展迟滞型
负脱钩	扩张负脱钩	大于 0	大于 0	$DE_{t_k} \geq 1.2$	低效扩张型
	强负脱钩	大于 0	小于 0	$DE_{t_k} < 0$	粗放扩张型
	弱负脱钩	小于 0	小于 0	$0 \leq DE_{t_k} < 0.8$	发展迟滞型
连结	增长连结	大于 0	大于 0	$0.8 \leq DE_{t_k} < 1.2$	低效扩张型
	衰退连结	小于 0	小于 0	$0.8 \leq DE_{t_k} < 1.2$	发展迟滞型

3. 协调测度模型构建

采用耦合协调度模型考察中国式现代化与社会保障质量两个指标系统间关系，反映中国式现代化与社会保障的协同度，有利于提出合理利用社会保障资源的相关措施。

首先，耦合度模型如下：

$$H = \left\{ \frac{Q \times S}{[(Q+S)/2]^2} \right\}^{\frac{1}{2}} \tag{5.4}$$

其中，Q、S 分别为中国式现代化与社会保障质量。H 为系统耦合度，代表系统间的交互作用形成的有序或无序状态，$H \in [0, 1]$。在 $H=0$ 时，表明系统间无关且发展方向和结构呈现无序性；在 $H=1$ 时，系统间实现良性共振耦合且向有序方向发展，结构呈现有序性。

其次，为进一步表征中国式现代化与社会保障质量的可持续发展水平以及系统间相互作用协调能力的高低，在耦合度基础上，构建如下耦合协调度模型：

$$\begin{cases} Y = W_1 Q + W_2 S \\ D = \sqrt{H \times Y} \end{cases} \tag{5.5}$$

其中，Y 表示社会保障质量与中国式现代化的综合评价值，D 为耦合协调度；W_1、W_2 为两系统权重，且 $W_1 + W_2 = 1$。

结合已有的研究对耦合协调度进行等级划分，结果详见表5-2。

表5-2　　　　　　　　耦合协调度的等级划分

耦合协调度	协调等级	耦合协调度	协调等级
$0 \leq D < 0.1$	极度失调	$0.5 \leq D < 0.6$	勉强协调
$0.1 \leq D < 0.2$	严重失调	$0.6 \leq D < 0.7$	初级协调
$0.2 \leq D < 0.3$	中度失调	$0.7 \leq D < 0.8$	中级协调
$0.3 \leq D < 0.4$	轻度失调	$0.8 \leq D < 0.9$	良好协调
$0.4 \leq D < 0.5$	濒临失调	$0.9 \leq D < 1$	优质协调

二　中国式现代化指标选取与数据来源

中国式现代化是中国共产党领导的社会主义现代化。中国式现代化是人口规模巨大的现代化，是全体人民共同富裕的现代化，是物质文明和精神文明相协调的现代化，是人与自然和谐共生的现代化，是走和平发展道路的现代化。本书结合中国式现代化的特征并遵循一定的原则，选取现代化评价指标，建立中国式现代化评价指标体系，并对数据来源进行说明。

（一）数据来源

数据主要来源于《中国统计年鉴》（2013—2022年）和我国30个省（区、市）2013—2022年统计年鉴等。由于西藏、澳门、香港、台湾数据缺失较多，较为特殊，在评价体系中西藏、澳门、香港、台湾这四个地区不纳入研究范围。进行研究时还把全国各省份划分为了东部、中部、西部三大经济区域。进行数据处理，针对2012—2021年30个省级行政区少数年份的数据缺失采用GEM法补齐，并对数据中所有的逆向指标进行标准化处理。

（二）指标设置原则

本书在进行中国式现代化评价指标的选取时应遵循以下原则：

（1）引领性。对标国际和国内发达地区的标准，体现"五大"发展理念的要求，紧扣国家现代化建设中的方针政策，强化对未来经济社会发展的前瞻性判断，设置未来发展需要达到的预期目标。在选择指标时，要尽可能准确地体现出现代化的内涵与要求，在数量上要遵循适度的原则，既要保证覆盖全面，又要考虑到各个指标间之间应相互独立，不能有重叠，能够真实、客观地反映出目前中国式现代化发展的实际情况。

（2）规范性。根据现代化的内涵与特征，充分借鉴全面建成小康社会指标体系，按照可比性、代表性、可获得性三个原则选取指标，选取各领域中具有权威性和代表性的指标，力求简明、准确地表达出目标层意图测度的含义，保证所选择的指标具有相同的统计标准、扎实的可比性基础和可靠的客观性。

（3）衔接性。注重体现与全面建成小康社会的衔接和传承。应注重现代化建设阶段的衔接性。同时，结合我国高质量发展现状，将部分高质量发展指标纳入现代化评价指标体系中。这也是中国式现代化指标选取所特有的原则。

（4）可持续性。确保所选取指标近十几年都存在，进而可对指标进行年度比较，有利于对中国式现代化进行评价。

（三）指标选取

2022年党的二十大报告中提出了中国式现代化的五大特征，指出中国式现代化是人口规模巨大的现代化、全体人民共同富裕的现代化、物质文明和精神文明相协调的现代化、人与自然和谐共生的现代化和走和平发展道路的现代化。基于此，本书依据中国式现代化的内涵以及学术界关于中国式现代化的相关论述，遵循着引领性、规范性、衔接性以及可持续性的原则，选取了包括经济现代化、社会现代化、文化现代化、生态现代化和人的现代化五个维度的24个指标，构建了一个相对全面的中国式现代化综合评价指标体系（见表5-3）。具体的指标选取依据与内涵如下：

（1）经济现代化指标体系。实现经济现代化是建设社会主义现代化强国的基础条件和关键环节。经济现代化是指经济发展从量变再到质变往复循环、螺旋式上升的过程，为推动中国式现代化实现提供经济支撑，保证现代化有序运行。本书从经济发展水平以及科技创新发展质效等方面选取了包括人均GDP、居民人均可支配收入与人均GDP之比、高新技术制造业产值占规模以上工业产值比重、每万人发明专利拥有量等6个指标对经济现代化水平进行反映。

（2）社会现代化指标体系。社会现代化是实现中国式现代化的内在要求。社会现代化是在一个国家从传统到现代的社会变迁过程中，运用现代科技对人类生活的物质与精神条件进行全方位的改造。本书从城乡差异、社会保障、公共服务建设等方面选取了常住人口城镇化率、社会保险覆盖率（养老、医疗、失业）平均数、万人律师数（注册律师数）6个指标，用以反映社会保障程度，衡量社会现代化水平。

（3）文化现代化指标体系。文化现代化是实现现代化过程中的重要根基，文化贯穿于中国式现代化的各个层面。文化现代化是指弘扬与现代化本质要求相契合的文化，并在现代化转型基础上建设形成现代精神文明的过程，是文化创造、文化生产、文化传播、文化服务、文化消费、文化保存等各个方面的现代化。本书从社会文明程度、公共文化服务、文化产业等方面选取高中及以下师生比、每万人拥有公共文化设施数量等3个指标来反映文化现代化的丰富程度。

（4）生态现代化指标体系。生态现代化是中国式现代化可持续发展的前提条件。生态现代化指促进绿色经济和环境保护相协调的过程，是实现人与自然和谐共生的现代化。本书从可持续发展的角度选取绿色低碳、环境质量等方面选取了单位GDP电耗、森林覆盖率、生活垃圾无害化处理率等5个指标反映生态现代化水平。

（5）人的现代化指标体系。人的现代化是中国式现代化的核心环节。中国式现代化的核心是人的全面发展，坚持人的现代化是实现中国式现代化的不可或缺的部分。人的现代化是以满足人们对美好生活的需求、提高人们生活质量为主要目标的现代化。人的现代化的实现主要涉及人的自身发展、消费结构、医疗保障等内容，故本书选取了恩格尔系数、每千名老年人拥有社会养老床位数等 4 个指标用来反映人的现代化发展情况。

表 5–3　　　　　　　　　中国式现代化评价指标体系

维度	序号	指标名称	单位	2035年展望值	指标属性	计算公式
经济现代化	1	人均 GDP	万元	≥40	正	GDP 总量/年平均人口
	2	居民人均可支配收入与人均 GDP 之比	%	60	正	居民人均可支配收入/人均 GDP
	3	高新技术制造业产值占规模以上工业产值比重	%	60	正	高新技术制造业产值/规模以上工业产值
	4	服务业增加值占比	%	80	正	服务业增加值/GDP
	5	R&D 经费支出占 GDP 比重	%	6.5%	正	R&D 经费支出/GDP
	6	每万人发明专利拥有量	件	185	正	年末发明专利拥有量/年末总人口
社会现代化	7	常住人口城镇化率	%	100	正	地区城镇常住人口/地区常住总人口
	8	城乡居民收入倍差		1	正	城镇居民人均可支配收入/农村居民人均可支配收入
	9	社会保险覆盖率（养老、医疗、失业）平均数	%	100	正	（养老保险覆盖率+医疗保险参保率+失业保险覆盖率）/3
	10	每万人高等级公路里程数	公里/万人	145	正	公路里程数/人口数
	11	城市公交出行分担率	%	71	正	公交客运量/总客运量
	12	万人律师数（注册律师数）	人	19	正	律师人数（人）/地区总人口数（万人）
文化现代化	13	教育文化娱乐支出占消费支出比重	%	15	正	居民人均教育文化娱乐支出/居民人均消费支出
	14	高中及以下师生比		13%	正	（小学教师人数+初中教师人数+普高教师人数+中职教师人数）/学生总人数
	15	每万人拥有公共文化设施数量	个	0.8	正	公共文化设施数量/人口数量

续表

维度	序号	指标名称	单位	2035年展望值	指标属性	计算公式
生态现代化	16	单位GDP电耗	千瓦时/万元	0.18	逆	全社会用电量/地区生产总值
	17	森林覆盖率	%	67%	正	森林面积/土地总面积
	18	城市污水处理率	%	100	正	经过污水处理设施处理并达到排放标准的污水量/城市污水排放总量
	19	人均公园绿地面积	平方米/人	20	正	城市公共绿地面积/城市非农业人口
	20	生活垃圾无害化处理率	%	100	正	生活垃圾无害化处理量/生活垃圾产生量
人的现代化	21	每10万人拥有大学文化程度人员数	万人	3	正	(大学本科人数+大学专科人数)/6岁以上人口数
	22	恩格尔系数		12	逆	食品烟酒支出/消费支出
	23	万人全科医生数	人	7.9	正	年末全科医师数(人)/年末常住人口数(万人)
	24	每千名老年人拥有社会养老床位数	张	55	正	各类养老床位数(张)/当地户籍老年人口数(千人)

三 社会保障质量指标选取与数据来源

社会保障制度是一项非营利性的社会安全制度，具有将所得重分配的功能，起到了实现社会公平的调节器和社会发展的稳定器的重要作用。党的二十大明确了未来五年我国发展的主要目标任务，其中包括"多层次社会保障体系更加健全"。习近平总书记指出："社会保障是保障和改善民生、维护社会公平、增进人民福祉的基本制度保障，是促进经济社会发展、实现广大人民群众共享改革发展成果的重要制度安排。"[1] 在新时代，政府将社会保障制度建设放在了更加重要的位置，对我国的社会保障制度进行了顶层设计，同时在社会保障领域展开了一系列的改革探索，从而更好地促进了我国社会保障体系建设。对全国30个省份，设置

---

[1] 习近平：《习近平谈治国理政》（第四卷），外文出版社2022年版。

40项评价指标。

(一) 数据来源

数据主要来源于《中国统计年鉴》（2013—2022年）、《中国劳动统计年鉴》（2013—2022年）和全国30个省（区、市）2013—2022年的统计年鉴等。由于西藏、澳门、香港、台湾数据缺失较多，较为特殊，在评价体系中西藏、澳门、香港、台湾这四个地区不纳入研究范围，并基于东部、中部、西部三大经济区域进行了研究。针对2012—2021年30个省级行政区少数年份的数据缺失采用GEM法补齐，并对数据中所有的逆向指标进行标准化处理。

(二) 指标设置原则

本章对社会保障质量评价指标的设置主要遵循以下三个原则：

（1）引领性。对标国际和国内发达地区的标准，紧扣"全覆盖、保基本、多层次、可持续"的发展方针，强化对未来社会发展的前瞻性判断，设置未来发展需要达到的预期目标。进行指标选取应力求全面精准地反映社会保障的内涵和要求，在数量上应坚持适量原则，在保证范围涵盖全面的同时，注意指标间互相保持独立，不存在重叠，客观、真实地反映当前社会保障质量的现实状况。

（2）规范性。根据社会保障的内涵与特征，按照可比性、代表性、可获得性三个原则，选择各维度中具有权威性和代表性的指标，力求简明准确地表达出目标层意图测度的含义，保证所选择的指标具有相同的统计标准、扎实的可比性基础和可靠的客观性保证。

（3）可持续性。确保所选取指标近十几年都存在，进而可对指标进行年度的比较，有利于对社会保障质量进行评价。

(三) 指标选取

党的十八大以来，社会保障体系坚持"全覆盖、保基本、多层次、可持续"的发展方针，根据各项方针政策，将从全民性、保障性、公平性、系统性和可持续性五个维度40项指标，构建社会保障质量评价指标体系。具体的指标选取依据与内涵如下：

（1）全民性。全民性是衡量社会保障的一个重要指标。社会保障是对民生进行保障和改善、维护社会公平、力求增进人民福祉的基本制度保障，因此要将更多的人纳入社会保障体系中，使更多的人感受到社会保障制度的可靠性，将社会保障制度的建设成果惠及全体人民。由于养老保险、失业保险、医疗保险、工伤保险、生育保险是社会保障制度的最重要的组成部分，低保制度是维护困难群众基本生活权益的基本性制度，故本书以城乡养老保险参保率、失业保险参保率、医疗保险参保率、工伤保险参保率、生育保险参保率以及低保参保率作为指标衡量全民性是客观的。

（2）保障性。保障性是衡量社会保障体系一个关键指标。社会保障制度是指由国家或者政府作为主体，按照法定的方式，通过国民收入再分配，向临时或永久性失去工作能力，以及由于各种原因导致生活陷入困境的公民给予物质帮助，从而保障他们的基本生活的制度。因此，衡量保障性对衡量社会保障体系来说极为重要。采用保险替代率和医疗保险报销率、城乡每万人卫生技术人员数、城乡每万人医疗机构病床数等医疗方面的指标来体现保障性水平，其中替代率通过对比遇到劳动风险前后的生活保障水平差异来体现保障性的情况，而医疗保险报销率、城乡每万人卫生技术人员数、城乡每万人医疗机构病床数等医疗方面的指标则从医疗资源方面表达了保障性水平的高低。

（3）公平性。全面建成覆盖城乡居民的社会保障体系的重点就是提高公平性。在为人民生活提供保障的过程中，公平是一个重要因素。公平性指标是为了直观地体现出相对公平性。要通过一些合理的措施来提高公平性，让更多有困难的人切实地得到相应的帮助。这里的公平性指的是城镇与农村在社会保障待遇方面是否公平，主要从养老、医疗和最低生活保障和转移性收入方面来体现，故选取了城乡养老保险待遇比、城乡医疗保险待遇比、城乡低保待遇比、城乡最低生活保障待遇比、城乡转移性收入比作为指标衡量公平性。值得一提的是，公平性各指标的指标属性均为逆指标，即指标越小越能体现出社会保障体系的公平性。

（4）系统性。系统性是衡量社会保障质量不可或缺的一个指标。2021年习近平总书记在中共十九届中央政治局第二十八次集体学习时的讲话中讲道，要坚持系统观念，把握好新发展阶段、新发展理念、新发展格局提出的新要求，在统筹推进"五位一体"总体布局、协调推进"四个全面"战略布局中思考和谋划社会保障事业发展。[1] 在新的方针和方略的带领下，要有系统观念，才能取得历史性成就。因此，在社会保

---

[1] 习近平：《习近平谈治国理政》（第四卷），外文出版社2022年版。

障制度的健全过程中，也要有系统性思维。企业年金参保率、年金占比、商业养老保险（寿险）缴费占比和慈善支出贡献四个指标的高低，均可以从侧面印证经济效益的好坏，进而衡量系统性的发展水平。

（5）可持续性。可持续性是衡量社会保障是否实现高质量发展的重要指标。随着人口老龄化和社会变革的加速，社保基金面临着越来越大的压力，在这种情况下，可持续的社会保障制度显得尤为重要。从结余系数、负担系数和当期收支率三个方面，选取职工基本养老保险负担系数、职工基本养老保险基金当期收支率、城乡居民基本养老保险基金累计结余系数、城乡居民基本养老保险基金当期收支率、职工基本医疗保险基金累计结余系数、城乡居民基本医疗保险基金累计结余系数、失业保险基金累计结余系数、失业保险负担系数等指标来检测社会保障体系的可持续性，其中，结余系数和当期收支率为正向指标，负担系数为逆向指标。

综合以上分析，评价指标体系见表5-4。

表5-4　　　　　　　社会保障质量评价指标体系

维度	序号	指标名称	单位	2035年展望值	指标属性	计算公式
全民性	1	城乡养老保险参保率	%	1	正	（职工基本养老保险参保缴费人数+城乡居民基本养老保险参保缴费人数）/各地区人口数
	2	医疗保险参保率	%	1	正	［参加职工基本医疗保险人数（含在岗职工、退休职工和城镇居民）+城乡居民医疗保险参保人数］/各地区人口数
	3	失业保险参保率	%	1	正	参加失业保险人数/（城镇单位就业人数+城镇私营企业就业人数+城镇个体就业人数）
	4	工伤保险参保率	%	1	正	参加工伤保险人数/（城镇单位就业人数+城镇私营企业就业人数+城镇个体就业人数）
	5	生育保险参保率	%	1	正	生育保险参保人数/城镇就业人数
	6	低保参保率	%	1	正	（城市低保人数+农村低保人数）/各地区人口数

续表

维度	序号	指标名称	单位	2035年展望值	指标属性	计算公式
保障性	7	职工基本养老保险替代率	%	0.4	正	职工基本养老保险基金年人均支出/上年城镇单位就业人员平均工资
	8	城乡居民基本养老保险替代率	%	0.4	正	城乡居民基本养老保险基金年人均支出/上年城镇单位就业人员平均工资
	9	城乡千人老年人养老床位数	张/千人	17.8	正	城乡养老服务机构床位数量/城乡老年人口数量
	10	职工基本医疗保险报销率	%	1	正	人均职工基本医疗保险基金支出/（人均职工基本医疗保险基金支出+城镇居民人均医疗保健支出）
	11	城乡居民基本医疗保险报销率	%	1	正	人均城乡居民基本医疗保险基金支出/（人均城乡居民基本医疗保险基金支出+农村居民人均医疗保健支出）
	12	城乡每万人卫生技术人员数	人	337.5	正	卫生技术人员数/城乡常住人口数
	13	城乡每万人医疗卫生机构病床数	张/万人	185	正	医疗卫生机构病床数/城乡常住人口数
	14	失业保险待遇替代率	%	0.17	正	人均失业保险金支出/上年城镇单位就业人员平均工资
	15	工伤保险待遇替代率	%	0.72	正	人均年工伤保险基金支出/上年城镇单位就业人员平均工资
	16	生育保险待遇替代率	%	0.65	正	人均月生育保险基金支出/上年城镇单位就业人员月平均工资
	17	城镇平均最低生活保障补助替代率	%	1	正	城镇最低生活保障平均支出水平/城镇最低生活保障平均标准
	18	农村平均最低生活保障补助替代率	%	1	正	农村最低生活保障平均支出水平/农村最低生活保障平均标准
	19	城乡平均最低生活保障补助替代率	%	1	正	（城镇最低生活保障平均支出水平+农村最低生活保障平均支出水平）/（城镇最低生活保障平均标准+农村最低生活保障平均标准）

续表

维度	序号	指标名称	单位	2035年展望值	指标属性	计算公式
公平性	20	城乡养老保险待遇比	%	1	逆	职工基本养老保险基金年人均支出/城乡居民养老保险基金年人均支出
	21	城乡医疗保险待遇比	%	1	逆	职工基本医疗保险基金年人均支出/城乡居民基本医疗保险基金年人均支出
	22	城乡低保待遇比	%	1	逆	城市最低生活保障平均标准/农村最低生活保障平均标准
	23	城乡最低生活保障待遇比	%	1	逆	城镇最低生活保障平均支出水平/农村最低生活保障平均支出水平
	24	城乡转移性收入比	%	1	逆	城镇转移性收入/农村转移性收入
系统性	25	企业年金参保率	%	1	正	（企业年金缴费人数+企业年金领取人数）/城镇就业人数
	26	商业养老保险（寿险）缴费占比	%	0.25	正	商业养老保险缴费/（商业养老保险缴费+年金+城镇职工养老保险缴费+城乡居民养老保险缴费）
	27	慈善支出贡献	%	0.02	正	（社会捐赠额+福利彩票销售额）/GDP
	28	年金占比	%	0.55	正	年金/（商业养老保险缴费+年金+城镇职工养老保险缴费+城乡居民养老保险缴费）
可持续性	29	职工基本养老保险负担系数	%	0.65	逆	1-职工基本养老保险待遇领取人数/缴费人数
	30	职工基本养老保险基金累计结余系数		2.4	正	职工基本养老保险基金累计结余金额/上年职工基本养老保险基金支出金额
	31	职工基本养老保险基金当期收支率	%	0.95	正	当年职工基本养老保险基金收入/当年职工基本养老保险基金支出
	32	城乡居民基本养老保险负担系数	%	0.65	逆	1-城乡居民基本养老保险待遇领取人数/城乡居民基本养老保险参保缴费人数
	33	城乡居民基本养老保险基金累计结余系数		2.4	正	城乡居民基本养老保险基金累计结余金额/上年城乡居民基本养老保险基金支出金额
	34	城乡居民基本养老保险基金当期收支率	%	0.95	正	城乡居民基本养老保险基金收入/城乡居民基本养老保险基金支出
	35	职工基本医疗保险基金累计结余系数	%	0.45	正	职工基本医疗保险基金累计结余/上年职工基本医疗保险基金支出

续表

维度	序号	指标名称	单位	2035年展望值	指标属性	计算公式
可持续性	36	职工基本医疗保险基金当期收支率	%	0.98	正	职工基本医疗保险基金收入/职工基本医疗保险基金支出
	37	城乡居民基本医疗保险基金累计结余系数	%	0.45	正	城乡居民基本医疗保险基金累计结余/城乡居民基本医疗保险基金支出（由于新农合未有公开支出数据，不包括新农合数据）
	38	城乡居民基本医疗保险基金当期收支率	%	0.98	正	城乡居民基本医疗保险基金收入/城乡居民基本医疗保险基金支出
	39	失业保险基金累计结余系数	%	0.59	正	失业保险基金累计结余/失业保险基金支出
	40	失业保险负担系数	%	0.8	逆	1-享受失业保险待遇人数/参加失业保险人数

第三节　中国式现代化与社会保障质量的评价结果

一　中国式现代化评价结果

（一）整体特征

采用横纵向拉开档次法进行实证分析，我国2012—2021年中国式现代化发展水平结果如表5-5所示。从整体层面来看，全国的中国式现代化发展水平综合指数从2012年的0.255提升至2021年的0.369，整体呈现平稳上升态势。从具体指标层面来看，经济现代化水平稳步提升，其经济现代化指数从2012年的0.056提升至2021年的0.076，增长了35.71%；社会现代化水平呈现出快速上升趋势，指数由2012年的0.044上升到2021年的0.083，增长幅度为88.64%，可见我国社会保障发展呈持续增长状态，且处于中国式现代化各子维度中的最高水平；文化现代化发展水平呈现出较为缓慢的上升趋势，文化现代化指数由2012年的0.057上升到2021年的0.064，增长幅度为12.28%，目前文化现代化在全国层面处于最低水平；生态现代化水平呈现出稳步提升趋势，指数由

2012年的0.057上升到2021年的0.067,增长幅度为17.54%;人的现代化较为缓慢,由2012年的0.041上升到2021年的0.080,增长幅度为95.12%。其中,经济现代化和社会现代化指标权重最高,分别为33.23%、27.15%,二者是推动我国中国式现代化水平提高的主要驱动因素。我国现代化发展增长速度最快的维度是社会现代化维度,主要原因在于,党的十八大以来,我国持续加大改革力度,逐年扩大社会保障财政支出规模,使得我国社会现代化水平快速提高。

表5-5　　　　　　　　　中国式现代化综合评价结果

年份	经济现代化	社会现代化	文化现代化	生态现代化	人的现代化	合计
2012	0.056	0.044	0.057	0.057	0.041	0.255
2013	0.051	0.048	0.060	0.058	0.047	0.264
2014	0.054	0.051	0.061	0.060	0.055	0.280
2015	0.057	0.053	0.063	0.061	0.059	0.293
2016	0.059	0.057	0.064	0.062	0.062	0.304
2017	0.062	0.065	0.065	0.064	0.066	0.321
2018	0.066	0.071	0.064	0.064	0.068	0.334
2019	0.070	0.074	0.065	0.065	0.072	0.346
2020	0.073	0.078	0.062	0.066	0.075	0.353
2021	0.076	0.083	0.064	0.067	0.080	0.369
贡献度	33.23%	27.15%	7.96%	9.93%	21.74%	100.00%

注:因四舍五入呈现的误差本书不做调整。下同。

(二)区域特征

表5-6为三大经济区域中国式现代化发展评价结果。2012—2021年,三大经济区域的综合评价值均实现了一定的增长,东部地区的综合评价值由2012年的0.359增长到2021年的0.461;中部地区综合评价值由2012年的0.175增长到2021年的0.293;西部地区则由2012年的0.210增长到2021年的0.336。故可以得出,我国三大经济区域的中国式现代化综合发展水平表现出整体上升发展的趋势。通过对三个经济区域进行对比,可以看出东部地区发展水平一直都明显高于其他地区,其发展优势主要集中在经济现代化和社会现代化方面。这是由于改革开放以来,东部地区经济得到发展,相对其他两个区域经济更发达,故经济现代化

指数高于其他地区，社会保障事业也相对更加完善，社会现代化指数普遍高于其他地区。该地区不断在最优制度供给方面进行创新突破，持续优化营商环境，在一定程度上强化了自身在国际市场中竞争新优势，为中国式现代化发展注入动能。还能看出，中部地区和西部地区的中国式现代化发展水平较为接近。2012—2021年中部地区各个方面指标指数的平均值除人的现代化发展指标外都略小于西部地区，说明中部地区与西部地区中国式现代化发展水平不相上下，西部地区略微优于中部地区。中部地区与西部地区，受经济发展基础薄弱、创新能力不足等因素的制约，相比于东部地区在经济高质量发展、盘活创新资源方面较弱，致使中国式现代化发展缓慢。应对中部地区与西部地区加大财政资金支持与促进经济发展政策，推动中部地区经济与社会生态等发展，促进中国式现代化早日实现。

表5-6　　　　我国三大经济区域中国式现代化发展评价结果

地区	评价指标	2012年	2013年	2014年	2015年	2016年	2017年	2018年	2019年	2020年	2021年	平均值
东部	经济现代化	0.091	0.077	0.080	0.084	0.087	0.092	0.096	0.102	0.106	0.112	0.093
	社会现代化	0.075	0.080	0.082	0.085	0.089	0.093	0.098	0.101	0.106	0.111	0.092
	文化现代化	0.066	0.067	0.067	0.069	0.070	0.071	0.071	0.071	0.067	0.068	0.069
	生态现代化	0.064	0.065	0.067	0.068	0.068	0.070	0.071	0.072	0.072	0.073	0.069
	人的现代化	0.063	0.069	0.076	0.077	0.081	0.086	0.088	0.091	0.093	0.097	0.082
	合计	0.359	0.357	0.371	0.382	0.395	0.412	0.423	0.436	0.444	0.461	0.404
中部	经济现代化	0.031	0.031	0.032	0.035	0.037	0.040	0.042	0.044	0.046	0.045	0.038
	社会现代化	0.021	0.025	0.027	0.030	0.034	0.043	0.051	0.054	0.057	0.063	0.041
	文化现代化	0.050	0.053	0.055	0.057	0.058	0.059	0.059	0.060	0.057	0.059	0.057
	生态现代化	0.047	0.049	0.050	0.052	0.054	0.055	0.056	0.057	0.057	0.058	0.053
	人的现代化	0.025	0.033	0.041	0.049	0.051	0.054	0.056	0.059	0.063	0.068	0.050
	合计	0.175	0.190	0.206	0.223	0.234	0.251	0.264	0.274	0.281	0.293	0.239
西部	经济现代化	0.038	0.040	0.044	0.046	0.048	0.050	0.053	0.057	0.060	0.063	0.050
	社会现代化	0.030	0.033	0.036	0.038	0.041	0.052	0.058	0.061	0.063	0.069	0.048
	文化现代化	0.053	0.058	0.061	0.062	0.062	0.063	0.062	0.063	0.060	0.064	0.061
	生态现代化	0.059	0.061	0.063	0.064	0.065	0.066	0.067	0.068	0.069	0.070	0.065
	人的现代化	0.030	0.034	0.042	0.046	0.048	0.052	0.055	0.060	0.065	0.070	0.050
	合计	0.210	0.227	0.246	0.256	0.264	0.282	0.295	0.310	0.316	0.336	0.274

（三）省际特征

附表 6 为采用 GEM 法的我国各省份中国式现代化发展评价结果与平均值。其中，前五名的省份大都来自东部地区，后五名的省份都属于西部地区。可能的原因是，我国经济水平长期处于"东高西低"的发展态势，直接影响到西部地区财政收支状况与社会保障体系水平等现代化相关发展。也可以看出，经济发展水平较高的省份对中国式现代化发展有着较大的影响。东北三省全国排名均实现了明显上升，究其原因，我国政府部门制定颁布了一系列有关东北振兴战略的政策文件与实施意见。这些政策措施在加大对东北地区财政支持的同时，促进了东北三省经济的发展，从而促进了中国式现代化水平的提高。

二 社会保障质量评价结果

（一）整体特征

采用纵横向拉开档次法进行实证分析，得出的全国 2012—2021 年社会保障质量评价结果如表 5-7 所示。从整体上看，在这十年里，社会保障发展水平从 2012 年的 0.338 增长到 2021 年的 0.374，2017 年以后快速发展，呈上升趋势。保障性、公平性和系统性指标的评价指数在 2012—2021 年期间增幅较大，全民性指标评价指数也呈现上升趋势，虽然在中间年份略有下降，但下降幅度较小且后续年份发展速度较快，总体而言我国社会保障体系高质量发展态势较好。但是，可持续性从 2012 年的 0.074 下降到 2021 年的 0.068，原因可能在于我国目前人口老龄化严重，养老保险、医疗保险的缴费人数减少但领取人数却在增多，养老保险制度可持续性受到了影响。我国的养老保险制度采取以现收现付为主兼具基金积累制的统账结合模式，然而随着人口老龄化逐渐加深，养老保险资金紧缩，局部地区出现养老保险金支出缺口，并且在计算可持续性时采用的是执行基本养老保险基金中央调剂制度之前的数据，进而造成可持续性降低的情况。从各个维度影响程度来看，保障性的贡献度为40.07%，影响力最高，作为一项保障居民的最基本的生活需要的制度，保障性是社会保险制度的核心，对社会保障的发展具有较大的贡献；其次是系统性、全民性、公平性，贡献度依次为 16.32%、15.83%、15.35%，对社会保障发展的影响次之。可持续性贡献度为 12.43%，贡献最低，但是在人口老龄化的当今社会，社保制度的可持续性显得尤为重要，所以可持续性仍是社会保障发展的一个重要的指标。

表 5-7　　　　　　　　　社会保障质量综合评价结果

年份	全民性	保障性	公平性	系统性	可持续性	合计
2012	0.072	0.061	0.063	0.067	0.074	0.338
2013	0.073	0.057	0.065	0.068	0.073	0.336
2014	0.068	0.056	0.066	0.070	0.073	0.333
2015	0.067	0.056	0.068	0.069	0.069	0.329
2016	0.068	0.067	0.068	0.072	0.069	0.344
2017	0.068	0.072	0.067	0.070	0.072	0.349
2018	0.070	0.081	0.073	0.070	0.072	0.366
2019	0.071	0.084	0.074	0.070	0.068	0.366
2020	0.070	0.086	0.074	0.073	0.062	0.366
2021	0.073	0.080	0.081	0.073	0.068	0.374
贡献度	15.83%	40.07%	15.35%	16.32%	12.43%	100.00%

（二）区域特征

表 5-8 为我国三大经济区域社会保障质量评价结果。由表 5-8 可知，东部、中部和西部地区发展趋势和总体发展趋势基本一致，除可持续性略有下降以外，全民性、保障性、公平性和系统性均为总体上升趋势。由图 5-1 可以看出，我国东部、中部、西部社会保障发展存在不均衡性。东部地区社会保障质量评价指数高于中部地区与西部地区，并呈现出差异略微扩大的趋势，但中部地区与西部地区的社会保障质量评价结果差异不大。就东部地区而言，东部地区的各项指标评价结果都高于中部地区与西部地区，即东部地区社会保障的发展水平显著高于中部和西部地区，其发展优势主要为全民性、保障性和公平性三个方面。2021 年东部地区包含 6.08 亿人，占全国总人口的 43.07%，各项指标都显著高于中部和西部地区。比如全民性指标，东部比中部和西部高 0.029 和 0.034，覆盖比例较高，明显优于其他地区。且相比于中部地区与西部地区，东部地区经济更为发达，社会保障支出等方面也会优于其他两个地区。西部地区各维度指标显著低于东中部地区，可能是由于西部部分地区社会保障制度建设发展时间晚、底子较薄，地方财政较为薄弱，制约了社会保障制度的发展，并且许多西部地区地势较为独特，人口和资源分布不平衡性较为明显。

表 5-8　　我国三大经济区域社会保障质量评价结果

地区	评价指标	2012年	2013年	2014年	2015年	2016年	2017年	2018年	2019年	2020年	2021年	平均值
东部	全民性	0.088	0.084	0.083	0.082	0.084	0.084	0.084	0.086	0.089	0.092	0.086
	保障性	0.068	0.064	0.068	0.068	0.083	0.086	0.103	0.101	0.105	0.103	0.085
	公平性	0.073	0.076	0.079	0.083	0.082	0.080	0.091	0.090	0.089	0.104	0.085
	系统性	0.075	0.076	0.077	0.075	0.078	0.078	0.078	0.077	0.084	0.083	0.078
	可持续性	0.080	0.079	0.078	0.077	0.076	0.078	0.077	0.074	0.065	0.071	0.076
	合计	0.384	0.379	0.385	0.384	0.403	0.406	0.432	0.429	0.432	0.452	0.408
中部	全民性	0.061	0.070	0.057	0.057	0.057	0.057	0.061	0.061	0.059	0.063	0.060
	保障性	0.067	0.063	0.058	0.056	0.067	0.069	0.075	0.076	0.080	0.073	0.068
	公平性	0.057	0.057	0.057	0.058	0.057	0.057	0.061	0.064	0.063	0.065	0.060
	系统性	0.062	0.064	0.067	0.066	0.070	0.068	0.067	0.066	0.069	0.069	0.067
	可持续性	0.071	0.069	0.072	0.064	0.064	0.069	0.070	0.065	0.062	0.068	0.067
	合计	0.318	0.323	0.312	0.302	0.315	0.320	0.334	0.333	0.333	0.337	0.323
西部	全民性	0.064	0.062	0.060	0.059	0.060	0.060	0.061	0.060	0.056	0.058	0.060
	保障性	0.043	0.040	0.037	0.037	0.044	0.054	0.057	0.067	0.067	0.055	0.050
	公平性	0.059	0.060	0.059	0.061	0.060	0.061	0.063	0.065	0.068	0.071	0.063
	系统性	0.060	0.062	0.063	0.062	0.065	0.063	0.063	0.063	0.063	0.063	0.063
	可持续性	0.069	0.069	0.067	0.066	0.066	0.067	0.069	0.063	0.059	0.062	0.066
	合计	0.294	0.292	0.286	0.285	0.296	0.306	0.311	0.317	0.313	0.309	0.301

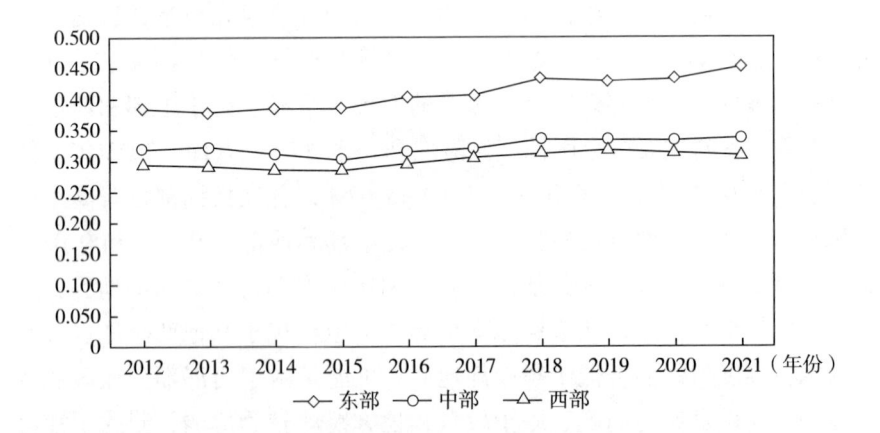

图 5-1　2012—2021 年东中西部社会保障发展趋势

(三) 省际特征

附表 7 为我国各省份社会保障质量评价结果与平均值。可以看出，2012—2021 年社会保障质量排名靠前的是经济较发达、资源较丰富的地区。

表 5-9 为 2021 年各省份五大指标评价结果和合计值。第一，全民性评价较高的是北京等，北京当年职工基本养老保险参保人员 1826.8 万人，其中享受待遇人员 319 万人，参加城乡居民基本养老保障 192.4 万人，90.8 万人享受城乡居民养老保障待遇，同时积极落实养老保险基金中央调剂制度和社会保险转移接续政策，尽力达到应保尽保、应收尽收、应管尽管，故全民性评价指标最高。第二，保障性评价靠前的有青海等。第三，公平性评价较高的是北京等。公平性指标衡量的是城乡发展是否平衡，北京作为首都、政治中心，城乡发展较为平衡，公平性较好。第四，系统性评价较高的是上海等，2021 年上海继续统筹完善社会保障制度，持续推进社会保险基金预算和绩效管理一体化改革，调整了养老金和失业保险、工伤保险待遇水平，因此，系统性较好。第五，可持续性评价较高的是广东等，2021 年广东通过定额调整，基本养老金每人每月定额增加 45 元，在全国范围内调增较高；挂钩调整，养老金挂钩比例是 1.8%；倾斜调整等方式调整了养老金，定额增加额和挂钩调整额继续下降，促进了社会保障体系的可持续发展。

表 5-9　　　　2021 年我国各省份社会保障质量评价结果

省份	全民性	保障性	公平性	系统性	可持续性	合计
北京	0.146	0.14	0.193	0.095	0.08	0.654
天津	0.092	0.11	0.088	0.084	0.052	0.426
河北	0.057	0.053	0.063	0.059	0.065	0.297
山西	0.068	0.073	0.076	0.069	0.071	0.357
内蒙古	0.059	0.052	0.064	0.064	0.061	0.3
辽宁	0.068	0.063	0.067	0.059	0.043	0.3
吉林	0.066	0.069	0.062	0.075	0.055	0.327
黑龙江	0.062	0.054	0.063	0.056	0.051	0.286
上海	0.115	0.113	0.162	0.1	0.072	0.562
江苏	0.078	0.063	0.095	0.06	0.062	0.358

续表

省份	全民性	保障性	公平性	系统性	可持续性	合计
浙江	0.091	0.086	0.156	0.062	0.064	0.459
安徽	0.056	0.051	0.096	0.065	0.068	0.336
福建	0.068	0.056	0.086	0.069	0.068	0.347
江西	0.045	0.052	0.07	0.06	0.062	0.289
山东	0.068	0.076	0.07	0.083	0.055	0.352
河南	0.056	0.037	0.066	0.057	0.063	0.279
湖北	0.056	0.053	0.069	0.059	0.06	0.297
湖南	0.056	0.048	0.065	0.061	0.067	0.297
广东	0.09	0.040	0.07	0.057	0.086	0.343
广西	0.056	0.017	0.066	0.058	0.062	0.259
海南	0.077	0.065	0.067	0.05	0.072	0.331
重庆	0.077	0.081	0.076	0.089	0.067	0.39
四川	0.071	0.022	0.069	0.054	0.07	0.286
贵州	0.056	0.056	0.065	0.069	0.074	0.320
云南	0.046	0.075	0.059	0.072	0.069	0.321
陕西	0.062	0.101	0.066	0.071	0.063	0.363
甘肃	0.059	0.069	0.059	0.069	0.07	0.326
青海	0.059	0.170	0.057	0.073	0.072	0.431
宁夏	0.072	0.074	0.068	0.063	0.067	0.344
新疆	0.072	0.083	0.066	0.072	0.073	0.366

第四节 中国式现代化与社会保障质量协同效应测度

一 脱钩结果分析

根据 Tapio 脱钩模型计算中国式现代化发展水平与社会保障质量之间的脱钩指数，结果见表 5-10。首先，从脱钩状态来看，各省份的脱钩状态在整体上呈现脱钩、负脱钩与连接交替变化的特征。从各脱钩状态的数量看，2013—2015 年，26 个脱钩状态，3 个负脱钩状态，1 个连接状态；2016—2018 年，13 个脱钩状态，14 个负脱钩状态，3 个连接状态；2019—2021 年，17 个脱钩状态，10 个负脱钩状态，3 个连接状态。中国式现代化发展水平与社会保障质量之间的脱钩状态明显，增长连接逐渐增多。2013—2015 年有 26 个省份呈脱钩状态，整体主要表现出中国式现代化发展快于社会保障发展。2016—2018 年，有 13 个省份呈脱钩状态，表现为中国式现代化发展速度快于社会保障发展速度；还有 14 个省份呈扩张负脱钩状态，表现为社会保障发展速度快于中国式现代化发展速度。2019—2021 年，17 个省份呈脱钩状态，表现为中国式现代化发展速度快于社会保障发展速度；10 个省份呈负脱钩状态，表现出社会保障发展速度快于中国式现代化发展速度。以上分析体现出了目前我国中国式现代化发展与社会保障质量之间并未实现平衡、协调的发展趋势。当然，也有表现相对较好的省份，如辽宁、广西、四川三个省份的中国式现代化水平与社会保障质量在 2016—2018 年呈现增长连结状态；黑龙江、安徽、福建三个省份在 2019—2021 年呈现增长连结状态。则这六个省份的中国式现代化发展与社会保障发展速度相一致，能实现二者协调发展，这一结果主要依赖当地政府的偏向性财政投入。

表 5-10　　　　　　分阶段脱钩指数计算及状态分析结果

省份	2013—2015 年 脱钩指数	脱钩状态	经济发展型	2016—2018 年 脱钩指数	脱钩状态	经济发展型	2019—2021 年 脱钩指数	脱钩状态	经济发展型
北京	-5.97	强负脱钩	粗放扩张型	2.80	扩张负脱钩	低效扩张型	40.48	扩张负脱钩	低效扩张型
天津	9.82	扩张负脱钩	低效扩张型	3.64	扩张负脱钩	低效扩张型	5.69	扩张负脱钩	低效扩张型
河北	0.14	相对脱钩	集约扩张型	2.85	扩张负脱钩	低效扩张型	-1.14	绝对脱钩	挖潜发展型
山西	-0.07	绝对脱钩	挖潜发展型	1.53	扩张负脱钩	低效扩张型	-11.27	绝对脱钩	挖潜发展型
内蒙古	-0.02	绝对脱钩	挖潜发展型	0.65	相对脱钩	集约扩张型	2.04	衰退脱钩	发展迟滞型
辽宁	0.07	相对脱钩	集约扩张型	0.94	增长连结	低效扩张型	-6.82	绝对脱钩	挖潜发展型
吉林	-0.48	绝对脱钩	挖潜发展型	1.25	扩张负脱钩	低效扩张型	-2.12	绝对脱钩	挖潜发展型
黑龙江	-0.31	绝对脱钩	挖潜发展型	0.00	相对脱钩	集约扩张型	1.07	增长连结	低效扩张型
上海	1.85	扩张负脱钩	低效扩张型	0.50	相对脱钩	集约扩张型	3.40	扩张负脱钩	低效扩张型
江苏	-0.15	绝对脱钩	挖潜发展型	2.84	扩张负脱钩	低效扩张型	3.41	扩张负脱钩	低效扩张型
浙江	-0.60	绝对脱钩	挖潜发展型	7.49	扩张负脱钩	低效扩张型	-7.39	强负脱钩	粗放扩张型
安徽	0.04	相对脱钩	集约扩张型	-0.07	绝对脱钩	挖潜发展型	1.02	增长连结	低效扩张型

续表

省份	2013—2015年 脱钩指数	脱钩状态	经济发展型	2016—2018年 脱钩指数	脱钩状态	经济发展型	2019—2021年 脱钩指数	脱钩状态	经济发展型
福建	-0.46	绝对脱钩	挖潜发展型	-1.02	绝对脱钩	挖潜发展型	0.98	增长连结	低效扩张型
江西	0.84	增长连结	低效扩张型	0.76	相对脱钩	集约扩张型	-3.29	绝对脱钩	挖潜发展型
山东	-0.33	绝对脱钩	挖潜发展型	4.50	扩张负脱钩	低效扩张型	-0.92	绝对脱钩	挖潜发展型
河南	-0.46	绝对脱钩	挖潜发展型	0.71	相对脱钩	集约扩张型	0.32	相对脱钩	集约扩张型
湖北	-1.09	绝对脱钩	挖潜发展型	0.71	相对脱钩	集约扩张型	0.32	相对脱钩	集约扩张型
湖南	0.11	相对脱钩	集约扩张型	1.85	扩张负脱钩	低效扩张型	-1.31	绝对脱钩	挖潜发展型
广东	0.36	相对脱钩	集约扩张型	-0.99	绝对脱钩	挖潜发展型	3.13	扩张负脱钩	低效扩张型
广西	-0.05	绝对脱钩	挖潜发展型	1.02	增长连结	低效扩张型	-0.52	绝对脱钩	挖潜发展型
海南	-1.62	绝对脱钩	挖潜发展型	1.40	扩张负脱钩	低效扩张型	-1.38	绝对脱钩	挖潜发展型
重庆	-0.93	绝对脱钩	挖潜发展型	3.30	扩张负脱钩	低效扩张型	2.08	扩张负脱钩	低效扩张型
四川	-5.44	绝对脱钩	挖潜发展型	1.16	增长连结	低效扩张型	-7.91	强负脱钩	粗放扩张型
贵州	0.08	相对脱钩	集约扩张型	-0.16	绝对脱钩	挖潜发展型	-0.71	绝对脱钩	挖潜发展型
云南	0.76	相对脱钩	集约扩张型	-0.36	绝对脱钩	挖潜发展型	0.75	弱负脱钩	发展迟滞型
陕西	-1.26	绝对脱钩	挖潜发展型	3.56	扩张负脱钩	低效扩张型	0.32	相对脱钩	集约扩张型
甘肃	-0.29	绝对脱钩	挖潜发展型	-0.47	绝对脱钩	挖潜发展型	0.54	相对脱钩	集约扩张型
青海	-0.46	绝对脱钩	挖潜发展型	1.24	扩张负脱钩	低效扩张型	4.64	扩张负脱钩	低效扩张型
宁夏	-0.58	绝对脱钩	挖潜发展型	3.80	扩张负脱钩	低效扩张型	-3.25	绝对脱钩	挖潜发展型
新疆	-0.49	绝对脱钩	挖潜发展型	0.03	相对脱钩	集约扩张型	-0.70	绝对脱钩	挖潜发展型

其次，从经济发展型来看，2013—2015年我国各省份的中国式现代化发展主要为挖潜发展型，2016—2018年我国各省份的中国式现代化发展变为低效扩张型居多，而后在2019—2021年大部分省份都表现为挖潜发展型或低效扩张型。值得注意的是，在2019—2021年这一阶段，中西部地区的大部分省份均表现为集约扩张型或挖潜发展型，且都处于绝对脱钩或相对脱钩状态，从一定程度上表明中西部大多数省份的中国式现代化发展的增速要快于社会保障质量的增速。其原因主要在于中西部地区经济等方面发展较为落后，而随着国家一系列促进地区现代化发展政策措施的实施，这些相对落后的省份各个方面快速发展。但由于各个方面均需发展，地方政府财政有限，故其社会保障发展速度稍慢于现代化发展。则对于中西部地区，无论是民生保障能力、中国式现代化发展能

力或是两者的协调能力均还需加强。整体来看，全国经济发展类型的主流呈现为低效扩张型与挖潜发展型，较为发达的省份目前经济发展趋势为低效扩张型，而发展较为落后的省份则大部分表现为挖潜发展型。其原因在于，经济发达省份的社会保障质量更大程度占用了投资资金，使资金投入由提高生产效率的投资项目转向更加注重民生改善的社会保障项目；而经济发展落后省份的各个方面的现代化建设则是占用了更多的资金。

二 耦合度分析

上述分析发现，中国式现代化发展水平与社会保障质量之间呈现脱钩趋势。进一步将中国式现代化发展水平与社会保障质量作为一个系统，分析其系统耦合关系，结果如表5-11所示。由综合评价结果可知，各省份中国式现代化发展水平与社会保障质量综合系统的评价值呈现递增趋势，北京、上海、天津、浙江、山西、江苏等省份的系统综合评价值相对较高，也体现了其中国式现代化发展与社会保障质量发展较快，中国式现代化发展能力与民生保障能力较强，而其余省份综合系统的发展相对较为落后。系统耦合协调度的发展趋势基本上与系统综合评价值的增长趋势相似。耦合协调度总体上呈现递增趋势，反映出各省份内部中国式现代化发展水平与社会保障系统的耦合协调能力逐渐增强，且经济发展较为发达省份的系统耦合协调度也相对更高。具体来看，我国30个省份2021年耦合协调度等级整体偏低，其中有4个省份耦合协调度达到勉强协调，23个省份耦合协调度达到初级协调，2个省份耦合协调度达到中级协调，仅有1个省份即北京的耦合协调度等级达到良好协调。结合综合评价结果分析，认为主要是因为我国各省份中国式现代化水平与社会保障质量发展节奏不一致，导致我国现代化水平与社会保障质量耦合协调度总体呈现偏低现象。部分省份耦合协调度等级偏低，原因是中国式现代化发展速度快于社会保障发展速度，导致中国式现代化发展与社会保障质量步调不一致，难以协调发展。可以看出，经济发展相对落后的省份更容易出现社会保障发展速度慢于现代化发展速度的情况，则这些省份需更多关注社会保障发展情况，发展现代化的同时加大社会保障发展力度，促进中国式现代化与社会保障均衡协调发展。而北京、上海、天津、重庆、浙江等省份则是由于其社会保障发展增速要快于中国式现代化发展增速，中国式现代化发展与社会保障质量步调不一致，导致目前其耦合协调度等级不够高。从这些省份的耦合协调度等级也能看出，经济相对发达的省份更容易出现社会保障发展速度快于现代化发展速度，进而导致协调度等级不高的情形。故对于这类省份应更注重对经济、生态文明以及精神文化等方面现代化的发展，尽量保障中国式现代化与社会保障协调发展。因此，若要增强系统之间的内部协调发展能力，二者要尽可能地实现同步发展，更有利于进一步实现中国式现代化与社会保障协调、包容性可持续发展。

表 5-11　　各省份耦合协调度分析结果

省份	2012 年		2015 年		2018 年		2021 年	
北京	0.675	初级协调	0.706	中级协调	0.748	中级协调	0.819	良好协调
天津	0.587	勉强协调	0.602	初级协调	0.664	初级协调	0.684	初级协调
河北	0.559	勉强协调	0.577	勉强协调	0.606	初级协调	0.602	初级协调
山西	0.602	初级协调	0.621	初级协调	0.640	初级协调	0.638	初级协调
内蒙古	0.571	勉强协调	0.591	勉强协调	0.612	初级协调	0.610	初级协调
辽宁	0.577	勉强协调	0.589	勉强协调	0.631	初级协调	0.611	初级协调
吉林	0.553	勉强协调	0.566	勉强协调	0.613	初级协调	0.629	初级协调
黑龙江	0.548	勉强协调	0.573	勉强协调	0.590	勉强协调	0.600	初级协调
上海	0.657	初级协调	0.697	初级协调	0.720	中级协调	0.749	中级协调
江苏	0.573	勉强协调	0.573	勉强协调	0.616	初级协调	0.648	初级协调
浙江	0.628	初级协调	0.629	初级协调	0.671	初级协调	0.701	中级协调
安徽	0.567	勉强协调	0.582	勉强协调	0.599	勉强协调	0.627	初级协调
福建	0.571	勉强协调	0.589	勉强协调	0.614	初级协调	0.634	初级协调
江西	0.556	勉强协调	0.584	勉强协调	0.614	初级协调	0.599	勉强协调
山东	0.583	勉强协调	0.589	勉强协调	0.646	初级协调	0.641	初级协调
河南	0.554	勉强协调	0.567	勉强协调	0.582	勉强协调	0.590	勉强协调
湖北	0.546	勉强协调	0.552	勉强协调	0.591	勉强协调	0.608	初级协调
湖南	0.574	勉强协调	0.587	勉强协调	0.626	初级协调	0.614	初级协调
广东	0.606	初级协调	0.620	初级协调	0.629	初级协调	0.635	初级协调
广西	0.562	勉强协调	0.563	勉强协调	0.589	勉强协调	0.577	勉强协调
海南	0.569	勉强协调	0.569	勉强协调	0.626	初级协调	0.622	初级协调

续表

省份	2012 年		2015 年		2018 年		2021 年	
重庆	0.591	勉强协调	0.590	勉强协调	0.635	初级协调	0.662	初级协调
四川	0.567	勉强协调	0.555	勉强协调	0.599	勉强协调	0.594	勉强协调
贵州	0.572	勉强协调	0.590	勉强协调	0.612	初级协调	0.614	初级协调
云南	0.578	勉强协调	0.599	勉强协调	0.612	初级协调	0.605	初级协调
陕西	0.577	勉强协调	0.585	勉强协调	0.629	初级协调	0.636	初级协调
甘肃	0.562	勉强协调	0.586	勉强协调	0.602	初级协调	0.619	初级协调
青海	0.573	勉强协调	0.582	勉强协调	0.634	初级协调	0.669	初级协调
宁夏	0.583	勉强协调	0.589	勉强协调	0.644	初级协调	0.625	初级协调
新疆	0.587	勉强协调	0.591	勉强协调	0.606	初级协调	0.626	初级协调

三 异质性分析

考虑到中国各地区间、城乡间、居民间的经济与收入呈现不平衡发展趋势，故本书进一步以东部、中部、西部三大地区来研究不同经济发展水平与不同地理位置的地区内与地区间中国式现代化发展水平与社会保障质量之间的协调、可持续发展问题。

（一）分地区中国式现代化发展水平与社会保障质量综合评价分析

三大地区及全国的中国式现代化发展水平与社会保障质量测算结果见表5-12。从中可见，无论是中国式现代化发展水平抑或社会保障质量均呈现上升趋势，但存在区域异质性，东部地区的中国式现代化水平与社会保障质量均为最高，显示东部地区发展更为先进。而中部地区的中国式现代化水平最低，西部地区的社会保障质量最低，这两个地区发展较为落后。而仅从社会保障质量看，全国社会保障质量仅达到中部地区水平，且西部过低，东部过高，产生地区间较大的差异性，有必要增加对西部地区的社会保障投入与提升民生保障功能。从各地区指标指数增长速度来看，西部地区现代化指标指数增长相对较快，但其社会保障质量增长速度明显慢于东部地区和中部地区，也从侧面表现出地区内部中国式现代化与社会保障同步发展能力相对弱化，不利于两者的适度、协调发展。

表 5-12　　分地区中国式现代化与社会保障质量综合评价分析

年份	中国式现代化				社会保障质量			
	东部	中部	西部	全国	东部	中部	西部	全国
2012	0.463	0.353	0.355	0.396	0.384	0.318	0.294	0.338
2013	0.491	0.373	0.390	0.423	0.379	0.323	0.292	0.336
2014	0.502	0.392	0.411	0.439	0.385	0.312	0.286	0.333
2015	0.513	0.413	0.431	0.456	0.384	0.302	0.285	0.329
2016	0.529	0.430	0.444	0.472	0.403	0.315	0.296	0.344
2017	0.543	0.449	0.459	0.488	0.406	0.320	0.306	0.349
2018	0.551	0.462	0.477	0.500	0.432	0.334	0.311	0.366
2019	0.565	0.473	0.494	0.514	0.429	0.333	0.317	0.366
2020	0.564	0.472	0.491	0.513	0.432	0.333	0.313	0.366
2021	0.576	0.481	0.510	0.525	0.452	0.337	0.309	0.374

（二）分地区社会保障质量与经济高质量发展脱钩分析

分地区中国式现代化与社会保障系统的脱钩指数及状态划分见表 5-13。由表中可以看出，三大地区的脱钩状态在整体上呈现出脱钩与负脱钩交替的特征，但更多是脱钩。从区域来看，东部地区中国式现代化与社会保障发展系统经历了相对脱钩—扩张负脱钩状态的变化，经济发展型由集约扩张型转向低效扩张型，意味着东部地区社会保障质量增速要快于中国式现代化发展增速。中部地区为绝对脱钩—相对脱钩的状态，经济发展类型由挖潜发展型转向集约扩张型，其中国式现代化发展速度快于社会保障发展速度；西部地区则呈现绝对脱钩—相对脱钩—强负脱钩的波动趋势，经济发展类型则由挖潜发展型变为粗放扩张型，意味着西部地区的社会保障质量增速要快于中国式现代化发展增速。各地区在社会保障质量与中国式现代化发展的关系中存在明显的异质性。从整体上看，社会保障与中国式现代化发展之间脱钩状态逐渐明显，也表明社会保障质量与中国式现代化发展过程中逐渐偏离了同步、适度发展的目标。

表 5-13 脱钩状态异质性分析

地区	2013—2015 年			2016—2018 年			2019—2021 年		
	脱钩指数	脱钩状态	经济发展型	脱钩指数	脱钩状态	经济发展型	脱钩指数	脱钩状态	经济发展型
东部	0.25	相对脱钩	集约扩张型	1.30	扩张负脱钩	低效扩张型	2.25	扩张负脱钩	低效扩张型
中部	-0.53	绝对脱钩	挖潜发展型	0.61	相对脱钩	集约扩张型	0.48	相对脱钩	集约扩张型
西部	-0.16	绝对脱钩	挖潜发展型	0.49	相对脱钩	集约扩张型	-0.57	强负脱钩	粗放扩张型

（三）分地区中国式现代化与社会保障质量系统耦合分析

基于以上东部—中部—西部地区的中国式现代化与社会保障质量之间呈现脱钩趋势的研究结论，进一步分地区对中国式现代化与社会保障系统进行耦合分析，结果见表5-14。从表中可知，三大地区的耦合协调度等级均呈递增趋势，但其等级都偏低。分地区看，东部地区由初级协调增长为中级协调；而中部地区与西部地区则是由勉强协调增长为初级协调。与上述经济发达省份耦合协调度更高的结论相一致，东部地区经济更发达且耦合协调度等级也更高一些。结合上述分地区综合评价结果分析结论，认为就是各地区中国式现代化发展与社会保障发展不同步导致的各地区的协调度偏低。因此，促进我国中国式现代化与社会保障同步发展，提高我国的中国式现代化与社会保障的耦合协调度，跨越低级协调状态，转向较高级别的协调状态应成为发展的重要目标。

表 5-14 分地区社会保障与经济高质量发展系统耦合分析

地区	2012 年		2015 年		2018 年		2021 年	
东部	0.642	初级协调	0.653	初级协调	0.687	初级协调	0.703	中级协调
中部	0.576	勉强协调	0.581	勉强协调	0.613	初级协调	0.618	初级协调
西部	0.562	勉强协调	0.574	勉强协调	0.601	初级协调	0.604	初级协调

第五节 结论

本书基于2012—2021 年中国30 个省份（不含西藏、香港、澳门、台湾）的面板数据对中国式现代化与社会保障质量进行综合测度，并利用脱钩理论以及耦合度模型分析中国式现代化与社会保障发展系统的脱钩状态与耦合状态。研究发现以下结论。

第一，各省份中国式现代化与社会保障质量评价指数均呈现逐年升高趋势，且经济发展较发达省份的中国式现代化与社会保障质量均表现为较高，但从评价指数增速看，多数经济发展较为落后地区的中国式现代化发展增速快于经济发展发达的地区，而其社会保障质量的增速却要慢于经济发展发达地区，从侧面反映出地区内部中国式现代化与社会保障发展并不同步。

第二，脱钩指数分析发现，各省份脱钩状态在整体上呈现脱钩、负脱钩与连结的交替，但更多的是脱钩。我国各省份中国式现代化发展与社会保障质量之间的脱钩状态逐渐明显。全国经济发展类型的主流呈现为低效扩张型与挖潜发展型，较为发达的省份更多的呈负脱钩状态，其社会保障质量增速大于中国式现代化发展增速；而发展较为落后的省份则大部分呈现为脱钩状态，中国式现代化发展快于社会保障发展。其原因在于，经济发达省份的社会保障质量更大程度上占用了投资资金，使资金投入由提高生产效率的投资项目转向更加注重民生改善的社会保障项目，减缓了现代化速度；而经济发展落后省份的各个方面的现代化建设则是占用了更多的资金，使社会保障发展慢于现代化发展速度。

第三，我国各省份中国式现代化与社会保障质量综合系统耦合协调度发展趋势基本上与综合评价结果的趋势相似，呈现递增趋势，且表现出经济发展较为发达省份的耦合协调度等级更高。但我国各省份的系统耦合协调度等级均偏低，表明我国各省份内部系统协调度较差，原因主要就在于我国各省份中国式现代化与社会保障质量发展节奏不一致。

第四，异质性分析中，东部地区的中国式现代化与社会保障质量评价值均为最高，而中部地区的中国式现代化评价值最低，西部地区的社会保障质量评价值最低，表明这两个地区发展较为落后。从增长速度看，西部地区现代化指数增长相对较快，但其社会保障质量增长速度明显慢于东部地区和中部地区，从侧面反映出地区内部中国式现代化与社会保障发展不同步。由脱钩结果分析，三大地区的脱钩状态在整体上呈现出脱钩与负脱钩交替的特征，但更多的是脱钩。各地区在社会保障质量与中国式现代化发展的关系中存在明显的异质性。东部地区目前为扩张负脱钩状态，意味着东部地区社会保障质量增速要快于中国式现代化发展

第五章　中国式现代化与社会保障发展的协同效应评价 / 175

增速；中部地区处于相对脱钩的状态，其中国式现代化发展速度快于社会保障发展速度；西部地区则呈强负脱钩状态，其社会保障质量增速要大于中国式现代化发展增速。系统耦合协调度方面，三大地区的耦合协调度等级均呈递增趋势，但其协调度等级都偏低。分地区看，东部地区为中级协调，而中部地区与西部地区则是初级协调。各地区中国式现代化发展与社会保障发展不同步导致了目前各地区的耦合协调度等级偏低。老龄化的加剧、经济下行压力增加等诸多挑战也对社会保障质量与中国式现代化发展及其协调、可持续发展能力造成重要影响。全国各省系统耦合协调度等级都偏低，必须采取相关措施缓解、预防脱钩趋势的形成，实现系统耦合等级的跃迁。

针对以上分析结论，提出以下建议：

第一，健全、完善社会保障的制度体系与运行机制。确保资金来源稳定与合理的基础上，实现中国式现代化与社会保障高质量、协同的发展，缓解中国式现代化与社会保障的脱钩状态，提升二者的耦合协调度等级，实现耦合协调度等级的跃迁。我国社会保障支出规模相比于发达国家还有一定的差距，且地区差异性较大。应合理地增加社会保障支出，提高社会保障水平，更好地配置社会保障参与主体各方的利益分担。但不能盲目提高社会保障水平，应针对各地区不同情况，优化社会保障资源空间配置，缩小社会保障支出的区域差异，确保各地区现代化发展与社会保障发展相匹配，实现现代化与社会保障协调发展。故今后社会保障政策着力点需放在向经济发展相对落后地区提供倾向性的财政补助方面，提高中西部地区社会保障质量，通过中央调剂等方式实现社会保障资源在全国大市场范围内的优化配置，缩小地区间差距。

第二，建立区域差异化的现代化发展机制。基于东部地区现代化发展相比于社会保障发展较慢的现状，东部地区应重点推进创新驱动发展战略，可结合自身多方面优势，突破关键性技术研发壁垒，促进东部地区的现代化快速发展。对于中部地区而言，现代化发展速度要快于社会保障发展速度，应在提高社会保障质量的同时注重发挥政府对能源资源优化配置的引导作用，在符合生态发展要求的前提下，充分利用其富有能源资源的优势，促进自身现代化发展，尽可能缩小与东部地区的中国式现代化发展水平差距。而西部地区的现代化发展速度虽然快于社会保障发展速度，但其无论是社会保障质量还是现代化发展水平都低于东部地区，故其应紧抓丝绸之路经济带建设与新一轮西部大开发战略的新契机，促进经济发展，进而加大经济现代化发展力度，缩小区域间发展差异，助推中国式现代化发展。

第三，改善人口结构，推动人口短期和长期均衡发展。改善人口结构主要是提高劳动人口占比，缓解人口老龄化问题。可从延迟退休年龄与提高生育率两方面入手，实行渐进式延迟退休年龄政策与鼓励生育及其配套政策。一方面，在短期内保持或者提高劳动力供给数量，保证现代化发展所需劳动力，缓解社会保障压力；另一方面，提高生育率来扩大未来劳动供给规模，实现持续长远发展。

总而言之，我国各省份中国式现代化水平与社会保障质量发展节奏的不一致导致了我国各省份中国式现代化水平与社会保障质量脱钩状态"恶化"，耦合协调度等级偏低，不利于我国现代化与社会保障的高质量发展。合理把握中国式现代化与社会保障的"适度性"，健全、完善现代化与社会保障的制度体系与运行机制；建立区域差异化的现代化发展机制；改善人口结构，推动人口短期和长期均衡发展，既可以为现代化发展提供动力，又可以缓解对社会保障的压力，进一步促进中国式现代化与社会保障高质量、协调、可持续发展。

第六章 区域社会保障体系的协同效应测度
——以京津冀养老服务为例

第七次人口普查数据显示，京津冀三地 60 岁及以上人口占比均超过全国 18.70% 的平均水平，京津冀区域已成为中国人口密度最大、老龄化程度最高的地区之一，且区域内发展不充分的养老服务与旺盛的养老需求间的矛盾制约了京津冀协同发展进程。京津冀协同发展依赖于政府行为，其区域发展初衷强调的是北京首都功能的保障和非首都功能的疏解。养老服务协同作为京津冀协同发展战略的重要内容，同样由政府主导推动。京津冀出台的养老服务政策协同水平的高低直接决定养老服务协同的结果。故三地养老服务政策亟须梳理，政策协同效应亟待评价，以从中发现政策协同过程中存在的问题，并进一步地探索跨地区的资源共享和利益协调机制。

第一节 文献综述

一 文献回顾

（一）京津冀养老服务协同

在党的二十大报告中，习近平总书记提出"促进区域协调发展""推进京津冀协同发展"。京津冀协同发展的初衷强调的是北京首都功能的保障和非首都功能的疏解，其协同发展的重点从经济领域的协作，转向经济社会治理的全面协作。[1] 养老服务作为一项公共服务，具有强烈的属地

---

[1] 王郁、赵一航：《区域协同发展政策能否提高公共服务供给效率？——以京津冀地区为例的研究》，《中国人口·资源与环境》2020 年第 8 期。

化管理特征，由各地政府组织提供与管理[①]，京津冀不同的资源优势、成本优势、生态优势，易于形成结构性优势互补[②]，构成三地养老服务协同的基础；但三地间政府"各自为政"的行政壁垒阻碍了区域养老服务的融合、合作，造成了差异化发展格局。不同的养老服务政策与制度使得三地养老服务在规模、水平、结构、模式等方面存在巨大差距和差异，其定位与实际诉求完全不同，所要面临的真实挑战与困难大相径庭。[③] 为此，从京津冀协同发展确认为国家重大战略起到现在，京津冀两市一省立足养老资源优势互补，以养老服务协同以及自身养老服务体系完善为目的，出台了百余项政策文件。区域政策协同成为破解养老服务协同难题的重要途径[④]，其在地方政府间合作，明确权责利、实现成本收益均衡的前提下，实现跨部门、跨区域政策的协同一致[⑤]，进而突破行政区划约束创造规模效益。京津冀养老服务协同发展水平取决于三地养老服务政策以及三地政策措施间的协同水平，京津冀养老服务政策协同效应亟须评估，从而从顶层设计中发现问题、解决问题。其中已有学者试图通过分析三地出台的"十三五"时期老龄事业发展和养老体系建设规划来考量京津冀养老服务政策协同效应。[⑥]

（二）政策协同

关于政策协同研究，多数是以某类政策为研究对象，讨论政策要素协同状况，强调政策要素间的相互作用，最大限度规避政策间的不兼容、

---

① Elg M, Wihlborg E, Örnerheim M, "Public Quality for Whom and How? Integrating Public Core Values with Quality Management", *Total Quality Management and Business Excellence*, Vol. 28, No. 3-4, 2017.

② 李玉玲、胡宏伟：《京津冀养老服务协同发展研究——基于SWOT框架的分析》，《人口与发展》2019年第5期。

③ 董微微、谌琦：《京津冀城市群各城市的区域发展结构性差异与协同发展路径》，《工业技术经济》2019年第8期。

④ Chao Z, "Planning and Design of Public Supply Services for Urban Integration", *Open House International*, Vol. 43, No. 1, 2018.

⑤ Porto E D, Paty S, "Cooperation among Local Governments to Deliver Public Services: Evidence from France", *Politics&Policy*, Vol. 46, No. 5, 2018.

⑥ 刘亚娜、董琦圆、谭晓婷：《京津冀养老政策差异与协同——基于"十三五"老龄事业发展和养老体系建设规划的政策文本分析》，《社会发展研究》2019年第3期。

不协调。① 政策协同是一个持续过程，有层次之分。② 政策协同测度方法主要有以下几种：一是构造政策协同量表，依据不同事项的治理原则、标准确认政策协同水平。③④ 二是运用社会网络分析方法、内容分析法等方法，构建政策协同计量模型，从政策主体、政策目标、政策工具等方面对政策文本进行量化分析，从政策要素协同角度构建政策协同度测度模型。⑤⑥ 三是基于政策工具的研究视角，采用政策工具分类、文本编码、频数统计等方法，评估政策体系的协同效应以及政策工具组合的互补性。⑦ 四是基于整体性治理视角，运用灰色关联度测度政策协同度。⑧ 还有学者从政策协同的视角，探讨某类政策协同所带来的经济效应。⑨

二 文献述评

学者就京津冀养老服务协同发展的现实基础、条件以及实现路径已达成共识。关于养老服务政策协同研究很少，主要存在以下不足：一是仅通过各地区非常有限的规划文本考量养老服务政策协同水平，忽视了规划须通过政府部门制定的政策才能落地实现，实际上未涉及相关政府部门颁布的政策文件；二是仅测度区域内地区间养老服务政策整体协同效应，忽视了各地区政策措施间的协同水平对区域养老服务协同结果的直接影响；三是多通过量化政策文本的方法围绕养老服务政策协同水平测度展开定性研究，定量分析较少；四是疏于梳理京津冀养老服务政策，

---

① Carley S, "The Era of State Energy Policy Innovation: A Review of Policy in Struments", *Review of Policy Research*, Vol. 28, No. 3, 2011.

② Mienkowská-Norkiener, "Efficiency of Coordination of European Policies at Domestic Level-challenging Polish Coordination System", *Procedia-social and Behavioral Sciences*, Vol. 143, No. 7, 2014.

③ Hughes C E, Ritter A, Mabbitt N, "Drug Policy Coordination: Identifying and Assessing Dimensions of Coordination", *International Journal of Drug Policy*, Vol. 24, No. 3, 2013.

④ Gaur A, Kumar M, "A Systematic Approach to Conducting Review Studies: An Assessment of Content Analysis in 25 Years of IB Research", *Journal of World Business*, Vol. 53, No. 2, 2018.

⑤ 樊霞、陈娅、贾建林：《区域创新政策协同：基于长三角与珠三角的比较研究》，《软科学》2019年第3期。

⑥ 李小平、张胄：《国内国际双循环政策相互协同吗：基于"一带一路"倡议和产业转型升级政策的实证》，《中国软科学》2023年第10期。

⑦ 徐珊、罗帆：《政策工具视角下的中国科技创新政策》，《科学学研究》2020年第5期。

⑧ 余晓、祝鑫梅、宋明顺：《标准与科技的"乘数效应"是否体现？——政策协同的视角》，《中国软科学》2021年第5期。

⑨ 彭红枫、余静文：《政策协同与经济增长：基于"一带一路"沿线国家的分析》，《世界经济》2022年第12期。

未对其政策演进历程进行深入分析,难以了解各阶段京津冀养老服务政策着力点变化的原因。

第二节　京津冀养老服务政策量化

一　数据来源

本部分参考系统性综述的方法进行数据筛选,对已有的文献进行组织、整理和评价,整合现有文献,确定现有文献的差距和不一致,以寻找最新的理解并解决相关问题[1],按照系统性综述中的数据收集与筛选步骤[2],梳理从2014年以来的京津冀三地发布的养老服务相关文件,政策类型涵盖条例、规划、办法、意见、通知、方案、协议等。

本部分以各省(直辖市)人民政府和相关部门网站以及北大法宝法律数据库为主要信息来源,通过关键词"养老服务""医养结合""社区养老""居家养老""养老产业"等进行全文检索,以获取与上述主题直接相关的政策文件,采用回溯、关联检索等方法扩展样本的搜索范围,收集2014年1月1日至2022年12月31日的京津冀两市一省的养老服务政策文件。获取北京相关政策文件86个,天津市49个,河北省41个,共176个。通过精读政策文本,筛掉不属于养老服务政策(如养老保险政策),排除批复、回函等程序性政策和关联度过低、无实质性内容的政策。结合本研究的三维框架,选择具有代表性的政策文本,最终确认与养老服务高度相关的125个地方政策,其中北京67个,天津31个,河北27个,构成本研究的政策数据库。

二　政策量化维度及标准

基于政策文本内容,从政策力度、政策目标、政策措施三个维度量化京津冀养老服务政策。其中,政策力度反映政策法律效力,通常根据政策文本的颁布部门级别及政策类型来确认,颁布部门的层级与政策文本的法律效力是正比关系,层级越高所制定的政策文本的政策力度越大,得分越高;政策目标反映养老服务政策要实现的最终目的,目标内容越

---

[1] Paul J, Lim W M, O'Cass A, et al., "Scientific Procedures and Rationales for Systematic Literature Reviews (SPAR-4-SLR)", *International Journal of Consumer Studies*, Vol. 45, No. 4, 2021.

[2] 吴小节等:《中国产业政策研究综述》,《华东经济管理》2020年第5期。

确切得分越高；政策措施是政府为实现政策目标所采取的手段和方法，可操作性越强、措施内容越具体得分越高。① 本书通过精读 126 个地方政策，结合养老服务政策自身特点，根据相关专家建议，将政策目标分为增加养老服务供给、提高养老服务质量和养老服务协同治理，将政策措施分为资金支持、人才支撑、信息技术支持、试点示范、制度保障、基础设施建设六类。基于彭纪生、张炜等学者的量化研究②③，政策力度、政策目标、政策措施颁布从高到低赋值 5、4、3、2、1（见表 6-1）。一般而言，政策力度往往与政策影响力呈正比关系，与政策目标、措施的详尽程度呈反比关系；政策颁布部门级别越高，力度越大，目标、措施内容越粗略，针对性越弱；反之则相反。叠加指标的设计有效弥补单一指标的缺陷，从而确保政策量化的科学性、可信性。

表 6-1　　　　　　　　　　养老服务政策量化标准

维度	指标	评判详细标准	得分
政策力度	发布单位	省/直辖市级人民代表大会及其常务委员会发布的条例	5
		省/直辖市级人民政府发布的规划、办法、决定	4
		省/直辖市级人民政府发布的暂行条例、暂行规定、意见、方案、通知	3
		省/直辖市级各部门发布的暂行条例、暂行规定、意见、办法	2
		省/直辖市各部门发布的暂行办法、暂行意见、通知、方案等	1
政策目标	增加养老服务供给	强调增加养老服务供给满足养老需求的重要性，目标内容具体，并设有一定数量的量化指标	5
		明确增加养老服务供给，但目标内容表述简略、模糊，全部无法量化	3
		仅提及增加养老服务供给的目标，无实质目标内容表述	1
		未提及增加养老服务供给	0
	提升养老服务质量	强调提升养老服务质量的重要性，目标内容具体，并设有一定数量的量化指标	5
		明确提升养老服务质量，但目标内容表述简略、模糊，无量化标准	3
		仅提及提高养老服务质量的目标，无实质目标表述	1
		未提及提高养老服务质量	0

---

① 张国兴等：《中国节能减排政策的测量、协同与演变——基于 1978—2013 年政策数据的研究》，《中国人口·资源与环境》2014 年第 12 期。

② 彭纪生等：《政策测量、政策协同演变与经济绩效：基于创新政策的实证研究》，《管理世界》2008 年第 9 期。

③ 张炜等：《基于多维度评价模型的区域创新政策评估——以江浙沪三省为例》，《科研管理》2016 年第 S1 期。

续表

维度	指标	评判详细标准	得分
政策目标	养老服务协同治理	强调养老服务协同治理的重要性，明确提出同其他省（直辖市）开展合作，有具体的合作内容、具体的协同发展要求，设有一定的量化标准	5
		明确加强养老服务协同治理，但目标内容表述简略、模糊，无任何量化标准	3
		仅提及养老服务协同治理，无实质目标内容表述	1
		未提及养老服务协同治理	0
政策措施	资金支持	从多个（≥3）方面为养老服务发展提供资金支持，明确具体资金支持方式、规模或结构，任务分工确切	5
		从某个（1—2）方面为养老服务发展提供资金支持，仅说明资金支持方式或投向，内容表述简略，未明确任务分工	3
		仅提及为养老服务发展提供资金支持，无具体内容	1
		未提及资金支持	0
	人才支撑	从多个（≥3）方面为养老服务发展提供人才支撑，明确养老服务人才教育、培训、人才队伍建设等内容以及任务分工	5
		从某个（1—2）方面为养老服务发展提供人才支撑，但内容表述简略，未明确任务分工	3
		仅提及为养老服务提供人才支撑，无具体内容	1
		未提及人才支撑	0
	信息技术支持	从多个（≥3）方面为养老服务发展提供信息技术支持，信息技术服务内容详尽具体，任务分工确切	5
		从某个（1—2）方面为养老服务发展提供信息技术支持，但内容表述简略，未明确任务分工	3
		仅提及为养老服务提供信息技术支持，无具体内容	1
		未提及信息技术支持	0
	试点示范	从多个（≥3）方面对养老服务进行试点示范，试点内容、目标、标准详尽具体，有确切的任务分工	5
		从某个（1—2）方面对养老服务进行试点示范，仅说明试点实施目的，试点具体内容表述简略，未明确任务分工	3
		仅提及养老服务的某项工作要改革进行试点示范，但无具体内容	1
		未提及试点实施	0
	制度保障	从多个（≥3）方面为养老服务发展提供制度保障，内容详尽，有确切的任务分工	5

续表

维度	指标	评判详细标准	得分
政策措施	制度保障	从某个（1—2）方面为养老服务发展提供制度保障，但内容表述简略，未明确任务分工	3
		仅提及为养老服务提供制度保障，无具体内容	1
		未提及制度保障	0
	基础设施建设	从多个（≥3）方面加强养老服务基础设施建设，内容详尽，设有确定的量化指标、标准，确切的任务分工	5
		从某个（1—2）方面加强养老服务基础设施建设，但内容表述简略，未明确任务分工	3
		仅提及加强养老服务基础设施建设，无具体内容	1
		未提及养老服务基础设施建设	0

注：表中除政策力度外仅标注 5、3、1、0 分值的评分标准，4、2 分值的标准分别介于 5 与 3、3 与 1 之间，由打分人员酌情量化。

三 政策量化步骤

为保证政策量化结果的准确性以及可行性，参考李丽等的做法[1]，采取小组多人评分的方法对政策进行量化。小组成员包括政府职能部门相关政策研究人员（民政厅、财政厅等）、高校或研究机构研究养老服务的专家学者、养老服务机构的管理人员。评分阶段分为三个步骤：第一步，对打分人员进行培训，详细解读养老服务每条政策量化标准，并对有疑问的地方进行讨论与修改，直至大家都认同并理解该评分标准；第二步，将打分成员分为3组；第三步，初评分，3个小组对随机抽取的15条政策进行初评分，再根据各组打分情况讨论、调整量化标准，直到结果理想；第四步，再评分，让3个小组对再次随机抽取的15条政策评分，结果方向一致性达到85.12%（以3分为轴，分值在同一侧，如评分为1、2方向一致，评分为2、4就是方向冲突）[2]，各小组再讨论、调整、完善量化标准；第五步，正式评分，3个小组成员根据量化

---

[1] 李丽等：《中国服务业发展政策的测量、协同与演变——基于1996—2018年政策数据的研究》，《中国软科学》2020年第7期。

[2] Matei A，Dogaru T C，"Coordination of Public Policies in Romania：An Empirical Analysis"，*Procedia Social and Behavioral Sciences*，Vol. 81，No. 6，2013.

标准对126项养老服务政策进行评分，打分结果一致性为93.1%；第六步，对评分不一致的政策再处理，邀请1名民政局的政策研究人员、1名教授和1名养老服务机构管理人员确认最终评分结果；第七步，确定最终评分结果，整理三组成员评分结果，取最终量化结果的算术平均数作为最终得分。此评分过程符合学术研究的科学性，确保量化结果的可信度。

四 京津冀养老服务政策量化结果

通过对政策量化评分，对京津冀养老服务政策目标与措施得分分别进行统计。从政策目标平均得分来看，两市一省各项政策目标得分的平均值较低，皆小于3分（见表6-2），说明三地发布的政策文件中，政策目标阐述不够清晰。其中，增加养老服务供给、提高养老服务质量方面得分最高的为北京，其次是天津，最后为河北；另外，三地的养老服务协同治理的平均分均不足1，说明重视不充分，河北是三者中此项指标得分最高的，更注重养老服务协同治理。

表6-2 2014—2022年京津冀养老服务政策目标得分统计

	目标	最大值	最小值	均值	标准差
北京	增加养老服务供给	5	1.67	2.72	0.92
	提高养老服务质量	4.14	0.83	2.57	0.87
	养老服务协同治理	1.44	0	0.70	0.52
天津	增加养老服务供给	3	1	2.09	0.71
	提高养老服务质量	3	1	2.09	0.71
	养老服务协同治理	2.5	0	0.75	1
河北	增加养老服务供给	3	1	2.06	0.83
	提高养老服务质量	3	1	2.06	0.83
	养老服务协同治理	2.5	0	0.81	0.80

资料来源：根据表6-1算得。

从政策措施平均得分来看，人才支撑、信息技术支持2个政策措施的平均得分较低，皆在2.2分以下（见表6-3），说明发布的政策文件中提到次数较少，且不够具体，措施力度不强。除资金支持以外，其他5项政策措施得分最高的皆是北京，说明北京在三地中政策措施综合使用能力较强。令人意外的是，河北的资金支持措施得分最高，说明河北在财政能力有限的情况下仍很注重养老服务的高质量发展。

表 6-3　　　2014—2022 年京津冀养老服务政策措施得分统计

地区	政策措施	最大值	最小值	均值	标准差
北京	资金支持	3.89	0.85	2.37	0.94
	人才支撑	3.11	0.5	2.03	0.93
	信息技术支持	3.15	1	2.15	0.74
	试点示范	2	0.67	1.48	0.46
	制度保障	4.4	2.17	3.08	0.61
	基础设施配套	4.43	1.56	2.9	0.83
天津	资金支持	3	0.5	1.84	0.93
	人才支撑	2.67	0.6	1.57	0.68
	信息技术支持	3	1	1.94	0.85
	试点示范	3	0	1.09	0.88
	制度保障	4	1.67	2.75	0.66
	基础设施配套	5	1	2.74	1.24
河北	资金支持	3.5	1.67	2.88	0.55
	人才支撑	4.5	0.5	1.80	1.30
	信息技术支持	4	0	1.80	1.33
	试点示范	3	0	1.26	1.09
	制度保障	4.3	1	2.28	1.12
	基础设施配套	5	1	2.61	1.55

资料来源：根据表 6-1 算得。

2014—2022 年京津冀三地均有未发布相关政策的年份，故出现年度政策目标与措施得分最小值为 0 的情况。相比较而言，京津冀中资金支持措施的年度分值差异最大的是北京，其他政策措施的年度得分差异最大的都是河北，说明河北对养老服务的关注度随着年份波动的幅度较大；北京的试点示范得分平均值最高，说明北京推行实施养老服务制度前注重"先行先试"。

第三节　京津冀养老服务政策演进历程

一　政策描述

京津冀养老服务资源配置差异较大，养老服务水平差距明显，养老服务供给能力较为悬殊，故2014—2022年京津冀两市一省养老服务政策文件发布数量及政策措施侧重点存在明显差异。其中，北京发文数量最多，年均发布养老服务政策5个，总体呈先升后降趋势，且2015年后各年发文数量均超过天津与河北；天津、河北养老服务政策颁布总量大体相当；天津2017年前养老服务政策发布较少，低于河北，2017年后超过河北；河北发文量的时间波动趋势较为明显，每隔一年发文数量就会增多，2020年后年发文量不多于2个（见图6-1）。

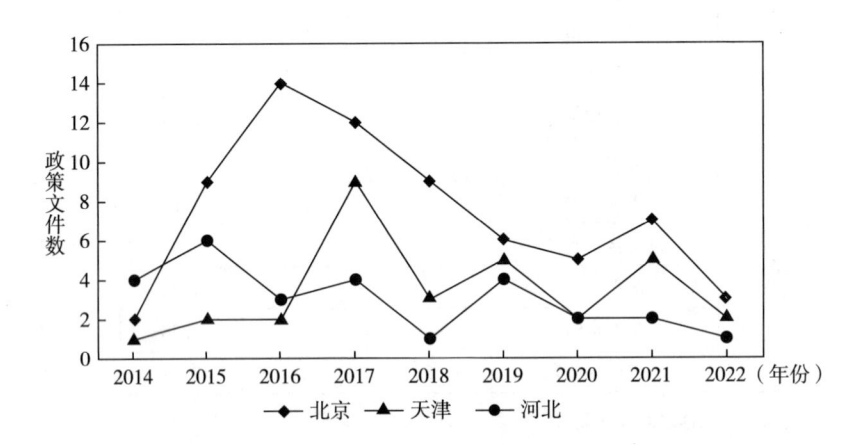

图6-1　2014—2022年京津冀三地养老服务政策文件数量

资料来源：由北大法宝数据库、京津冀三地的人民政府以及相关政府职能部门的官方网站整理得出。

通常政策文件的重要性与颁布机关的行政级别呈正向关系。北京的主要发文机关为民政局，其次是市人民政府、老龄工作委员会以及财政局等，涉及的发文部门较多，说明北京对养老服务的主动性较强。天津的主要发文机关是民政局，其次是市发展和改革委员会，以市人民政府为主导的政策文件较少，一定程度上削弱了养老服务主体协同的力度。

河北发文最多的是省财政厅，省人民政府次之。受发文部门级别影响，京津冀三地政策文件的政策主体得分多为1分，且三地养老服务政策多由两市一省的职能部门单独发布，联合发文较少，主体协同的力度较弱（见图6-2）。

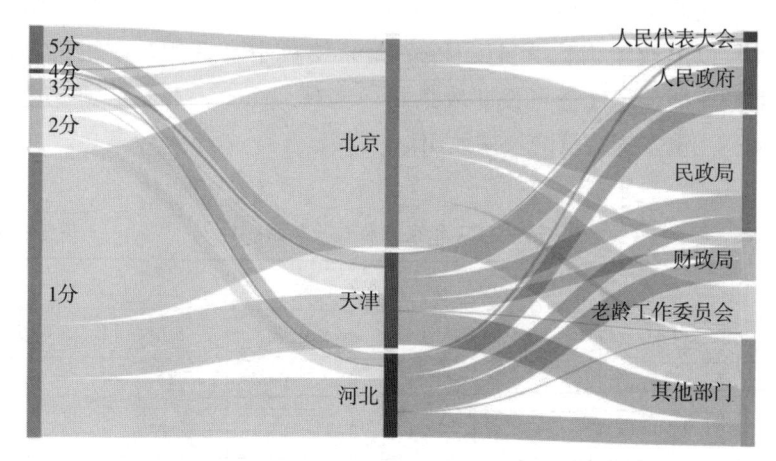

图6-2　京津冀养老服务政策力度及颁布单位统计

资料来源：由北大法宝数据库、京津冀三地的人民政府以及相关政府职能部门的官方网站整理得出。

京津冀两市一省发布的养老服务政策类型选择范围较为一致（见表6-4），皆以力度较低的通知、意见为主。其中，协议为三地共同签署，数量相同；条例、规划等使用较少。北京各种类型政策的发文量皆多于或等于津冀，其中北京发布的办法较多，天津、河北发布的办法数量为0，可见北京倾向选择政策力度较高、权威性较强的政策类型。

表6-4　　　　　2014—2022年京津冀政策类型统计　　　　单位：个

地区	条例	规划	办法	通知	意见	方案	协议
北京	1	5	14	20	17	8	2
天津	1	1	0	15	8	4	2
河北	1	1	0	13	7	3	2

资料来源：由北大法宝数据库、京津冀三地的人民政府以及相关政府职能部门的官方网站整理得出。

京津冀养老服务政策措施的有效年限（见表6-5）分布中，两市一省发布的5年期以上政策措施占发布政策的比重最大；其中，河北5年期以上的政策占比最高，达到62.96%，政策稳定性、连续性表现最好。北京5年期以上的政策占比为46.27%，且有效期越长，对应的政策发布量越大，说明北京制定政策时注意到政策有效期与政策数量间的协调性。天津5年以上政策占比为41.94%，是京津冀中最低的，政策稳定性较差，兼顾短期任务攻坚与长期政策目标实现。综上，北京、河北倾向长期政策，注重发挥政策的长期效用。

表6-5　　　　　　2014—2022年京津冀政策年限统计　　　　　单位：个

地区	政策年限					
	1年	2年	3年	4年	5年	5年以上
北京	2	5	8	9	12	31
天津	2	4	3	5	3	13
河北	1	2	2	4	1	17

资料来源：由北大法宝数据库、京津冀三地的人民政府以及相关政府职能部门的官方网站整理得出。

从政策目标的设置比例来看，北京以提升养老服务质量为政策目标的文件占比最高，以增加养老服务供给为政策目标的文件占比略低（见图6-3），说明北京更看重养老服务质量提升；天津、河北以增加养老服务供给和提升养老服务质量为政策目标的政策文件占比持平；两市一省以养老服务协同治理为政策目标的政策文件占比皆最低，其中河北是京津冀三地中占比最高的，其次是北京，这与三地在养老服务协同中的角色相关。河北作为北京、天津养老服务的承接方，具有很强的区域养老服务协同的利益诉求，希望借此契机激发第三产业的发展潜能。北京为满足不断增长的养老服务需求，有效转移非首都功能，对养老服务协同治理有较强意愿。天津在自身养老服务市场发展不充分，养老服务供需缺口巨大的情况下，还要承接北京的养老服务，同时中央又鼓励养老服务资源向河北转移，导致天津在京津冀养老服务协同中的定位不清晰，对协同治理的意愿自然不是很强烈。

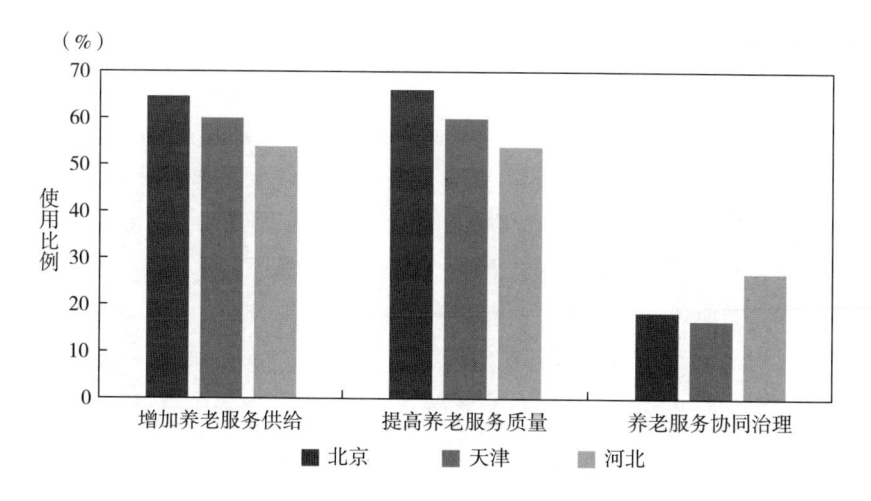

图 6-3 京津冀政策目标使用比例对比

注：由于政策文件措施会涉及一个或多个政策目标，所以会出现政策目标比例大于 1 的现象。

资料来源：由北大法宝数据库、京津冀三地的人民政府以及相关政府职能部门的官方网站整理得出。

政策措施使用比例（见图 6-4）中，京津冀由于养老服务供需差异、资源差异，所采取政策措施比例有很强差异性。其中，河北的养老服务产业发展滞后于北京、天津，养老服务机构少且分散，养老服务质量有待提升，缩小养老服务资源差距亟须政府财政支持，所以资金支持使用比例最高的就是河北。其他政策措施使用比例最高的皆是北京，特别是制度保障，说明北京注重采用政策措施组合，尤其关注养老服务制度体系建设。天津在各项政策措施使用比例中，多为中等水平，这与天津养老服务发展水平本就处于京津冀中的居中水平不无关系。

二　京津冀养老服务政策演进

京津冀养老服务政策从三方共签的战略协议到地方实施性文件，形成了较为完善的政策网络体系，在此运用社会网络法将政策引用关系绘制成时间脉络图，其中节点表示本书政策数据库中的政策，节点大小表示该政策被引用的次数，政策被引用次数越多节点越大，箭头方向表示引用方向。根据养老服务政策关系网络（见图 6-5），2017 年是政策制定数目最多的年份，故将京津冀养老服务政策划分成两个阶段，分别为 2014—2017 年和 2018 年至今。

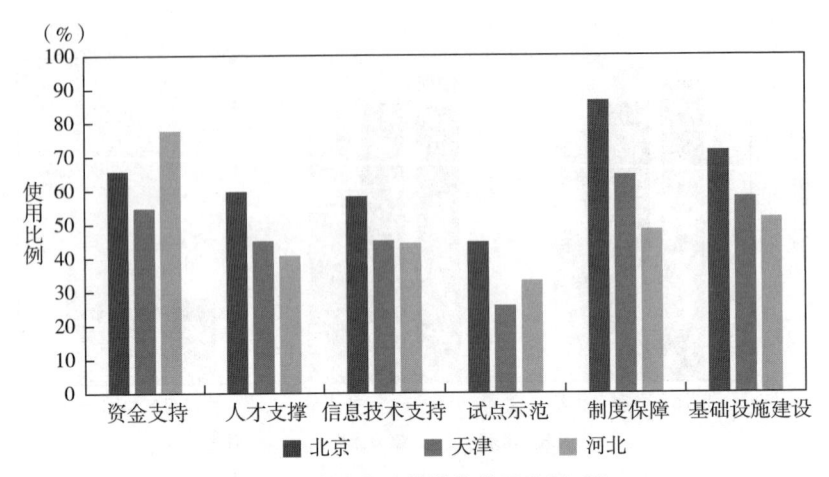

190 / 基于中国式现代化的社会保障体系协同效应研究

图 6-4 京津冀政策措施使用比例对比

资料来源：由北大法宝数据库、京津冀三地的人民政府以及相关政府职能部门的官方网站整理得出。

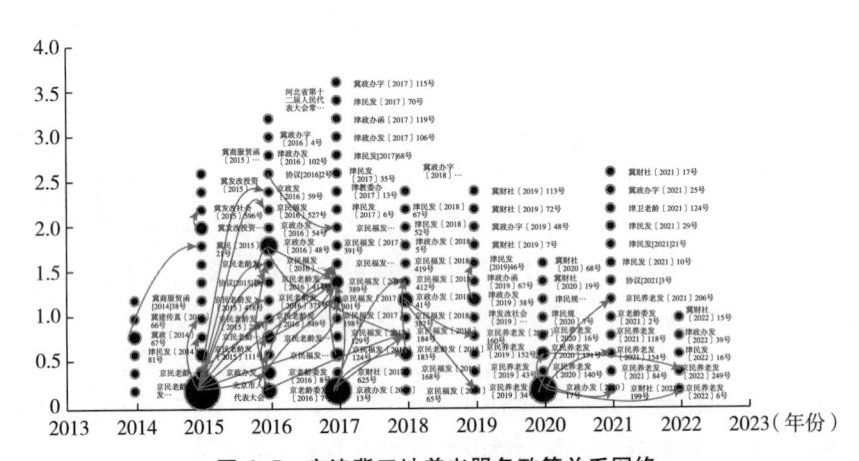

图 6-5 京津冀三地养老服务政策关系网络

资料来源：根据政策文件发布及引用情况整理绘制。

第一阶段（2014—2017 年），政策目的在于搭建京津冀养老服务协同发展的框架，促进三地养老服务的协同规划，统筹特色养老服务片区建设，协力尝试突破养老壁垒，探索京津冀三地无障碍异地养老新模式并取得进展，比如北京对天津、河北试点机构的床位运营补贴实现了"政策随人走"。2015 年，京津冀三地共同签署《京津冀民政事业协同发展合作框架协议》，明确在养老服务领域开展积极合作，旨在通过区域内的协同合作来满足养老需求,鼓励养老资源向京外疏散转移,为京津冀养老服务协同的后续发展奠定了坚实的政策基础。2016 年,三地共同签署《京津冀养老工作协同发展合作协议(2016—2020 年)》,强调加强不同或衍生养老产业间协作,促进业务相互转化,协力克服跨区域共享养老服务的制度障碍,引导京津两市的社会资本流向河北,以支持河北建设环京津养老产业带。2017 年,京津冀地区进一步推进养老服务协同发展,签订《京津冀区域养老服务协同发展实施方案》,三地养老服务政策爆发式出台。根据图 6-5,2014—2017 年政策文件引用较为密集,北京、天津、河北的多个政府部门参与了养老服务政策文件的制定,且政府部门制定的政策文件被引用频次较多,形成一定的政策衔接。其中,《北京市居家养老服务条例》和《关于全面放开养老服务市场进一步促进养老服务业发展的实施意见》被引频次尤其多,促使北京养老服务政策重心转向"鼓励社区居家",成功地推动了"养老驿站"的大规模建设。

第二阶段(2018—2022 年),京津冀以每年轮流举办的京津冀民政事业协同发展联席会议机制为依托,形成了协同发展规划、合作框架协议、专项合作协议、年度任务清单等一揽子合作成果,推动建立养老机构等级评定、老年人能力综合评估等标准互通互认长效机制,协同发展机制日趋成熟。观察图 6-5 可知,鉴于 2018 年前京津冀间已初步构建起养老服务协同发展框架,2018 年后京津冀参与制定养老服务政策的省/直辖市级政府部门减少,不同政府部门间政策文件引用锐减,政策文件的前后引用减少,说明三地养老服务发展的着力点更为清晰,养老服务政策的制定更为具象、更有针对性,所发布的政策多为实现养老服务协同发展框架协议所制定的具体实施政策,比如 2021 年三地民政部门共同签订的《京津冀民政事业协同发展三年行动计划(2021—2023 年)》,以及为完善自身养老服务体系所制定的具体政策措施,如《关于加快推进养老服务发展的实施方案》被引用次数较多,为北京满足老年人多样化、个性化的养老服务需求,提供政策指导。

第四节　京津冀养老服务政策协同效应测度

京津冀养老服务政策协同效应测度涵盖两部分内容:一是考量京津

冀间的养老服务政策整体协同效应；二是考量京津冀不同政策措施间的协同效应。

一 京津冀区域间养老服务政策整体协同效应测度

(一) 模型构建

首先，根据各项指标，对各地区各年度颁布的各项养老服务政策分别进行打分。其次，运用某地区某一年度各项养老服务政策在某指标的分数加总求和后除以该年该地区颁布的政策总数，求得该地区某项养老服务政策在某方面的效力强度（EI），如式（6.1）所示。

$$EI_i = \left(\sum_{j=1}^{N} ld_{ij}\right)/N \tag{6.1}$$

其中，EI_i 表示某地区某年第 i 指标的效力强度，ld_{ij} 表示某地区某年政策 j 在指标 i 方面的得分，N 表示某地区某年颁布的养老服务政策总数。

然后，通过平移、正向归一的数据处理，运用熵值法算得某地区某年的养老服务政策综合效力（ESI）。借鉴多个系统相互作用的耦合度通用模型，以地区为系统划分依据，将京津冀三地的养老服务政策看作相互独立、相互影响的三个子系统，最后以系统间耦合协调度（C）来评价京津冀地区间养老服务政策的协同效应。计算公式为：

$$D = r\sqrt[R]{ESI_1 ESI_2 \cdots ESI_R}/(ESI_1 + ESI_2 + \cdots + ESI_R) \tag{6.2}$$

$$E = \delta_1 ESI_1 + \delta_2 ESI_2 + \cdots + \delta_R ESI_R, \quad \sum_{r=1}^{R} \delta_r = 1 \tag{6.3}$$

$$C = \sqrt{D \times E} \tag{6.4}$$

其中，D 为不同地区养老服务政策系统的耦合度，r 为地区数量，E 为多个系统的综合评价指数，C 为子系统间的耦合协调度，δ 为贡献系数，反映综合评价的权重，由于京津冀均为省级和直辖市单位，本书认为京津冀对养老服务政策协同的贡献同等重要，因此取 $\delta_1 = \delta_2 = \cdots = \delta_R$。

当评价京津冀三个区域间养老服务政策的整体协同效应时，取 $R=3$；当评价京津冀两两之间的养老服务政策的协同效应时，取 $R=2$。C 越接近1，耦合协调度越高，说明地区间养老服务政策的协同度越高，协同效应越强。参考何源等判断政策协同所处阶段的做法，将 C 值分为5个等级，作为界定京津冀养老服务政策协同所处阶段的判别标准：当 $0.8 \leq C \leq 1$ 时，京津冀养老服务政策进入高度协同阶段；当 $0.6 \leq C < 0.8$ 时，进入中度协同阶段；当 $0.4 \leq C < 0.6$，进入基本协同阶段；当 $0.2 \leq C < 0.4$

时，进入中度失调阶段；当 $0 \leqslant C < 0.2$ 时，进入严重失调阶段。[①]

（二）京津冀养老服务政策综合效力评价

根据本书构建的养老服务政策综合效力评价指数，将每个政策系统即京津冀养老服务政策的各项指标得分代入，分别计算出2014—2022年京津冀两市一省养老服务政策综合效力。

北京倾向运用多种政策手段完善自身养老服务体系，政策综合效力随着时间推移呈现波动式变化。天津、河北的养老服务政策综合效力评价指数的总体走向较为一致。天津的老龄化程度是京津冀中最为严重的，在其实现社区养老服务全覆盖的前提下，天津的养老服务供给能力以及养老服务政策体系建设仍无法充分应对天津的老龄化需要。《京津冀民政事业协同发展合作框架协议》的签订，促使天津对此做出快速反应，于2015年、2016年发布实施了2项综合效力较强的政策文件，在提升自身养老服务供给能力的同时，加强津冀合作，为转移出一部分养老服务需求提供政策性指引。河北相比北京、天津，养老供需矛盾较小，养老成本较低，养老资源分布较为分散，对于承接北京、天津养老服务意愿强烈，但碍于养老基础薄弱，河北养老服务政策虽然在2017年前出台多项政策文件，但综合效力较弱。随着时间推移有所提升，2017年政策综合效力评价指数达到最大值。2018年后，天津、河北养老服务政策综合效力评价指数整体呈现为下降趋势，之后进入较为平稳态势，发文数量少，养老服务政策综合效力评价指数较低（见图6-6）。

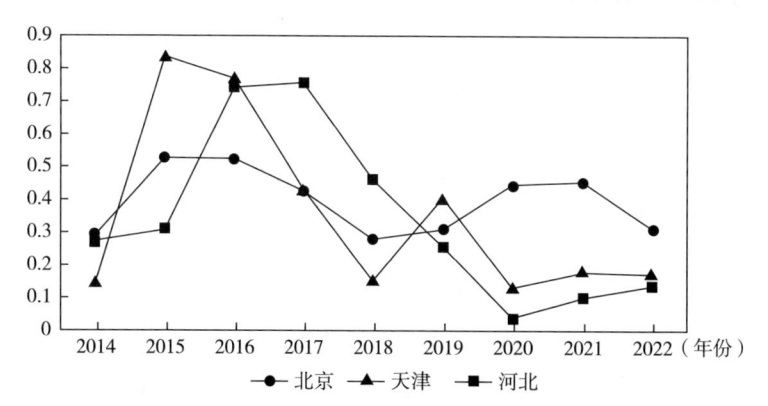

图6-6　2014—2022年京津冀三地政策综合效力评价指数

资料来源：根据政策综合效力评价指数计算得到。

[①] 何源、乐为、郭本海：《"政策领域—时间维度"双重视角下新能源汽车产业政策央地协同研究》，《中国管理科学》2021年第5期。

(三) 京津冀三地间养老服务政策整体协同效应测度

利用系统间耦合协调度模型，测度 2014—2022 年京津冀三个子系统的养老服务政策的协同水平。京津冀养老服务政策整体的耦合协调度表现为先升后降，在基本协同与中度协同状态间不断转换。其整体发展趋势可划分为三个阶段：第一阶段（2014—2016 年），初步协同阶段，京津冀整体耦合协调度不断上升，由基本协同状态进入中度协同状态；第二阶段（2017—2019 年），协同调整阶段，政策文件发布数量相比前一阶段有所减少，京津冀养老服务政策间耦合高度下降，协同性降低，从中度协同状态回到基本协同状态；第三阶段（2020—2022 年），衰退后回升阶段，2020 年京津冀养老服务政策耦合高度下滑到中度失调，2021 年再度回调到基本协同阶段，并显现平稳态势（见图 6-7）。

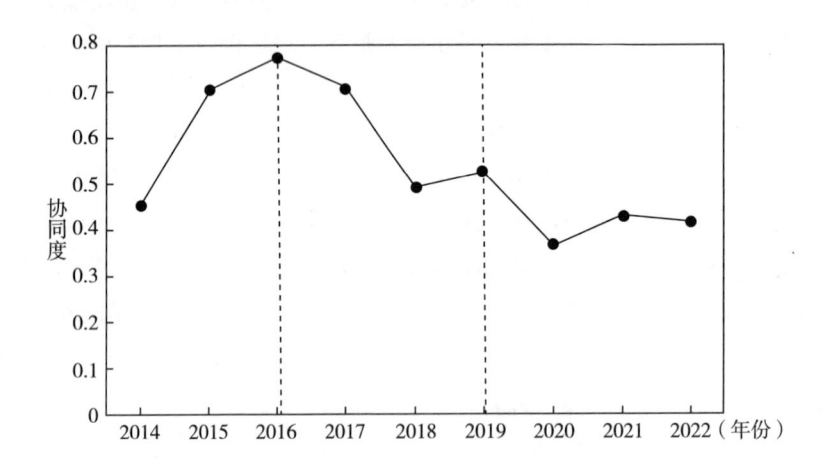

图 6-7　2014—2022 年京津冀养老服务政策系统整体耦合协调度趋势

资料来源：根据耦合协调度模型计算得到。

(四) 京津冀两两区域间协同效应

由图 6-8 可知，京津冀两系统间的协同水平与各地区的养老服务资源差距、养老服务政策综合效力水平有直接相关性。2014—2022 年，京津的养老资源差距较小，供需缺口的差异不大，协同空间有限，波动起伏较缓，在基本协同与中度失调状态间相互转换。京冀、津冀政策协同与京津不同，养老资源差距大，波动起伏剧烈，2014—2017 年，北京、河北分别出台 37 项、17 项养老服务政策，综合效力有效提高，京冀养老服务政策协同由中度失调状态提升改善到中度协同状态，随后养老服务政策减少，综合效力减弱，2020年京冀耦合协调度下滑到0.2以下，进入严重失调状态；津冀耦合协调度变化类似于京冀，由2014年严重失调上升到2015年中度协同，2016—2022年呈现下降趋势，2019年天津因发布5项综合效力较高的政策文件，带动津冀协同效应稍有增强，最终在严重失调状态下呈现出平稳态势。京冀、津冀因养老资源差异性较大，养老政策协同主要受政策综合效力影响，地区间政策综合效力水平越高，子系统间的政策协同度越强，说明通过提升政策综合效力有益于京冀、津冀弥补养老资源差异短板。

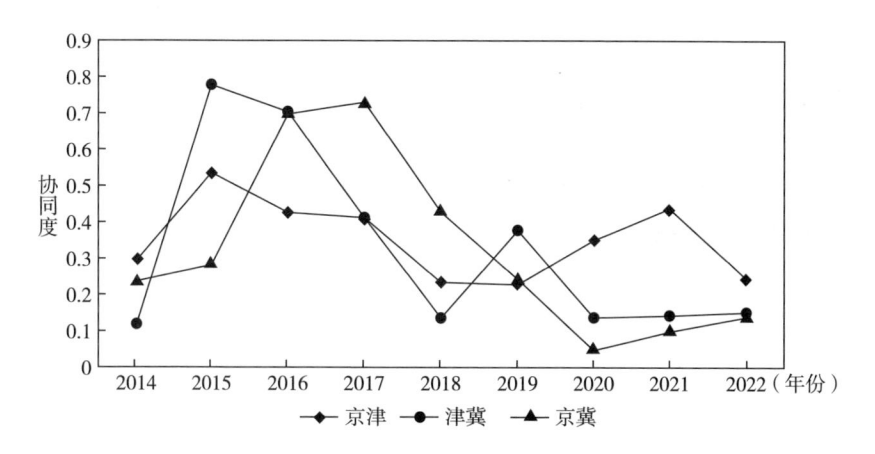

图6-8 2014—2022年京津冀两两耦合协调度趋势对比

资料来源：根据耦合协调度模型计算得到。

二 京津冀三地具体养老服务政策措施间的协同效应测度

（一）模型构建

政策措施间协同效应模型主要通过衡量各地区颁布的政策措施间的一致性程度，来考量各项政策措施间的协同程度。此部分主要参考政策协同度与偏离程度计算[①]的方法来构建政策措施协同效应模型，构建步骤如下：

第一，以各年份的政策力度作为权重，利用式（6.5）对政策措施评

---

① 宋金波、戴大双、宋砚秋：《先进制造技术实施效果评测体系的研究与应用》，《管理科学》2005年第6期。

分数据进行加权处理,构造某年度的政策措施总得分矩阵 X。

$$X_{il} = \frac{\sum_{t=1}^{N} p_{it} \times q_{itl}}{\sum_{t=1}^{N} p_{it}}, \quad t = 1, 2, \cdots, N \tag{6.5}$$

$$X = \begin{bmatrix} X_{11} & X_{12} & \cdots & X_{1n} \\ X_{21} & X_{22} & \cdots & X_{2n} \\ \cdots & \cdots & X_{il} & \cdots \\ X_{m1} & X_{m2} & \cdots & X_{mn} \end{bmatrix}, \quad i = 1, 2, \cdots, m; \ l = 1, 2, \cdots, n \tag{6.6}$$

其中,m 表示地区数量,n 表示政策措施类别量,N 表示某年度 i 地区颁布的政策文本数量,p_{it} 表示某年度 i 地区第 t 条政策的力度评分,q_{itl} 表示某年度 i 地区第 t 条政策的第 l 项措施评分,X_{il} 表示某年度 i 地区第 l 项政策措施总评分,且 $X_{il} \in [0, 5]$。

第二,运用公式(6.7)计算各地区政策措施间的协同度,并构造某年度政策措施的协同矩阵 Y。

$$Y_{il} = 5 - \sqrt{\frac{1}{m}\sum_{j=1}^{m}(X_{il} - X_{jl})^2} \tag{6.7}$$

$$Y = \begin{bmatrix} Y_{11} & Y_{12} & \cdots & Y_{1n} \\ Y_{21} & Y_{22} & \cdots & Y_{2n} \\ \cdots & \cdots & Y_{il} & \cdots \\ Y_{m1} & Y_{m2} & \cdots & Y_{mn} \end{bmatrix}, \quad j = 1, 2, \cdots, m \tag{6.8}$$

其中,Y_{il} 表示该年 i 地区与其他地区第 l 项政策措施的协同度,且 $Y_{il} \in [0, 5]$,由公式可知 Y_{il} 数值越大则表明 i 地区第 l 项政策措施越协同。

(二)京津冀养老服务政策措施间的协同效应测度结果

此部分采用政策措施协同效应模型对北京、天津和河北的养老服务政策间的协同效应进行测度,得到京津冀两市一省各年份政策措施协同得分矩阵。根据前述京津冀地区间养老服务政策协同效应测度结果,发现 2014—2016 年为初步协同阶段,2017—2019 年为协同调整阶段,2020—2022 年为衰退后回升阶段,故政策措施协同效应测度也将分别对 2014—2016 年、2017—2019 年、2020—2022 年三个时间段进行考察。

2014—2016 年，北京、天津、河北出台的养老服务政策措施的协同得分集中在上方，协同度较高，在 4 左右，其中基础设施建设、制度保障集聚在 3—3 协同得分线的右上角，说明京津冀养老服务协同发展的初期，基础设施建设、制度保障是养老服务协同的主要突破点；京津冀三地的资金支持、人才支撑、信息技术支持、试点示范四项政策措施得分较低，分布在 3—3 协同得分线的左上方。说明此阶段京津冀三地的大部分这四项政策措施内容不太详细、具体，任务分工不太明确，更多的是搭建京津冀养老服务协同发展的框架，形成初步意向，为未来的合作发展给予政策指引（见图 6-9）。

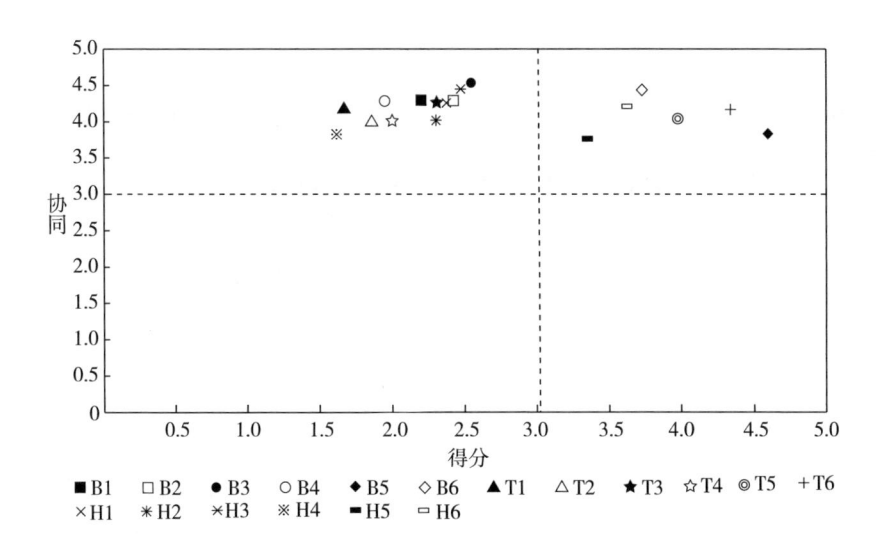

图 6-9　2014—2016 年京津冀养老服务政策措施协同得分情况

资料来源：由区域政策措施间协同效应评价模型算出的结果得出。

注：B 表示北京市，T 表示天津市，H 表示河北省，1—6 分别代表资金支持、人才支撑、信息技术支持、试点示范、制度保障、基础设施建设六项措施。下同。

2017—2019 年，京津冀养老服务政策措施的协同得分分布仍集中在 3—3 协同得分线的上半方，其中制度保障协同度最高，三地的各项政策措施得分相比上一阶段更为分散，分布在 1—4 分。其中，北京的制度保障和河北的资金支持、基础设施建设分布在 3—3 协同得分线的右上角，说明北京注重制度保障；河北倾向使用资金支持、基础设施建设；天津的各项政策措施皆集中在 3—3 协同得分线的左上角，说明天津各项政策

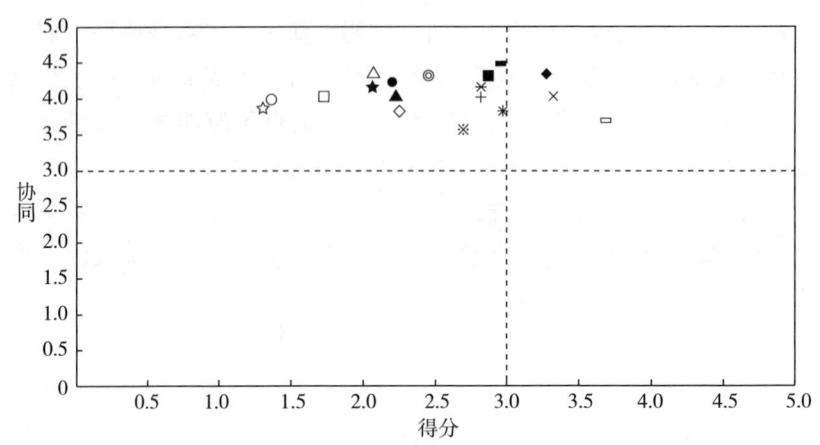

措施的协同度较高，得分偏低（见图6-10）。

图6-10　2017—2019年京津冀养老服务政策措施协同得分情况

2020—2022年，京津冀各项养老服务政策措施依然集中在3—3协同得分线的左上方。相比前一阶段，京津冀出台政策文件减少，协同度降低，政策措施得分更加分散。其中河北的资金支持措施依然是协同度和得分最高的措施，说明河北在养老服务领域持续加大资金支持力度，同时注重与北京、天津的协同合作；而北京、天津在资金支持政策措施的评分较低，因为北京、天津对于养老服务的资金支持较为完善，领先于河北，所以此阶段较少从资金支持层面制定政策措施。总体来看，北京、天津、河北三地的政策措施协同度大体持平，各项政策措施得分差距较大。北京的养老服务产品丰富，养老服务供给能力较强，公共服务管理水平较高，所以北京的政策措施相比天津、河北得分较高，在其主要城区基本实现养老服务多元化；天津试图通过多种养老服务政策措施加大养老资源的建设和开发，各项政策措施力度不同，得分差距较大；河北除资金支持政策措施外，其他政策措施得分多聚集在0—1区间；另外，河北在2020—2022年发布政策文件是两市一省中发布文件较少的，其总体得分多集中在左半部分，得分偏低（见图6-11）。

根据政策措施协同结果，可以看出京津冀三地政策措施体现出从"高协同得分聚集"阶段逐渐向"高协同得分分散"阶段转变的过程，反映出京津冀养老服务政策措施协同发展从起初的框架设计到具体政策措施制定、完善的趋势。不同地区对养老服务的政策策略不同，政策措施发展的时期与侧重点有所差异，但为了京津冀协同发展的目标，最终应趋向协同发展。

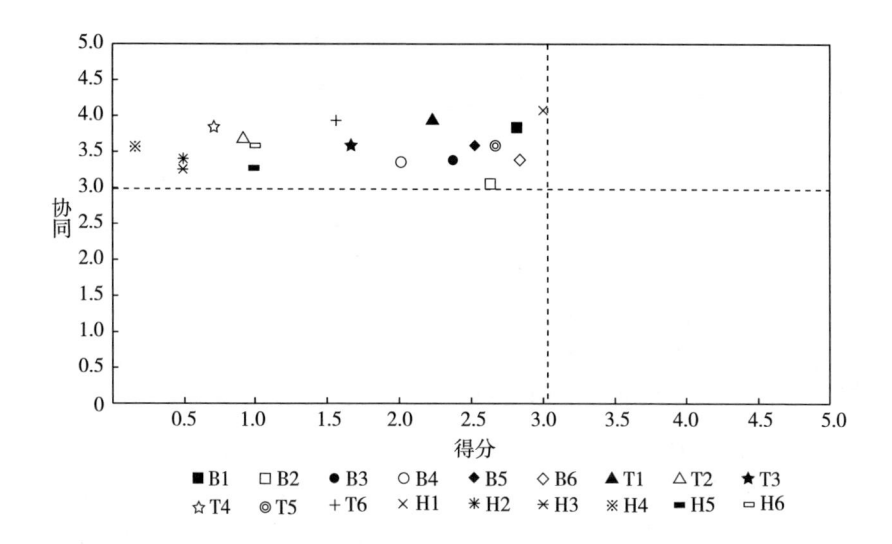

图 6-11 2020—2022 年京津冀养老服务政策措施协同得分情况

第五节 结论

本研究收集整理了 2014—2022 年京津冀三地颁布的养老服务政策，从政策力度、政策目标、政策措施三个维度进行量化分析，根据所构建模型测度京津冀间养老服务政策协同效应以及政策措施间协同效应。结论如下：

第一，京津冀三地养老服务政策结构化特征具有一定差异性，量化得分差距明显。政策力度方面，京津冀及其政府部门联合发文较少，主体协同力度较弱，三地主要发文机关完全不同；政策文件类型选择中，三地选用"通知"所占比例最大，灵活性较强，权威性较弱，但北京选择权威性较强的政策文件类型最多，得分最高。政策目标设置方面，三地政策目标得分均值皆小于 3 分，其中增加养老服务供给、提高养老服务质量使用比例较大，北京得分最高；养老服务协同治理使用最少，河北得分最高。政策措施使用方面，三地受养老服务水平、供需、资源等差异影响，政策措施使用比例不同，北京、天津的制度保障使用比例最高，其中北京的得分最高，河北使用资金支持比例最高，此项政策措施得分也最高。政策力度、政策目标、政策措施的使用比例与平均得分差异体现出京津冀三地的养老服务政策偏好与水平。

第二，京津冀养老服务政策演进根据政策引用网络的关键节点划分成两个阶段。分别是 2014—2017 年搭建京津冀养老服务协同发展框架，形成初步意向，处于探索京津冀三地无障碍异地养老新模式的初期；2018—2022 年，强化每年轮流举办的联席会议机制，推动建立京津冀标准互通互认长效机制，养老服务政策协同进入调整完善期。

第三，京津冀养老服务政策协同进入重要阶段。根据京津冀三个地区间以及两两地区间的养老服务政策耦合协调度变化，发现协同水平高低与政策综合效力强弱有直接关系。二者在 2020—2022 年进入低耦合协调度的稳健态势，说明政策综合效力减弱，京津冀在养老服务协同发展共识达成、合作机制初步形成后，进入瓶颈期，现有养老服务协同问题仅靠某一政府或部门出台政策已无法解决，三地间未形成实质性的利益增长协调机制。

第四，京津冀三地政策措施间协同效应体现出从"高协同得分聚集"阶段逐渐向"高协同得分分散"阶段转变的过程。反映出京津冀养老服务政策措施协同发展从起初的框架设计到具体政策措施制定、完善的趋势，但养老服务制度以及与之相关的制度差异所形成的制度障碍，制约了京津冀养老服务政策协同。

根据上述结论，提出以下建议：

第一，以京津冀三地规划以及联席会议签署文件为引领，设定养老服务政策协同目标。明确三地的定位及作用：北京可定位为养老压力、信息技术服务、优质医疗资源的输出方，促进京津冀养老服务实现高质量发展；天津可定位为北京生产性养老服务企业的承接方；河北可定位为京津的养老服务机构、养老压力的承接方。三地的政策目标设置要全面且明晰，树立"分段里程"意识，在统筹规划近期目标和远期规划的同时，建立及时纠错机制。

第二，以协同发展理念为导向，统筹规划京津冀养老服务协同的顶层设计。在坚持贯彻京津冀民政事业协同发展联席会议机制的基础上，进一步加强三地交流，寻找三地利益诉求的交叉点，突破政策壁垒[①]，促使三地间形成实质性利益增长协调机制，尤其是天津；进一步探索京津冀间养老服务相关标准对接，可将养老服务标准在区域内先行尝试统一化；针对养老服务弱项，细分原因，出台更多的具有指导性、实操性的实施方案，提升政策综合效力。

第三，完善数据资源共享机制，促进实现实时共享三地养老服务相关数据。推动京津冀养老服务信息平台建设，完善三地常态化的信息交流机制，打通部门间、地区间的信息孤岛，促进跨区域、跨部门的横向协调和纵向合作；常态化养老服务资源交流推介机制，有益于三地共享养老资源与服务，不断缩小三地间养老服务差距。

---

① 韩兆柱、邢蕊：《基于整体性治理的京津冀养老服务协同发展路径研究》，《中共天津市委党校学报》2019 年第 1 期。

第七章　社会保障体系项目间的协同效应测度

2021年2月26日，在中央政治局进行的第二十八次集体学习中，习近平就完善覆盖全民的社会保障体系这一主要内容展开了完整的论述。习近平指出："社会保障是保障和改善民生、维护社会公平、增进人民福祉的基本制度保障，是促进经济社会发展、实现广大人民群众共享改革发展成果的重要制度安排，发挥着民生保障安全网、收入分配调节器、经济运行减震器的作用，是治国安邦的大问题。"[①] 尤其对于城乡协调发展，社会保障能够发挥其重要战略保障作用。目前，我国已基本建成功能完备的社会保障体系，其中基本医疗保险和基本养老保险的覆盖范围已达到相当水平，形成了世界上规模最大的社会保障体系。然而，随着我国社会主要矛盾发生变化和城镇化、人口老龄化、就业方式多样化加快发展，我国社会保障体系仍存在不足。对此，习近平指出，"要健全覆盖全民、统筹城乡、公平统一、可持续的多层次社会保障体系，进一步织密社会保障安全网"。[②] 于是，本书从社会保障的范畴出发，研究社会保障项目间的协同性，将研究重点聚焦于社会保障当中的医疗保障领域，从医疗保障的角度，考察社会保障项目间的协同性。

1988年，中国政府开始对机关事业单位的公费医疗制度和国有企业的劳保医疗制度进行改革，颁布了《关于建立城镇职工基本医疗保险制度的决定》，开始在全国范围内建立起城镇职工基本医疗保险制度。以基本建立覆盖城乡全体居民的医疗保障体系为目标，我国于2003年开展与建立农村合作医疗保险制度相关的实践探索，并于2007年开展城镇居民基本医疗保险试点。进一步地，为更好地实现城乡统筹，2016年，国务院印发《关于整合城乡居民基本医疗保险制度的意见》，要求推进城镇居

[①] 习近平：《习近平谈治国理政》（第四卷），外文出版社2022年版。
[②] 中共中央宣传部、国家发展和改革委员会编：《习近平经济思想学习纲要》，人民出版社、学习出版社2022年版，第20页。

民医疗保险制度与新型农村合作医疗制度的整合，逐步在全国范围内建立起统一的城乡居民医保制度。至此，我国形成了城镇职工基本医疗保险制度与城乡居民基本医疗保险制度并行的医疗保障体系，标志着我国医疗保险制度已完成并轨，跨入制度间衔接融合的阶段。[①]

城乡居民基本医疗保险制度的整合，将城镇居民与农村居民纳入同一种医保体系之下，使农村参保居民的医保待遇和服务水平提升至与城镇居民相等的水平，农村居民得到了更高程度的保障。以住院报销待遇为例，相较于新农合成立之初，现在农村居民享受的报销比例翻了一番，达到了70%左右。在充分肯定成绩的同时，也应看到我国医疗保障进一步发展面临的难题。我国医疗保障在城乡、区域、群体之间的待遇差异不尽合理，这一问题并未因城乡居民医保的整合而得到解决，并且随着城乡居民医保的整合，缩小城乡、区域、群体医疗保障之间的差异具有重要意义。我国医疗保障因制度间发展不协调，导致居民的利益相较于职工的利益受到了损害，尤其在低收入群体中，职工与居民受益不公平的现象更为严重。[②] 此外，在现行医疗保障制度下，高收入群体相较于低收入群体享受更多的医疗服务，其医疗保险的待遇给付水平也更高，表现出不同收入群体之间医疗保障水平的不协调。[③] 无论是职工与居民之间，还是高收入群体与低收入群体之间，其医疗保障水平的差异均可归纳为城镇医疗保障水平与农村医疗保障水平之间的差异。因为城镇地区医疗保险的参保人群主要是城镇职工，农村地区医疗保险的参保人群是农村居民，农村居民占城乡居民医疗保险参保群体的主要部分；高收入群体更多分布在城镇地区，农村地区低收入群体占比更高。因此，针对我国医疗保障在城乡、区域、群体之间存在差距这一事实，本书主要围绕城乡之间、区域之间医疗保障水平的差异展开研究。

本部分以城乡医疗保障的协调发展为研究主题，以31个省（区、市）2008—2021年的面板数据为基础，主要分三部分展开了城乡医疗保

[①] 高建伟等：《城镇职工养老保险与城乡居民养老保险的协调发展研究》，《武汉金融》2017年第6期。

[②] 李雅诗等：《职工与居民医疗保障的受益公平性分析——基于中国家庭追踪调查数据》，《卫生经济研究》2022年第3期。

[③] 刘欢、戴卫东、向运华：《公共服务均等化视角下城乡居民基本医疗保障受益公平性研究》，《保险研究》2020年第5期。

障协调发展的研究。一是城乡医疗保障协调发展水平测度与分析。首先构建包含发展性、保障性、持续性三个维度的医疗保障评价指标体系，并采用熵权法确定各指标的权重，通过引入"协调度"的概念，构建城乡医疗保障协调度测度模型，包括采用修正欧式加权距离表示的绝对协调度模型和采用空间余弦距离表示的相对协调度模型，分别反映我国城乡医疗保障发展水平的绝对差距及其内在结构，最终测算出全国与各省份的城乡医疗保障协调度。二是城乡医疗保障协调度影响因素的实证分析。在文献梳理和理论假说的基础上对城乡医疗保障协调度的影响因素进行分析。首先，采用柯布—道格拉斯函数构建反映绝对协调度和相对协调度信息的综合协调度指标；其次，采用回归方法探究影响城乡医疗保障综合协调度的因素，具体包括经济发展、人口结构与财政支出三类影响因素，并分别从六个方面开展稳健性检验；最后，以医疗保障覆盖率（参保人数变化率）、医疗保险基金收支率和报销比例展开机制分析。三是城乡医疗保障协调度及其影响因素的地区异质性分析。在文献梳理和理论假设的基础上，本书通过将研究样本划分为东部、中部和西部三个地区，分别从城乡医疗保障协调度测度以及城乡医疗保障协调度的影响因素两个方面，分析不同地区城乡医疗保障协调发展水平的变化趋势及其影响因素的差异化特征。基于实证分析结果，为促进我国城乡医疗保障的协调发展提出合理政策建议。

第一节　文献综述

针对我国医疗保障在城乡、区域、群体之间的待遇差异不尽合理的问题，经过分析，本书主要关注我国城乡医疗保障的差距，并分析不同区域城乡医疗保障差距的不同表现，以此得出城乡医疗保障协调发展这一研究主题。为此，基于协同理论，引入了"协调度"的概念，实际测算并分析了我国城乡医疗保障协调度及其影响因素，并对协调度与协调度影响因素展开了区域异质性分析。就本选题所在领域的国内外研究状况，将从以下几方面展开分析并加以概述。

一　关于城乡社会保障协调发展的研究

国外学者对社会保障的研究较为丰富。早在20世纪70年代，Diamond

就从调节收入分配、刺激消费和促进经济增长等角度阐明了施行社会保障的必要性。[①] 一方面，对于社会保障的收入分配效应，Koen Caminada、Wang 等均发现福利政策与收入不平等之间存在相关关系，这一相关关系表现为慷慨的福利体系能够缩小收入差距，使收入不平等程度降低。[②][③] 另一方面，对于社会保障与经济增长的关系，Gerhard Glomm 和 Michael Kaganovich 在研究不平等与经济增长之间的关系时，发现政府增加社会保障支出可以减少收入不平等，由此，社会保障对经济增长有正向影响。[④] 关于城乡社会保障的协调发展问题，国外学者更多地关注农村地区社会保障体系的发展与完善，强调在农村建立社会保障体系的重要性，并提出了可供选择的方案。Dwayne Benjamin 等研究中国北方农村老年人口的社会保障状况，指出城市老年人口相较于农村老年人口而言拥有更充足的养老金，即意味着城市地区的养老保障优于农村地区，为此，应建立起适用于农村老年人口的养老保障。[⑤] 而农村人口仅仅依赖政府提供保障服务是不足够的，发展中国家的农村人口很难指望国家建立全民覆盖的社会保障制度以获得基础性保障，为此，可以考虑"公私合作"的模式，由国家、市场、会员制组织和私人家庭一起为农村人口提供基础性社会保障服务。[⑥]

国内学者对城乡社会保障协调发展的研究主要集中在城乡社会保障一体化目标、协调机制、实施路径、改革方向等方面。有关我国城乡社会保障协调发展的研究，最初指的是城乡社会保障的统筹，相关研究以总结各地实践经验作为起点。林闽钢总结归纳出我国城乡社会保障协调

---

① Diamond P A, "A Framework for Social Security Analysis", *Journal of Public Economics*, Vol. 8, No. 3, 1977.

② Koen Caminada, Kees Goudswaard, "International Trends in Income Inequality and Social Policy", *International Tax and Public Finance*, Vol. 8, No. 4, 2001.

③ Wang, Chen, Koen Caminada, "Disentangling Income Inequality and the Redistributive Effect of Social Transfersand Taxes in 36 LIS Countries", *Department of Economics Research Memorandum*, 2011.

④ Gerhard Glomm, Michael Kaganovich, "Social Security, Public Education the Growth－inequality Relationship", *European Economic Review*, Vol. 52, No. 6, 2008.

⑤ Dwayne Benjamin, Loren Brandt, Scott Rozelle, "Aging, Wellbeing, and Social Security in Rural Northern China", *Population and Development Review*, Vol. 26, 2000.

⑥ Jütting, Johannes, "Strengthening Social Security Systems in Rural Areas of Developing Countries", *Available at SSRN* 177388, 1999.

发展的重庆探索、昆山模式、宝鸡经验和东莞措施，以此为基础，分析探讨城乡社会保障体系协调发展的战略目标和实现路径。① 为实际说明我国城乡社会保障协调发展的具体情况，曲绍旭转而从实证角度，运用多元 logistic 回归模型，通过对新型农村养老保险和新型农村合作医疗保险两项制度的研究，分别从养老和医疗两方面提出促进城乡社会保障统筹的政策建议。② 进入新时代，党的十八大明确提出了统筹推进城乡社会保障体系建设的新要求和新举措后，尹蔚民深入分析了我国社会保障体系面临的问题，并指出了统筹推进城乡社会保障改革的重点任务。③ 在前人分析的基础上，白小平从理论与实践两方面对我国城乡社会保障的协调发展进行了可行性分析，并从城乡社会保障有限统筹一体化建构的角度提出了相应的对策。④ 杨林等则是围绕城乡社会保障资源非均衡配置问题，对其形成的逻辑机理、带来的宏观效应及其成因展开了分析。⑤ 近年来，围绕城乡社会保障的协调发展问题，诸多学者的研究又回归到经验总结与实现路径分析层面，如邓悦和郅若平通过对城乡社保整合的模式进行总结，分析出城乡社会保障的整合路径。⑥ 现阶段，在共同富裕的背景下，研究热点越来越强调社会保障在推动实现共同富裕中扮演的角色，翟绍果和徐天舒基于城乡社会保障协调从城乡统筹走向助推共同富裕的价值取向和实际情况，对社会保障面临的挑战进行了梳理，并分析了其制度逻辑与实现路径。⑦

二 关于城乡医疗保障协调发展的研究

Shi 以 1978 年改革后中国农村地区的医疗保障体系为研究对象，揭示了中国城乡医疗保障存在差距的根源，通过比较城乡在医疗保健政策、

---

① 林闽钢：《我国城乡社会保障体系协调发展战略研究》，《苏州大学学报》（哲学社会科学版）2011 年第 5 期。
② 曲绍旭：《城乡社会保障统筹制度的实证研究——基于农村社会保险的多元 logistic 回归分析》，《中国经济问题》2013 年第 6 期。
③ 尹蔚民：《统筹推进城乡社会保障体系建设》，《求是》2013 年第 3 期。
④ 白小平：《城乡社会保障统筹一体化可行性反思与对策》，《中州学刊》2014 年第 7 期。
⑤ 杨林、薛琪琪、陈子扬：《城乡社会保障资源均衡配置：一个文献综述》，《劳动经济评论》2017 年第 1 期。
⑥ 邓悦、郅若平：《新时代下城乡社会保障制度整合现状与路径分析》，《理论月刊》2019 年第 6 期。
⑦ 翟绍果、徐天舒：《从城乡统筹到助推共同富裕：社会保障的现实挑战、制度逻辑与渐进路径》，《中共中央党校（国家行政学院）学报》2023 年第 2 期。

系统、资源和结果方面的差异，提出缩小这些差异的可能解决方案。① Fu 等则是采用调查分析的研究方式，对城乡医疗保障差距展开了客观评估，实际测量结果为缩小城乡医疗保障差距提供了支持。② Chen 等将中国城乡医疗保障水平存在差距的原因归结于医疗资源的城乡配置不公，因此，认为应从优化医疗卫生资源配置上缩小城乡医疗保障水平差距。③

国内学者的研究更为丰富，于建华首先对统筹城乡医疗保障制度的必要性进行了分析与探讨，并初步提出了推进城乡医疗保障统筹的基本路径与方法。④ 仇雨临等运用实证分析的方法较早展开了与我国城乡居民医疗保险合并的相关研究，以东莞、太仓、成都、西安四地调查数据为基础，实证分析城乡居民医疗保险合并面临的难题与解决对策。⑤ 顾海同样以各地的实践探索为基础，从中总结出适用于我国实际情况的制度模式与实现路径，相关的分析给统筹城乡医保的顶层设计提供了思路。⑥ 2016 年，我国实施城乡居民医疗保障制度合并，这是我国城乡医疗保障一体化发展的重要里程碑。然而，我国城乡医疗保障发展差距较大的问题没有得到根本改善，促进城乡医疗保障协调发展任重道远。仇雨临和吴伟注意到居民医疗保险与职工医疗保险之间缺乏衔接机制，离建立统一的城乡医保制度还存在一定差距。⑦ 柳清瑞和苏牧羊在城乡居民医保整合的前提下，通过构建"协调度"测度模型，实际测算出城乡医疗保障协调度，客观衡量当下我国城乡医疗保障协调发展的情况。⑧

三 关于协调度模型的研究

国外学者就社会保障领域的协调发展问题更多的是展开理论层面的

---

① Shi L, "Health Care in China: A Rural-urban Comparison after the Socioeconomic Reforms", *Bulletin of the World Health Organization*, Vol. 71, No. 6, 1993.

② Fu Rong, et al., "Trend of Urban-rural Disparities in Hospital Admissions and Medical Expenditure in China from 2003 to 2011", *PloS ONE*, Vol. 9, No. 9, 2014.

③ Chen Y, Yin Z, Xie Q, "Suggestions to Ameliorate the Inequity in Urban/Rural Allocation of Healthcare Resources in China", *International Journal for Equity in Health*, Vol. 13, No. 34, 2014.

④ 于建华：《统筹城乡医疗保障制度的基本设想》，《卫生经济研究》2008 年第 7 期。

⑤ 仇雨临、翟绍果、郝佳：《城乡医疗保障的统筹发展研究：理论、实证与对策》，《中国软科学》2011 年第 4 期。

⑥ 顾海：《中国统筹城乡医疗保障制度模式与路径选择》，《学海》2014 年第 1 期。

⑦ 仇雨临、吴伟：《城乡医疗保险制度整合发展：现状、问题与展望》，《东岳论丛》2016 年第 10 期。

⑧ 柳清瑞、苏牧羊：《城乡养老保险协调度、制约因素及对策——基于 1999—2013 年数据的实证分析》，《中央财经大学学报》2016 年第 4 期。

分析与研究。关于协调度水平测定即协调度模型的构建，国外学者 Marvell 和 Perezgonzalez 等在经济学和管理学视域下讨论协调的概念，把协调与合作以及协作划为同一范畴，并利用分层理论对协调度模型进行了研究。Bithas 等利用专家知识系统在不确定的信息条件下构建了"环境—经济"协调度模型；[1] Howarth 等通过反馈环节实现社会与生态系统之间的共同发展，并据此提出了协调发展理论；[2] Mingworth 首先提出借鉴物理学中的耦合度函数来计算协调。目前，国外的"协同论"多应用于管理领域。[3]

面对我国城乡医疗保障发展不协调的事实，国内许多学者通过引入与城乡协调发展水平相关的概念，如均匀度、协调度、协调系数等，构建相应的指标体系与模型，对我国社会保障及社会保障的子项目就其城乡发展水平的协调程度展开了实际测算。其中，顾海兵等基于我国城乡社会保障福利差异的不断扩大之势，提出社会保障均匀度概念，并引入了社会保障洛伦兹曲线的概念和社会保障基尼系数的计算方法，以对"差异"进行衡量。[4] 在养老保险领域，穆怀中等通过构建养老保险适度水平模型，判断城乡养老保险水平是否协调，并进一步构建了城乡养老保险"适度系数"和"梯度协调系数"，分析了城乡养老资源分配的公平性，将其作为判断城乡养老保险是否协调的依据。[5] 在医疗保险领域，苏宝利和时涛借助泰尔指数一阶嵌套分解法和 ESDA 探索性空间数据分析法（两种方法，使公共卫生资源配置均等化测度更加丰富、合理和科学），对公共卫生资源配置均等化程度展开了测算，包括时间和空间两个维度。[6] 进一步地，在"均匀度"的基础上，柳清瑞和苏牧羊为衡量城乡养老保险体系协调发展程度，引入了"协调度"的概念，并构建了由覆盖

---

[1] Bithas K, Nijkamp P, "Environmental–economic Modeling with Semantic Insufficiency and Factual Uncertainty", *Journal of Environmental Systems*, Vol. 25, No. 2, 1997.

[2] Howarth R B, Norgaad R B, "Environmental Valuation under Sustainable Development", *American Economic Review*, Vol. 82, No. 2, 1992.

[3] Mingworth V, *The Penguin Dictionary of Physics*, Beijing: Foreign Language Press, 1996.

[4] 顾海兵、张实桐、张安军：《我国城乡社会保障均匀度的衡量方法与测度评价》，《财贸经济》2012 年第 11 期。

[5] 穆怀中、陈曦：《城乡养老保险梯度协调系数及其社会福利改进效应研究》，《经济学家》2014 年第 9 期。

[6] 苏宝利、时涛：《基于时空尺度的公共卫生资源配置均等化测度研究》，《中国卫生统计》2014 年第 2 期。

率、缴费率和替代率等指标构成的绝对协调度和相对协调度模型，对城乡养老保险协调度进行了实际测算。① 苏牧羊在此工作的基础上，又展开了我国城乡医疗保障协调度的测算。② 在城乡协调的更大范畴内，金晟男和耿献辉为厘清我国城乡关系现状，从生产发展、人民生活、生态环境三个角度设计城乡协调发展评价指标体系，结合熵值法，以城乡发展协调系数为依据，测算出城乡关系的动态演变历程。③

综上所述，关于城乡医疗保障发展差距的问题，多数学者达成了共识，但是在实际测度城乡医疗保障协调发展水平方面的研究相对匮乏，无法反映我国城乡医疗保障发展的实际差距。尽管苏牧羊通过构建协调度模型测度了我国社会养老和医疗保障的城乡一体化发展水平④，但是在指标体系的构建方面仍存有欠缺。因此，本书在已有研究的基础上，从完善医疗保障协调发展的评价指标体系出发，对我国城乡医疗保障协调发展作进一步的研究。

第二节 机理分析、理论基础与研究假设

一 机理分析

（一）嵌入二元结构的城乡医疗保障制度

在城乡二元体制、二元治理格局的影响下，城乡医保"分割"建制是客观、必然的结果。在计划经济时期，我国城镇地区与农村地区的社会保障事业均处于起步状态，与我国城乡分割的户籍管理制度相适应，我国逐步建立起分城乡、分职业、分身份的医疗制度。⑤ 为助力社会主义经济的恢复与发展，我国城镇地区的医疗保障制度率先建立并逐渐发展

---

① 柳清瑞、苏牧羊：《城乡养老保险协调度、制约因素及对策——基于1999—2013年数据的实证分析》，《中央财经大学学报》2016年第4期。
② 苏牧羊：《中国养老与医疗保障的城乡协调水平实证研究》，博士学位论文，辽宁大学，2017年。
③ 金晟男、耿献辉：《我国城乡协调发展的动态演变与结构评价》，《江苏农业科学》2021年第9期。
④ 苏牧羊：《中国养老与医疗保障的城乡协调水平实证研究》，博士学位论文，辽宁大学，2018年。
⑤ 岳经纶：《社会政策学视野下的中国社会保障制度建设——从社会身份本位到人类需要本位》，《公共行政评论》2008年第4期。

起来，尤其是进入社会主义商品经济改革阶段，国有企业改革是这一时期的重点，为保障经济改革的平稳运行，形成了嵌入在国家单位和国有企业等不同行政隶属、不同行业分割体制中的"国家—单位保障制"医疗保障模式。① 在农村，伴随着农村合作社运动的兴起，依托农村集体经济的农村合作医疗制度建立起来。进入改革开放阶段，为与快速增长的经济发展水平相适应，同时，政府针对费用过快上涨的问题，也通过加大个人责任和增强社会统筹等方式，开始了构建新型医疗保险制度的改革探索，并于1998年展开城镇职工基本医疗保险试点。而我国农村的医疗保障制度建设，由于农村集体经济组织形式土崩瓦解，出现了某种程度的"倒退"，并且随着经济改革重心由农村转向城市，农村医疗保障制度建设在较长时间内没有得到应有的重视，传统的"合作医疗"制度受集体经济削弱的影响严重，发展面临难题。直至2003年，才在农村地区开展"新型农村合作医疗"试点，并于2008年在全国范围内全面推行"新型农村合作医疗制度"。如此一来，适用于城镇职工的基本医疗保险制度与适用于农村居民的基本医疗保险制度相继建立起来，而与城镇非从业人员（下文称为"城镇居民"）相适应的医疗保险制度还未建立，为此，2007年颁布了《国务院关于开展城镇居民基本医疗保险试点的指导意见》，适用于城镇居民的基本医疗保险制度建立起来。② 至此，在我国医疗保障领域，形成了三项医疗保险制度"分割"建制的局面。

2016年，以我国城乡居民医疗保险的整合为节点，我国基本医疗保险三项制度进入整合阶段，要求实现新型农村合作医疗制度与城镇居民基本医疗保险制度在覆盖范围、筹资政策、保障待遇、医保目录、定点管理、基金管理六个方面的统一。最终，我国形成了以城镇职工基本医疗保险和城乡居民基本医疗保险为主体的基本医疗保险制度体系③，我国的医疗保险从制度分割走向制度整合。然而，城乡居民医保的整合受制于城乡一体化不均衡发展，各地区在整合时间、整合方式、整合模式上千差万别，反而加重了城乡医保管理体制的割据程度，陷入城乡医保建

---

① 郑功成：《坚持走中国特色的社会保障道路》，《求是》2012年第13期。
② 《国务院关于开展城镇居民基本医疗保险试点的指导意见》，2015年6月13日，http://www.gov.cn/zhuanti/2015-06/13/content_2878973.htm，2021年10月15日。
③ 国务院：《关于整合城乡居民基本医疗保险制度的意见》，2016年1月12日，http://www.gov.cn/xinwen/2016-01/12/content_5032319.htm，2021年11月15日。

制"再分割"的局面。① 综上所述,当前我国城乡医保"分割"建制的路径依赖已经形成,医疗保险制度的碎片化特征依然明显,城镇医保与农村医保之间依然处于分割状态,并导致城乡在接受医疗服务与医疗费用报销等方面存在差距。②

(二) 城乡医疗保障协调的目标与实现路径

面对城乡医保"分割"建制的局面,"一体化"是新时代中国城乡医保制度改革的未来选择③,促进城乡医疗保障协调发展是城乡医保"一体化"进程中的重要一环。医疗保障制度的运行不仅对调节收入分配、缩小收入差距有积极作用,更为直接地,医疗保障通过为人们提供基础的健康保障,显著增强了社会保障的兜底功能。④ 促进城乡医疗保障的协调发展带来的直接结果是,使农村群体享受的医疗保障待遇尽可能向城市群体看齐,从而提高农村群体的医疗保障水平。农村群体在享受更高水平医疗保障的同时,其健康水平也得到了保障,与此同时,医疗保障也通过发挥其调节收入分配、反贫困等作用,最终使农村群体的生活质量得到提高。

在城乡居民医疗保障整合的基础上,城镇职工医保制度与城乡居民医疗保障制度的整合将是未来我国医疗保险制度改革的方向。⑤ 由于城镇地区医疗保险的参保人群主要是城镇职工,农村地区医疗保险的参保人群是农村居民,农村居民占城乡居民医疗保险参保群体的主要部分,因此,追求城乡医疗保障的协调本质上是追求城镇职工医保制度与城乡居民医保制度的协同。本书将基于城镇职工医保制度与城乡居民医疗保障制度协同发展的内在机理,分析城镇医疗保障与农村医疗保障协调发展的实现路径,具体包括医疗保险的筹资、管理、支付、服务、环境五个方面的内容。

1. 筹资

在筹资层面,追求城乡医疗保障的协调关键在于拉近城镇职工医疗

---

① 孙淑云、郎杰燕:《中国城乡医保"碎片化"建制的路径依赖及其突破之道》,《中国行政管理》2018 年第 10 期。
② Min R, Wang H, Zhang X, et al., "Facing the Urban-rural Gap in Patients with Chronic Kidney Disease: Evidence from Inpatients with Urban or Rural Medical Insurance in Central China", *PLoS ONE*, Vol. 13, No. 12, 2018.
③ 田闻笛:《从"碎片化"走向"一体化":中国城乡医疗保险制度改革进路》,《河南社会科学》2019 年第 5 期。
④ 何文炯:《社会保障何以增强兜底功能》,《人民论坛》2020 年第 23 期。
⑤ 申曙光:《全民基本医疗保险制度整合的理论思考与路径构想》,《学海》2014 年第 1 期。

保障制度与城乡居民医疗保障制度的筹资水平。城镇居民医疗保障与新农合在医疗保障缴费上享受政府同等程度的补助，这为居民医疗保障的并轨打下了良好基础，因此，在促进当前城乡医疗保障协调发展过程中，尽可能拉近城镇职工医疗保障和城乡居民医疗保障的筹资水平具有重要意义。参保群体的医保缴费按既定比例与其收入挂钩，一般而言，职工群体的收入水平高于居民群体的收入水平，进而导致城镇职工医疗保障与城乡居民医疗保障的筹资水平存在较大差距，因此，以促进城乡医疗保障协调为目标，在筹资层面，短期可以允许二者之间存在适当差距，而在长期则需通过强化城镇职工医疗保障中的个人责任，以及强化城乡居民医保中的政府责任的方式，实现缩小城镇职工医疗保障与城乡居民医疗保障筹资水平差距的目标。此外，针对地区发展不均衡现状，如东部地区城乡筹资水平差距较小、中部地区次之、西部地区较大，可以实施差异化的政策安排。

2. 管理

推动城乡医疗保障协调发展是一个自上而下的过程，当前城镇职工医疗保障和城乡居民医疗保障整合的条件还不成熟，可以率先在管理体制层面做出利于城乡医疗保障协调发展的制度设计与安排，将城镇职工医疗保障制度与城乡居民医疗保障制度的管理体制统一起来。2018年国家医疗保障局的正式挂牌，将人力资源和社会保障部的城镇职工和城镇居民基本医疗保险职责与国家卫生和计划生育委员会的新型农村合作医疗职责进行整合，统一的管理体制有利于医疗资源的整合与合理的配置，统一的平台有利于解决跨制度、跨地区的流动人员医疗保障关系的转移接续问题，统一的专业机构有利于医疗保障基金的科学高效管理，这将有利于促进公平，让每个人都在同一制度下享受保障。①

3. 支付

医疗保险的偿付机制决定着医疗保险的健康保障功能，推动城镇职工医疗保障与城乡居民医疗保障偿付机制协同，以实现二者支付水平趋同为目标，是促进城乡医疗保障协调发展的重要内容。许多学者通过实证研究分析说明了城镇职工医疗保障与城乡居民医疗保障支付水平的差

---

① 《国家医疗保障局正式挂牌，专家解读——三种医保统一管，会带来啥改变》，2018年6月21日，https://www.gov.cn/zhengce/。

异，这种差异一般通过报销比例加以衡量，当城镇职工医疗保障与城乡居民医疗保障的报销比例大致维持在相同水平时，对推动两项医疗保障制度的整合有积极影响，并最终实现城乡医疗保障协调发展的目标。当前，推动两项医疗保障制度的协同可以从转变医疗保障补偿结构出发，遵循从"大病统筹"到"门诊统筹"的基本路线，进而实现基金整合的制度诉求，并在基金整合的基础上推动实现两项医疗保障制度支付水平趋同的趋势。

4. 服务

对于城镇职工医疗保障与城乡居民医疗保障，在制度层面应实现管理的统筹衔接、在机制层面应实现筹资与支付的统筹衔接，而医疗保障制度的落实是通过医疗服务和医保服务最终实现的，因此，还需注重两项医疗保障制度在服务层面的统筹衔接。这就要求保证城镇职工医疗保障与城乡居民医疗保障的服务目录的一致性，包括医保药品目录、诊疗项目目录和医疗服务设施范围目录三个方面的一致。与此同时，在医疗服务价格和医药价格的形成机制上，探索建立医疗保障经办机构与医药服务提供方的谈判机制的同时，也应保证城乡统一。此外，由于社区卫生服务具有服务对象的广泛性与服务的综合性两个显著特征，在推动城乡医疗保障服务收益平等的过程中，应积极发挥社区卫生服务中心"居民健康守门人"的职责，尤其要推动农村基层卫生诊所的建设与发展。

5. 环境

医疗保障体制要适应产权制度和经济体制的变化，在城市化和工业化的进程中统筹城乡医疗保障体系的发展。因此，推动城镇职工医疗保障制度与城乡居民医疗保障制度协同，促进城乡医疗保障协调发展。一方面，在医疗保障制度体系外部，城乡之间需要实现医疗资源配置、药品生产流通市场、医院管理体制、药品生产流通市场、公共卫生服务体系、基本预防保健体系等方面的协调；另一方面，在医疗保障制度体系内部，城乡之间需要统筹协调基本医疗保险、补充医疗保险、城乡医疗救助、商业健康保险等制度的发展，实现城乡多层次医疗保障体系的协调发展。与基本医疗保障制度相配套，还需促进城乡之间国家基本药物制度建立、基层医疗卫生服务体系健全、基本公共卫生服务逐步均等化、公立医院改革等方面的协调。

综上，首先，我国医疗保障的发展在公平性上存在较大难题，诸多学者的研究表明：我国医疗保障的发展在地区之间、城乡之间、群体之间（高收入与低收入）等方面均存在不同程度的不公平、非均衡问题。其次，也应该看到我国医疗保障事业为提高社会福利水平所做出的努力，我国医疗保险制度由三项制度并行分立阶段走向制度融合阶段，以及基金统筹层次的提高都是很好的证明，并且，这种改善和进步还在继续，未来，我国医疗保障事业发展的成果将会更好地由全体人民共享，医疗保障的公平性将会有更大的层次提升。

二　理论基础与研究假设

（一）城乡二元经济结构理论

阿瑟·刘易斯于1954年首先提出典型的二元经济理论模型，为发展中国家由传统经济转向现代经济的发展路径提供了理论基础。刘易斯将二元经济发展过程划分为两个阶段，由第一阶段到第二阶段意味着二元经济结构向一元经济结构的转变，这一转变在二元经济发展过程中具有重要意义，因此，划分两个阶段的节点被称为"刘易斯转折点"。刘易斯的二元经济理论模型以经济中只存在农业和工业两个部门为前提，在二元经济发展的第一阶段，在农业部门中，人口资源相对于资本和自然资源更为丰富，故认为劳动力供给是无限的，或者说，在农业部门中，劳动的边际生产力十分低下。无限的劳动力供给为工业部门的增长和扩大提供了必要条件，直至工业部门将农业部门的剩余价值吸收殆尽，将实现二元经济结构向一元经济结构的转变，工业部门和农业部门才逐步实现同质的经济增长。[①]

美国经济学教授费景汉和古斯塔夫·拉尼斯（1989）在刘易斯的基础上，对二元经济理论进行完善，称为"拉尼斯—费景汉"二元经济转换模型。他们认为，刘易斯的二元经济理论模型低估了农业促进工业增长的重要性，忽视了农业生产率提高是农业劳动力流向工业的先决条件，因此，在"拉尼斯—费景汉"的分析中，强调农业增长和工业增长同样重要，农业和工业应当平衡地增长。[②] 费景汉和拉尼斯将二元经济发展过程划分为三个阶段，是在刘易斯的"两个阶段"之间新增加了一个阶段，即第二阶段。在第二阶段，农业劳动的边际产品大于零，但小于实际的

[①] 蔡昉：《刘易斯转折点——中国经济发展阶段的标识性变化》，《经济研究》2022年第1期。

[②] 龚建平：《费景汉和拉尼斯对刘易斯二元经济模式的批评》，《求索》2003年第3期。

制度工资，导致经济中开始出现农业部门产品的短缺，工农业之间的贸易条件变得有利于农业部门。在这一阶段，费景汉和拉尼斯认为，应把部分工业利润投向农业部门，以促进农业生产技术的改进和农业劳动生产率的提高，从而防止出现工业部门的扩张在全部剩余劳动力被吸收完毕之前就停止的情况，并最终顺利实现第二阶段向第三阶段的转变，实现二元经济结构向一元经济结构的转变。①

中国在户籍制度、投资、教育、社会保障等方面呈现出独特的城乡二元社会结构特征，以此为基础，众多学者的研究表明，刘易斯、费景汉和拉尼斯的二元经济理论模型所预期的现实表现能够广泛地在中国经济发展过程中观察到。因此，以二元经济理论模型为依据，结合以上分析，本书提出假设1：当前中国城乡医疗保障协调度相对较低。

（二）城乡收入差距理论

关于城乡社会保障协调发展问题，库兹涅茨和钱纳里的理论给出了相同的观点，均认为随着经济发展水平的提高与城市化进程的推进，社会福利差距将逐渐缩小。库兹涅茨提出了著名的倒"U"形曲线假说，认为在经济发展较低阶段，收入差距会逐渐上升，而当经济达到较高阶段以后，收入差距又将逐渐下降。② 类似地，钱纳里等通过划分工业化阶段，分析出在不同的阶段伴随着人均收入的提高，经济结构、消费与投资、政府收入与支出、收入分配以及社会福利会表现出不同的配置。③ 我国经过改革开放四十多年的发展，尽管在经济规模、工业制造能力等方面已经位居世界前列，但我国经济发展呈现出大而不强的状态，离高水平阶段还存在一定差距。④ 因此，根据库兹涅茨和钱纳里等的理论，我国在收入差距和社会福利等问题上依然面临难题，事实也的确如此。然而，我国经济发展水平上升趋势明显，在未来，伴随着经济发展水平的提升和工业化进程的推进，我国收入分配及社会福利差距将逐渐缩小，这为我国城乡之间社会经济以及收入分配与社会保障协调发展提供了理

---

① 李淼：《城乡二元经济结构理论与我国现实状况的剖析》，《商业时代》2010年第31期。
② Kuznets S, "Economic Growth and Income Equality", *American Economic Review*, Vol. 45, No. 1, 1955.
③ ［美］霍利斯·钱纳里、莫伊思·赛尔昆：《发展的型式 1950—1970》，经济科学出版社1988年版，第25—37页。
④ 肖磊、唐晓勇、胡俊超：《中国式经济现代化：发展规律、实践路径与世界意义》，《当代经济研究》2023年第7期。

论依据。据此，本书提出假设2：我国城乡医疗保障协调度整体上呈上升趋势。

第三节　指标选取与数据说明

基于对以往我国城乡二元结构下医疗保障制度发展的考量，对城镇职工基本医疗保险与城乡居民基本医疗保险之间的协同效应进行测度十分有必要，有助于了解当前我国医疗保障领域协同发展的状况。在此基础上分析其成因，为将来城乡医疗保障制度的协调发展总结经验教训。本书把城镇职工基本医疗保险和城乡居民基本医疗保险之间的协调发展定义为城镇职工基本医疗保险制度与城乡居民基本医疗保险制度在制度模式与水平等指标上的协同一致。为合理测量城镇职工基本医疗保险与城乡居民基本医疗保险两者之间的协同发展效应，本书参照柳清瑞和苏牧羊[1]的做法，引入协同度的概念，利用协同度来反映城镇职工基本医疗保险制度与城乡居民基本医疗保险制度之间的协调水平。

一　指标选取

为构建城镇职工基本医疗保障与城乡居民基本医疗保障的协调度模型，首先需要确定模型的主要评价指标。影响协调度的指标有很多，如覆盖率、缴费率、基金收益率、管理与服务水平、政策满意度等，为合理测度城乡医疗保障水平的协调发展效应，指标的选取应是多维度的，以全面反映城乡医疗保障协调发展的实际情况。相较于以往有关城乡社会保障协同发展测度的研究，本书在考虑发展性和保障度等能够体现协同度的基本指标之余，还考虑了持续性和效率性指标，尤其是持续性指标，结合当前社会保障领域财政负担过重、社保基金面临"穿底"风险的现状，把握城乡医疗保障在持续性方面的协调发展情况显得尤为关键。同时，考虑到指标对模型的重要性以及可获得性，本书参照褚福灵[2]的做法，最终构建了包含3个一级指标、11个二级指标的城乡医疗保障协调

---

[1] 柳清瑞、苏牧羊：《城乡养老保险协调度、制约因素及对策——基于1999—2013年数据的实证分析》，《中央财经大学学报》2016年第4期。

[2] 褚福灵：《中国社会保障发展指数报告（2016—2018）》，天津人民出版社2019年版，第110页。

发展的综合指标体系，如表7-1所示，3个一级指标分别是发展性、保障度、持续性，11个二级指标对应3个一级指标。

表7-1　　　　　　　医疗保障城乡协调度评价指标体系

一级指标	二级指标	含义	计算方法
发展性	覆盖率	覆盖率用参保人数变化率指标反映	参保人数变化率＝（实际参保人数-上年实际参保人数）/上年实际参保人数
	缴费率	缴费率是指基本医疗保险缴费占职工工资或居民收入的比值，用以反映群众负担	城镇职工缴费率＝城镇职工人均医疗保险基金收入/城镇在岗职工平均工资 城乡居民缴费率＝城乡居民人均医疗保险基金收入/城乡居民人均收入
保障度	报销比例	报销比例反映医疗保险基金对总的医疗保健支出的负担程度	报销比例＝人均基本医疗保险基金支出/（人均基本医疗保险基金支出+人均医疗保健支出）
	预防性支出比	医疗保健支出的比重	预防性支出比＝人均医疗保健支出/（人均消费支出-人均食品支出）
	医疗人才保障	卫生技术人员数	每千人卫生技术人员数
	医疗设施保障	医疗卫生机构病床数	每千人医疗卫生机构病床数
持续性	结余率	基本医疗保险基金累计结余情况	结余率＝基本医疗保险基金累计结余/上年基本医疗保险基金支出
	收支率	基本医疗保险基金当期收支率	收支率＝基本医疗保险基金收入/基本医疗保险基金支出

注：对上述数据差距过大的指标值取对数处理。

具体而言，在发展性指标中包含的覆盖率和缴费率分别表示医疗保险的覆盖范围和医疗保险缴费占收入（工资）的比重，并且两者均为正向指标，即覆盖率越高意味着医疗保险的覆盖人群越多，离"广覆盖"的目标越近，缴费率的升高也会带来更高的保障水平，意味着医疗保障发展程度的提高。保障度指标包含4个二级指标，分别是报销比例、预防性支出比、医疗人才保障和医疗设施保障。报销比例越高，意味着医疗保障程度越高；预防性支出比用人均医疗保健支出占除食品支出之外的人均消费支出的比重来衡量，用来反映医疗保障的预防作用；医疗人才保障和医疗设施保障分别用每千人卫生技术人员数和每千人医疗卫生机构病床数来直接衡量医疗保障在人才和设施两方面的保障程度。持续性指标包含结余率和收支率两个二级指标，两者均从医疗保险基金的角度考察医疗保障的持续性。结余率指的是基本医疗保险基金累计结余系数，用基本医疗保险基金累计结余与上年基本医疗保险基金支出的比值来衡量；收支率指的是基本医疗保险基金当期收支率，用基本医疗保险基金收入与基本医疗保险基金支出的比值表示。

二 数据说明

本部分的研究主题是医疗保障的协同发展，具体指的是城乡之间医疗保障的协同发展。在选取指标的基础上，对于计算指标所采用的数据，需要做几点说明。首先，在城镇，医疗保障的主体是城镇职工，在农村，医疗保障的主体是农村居民，所以，在指标数据的处理上，城市指标用城镇职工的相关数据，农村指标用农村居民的相关数据。其次，结合我国医疗保障发展的实际情况：2008年我国在农村全面推行新型农村合作医疗；2013年，为提高医疗保障的统筹性，展开城乡居民医疗保险整合的试点工作，并于2016年全面施行。考虑数据的可获得性，无论是城镇指标还是农村指标，本书研究的相关数据均从2008年开始。最后，基于以上说明，前文所述的农村指标在2008—2013年使用新型农村合作医疗数据，而在2013年之后使用城乡居民医疗保险的数据。当然，由于2013年至2016年是整合城乡居民医疗保险的试点阶段，每个城市的情况有所差别，在数据的处理上，本书以实际情况为准，并加以说明。

基于本书构建的指标体系，本书的数据来源有《中国统计年鉴》《中国健康卫生统计年鉴》《中国农村统计年鉴》《中国人力资源和社会保障年鉴》《中国劳动统计年鉴》，以及各省份的统计年鉴及《社会服务发展统计公报》，并在原始数据的基础上进行统计整理以用于相关指标的计算。

第四节　协调效应测度模型构建与实证分析

自2016年全面推行城镇居民医疗保险与新型农村合作医疗保险的合并以来，我国基本医疗保险体系主要由城镇职工医疗保险和城乡居民医疗保险组成，而本书所指的医疗保障协调度指的是城乡之间的协调度，并通过城镇职工医疗保险和城乡居民医疗保险之间的协调水平来衡量。本书依然参照柳清瑞和苏牧羊[1]的做法，同时，结合高建伟等[2]提出的带指标重要性的综合熵权法，引进欧式距离（带逻辑值）和余弦距离，分别构建了以医疗保险城乡协调度评价指标为基础的绝对协调度模型与加权指标向量余弦值的相对协调度模型。

一　协同效应测度模型构建

在选取评价指标的基础上构建城镇职工医疗保障与城乡居民医疗保障的协调度模型，构建模型之前需对指标做如下处理：

$$\{X_{1,j}^u, X_{2,j}^u, \cdots, X_{8,j}^u\} \quad (j=1, 2, \cdots, n) \tag{7.1}$$

$$\{X_{1,j}^r, X_{2,j}^r, \cdots, X_{8,j}^r\} \quad (j=1, 2, \cdots, n) \tag{7.2}$$

式（7.1）表示的是城镇职工医疗保障的发展性、保障度、持续性三个维度指标。式（7.2）表示的是城乡居民医疗保障的发展性、保障度、持续性三个维度指标。其中下标 j 既可以表示年份，也可以表示地区，当表示年份时，可以进行纵向比较；当表示地区时，则可以进行地区间横向比较。

为使构建的模型具有可比性，即横向或纵向指标评分都在 [0, 1] 范围内，需对指标进行标准化处理，标准化处理的方式如下：

$$S_{i,j}^u = \frac{X_{i,j}^u - \text{Min}_i}{\text{Max}_i - \text{Min}_i} (i=1, 2, \cdots, 8; j=1, 2, \cdots, n) \tag{7.3}$$

$$S_{i,j}^r = \frac{X_{i,j}^r - \text{Min}_i}{\text{Max}_i - \text{Min}_i} (i=1, 2, \cdots, 8; j=1, 2, \cdots, n) \tag{7.4}$$

其中，$\text{Max}_i = \max\{X_{i,j}^u, X_{i,j}^r | j \in (1, 2, \cdots, n)\}$ 为城镇职工或城乡居民在同一指标的最大值；同理，$\text{Min}_i = \min\{X_{i,j}^u, X_{i,j}^r | j \in (1, 2, \cdots, n)\}$ 为城镇职工或城乡居民在同一指标的最小值。

对三个维度指标进行标准化处理之后，本书从微观角度通过构建绝对协调度和相对协调度模型来综合考量指标的绝对差距和均衡程度。

---

[1] 柳清瑞、苏牧羊：《城乡养老保险协调度、制约因素及对策——基于1999—2013年数据的实证分析》，《中央财经大学学报》2016年第4期。

[2] 高建伟等：《城镇职工养老保险与城乡居民养老保险的协调发展研究》，《武汉金融》2017年第6期。

(一) 绝对协调度

城镇职工医疗保障与城乡居民医疗保障的绝对协调度衡量的是城镇医疗保障水平与农村医疗保障水平的绝对差距,为测度这一差距,构建以下绝对协调度模型。

$$C_j = \left[1 - \left| \sum_{i=1}^{8} \rho_i \omega_i (S_{i,j}^u - S_{i,j}^r)^2 \right|^{\frac{1}{2}} \right]^k \tag{7.5}$$

其中,C 为绝对协调度（$0<C<1$）,ρ_i 为逻辑值,ω_i 为第 i 个指标的权数,k 为调节系数。其中,ρ_i 作为逻辑值,在 $S_{i,j}^u > S_{i,j}^r$ 时,ρ_i 取 1;在 $S_{i,j}^u < S_{i,j}^r$ 时,ρ_i 取 -1。相对于经典的加权欧式距离,当出现某个指标城乡居民的表现优于城镇职工时,添加逻辑值能够缩小其他指标造成的差距。当协调度是一个小于 1 的相对值时,计算结果可能过于集中,不便于比较和分析,因此,通过增加 k 调节系数进行相应调节,可使计算结果的集中程度得到一定稀释,使协调度更清晰可辨。k 值一般根据模型的计算结果进行自主选择,本书 k 值取 1.5。

可以看到,该模型用修正欧式加权距离来表示医疗保障水平的绝对差距,而修正欧式距离与绝对协调度负相关,即其值越大,则城镇职工医疗保险与城乡居民医疗保险的协调度越低。为此,取 1 与修正欧式加权距离之差来计算绝对协调度,记为 C,C 的取值越大,表明城镇职工医疗保险与城乡居民医疗保险指标的绝对差距越小,二者发展越协调。绝对协调度是覆盖率、缴费率和报销比例三个指标之间差距的综合反映,衡量了城镇职工医疗保险制度和城乡居民医疗保险制度之间的绝对差距。

(二) 综合指标重要性的熵权法

本书对于各指标权重的计算采取的是带有指标重要性加权的熵权法。在具体使用过程中,熵权法根据各指标的变异程度,利用信息熵计算出各指标的熵权,再通过熵权对各指标的权重进行修正,从而得出较为客观的指标权重。

假设医疗保险系统里有 n 个子系统、m 个评价指标,形成原始矩阵 $R = (r_{ij})_{m \times n}$,即：

$$R = \begin{pmatrix} r_{11} & r_{12} & \cdots & r_{1n} \\ r_{21} & r_{21} & \cdots & r_{2n} \\ \vdots & \vdots & & \vdots \\ r_{m1} & r_{m2} & \cdots & r_{mn} \end{pmatrix} \tag{7.6}$$

其中，r_{ij} 为第 i 个指标下第 j 个子系统的评价值，则综合指标重要性的熵权法计算步骤如下。

步骤1　计算第 i 个指标下第 j 个子系统的指标值的比重 P_{ij}：

$$P_{ij} = \frac{r_{ij}}{\sum_{j=1}^{n} r_{ij}} \tag{7.7}$$

步骤2　计算第 i 个指标的熵值 e_i：

$$e_i = -k \sum_{j=1}^{n} P_{ij} \cdot \ln P_{ij} \tag{7.8}$$

其中，$k = 1/\ln n$。从熵值公式可以看出，若某个指标的熵值 e_i 越小，说明其指标值的变异程度越大，提供的信息量越多，应赋予其更大的权重。因此，得到熵权计算公式。

步骤3　计算第 i 个指标的熵权 ω_i：

$$\omega_i = \frac{(1-e_i)}{\sum_{i=1}^{m}(1-e_i)} \tag{7.9}$$

步骤4　考虑医疗保障制度研究过程中对各指标的侧重因素，得出指标的综合权重：

$$\beta_i = \frac{\alpha_i \omega_i}{\sum_{i=1}^{m} \alpha_i \omega_i} \tag{7.10}$$

其中，α_i 为根据研究需要确定的各指标重要性的权重。本书实证中对各指标取用等同的重要性权重。至此，便得出综合考虑指标重要性的指标熵权。

（三）相对协调度

绝对协调度用来说明城镇职工医疗保障与城乡居民医疗保障的整体协调程度，而相对协调度则可以用来显示二者所存在差距的内在结构，弥补绝对协调度的不足，因为在部分指标差距很大或部分指标差距很小的情况与全部指标差距都中等的情况下，绝对协调度可能相同。如此一来，这两个协调度互为补充，综合测度了城镇职工医疗保障与城乡居民医疗保障之间的协同发展效应。相对协调度用 $\overline{C}$ 表示，其构造形式如下：

$$\overline{C}_j = [\cos\theta_j]^k = \left[\frac{\sum_{i=1}^{8}(\beta_i^2 S_{i,j}^u \cdot S_{i,j}^r)}{\sqrt{\sum_{i=1}^{8}(\beta_i S_{i,j}^u)^2} \cdot \sqrt{\sum_{i=1}^{8}(\beta_i S_{i,j}^r)^2}}\right]^k \quad (7.11)$$

如式（7.11）所示，本书是利用余弦距离即 $\cos\theta_j$ 来构造相对协调度 $\overline{C}(0<\overline{C}<1)$ 的，其中，θ_j 为空间向量 $(\beta_1 S_{1,j}^u, \beta_2 S_{2,j}^u, \cdots, \beta_3 S_{3,j}^u)$ 与 $(\beta_1 S_{1,j}^r, \beta_2 S_{2,j}^r, \cdots, \beta_3 S_{3,j}^r)$ 的夹角，β 为指标权重系数。从 $\cos\theta_j$ 与相对协调度 $\overline{C}$ 的关系来看，$\cos\theta_j$ 的取值越大，则相对协调度 $\overline{C}$ 的值越大，即意味着城镇职工医疗保障与城乡居民医疗保障各指标的差距越均衡，两种医疗保障的发展越均衡。否则，相对协调度越小，说明部分指标存在较大差距，城镇职工医疗保障与城乡居民医疗保障的发展越不协调。而 k 同样为调节系数，目的是使协调度清晰可辨。

二 协调效应测度的实证分析

（一）基础数据分析

关于发展性指标：①参保人数变化率。2008—2021 年，随着城镇职工医疗保险和城乡居民医疗保险的参保人数逐年增加，参保人数增长率也在逐年递减，从侧面反映出社会基本医疗保险的覆盖度在逐步提升。对比来看，2008—2021 年，东部、中部、西部城镇职工医疗保险参保人数增长率平均为 5.28%、3.53%、5.17%，而城乡居民医疗保险分别为 25.84%、20.83%、28.49%，城乡居民医疗保险的参保人数增长远高于城镇职工医疗保险，一方面是由于城镇职工医疗保险建立较早（1995 年开始试点，1998 年全面推行），而农村合作医疗保险和城镇居民医疗保险发展起步较晚，并且居民医疗保险的覆盖范围远高于城镇职工医疗保险；另一方面是由于 2016 年城乡医疗保险合并改革的实施，使得城乡居民医疗保险参保人数大幅度增加，例如，2017 年，东部、中部、西部的城乡居民医疗保险参保人数变化率分别达到 67.76%、279%、203.2%。②缴费率。从缴费率来看，2008—2021 年，城镇职工医疗保险的平均缴费率在 5%—6%，而城乡居民医疗保险的缴费率在 4%—5%，两者相差较小。但值得注意的是，本书所指的医疗保险缴费率是通过基金收入间接测算的缴费率，事实上，城镇职工和城镇居民个人的实际缴费率的差别可能较大，根据郑秉文的测算，城镇职工医疗保险的单位缴费率和个人缴费率分别为 7.2%和 1.9%，而城乡居民医疗保险的财政补助率和个人缴费率分别为 3.4% 和 1.5%。① 分地区来看，2008—2021 年，西部地区的城镇职工医疗保险缴费率和城乡居民医疗保险缴费率始终略高于中部和东部地区，主要是由于西部地区的职工平均工资和居民平均收入基数较低，随着中部和东部地区缴费率的增长，其与西部地区的缴费率差距有所下降。

关于保障性指标：①报销比例。2008—2021 年，东部、中部、西部地区城镇职工医疗保险报销比例分别增长了 8.1%、14.2%、4.5%，城乡居民医疗保险分别增长了 9.7%、7.4%、4.5%，西部地区报销比例的增长远低于东部和中部地区。平均来看，东部、中部、西部地区城镇职工医疗保险报销比例分别为 58%、55.1%、63.3%，城乡居民医疗保险的相应比例分别为 38.4%、33.7%、40.2%，城镇职工医疗保险的报销比例要高出城乡居民医疗保险 20 个百分点，主要是由于城镇职工医疗保险缴费水平更高，从而提高了城镇职工医疗保险支出和待遇保障水平。西部地区在城镇职工医疗保险报销比例上分别高出东部和中部地区 5 个百分点和 8 个百分点，在城乡居民医疗保险报销比例上高出中部地区 6 个百分点，东部、中部、西部之间存在一定的不均衡。②预防性支出比。2008—2021 年，城乡居民预防性支出占比分别提高 0.75 个和 2.67 个百分点，医疗保健支出的增长反映出城乡居民对卫生健康的重视程度在提升。分地区来看，东部、中部、西部地区城镇居民预防性支出平均占比分别为 10%、12%、11.4%，农村居民预防性支出平均占比分别为 12.9%、15.1%、14.2%，东部地区的支出比重较中西部地区低 1—2 个百分点，农村居民的支出比重相较于城镇居民高 2—3 个百分点。一方面，东部相较于中部和西部、城镇相较于农村的医疗卫生资源更加丰富、社会保障制度更加完善，有利于节省居民的医疗支出，尤其是重大疾病和长期慢性病支出；另一方面，东部相较于中部和西部、城镇相较于农村居民的人均收入和消费支出水平更高（消费总支出增长高于医疗保健支出增长），因而医疗保健支出的比重更低。③医疗人才和医疗设施保障。从卫生技术人员数和医疗卫生机构病床数两项指标看，城乡医疗卫生资源差距较大。2008—2021 年，东部、中部、西部地区的城镇每千人

---

① 郑秉文：《调整个人缴费比例和缴费公式是健全可持续筹资机制的基础》，《中国医疗保险》2021 年第 7 期。

口卫生技术人员数分别为 10.2 人、9.1 人、10 人，农村分别为 5.1 人、3.8 人、4 人，城镇每千人口医疗卫生机构病床数分别为 7.1 张、8 张、8.1 张，农村分别为 3.6 张、3.4 张、3.7 张，城镇均是农村的 2 倍以上。分地区来看，2008—2021 年，城镇和农村在医疗人才和医疗设施保障指标上的相对差距有所下降，但是绝对差距依然较大，例如，中部每千人口卫生技术人员数的城乡比由 2.1 下降至 1.7，而城乡差由 2.8 上升至 4.3，每千人口医疗卫生机构病床数的城乡比由 4.4 大幅下降至 1.5，而城乡差仅由 3.1 下降至 2.9。

收支率和结余率是反映医疗保险基金可持续性的重要指标。从历年的数据看，医疗保险基金收支略有盈余是普遍的情形。考虑到 2016 年以前城乡居民医疗保险制度存在割裂情况，数据统计口径并不一致，以 2017—2021 年时段的数据来看，在收支率方面，东部、中部、西部地区城镇居民的医疗保险基金收支率分别为 126.6%、124.3%、130.2%，城乡居民医疗保险基金收支率分别为 110.7%、108.9%、115.8%，城镇职工医疗保险基金收支率高出城乡居民约 15 个百分点，城镇职工医疗保险以及城乡居民医疗保险的地区间差距在 2—5 个百分点。在结余率方面，东部、中部、西部城镇职工医疗保险基金结余率分别为 212.6%、191.3%、229.4%，城乡居民医疗保险基金结余率分别为 78.2%、76.2%、78.1%，城镇职工医疗保险基金结余率大致为城乡居民医疗保险的 3 倍，表明城镇职工医疗保险基金可持续性更强，城乡居民医疗保险基金面临的风险更大。由于城镇居民医疗保险制度建立较晚，并且经历了由新农合"城居保"到"城乡居民医保"的发展阶段，在基金筹资、管理和支出规定方面与城镇职工医疗保险有明显差别，加之城乡居民医疗保险的实际缴费标准相对较低，基金收入对财政补贴的依赖度较高，使城乡居民医疗保险的可持续性较弱。

从整体来看，医疗保险基金收支相对平衡，但是部分省份医疗保险基金收支风险在加剧，不同省份间医疗保险基金结余率相差较大。例如，2017—2021 年，上海、浙江、福建、江西、山东、河南、广东、广西等省份的城镇职工医疗保险基金收支率出现明显下降，其中上海下降得最多，为 35%。2017—2021 年，31 个省份中，有 16 个省份的城乡居民医疗保险基金结余率出现下降，其中北京、天津、辽宁、安徽、广西、贵州下降超过了 50%。因此，医疗保险的可持续性是值得关注的问题。

（二）协调度评价标准

在描述城乡医疗保障协调度测度结果之前，首先需要设定协调度评价标准。利用协同度来反映协调水平的做法，首先是要设定一个理想水平，然后通过协调度来衡量实际水平与理想水平之间的差距。一般而言，协调度评价的理论标准一般分为四种：①协调度在0.4以下，是严重不协调；②协调度在0.4—0.6区间，为不协调；③协调度在0.6—0.8区间，表明所衡量的两个对象处于协调状态；④协调度在0.8以上，则是非常协调。结合实际需要，本书建立如表7-2所示的协调度评价的标准，取值范围为0—1的协调度划分为五个等级。依据此标准，结合本书所测度的城乡医疗保障协调度结果，对城乡医疗保障的协调发展效应展开评价。

表7-2 城乡医疗保障协调度评价标准

绝对协调度	协调等级	相对协调度	协调等级
（0，0.2]	极不协调	（0，0.2]	极不协调
（0.2，0.4]	严重不协调	（0.2，0.4]	严重不协调
（0.4，0.6]	不协调	（0.4，0.6]	不协调
（0.6，0.8]	协调	（0.6，0.8]	协调
（0.8，1]	非常协调	（0.8，1]	非常协调

此外，从测定协调度的两种模型来看，在医疗保险城乡协调度的具体评价中，以绝对协调度为主、相对协调度为辅。主要分为以下几种情况：①绝对协调度与相对协调度均较高，意味着医疗保险的城乡协调发展效应较好，且各指标之间的差距较小，表明这种协调发展效应在医疗保障各领域的表现均较好，呈现出城乡医疗保障协调发展的情形。②绝对协调度较高，而相对协调度却较低，表明所选取的部分指标城乡差距大，部分指标城乡差距小甚至反向超越，中和后使整体差距较小。即医疗保障在部分领域表现出城乡之间的非协调发展，在部分领域表现出城乡之间的协调发展，协调发展的程度超越非协调发展的程度，使得综合来看医疗保险的城乡发展较为协调。③绝对协调度较低。在这种情形下，无论相对协调度是高还是低，都表明城乡医疗保险至少存在一个指标差距较大，即医疗保险至少在一个领域表现出城乡之间的非协调发展，并最

终表明城乡发展的不协调。

（三）协调度测度结果

本部分基于协调度测度的指标选取与模型构建方法，测算出全国以及31个省（区/市）2008—2021年的协调度值，包括绝对协调度和相对协调度两方面的内容。

如图7-1所示，在全国层面，首先绝对协调度较低，多数分布在0.8以下，仅有两年绝对协调度在0.8以上，绝对协调度较低表明我国城乡医疗保障发展协调程度不高、医疗保障协调效应较弱，因此，假设1得证。其次，不论是绝对协调度还是相对协调度，二者均表明我国城乡医疗保障协调度呈现"N"形变化趋势，即协调度先上升、后下降、再上升。结合协调度的评价标准，就绝对协调度而言，全国城乡医疗保障协调发展效应在2008年至2021年的发展情况表现为：①2008—2009年，由"严重不协调"转为"不协调"，而后，2009—2010年，由"不协调"发展为"协调"，并在2011—2012年保持"协调"状态，其中在2011年一度发展为"非常协调"。其原因在于2008年新型农村医疗合作保险（以下简称新农合）在各个省份全面推行，农村居民的医疗保障水平在新农合医疗保险的作用下渐趋上升，尽管与以城镇职工医疗保险为主体的城市地区的医疗保障水平尚存在较大差距，但不得不承认农村地区医疗保障水平迅速提高的事实，随之，城乡之间的医疗保障实现了一段时间的协调发展，在数值上表现为在2008—2012年，协调度值上升。②2013—2015年，协调度出现下降，城乡医疗保障发展由"协调"转变为"严重不协调"，尽管在2014年医疗保障表现出城乡发展"非常协调"状态，但2013—2015年协调度的下降趋势已是事实。这是因为随着新农合的进一步发展，在集体经济和城乡二元结构的约束下，新农合的作用严重衰减，农村地区的医疗保障水平难以追赶上一直处于较高水平并持续发展的城市地区的医疗保障水平，导致城乡医疗保障水平再一次拉开差距。③2016—2021年，协调度上升趋势明显，城乡医疗保障发展重新向"协调"状态转变。考虑到城镇居民与农村居民在医疗保障待遇上不一致，为促进城乡协调发展，我国于2016年全面展开城乡医疗保险合并工作，城乡医疗保障不协调现象得到极大改善，2015—2016年协调度显著提高。然而，2016—2021年，尽管协调依然呈上升趋势，但在2016—2017年与2020—2021年两个时间段出现较大转折，城乡医疗保障协调度下降。

究其原因,结合相关研究资料,2016—2019 年协调度的下降与城乡居民医疗保险合并有关。一方面,对于新政策的施行,居民的反应存在保守性和滞后性,在居民医保采取自愿原则的前提下,合并初期,居民医疗保险参保率较低,与城镇职工医疗保险较高水平的参保率拉开了差距;另一方面,城乡居民医疗保险合并初期存在基金筹集与管理上的难题,由此导致在其他指标上城乡之间也同样出现较大差距,最终表现为协调度的降低。2020—2021 年协调度的下降与全球新冠疫情期间核酸检测活动的频繁开展有关,由于核酸检测经费中参保患者就医而产生的核酸检测费用由医疗保险基金列支,集中核酸检测的费用由各地财政部门承担①,两种情况均会对医疗保险基金产生直接的影响,在医疗保险基金面临较大赤字压力时,由于社会经济的城市偏向性,紧缺的医疗保险基金会向城镇地区倾斜,进一步导致医疗保险城乡协调度下降。综上所述,尽管我国城乡医疗保障协调度在 2008—2021 年存在一定程度的波动,且协调度值较低,但纵观整体协调度呈现出上升趋势,尤其自 2016 年城乡居民医疗保险合并后,上升趋势更为明显,因此,假设 2 成立。

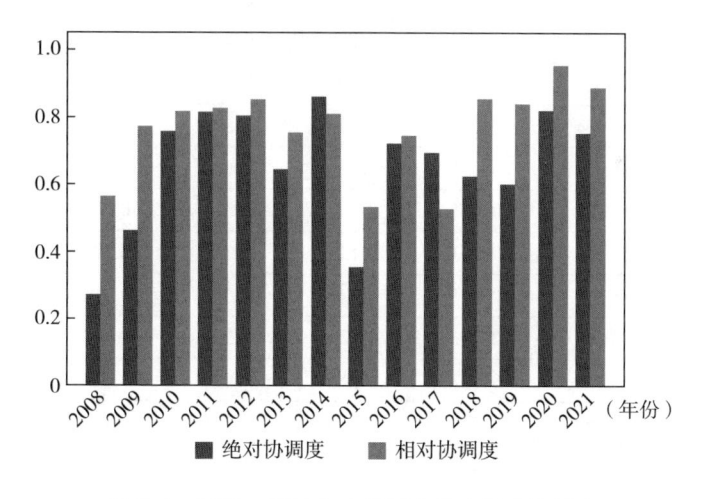

图 7-1 2008—2021 年全国城乡医疗保障协调度

绝对协调度衡量的是医疗保障协调发展的绝对水平,相对协调度则

---

① 国家医保局:《常态化核酸检测费用由各地政府承担》,中华人民共和国中央人民政府网站,www.gov.cn/xinwen/2022-05/26/content_ 5692466.htm,2022 年 5 月 26 日。

用来衡量协调度指标体系中各指标之间的离散程度，反映的是指标体系内部结构的均衡状态，其表示的实际含义是医疗保障内部各个领域的平衡发展程度。在明确全国城乡医疗保障绝对协调度变化情况的基础上，了解相对协调度的变化才有意义。于是，仅就绝对协调度表现为"协调"的年份来看，除去2015年和2017年，其全国医疗保障城乡相对协调度均表现为"协调"和"非常协调"，表明整体上城乡医疗保障的发展不仅在绝对水平上是协调的，在医疗保险的各个领域也表现出城乡协调的特点。

如表7-3所示，将全国31个省（区、市）划分为东部、中部、西部三个地区，地区协调度数据取省份平均值，计算结果表明三个地区协调度的变化趋势与全国大体保持一致，但存在细微差别。

表7-3　　2008—2021年各省份城乡医疗保障绝对协调度

省份	2008年	2012年	2015年	2016年	2020年	2021年
北京	0.615	0.900	0.606	0.617	0.570	0.621
天津	0.882	0.703	0.523	0.589	0.784	0.666
河北	0.600	0.711	0.785	0.926	0.843	0.490
辽宁	0.481	0.875	0.580	0.460	0.585	0.846
上海	0.681	0.691	0.520	0.727	0.533	0.613
江苏	0.294	0.670	0.718	0.891	0.876	0.887
浙江	0.362	0.555	0.786	0.630	0.910	0.681
福建	0.481	0.601	0.815	0.580	0.720	0.924
山东	0.454	0.813	0.832	0.750	0.662	0.646
广东	0.354	0.831	0.616	0.579	0.796	0.406
海南	0.469	0.713	0.752	0.795	0.501	0.591
东部	0.516	0.733	0.685	0.686	0.707	0.670
山西	0.469	0.711	0.866	0.574	0.636	0.638
吉林	0.678	0.484	0.737	0.870	0.661	0.710
黑龙江	0.543	0.846	0.882	0.882	0.561	0.671
安徽	0.416	0.592	0.684	0.618	0.516	0.443
江西	0.530	0.557	0.546	0.701	0.546	0.577
河南	0.464	0.703	0.667	0.708	0.567	0.582
湖北	0.611	0.703	0.920	0.558	0.334	0.474

续表

省份	2008 年	2012 年	2015 年	2016 年	2020 年	2021 年
湖南	0.418	0.657	0.815	0.469	0.459	0.442
中部	0.516	0.657	0.765	0.672	0.535	0.567
内蒙古	0.727	0.769	0.849	0.439	0.582	0.539
广西	0.820	0.749	0.492	0.894	0.826	0.619
重庆	0.435	0.650	0.660	0.622	0.479	0.788
四川	0.647	0.550	0.803	0.806	0.663	0.470
贵州	0.600	0.704	0.807	0.808	0.508	0.364
云南	0.489	0.710	0.844	0.660	0.480	0.531
西藏	0.524	0.577	0.928	0.599	0.403	0.387
陕西	0.950	0.799	0.673	0.897	0.457	0.431
甘肃	0.554	0.697	0.589	0.557	0.589	0.309
青海	0.807	0.697	0.819	0.916	0.831	0.704
宁夏	0.921	0.714	0.669	0.497	0.493	0.430
新疆	0.512	0.741	0.863	0.469	0.518	0.440
西部	0.665	0.696	0.750	0.680	0.569	0.501
全国	0.273	0.804	0.353	0.720	0.819	0.752

注：按照《中国卫生健康统计年鉴》的做法将 31 个省（区、市）划分为东部、中部、西部三个地区。

首先，在东部地区当中，天津城乡医疗保障协调度的变化情形较为特殊，呈现出先下降、后上升的正"U"形变化趋势，其原因在于天津地区较早展开城乡居民医疗保险合并工作，天津于 2009 年推行城乡居民医疗保险，并规定此前已建立新农合制度的区县应改为参加城乡居民基本医疗保险[1]，意味着天津市受新农合的影响较小，农村地区的医疗保障水平并未因新农合的实施而大幅提高，反而受城乡居民医疗保险合并这一新政策的冲击，导致医疗保障的城乡协调度下降，直至 2015 年才转为上升。此外，东部地区中江苏和浙江的表现较好，自 2008 年以来，协调度上升趋势明显，且协调度上升持续期较长。具体来看，江苏、浙江两省城乡医疗保障协调度由最初的"严重不协调"发展为"协调"，并且在

---

[1] 《关于印发天津市城乡居民基本医疗保险规定的通知》，2009 年 4 月 17 日。

2008—2021年的14年有1/3的年份城乡医疗保障协调度达到了"非常协调"状态。其次，中部地区的情况从整体来看，与全国情况一致，呈"N"形变化特点，并保持上升趋势，但也与全国的情况有所差别，主要表现为中部地区在2020—2021年，协调度的下降幅度相较于全国而言不明显，甚至多数省份呈现出小幅度的上升。最后，西部地区的情况较为特殊，受新农合影响，城乡医疗保障协调度的上升趋势明显，且由于西部地区农村群体占比较高，使新农合带来的影响较为深远，协调度在新农合施行后的很长一段时间内保持上升，即城乡医疗保障协调度在2008—2016年保持上升趋势。2016年后受城乡居民医疗保险合并的影响，协调度转为下降，后期，则又随着城乡居民医疗保险合并优势的逐渐显现，城乡医疗保障协调度转而呈现出上升趋势。

如附表8所示，相对协调度的整体表现优于绝对协调度，相对协调度值大都分布于0.6及以上，按照协调度评价的标准，相对协调度大体都处于"协调"与"非常协调"水平，表明各个省份医疗保障体系各领域的发展具有均衡性，保持着良好的发展结构。采取将31个省（区、市）划分为东部、中部、西部的做法，地区协调度同样取省份平均值。分地区观察各省城乡医疗保障协调的表现情况，发现在东部地区，相对协调度的下降意味着各指标之间的离散程度加大，即部分指标表现好，而另一部分指标表现差，导致总体上城乡协调度处于较低水平。在中部地区，以黑龙江和河南的表现最优，协调度取值较高，多数年份的协调度水平为"非常协调"。在西部地区，个别省份波动浮动较大。

第五节　协调度影响因素的实证分析

通过观察城乡医疗保障协调度测度结果及其变化情况，发现随着时间的推移，协调度呈现出上升趋势，意味着整体上城乡医疗保障的发展越来越协调。然而，仅就2008—2021年这14年城乡医疗保障协同度的变化情况而言，协调度在一定幅度内波动，存在协调度较低的情形，甚至出现过"严重不协调"以及"极不协调"的情形。聚焦于近几年协调度的变化情况，可以看到全国以及多数省份均出现了协调度下降的情况。城乡医疗保障协调度水平表现出的"较低"或"下降"情形是本书关注的重点,为分析二者形成的原因,对影响城乡医疗保障协调度的因素展开了分析与探讨。

一 理论分析与研究假设

结合前文分析内容,城乡医疗保障的协调发展主要指城乡医疗保障事业发展水平、保障水平以及可持续性三方面的城乡协调。

第一,医疗保障事业发展水平的城乡协调。就医疗保障事业发展水平的影响因素而言,从发展的深度与广度两方面来看,主要包含缴费水平与覆盖范围两部分内容,二者均对医疗保障的发展水平产生直接影响。一般而言,一个地区医疗保险的缴费水平越高、覆盖范围越广,该地区医疗保障事业的发展水平也越高;反之亦然。而缴费水平的高低和覆盖范围的大小与地区经济发展水平有直接联系,随着社会经济的发展,为促进社会公平,国家越来越有义务和能力为居民提供基本的生活保障和社会福利[1],且社会保障与经济发展大致呈现相似的波动上升趋势[2],医疗保障的情况类似。经济发展水平除会对医疗保障事业发展水平产生直接影响外,还会影响医疗保障的发展结构。以我国实际情况为例,追溯到中华人民共和国初期,我国社会主义经济体系由城市国有经济和农村集体经济两部分组成,由此奠定了城乡社会保障的发展基础,即在城市地区,以国有企业和机关事业单位的职工为代表,针对城镇职工的医疗保障,由企业负全面的责任,而农村地区则以集体经济为依托,采取互助的形式获得基本的医疗福利救助。[3] 基于以上分析,本书提出假设3:城乡医疗保障协调度会受到经济发展类因素的影响。

第二,医疗保障水平的城乡协调。医疗保障水平的高低主要通过医疗保险报销比例体现出来,并受到医疗卫生领域人员与技术设施的直接影响,即意味着城乡医疗保障水平是否协调很大程度上与城市和农村医疗卫生服务人员及相关技术设施的保有量相关。而人口与就业因素对城乡医疗保障协调发展的影响不止于此,有研究发现,我国不同地区因劳

---

[1] 迟福林、殷仲义:《市场经济发展不同阶段的政府职能》,《改革》2010年第9期。
[2] 庄汝龙、张盼盼、宓科娜:《社会保障与经济发展耦合互动关系研究》,《统计与决策》2017年第15期。
[3] 林卡:《回顾与展望:中国社会保障体系演化的阶段性特征与社会政策发展》,《人民论坛·学术前沿》2021年第20期。

动力的流动，社会保障基金状况差异明显。[①] 举例而言，在劳动力流出地区，更高的老年抚养比（老年人口占劳动人口的比重）给当地带来较大的社保基金收支平衡压力。反映在城乡社会保障协调发展问题上，农村地区相较于城镇地区，老年抚养比显然更高，不论在养老保险方面还是在医疗保险方面均面临更大压力。类似地，少儿抚养比同样表现出城乡差异，且少儿抚养比的高低会对城乡收入差距产生影响[②]，从而影响到城乡社会保障的发展。据此，本书提出假设4：城乡医疗保障协调度会受到人口类因素的影响。

第三，医疗保障事业发展可持续性的城乡协调。医疗保障事业发展的可持续性实质上指的是医疗保险基金的可持续性，主要通过医疗保险基金的收支率和结余率加以衡量。医疗保障作为社会保障的一部分，其理论渊源是市场失灵，一味地追求效率而忽视公平的发展模式不利于社会和谐与可持续发展，政府通过社会保障的一系列手段使发展成果惠及全体人民。因此，不难理解我国医疗保障事业的发展是政府干预并且主导的结果，支撑医疗保障事业发展的基金部分通过居民缴费获得，部分由财政补贴，并由财政提供兜底保障，这是我国医疗保障事业得以持续发展的根本。而在中央和地方财政不平衡体制下，城乡基本公共服务均等化难以实现，要想实现囊括在基本公共服务当中的社会保障和医疗保障的城乡协调更是面临难题。[③] 此外，我国财政面临的巨大压力将会对医疗保障事业的可持续发展产生重大影响。尤其在当今我国面临"未富先老"的社会形势的背景下，人口老龄化问题对我国的社会保障发展提出了更高的要求，也对我国财政收入的分配提出了更高的要求。[④] 据此，本书提出假设5：城乡医疗保障协调度受财政支出类因素的影响。

[①] 张熠、陶旭辉、韩雨晴：《人口流动与最优社会保障区域协调模式》，《经济研究》2023年第2期。

[②] 曾龙、江维国：《人口年龄结构转变、社会保障支出与城乡收入差距——基于系统GMM和门槛模型的实证分析》，《西北人口》2020年第5期。

[③] 张帆、吴俊培、龚旻：《财政不平衡与城乡公共服务均等化：理论分析与实证检验》，《经济理论与经济管理》2020年第12期。

[④] 杨志勇：《"十四五"时期中国财政的主要任务：完善现代财政制度》，《中国财政》2020年第20期。

除此之外，在城乡协调发展方面，仲德涛[①]从影响城乡协调的经济、社会、生态三方面因素分析了促进城乡协调发展的实践路径。李亚青[②]也指出各统筹地区的医疗保险由于经济发展水平、人口年龄结构等的不同而存在明显的筹资与保障水平差异。因此，综合以上分析，基于影响城乡医疗保障协调度的因素，本部分主要考虑经济、社会（人口、就业）与财政支出三方面的因素，其中经济因素包括经济发展水平、收入等变量，社会因素包括教育、就业等变量，财政支出因素包括一般公共服务支出、社会保障支出、医疗卫生支出等。

基于以上分析，本书以全国及31个省（区、市）2008—2021年的面板数据为基础，对影响城乡医疗保障协调度的因素展开了实证分析，包括计量模型的设定与变量选取、变量的描述性统计分析、回归分析、机制分析与稳健性检验四方面的内容。

二 计量模型设定与变量选取

在前文测定城乡医疗保障协调度的基础上，本书进一步分析影响城乡协调度的原因。同样以2008年至2021年31个省（区、市）的面板数据为基础，综合考虑影响城乡医疗保障协调度的多方面因素，构建如下计量模型。

$$CD_{it} = \alpha_0 + \sum \alpha \cdot economy_{it} + \sum \beta \cdot population_{it} + \sum \gamma \cdot finance_{it} + \sum \varphi \cdot control_{it} + u_i + v_t + \varepsilon_{it} \tag{7.12}$$

式中，i为个体，t为时间，$economy$为经济类变量，$population$为人口结构变量，$finance$为财政政策偏向类变量，$control$为控制变量。u_i为个体固定效应，v_t为时间固定效应，ε_{it}为随机干扰项，α_0、α、β、γ和φ为回归系数。

为探究城乡医疗保障协调度的影响因素，在设定如式（7.12）所示的计量模型的前提下，依据影响因素实证分析部分的研究假设，本书的指标选取情况如表7-4所示。

[①] 仲德涛：《新时代城乡协调发展的科学内涵、实现条件及实践进路》，《中共郑州市委党校学报》2020年第5期。

[②] 李亚青：《中国式现代化与医疗保障体系改革》，《社会保障评论》2023年第3期。

表 7-4　　　　　　　　　　变量选取及说明

变量名称		变量符号	变量的构建	预期方向
综合协调度		CD	$\sqrt{绝对协调度 \times 相对协调度}$	-
经济发展类（economy）	人均 GDP 增长率	rise_pgdp	以 2008 年不变价的人均 GDP 增长率	+
	城镇化率	urban_ratio	城镇常住人口/总人口	-
	城乡人均收入差距	income_gap	城市人均收入/农村人均收入	-
	产业结构	industry_stru	第三产业增加值/第二产业增加值	+
	就业所有制结构	job_stru	国有单位就业人员数/城镇单位就业人员总数	-
	经济开放程度	fore_trade	进出口总额/GDP	+
人口结构类（population）	老年抚养比	old_ratio	65 岁以上老年人口/总人口	-
	少儿抚养比	child_ratio	15 岁以上人口/总人口	-
	受教育结构	edu_stru	具有高中以上学历的就业人数/就业总人数	+
财政支出类（finance）	公共服务支出占比	pub_service	公共服务支出额/财政支出总额	-
	社会保障支出占比	pub_security	社会保障支出/财政支出总额	-
	人均医疗卫生支出	per_health	财政卫生支出/总人口	-

注：指标选取借鉴苏牧羊《中国养老与医疗保障的城乡协调水平实证研究》，博士学位论文，辽宁大学，2017。

1. 被解释变量

综合协调度。[①] 综合协调度是对绝对协调度和相对协调度的综合，其大小取决于绝对协调度值和相对协调度值。尽管绝对协调度的大小在绝对意义上能够更加直接地表明城乡医疗保障协调发展程度，但相对协调度作为衡量协调度内在结构均衡性的指标，具有与绝对协调度同等重要的作用。因此，依据柯布—道格拉斯函数形式，采取以下方式构建综合协调度。

$$CD = ACD^{\frac{1}{2}} \cdot RCD^{\frac{1}{2}} \qquad (7.13)$$

式中，CD 为综合协调度，ACD 为绝对协调度，RCD 为相对协调度。

2. 解释变量

解释变量分为经济发展类、人口结构类和财政支出类。①经济发展

[①] 为区分于绝对协调度和相对协调度，本书使用综合协调度，当不做区分时使用协调度。

类变量包括GDP增长率、城镇化率、城乡人均收入差距、产业结构、就业所有制结构和经济开放程度，从经济发展程度、结构，以及经济发展当中的就业与收入等多个方面考察经济类因素对城乡医疗保障协调度的影响。显然，一个地区的经济发展水平越高，城乡医疗保障就越趋向于协调发展，故预期"GDP增长率"变量的系数为正，"经济开放程度"的指标亦为正。而像"城镇化率"和"城乡收入差距"这一类衡量城乡差别的变量，其取值越大，越不利于城乡协调，故预期二者的系数均为负。"产业结构"变量指第三产业增加值占第二产业增加值的比重，其中，第三产业是劳动密集型产业，具有较高的吸纳就业能力，所以，该变量取值越高，就意味着第三产业发展得越好、吸纳就业的能力也越高，越有利于缩小城乡差距，有利于城乡协调发展，预期该变量系数为正。"就业所有制结构"变量从就业的结构性因素层面考察就业因素对城乡医疗保障协调度的影响，指的是城镇国有单位就业人数占城镇单位就业人员总数的比重，该变量通过影响城乡差距进而影响城乡医疗保障协调度，具有双向效应①，故其系数具有不确定性。②人口结构类变量包括老年抚养比、少儿抚养比和受教育结构。一般认为，老年和儿童患病的概率更大，对医疗服务的需求更高，若某一地区老年抚养比以及少儿抚养比较高，会给当地医疗保障带来更大压力。与此同时，在我国现行的城乡二元结构下，青年劳动力偏向于往城镇发展，导致农村地区的老年抚养比和少儿抚养比较高，既给农村地区的医疗保障带来了较大困难，也容易导致城乡医疗保障不协调。此外，人口结构因素还需要考虑人力资本问题，本书选取就业人口的平均受教育年限这一指标来考察人力资本对城乡医疗保障协调度的影响，通常认为就业人口的受教育年限越高，就业人口的分布就越会向城镇地区倾斜，不利于医疗保障的城乡协调发展，因此，预期"平均受教育年限"变量的系数为负。③财政支出类变量的选取紧扣"医疗保障"，包括公共服务支出占比、社会保障支出占比和人均医疗卫生支出。一般认为，为促进社会发展公共服务支出的调节收入分配的作用，公共服务支出、社会保障支出和医疗卫生支出在一定程度上具有城市偏向性，故预期三者的系数均为负。

---

① 陆铭、陈钊：《城市化、城市倾向的经济政策与城乡收入差距》，《经济研究》2004年第6期。

三 数据来源与描述性统计

本书所使用的数据为平衡面板数据，截面单位包括31个省份，样本期间从2008年到2021年，有效样本观测值为434个，样本数据主要来自历年的《中国统计年鉴》《中国人口和就业统计年鉴》《中国卫生健康统计年鉴》《中国劳动统计年鉴》。

表7-5是各变量的描述性统计结果。整体来看，从2008年到2021年，各个省份综合协调度的平均值为0.6645，处于协调的水平。经济发展类因素中，平均来看，人均GDP增长率为2.67%，城镇化率为56.69%，城乡人均收入差距为2.7133，第三产业和第二产业增加值比值（产业结构）为1.1782，城镇国有单位就业人口占比（就业所有制结构）为46.09%，货物进出口总额占GDP比重（经济开放程度）为25.8%。人口结构类因素中，老年人口抚养比和少儿抚养比平均为14.31%和23.36%，表明每100人口中平均需要抚养的老年人口有14人、少儿人口有23人，城镇单位就业人口中拥有高中及以上学历的占比（受教育结构）为33.68%。财政支出类因素中，公共服务支出和社会保障支出平均占比为10.07%和13.18%，人均医疗卫生支出均值为0.0910万元。

表7-5 变量的描述性统计

	变量名称	单位	观测值	平均值	标准差	最小值	最大值
	综合协调度 CD	—	434	0.6645	0.1312	0.1340	0.9549
经济发展类	人均 GDP 增长率（rise_pgdp）	%	434	0.0267	0.0646	-0.2934	0.2997
	城镇化率（urban_ratio）	%	434	0.5669	0.1391	0.2190	0.8960
	城乡人均收入差距（income_gap）	—	434	2.7133	0.4937	1.8418	4.2809
	产业结构（industry_stru）	—	434	1.1782	0.6695	0.4991	5.3101
	就业所有制结构（job_stru）	%	434	0.4609	0.1668	0.1320	0.9610
	经济开放程度（fore_trade）	%	434	0.2580	0.2804	0.0071	1.5215
人口结构类	老年抚养比（old_ratio）	%	434	0.1431	0.0401	0.0671	0.2670
	少儿抚养比（child_ratio）	%	434	0.2336	0.0656	0.0964	0.3957
	受教育结构（edu_stru）	%	434	0.3368	0.1350	0.0131	0.8050
财政支出类	公共服务支出占比（pub_service）	%	434	0.1007	0.0284	0.0420	0.1909
	社会保障支出占比（pub_security）	%	434	0.1318	0.0360	0.0548	0.2806
	人均医疗卫生支出（per_health）	万元	434	0.0910	0.0561	0.0137	0.3945

四 实证结果及分析

本书采用面板数据进行定量分析，为确定是采用个体随机效应还是个体固定效应进行回归，对所设定的计量模型作 Hausman 检验，检验结果 P 值为 0.0001，因而适宜采用个体固定效应模型。

如表 7-6 所示，有关基准回归结果的分析如下：模型（1）显示人均 GDP 增长率、城镇化率、城乡人均收入差距、产业结构、老年抚养比、受教育结构、人均医疗卫生支出均在 1% 的显著性水平下通过检验，就业所有制结构和经济开放程度在 5% 的显著性水平下通过检验。模型（2）在模型（1）的基础上剔除影响不显著的变量重新回归，显示上述指标仍然通过显著性检验，并且方向保持一致。考虑到样本期内存在的不随地区变化的不可观测因素的影响，模型（3）进一步加入时间固定效应进行回归，显示人均 GDP 增长率、城镇化率、城乡人均收入差距、产业结构、经济开放程度、老年抚养比、少儿抚养比、受教育结构、公共服务支出占比、人均医疗卫生支出通过显著性检验。模型（4）在模型（3）的基础上剔除影响不显著的变量后进行回归，显示上述指标仍然通过显著性检验，并且方向保持一致。2016 年以后我国将城镇居民医疗保险和农村新型合作医疗保险统一合并为城乡居民医疗保险（制度并轨），为了反映城乡医疗保险合并改革对城乡医疗保障协调度的影响，模型（5）在模型（3）的基础上加入医疗保险改革的虚拟变量 dum_reform，规定 2016 年及以前变量取值为 0，2016 年以后取值为 1。模型（5）回归结果显示，城乡医疗保险改革对城乡医疗保障协调度具有显著的促进作用，同时其他变量的统计显著性和方向与模型（3）保持一致，符合预期。

表 7-6　　　　　　　　　　基准回归

	（1）	（2）	（3）	（4）	（5）
人均 GDP 增长率 （rise_pgdp）	0.4580*** (0.0065)	0.4504*** (0.0061)	0.4812** (0.0138)	0.4923** (0.0111)	0.4812** (0.0138)
城镇化率 （urban_ratio）	-0.7089*** (0.0024)	-0.6646*** (0.0035)	-0.5442** (0.0355)	-0.5630** (0.0242)	-0.5442** (0.0355)
城乡人均收入差距 （income_gap）	-0.5693*** (0.0100)	-0.5810*** (0.0080)	-0.4074* (0.0856)	-0.4201* (0.0703)	-0.4074* (0.0856)

续表

	（1）	（2）	（3）	（4）	（5）
产业结构 （industry_stru）	0.2273*** （0.0016）	0.2083*** （0.0020）	0.1967** （0.0210）	0.2026** （0.0163）	0.1967** （0.0210）
就业所有制结构 （job_stru）	-0.2022** （0.0301）	-0.2335** （0.0111）	-0.0571 （0.5925）		-0.0571 （0.5925）
经济开放程度 （fore_trade）	-0.3456** （0.0344）	-0.4123*** （0.0344）	-0.3682** （0.0325）	-0.3857** （0.0200）	-0.3682** （0.0325）
老年抚养比 （old_ratio）	-0.3475*** （0.0008）	-0.3353*** （0.0002）	-0.2560** （0.0328）	-0.2547** （0.0331）	-0.2560** （0.0328）
少儿抚养比 （child_ratio）	0.2370 （0.1004）		0.2424* （0.0940）	0.2444* （0.0886）	0.2424* （0.0940）
受教育结构 （edu_stru）	0.2523*** （0.0001）	0.2709*** （0.0000）	0.1338** （0.0445）	0.1339** （0.0390）	0.1338** （0.0445）
公共服务支出占比 （pub_service）	-1.0016 （0.1999）		2.3593** （0.0213）	2.3510** （0.0213）	2.3593** （0.0213）
社会保障支出占比 （pub_security）	-0.6927 （0.2512）		0.1307 （0.8433）		0.1307 （0.8433）
人均医疗卫生支出 （per_health）	-1.7016*** （0.0007）	-1.6496*** （0.0008）	-2.0848*** （0.0004）	-2.0850*** （0.0002）	-2.0848*** （0.0004）
年份固定	否	否	是	是	是
省份固定	是	是	是	是	是
城乡医疗保险合并改革（dum_reform）					0.3701** （0.0493）
常数项	0.0955 （0.8087）	0.5714* （0.0742）	0.7214 （0.1555）	0.6588 （0.1817）	0.7214 （0.1555）
观测值	434	434	434	434	434
R^2 值	0.2268	0.2158	0.3243	0.3237	0.3243

注：括号内为 P 值，*、**、***分别表示在 10%、5%、1%的显著性水平下显著，R^2 值指组内 R^2 值。人均 GDP 已经按 GDP 平减指数做调整。

本书主要以模型（5）的回归结果为依据，对影响城乡医疗保障协调度的因素进行如下分析。

一是经济发展类因素。人均 GDP 增长率、城镇化率、城乡人均收入差距比、产业结构、经济开放程度对城乡医疗保障综合协调度具有显著影响。人均 GDP 增长率每增加 1%，综合协调度则提升 0.4812%。地区经济发展程度越高，居民收入水平越高，就更能够为医疗保险基金参保缴费提供稳定的收入来源。地区经济发展程度越高，政府财力保障程度和可持续性越高，从而有助于通过财政补贴和财政责任兜底的方式实现医疗保险基金平稳运行，促进医疗保障协调发展；城镇化率每提高 1%，综合协调度则下降 0.5442%。由于我国城乡发展呈现二元格局，人口和资源向城市集中的同时，也导致财政支出具有一定的城市偏向性，医疗保障支出的城乡差距有所扩大。同时农村经济发展基础较弱，基层财政收入主要依靠上级政府的转移支付，有限的财力资源不足以提高农村参保居民的保障待遇水平，导致城乡居民医疗保障受益差距较大。城乡人均收入差距每提高 1%，综合协调度则下降 0.4074%，容易理解的是，较高的城乡居民收入差距不利于提高非职工居民的参保意愿，限制了居民选择较高缴费档次的能力，城乡居民的医疗支出和待遇保障差距扩大，从而弱化了公共医疗支出对私人医疗支出的替代作用，不利于城乡医疗保障协调发展。第三产业和第二产业增加值之比每提高 1%，综合协调度提升 0.1967%，由于第三产业主要以劳动密集型产业为主，第三产业比重越高，越有助于吸纳就业和提升居民劳动收入，同时第三产业的快速发展也有助于提高农村劳动力的非农收入，缩小城乡居民的收入差距，为实现医疗保障协调发展提供有利的经济环境。经济开放程度每增加 1%，综合协调度降低 0.3682%，可能原因是对外贸易产生的就业数量效应超过就业质量效应，拉大了城乡居民收入差距[1]，抑制了医疗保障协调发展。综合以上，假设 3 成立。

二是人口结构类因素。老年抚养比、少儿抚养比、受教育结构对医疗保障综合协调度具有显著影响。老年抚养比每提高 1%，综合协调度下降 0.2560%，可能的原因是老年群体由于身体健康素质下降和患病概率增加，对医疗保障需求高于其他年龄群体，而老年抚养比上升意味着劳动人口比例相对下降，这对医疗保险基金收支带来巨大压力，特别是在农村年轻劳动力不断流出的趋势下，农村老年人口养老和医疗问题更加突出，医疗保障的供需失衡将影响城乡医疗保障协调发展；少儿抚养比

---

[1] 魏浩、赵春明：《对外贸易对我国城乡收入差距影响的实证分析》，《财贸经济》2012 年第 1 期。

每下降1%，综合协调度下降0.2424%。随着居民总和生育率的降低，人口少子化趋势不断加深，社会人口结构发生深刻性变化，这对劳动力供给以及社会保障产生影响，对社会医疗保障的可持续性带来挑战。受教育结构每提升1%，综合协调度则提升0.1338%。人口受教育程度的提升会带来就业机会和预期收入的提高，尤其是农村人口受教育程度越高，在区域间自由流动和就业选择的机会越多，越趋向于能提供更高社会福利的城市地区。同时，人口受教育程度的提升具有正外部性，社会经济发展离不开人口高质量发展，而社会医疗保障以经济发展为物质前提，自然也离不开人口高质量发展，因此人力资本上升对促进医疗保障协调发展具有正效应。综合以上，假设4成立。

三是财政支出类因素。一般公共服务支出占比和人均医疗卫生支出对于城乡医疗保障综合协调度具有显著影响。一般公共服务支出占比每提高1%，综合协调度会提高2.3593%，原因可能是提高一般公共服务支出比重，有助于改善医疗卫生服务供给不足的情况，满足居民对更高医疗保障的需要，促进城乡医疗保障协调发展；人均医疗卫生支出每增加100元，综合协调度会降低2.0848%。医疗卫生支出具有一定的城市偏向性，在地区财力有限的情况下，政府倾向于将医疗卫生资源更多投向城市，从而吸引人口流入和就业，导致农村医疗卫生服务发展相对滞后，农村人均医疗保障支出相对较低，不利于城乡医疗保障协同发展。综合以上，假设5成立。

五　机制分析

在基准回归的基础上，本节进一步考虑经济发展因素对城乡医疗保障综合协调度的可能影响机制。基于前文对影响机理的分析，本节关注城镇化率和人均GDP增长率对基本医疗保险参保率、医疗保险基金收支率和报销比例的影响，其原因在于：医疗保险参保率反映的是基本医疗保险的广度，是衡量一国社会医疗保险发展程度的基础指标，提高社会医疗保险参保率直至实现全覆盖是社会的公共需要；医疗保险基金收支率和报销比例分别从收入和支出两方面反映基本医疗保险的深度，是更能够体现基本医疗保险发展质量的指标，一般来说，随着经济社会持续发展，基本医疗保险基金的收入和支出水平也会持续增长。

具体而言，从医疗保险参保率来看，伴随着工业化与城市化发展，农村剩余劳动力逐渐向城市聚集，农村转移人口参加基本医疗保险的机会增加，在自身医疗保障需求和政策红利激励下，农民工和其他城市外来人口倾向于选择在居住地参加基本医疗保险，促使医疗保险参保率不断地提高。与此同时，城镇化进程伴随着人口和资源向城市的快速集中，城乡之间差距不断扩大，农村居民在医疗保障方面的受益更低，可能不利于激励农村居民参加基本医疗保险，即便已经参加，也可能选择更低的缴费档次，不利于扩大农村居民医保规模。在医疗保险收支方面，随着人均GDP的快速增长，城乡居民的收入水平也在不断提高，使得居民的缴费能力不断提升。2008—2021年，城乡居民参加基本医疗保险的缴费数额在逐年提高，事实上，近年来的医疗保险改革的一个重要内容就是逐步实现居民参保缴费水平和收入水平相挂钩，这使得基本医疗保险收支率和人均GDP紧密相关。近年来，政府财政用于民生领域的支出不断提高，尤其是在医疗保障领域，这会对医疗保险支出的报销比例产生影响。

基于上述分析，在基准回归模型的基础上，分别以城镇职工（城乡居民）医疗保险参保率、城镇职工（城乡居民）医疗保险基金收支率、城镇职工（城乡居民）医疗保险基金报销比例替换被解释变量进行回归，得到回归结果如表7-7中模型（1）—（6）所示。

表7-7　　　　　　　　　　机制分析

	(1) 城镇职工医保覆盖率	(2) 城乡居民医保覆盖率		(3) 城镇职工医保收支率	(4) 城乡居民医保收支率		(5) 城镇职工医保报销比例	(6) 城乡居民医保报销比例
城镇化率（ln_urban_ratio）	0.1011** (0.0124)	1.9459 (0.3128)	人均GDP增长率（rise_pgdp）	0.1963** (0.0454)	10.6539* (0.0512)	人均GDP增长率（rise_pgdp）	-0.0788** (0.0183)	0.1002** (0.0220)
控制变量	是	是	控制变量	是	是	控制变量	是	是
省份固定	是	是	省份固定	是	是	省份固定	是	是
观测值（个）	434	434	观测值（个）	434	434	观测值（个）	434	434
R^2 值	0.3566	0.0504	R^2 值	0.3742	0.5292	R^2 值	0.4589	0.2608

注：括号内为P值，*、**、***分别表示在10%、5%、1%的显著性水平下显著，R^2值指组内R^2值。

从回归结果来看，在控制其他变量的条件下，城镇化率在5%的显著性水平下提高了城镇职工医保覆盖率，而对城乡居民医保覆盖率影响不显著，表明城镇化率的提高扩大了城镇职工医疗保险和城乡居民医疗保险覆盖率之间的差距。人均 GDP 增长率分别在 5% 和 10% 的显著性水平下对城镇职工医疗保险和城镇居民医疗保险收支率产生正效应，从经济意义来看，人均 GDP 对居民医疗保险收支率的影响远远超过城镇职工医疗保险，这主要是由于城乡居民医疗保险发展起步较晚且整体规模较低，经济增长对居民医疗保险参保缴费水平的效应更加明显。最后，人均 GDP 增长率在 5% 的显著性水平下，分别对城镇职工医疗保险和城乡居民医疗保险基金的报销比例产生负效应和正效应，意味着经济增长降低了医疗保险基金对城镇职工医疗保险支出的负担程度，而农村居民则相反。综上所述，可以认为城镇化通过扩大城镇职工医疗保险和城乡居民医疗保险在覆盖率上的差距，降低了城乡医疗保障协调程度，而以人均 GDP 增长率衡量的经济增长通过缩小城镇职工医疗保险和城乡居民医疗保险在基金收支率和报销比例上的差距，提高了城乡医疗保障协调程度。

六　稳健性检验

考虑到模型设定和回归偏差，本书采用以下方法对基准回归的结果进行稳健性检验，包括替换被解释变量、加入变量滞后项、加入政策和事件冲击虚拟变量、对子样本回归、对样本作缩尾处理以及采用可行广义最小二乘回归法。

第一，替换被解释变量。在基准模型中，综合协调度存在损失部分有用信息的风险，可能无法反映真实的城乡医疗保障差距。此处，分别以绝对协调度（ab_coor）和相对协调度（re_acoor）替代综合协调度进行回归，得到回归结果如表 7-8 中（1）和（2）所示。

表 7-8　　　　　　　　　　稳健性检验 1

	(1) 绝对协调度	(2) 相对协调度	(3) 综合协调度滞后一阶	(4) 人均 GDP 增长率滞后一阶	(5) 社会保险法	(6) 医疗保障局	(7) 疫情外部冲击
人均 GDP 增长率 （rise_pgdp）	0.4999** (0.0133)	0.5140** (0.0431)	0.2423* (0.0938)	0.4918* (0.0552)	0.4541*** (0.0063)	0.4563*** (0.0075)	0.4084** (0.0163)
城镇化率 （ln_urban_ratio）	-1.0735*** (0.0001)	-0.5200 (0.1388)	-0.6107*** (0.0031)	-0.9495*** (0.0001)	-0.6473*** (0.0050)	-0.7095*** (0.0024)	-0.6862*** (0.0024)
城乡人均收入差距 （ln_income_gap）	-0.6449** (0.0186)	-0.7157** (0.0321)	-0.5906*** (0.0014)	-0.7509*** (0.0009)	-0.4992** (0.0227)	-0.5681** (0.0105)	-0.4754** (0.0357)

续表

	(1) 绝对协调度	(2) 相对协调度	(3) 综合协调度滞后一阶	(4) 人均GDP增长率滞后一阶	(5) 社会保险法	(6) 医疗保障局	(7) 疫情外部冲击
产业结构 (ln_industry_stru)	0.0612 (0.4702)	0.4098*** (0.0002)	0.2165*** (0.0006)	0.1698** (0.0234)	0.2307*** (0.0012)	0.2267*** (0.0018)	0.2383*** (0.0009)
就业所有制结构 (ln_job_stru)	0.0037 (0.9718)	-0.4575*** (0.0012)	-0.1814** (0.0196)	-0.1319 (0.1611)	-0.1126 (0.2401)	-0.2029** (0.0308)	-0.2371** (0.0127)
对外开放程度 (fore_trade)		-0.5077** (0.0400)	-0.2376 (0.1014)	-0.0527 (0.7654)	-0.3635** (0.0244)	-0.3462** (0.0346)	-0.3644** (0.0256)
老年抚养比 (ln_old_ratio)	0.0033 (0.9784)	-0.6538*** (0.0000)	-0.2304*** (0.0082)	-0.2734*** (0.0100)	-0.3353*** (0.0010)	-0.3495*** (0.0012)	-0.4053*** (0.0002)
少儿抚养比 (ln_child_ratio)	-0.1809 (0.2906)	0.7176*** (0.0011)	0.3213*** (0.0098)	0.2090 (0.1681)	0.2749* (0.0546)	0.2360 (0.1046)	0.1852 (0.2068)
受教育结构 (ln_edu_stru)	0.3438*** (0.0000)	0.2028** (0.0314)	0.2381*** (0.0001)	0.2094*** (0.0050)	0.1741*** (0.0084)	0.2523*** (0.0001)	0.2688*** (0.0000)
公共服务支出占比 (pub_service)	-2.9430*** (0.0013)	1.0715 (0.3646)	0.1164 (0.8855)	-1.7365* (0.0840)	-0.2239 (0.7812)	-1.0087 (0.2018)	-0.9819 (0.2076)
社会保障支出占比 (pub_security)	-1.2349* (0.0853)	-0.0063 (0.9945)	-0.2732 (0.5834)	-0.5133 (0.3938)	-0.3531 (0.5593)	-0.6957 (0.2512)	-0.8917 (0.1455)
人均医疗卫生支出 (per_health)	-2.3484*** (0.0004)	-1.9073** (0.0113)	-0.7194* (0.0936)	-1.1211** (0.0290)	-1.7407*** (0.0004)	-1.7088*** (0.0009)	-1.9487*** (0.0002)
对外开放程度对数 (ln_fore_trade)	-0.1471*** (0.0064)						
综合协调度一阶滞后 (D.ln_coor)			0.4576*** (0.0000)				
人均GDP增长率 一阶滞后 (D.rise_pgdp)				-0.2148 (0.2089)			
城乡医疗保险合并 改革 (dum_reform)			-0.1067*** (0.0008)				
《社会保险法》实施 (dum_law)					0.1370*** (0.0011)		
医疗保障局设立 (dum_administr)						0.0024 (0.9493)	
疫情外部冲击 (dum_incident)							0.0731* (0.0747)

续表

	(1) 绝对协调度	(2) 相对协调度	(3) 综合协调度滞后一阶	(4) 人均GDP增长率滞后一阶	(5) 社会保险法	(6) 医疗保障局	(7) 疫情外部冲击
省份固定	是	是	是	是	是	是	是
常数项	0.0586 (0.8924)	-0.2220 (0.7101)	0.1056 (0.7463)	-0.0191 (0.9615)	-0.2849 (0.4696)	-0.1016 (0.8026)	-0.3350 (0.4205)
观测值	434	434	403	403	434	434	434
R^2 值	0.2032	0.1897	0.4555	0.1821	0.2478	0.2268	0.2330

注：括号内为 P 值，*、**、*** 分别表示在 10%、5%、1% 的显著性水平下显著，R^2 值指组内 R^2 值。

第二，加入滞后项变量。考虑到社会经济因素可能存在滞后影响，在基准模型中加入综合协调度的一阶滞后项（D. ln_coor）进行回归。同时，人均 GDP 能够较好反映社会经济发展程度，另加入人均 GDP 增长率的一阶滞后项（D. rise_pgdp）作回归。上述回归结果如表 7-8 中（3）和（4）所示。

第三，加入政策和事件冲击虚拟变量。基准模型中已经加入城乡医疗保险合并改革的政策虚拟变量，进一步考虑样本存续期内其他外部政策和事件冲击的影响。一是《社会保险法》的实施。2010 年 10 月 28 日，全国人大通过了《社会保险法》，该法律的实施对于促进医疗保障事业协调发展具有重要意义；二是 2018 年国务院机构改革决定新设立国家医疗保障局。医疗保障局的设立有助于全国统筹推进医疗保障改革，解决过去由于部门分割、政策分割、经办分割、资源分割、信息分割导致的诸多弊端①。三是新冠疫情带来的外部冲击。基于此，在基准模型中分别加入《社会保险法》实施、医疗保障局设立、疫情外部冲击的虚拟变量，分别用符号 dum_law、dum_administr、dum_incident 表示，规定 2010 以后 dum_law 取值为 1，2018 年以后 dum_administr 取值为 1，2019 年以后 dum_incident 取值为 1。回归结果如表 7-8 中（5）、（6）、（7）所示。

第四，对子样本回归。考虑到直辖市与自治区相比省在行政层面的特殊性及其可能对医疗保障改革造成的影响，在全样本的基础上分别剔除直辖市样本（北京、上海、天津和重庆），以及自治区样本（内蒙

---

① 郑功成：《组建国家医保局绝对是利民之举》，《中国医疗保险》2018 年第 4 期。

古、宁夏、新疆、西藏、广西）后重新回归，得到回归结果如表 7-9 中（8）、（9）所示。

第五，对样本作缩尾处理。附录中图 1 是各解释变量的概率累计分布，可以看出部分变量在各个分位数水平上的分布较为均匀（如城镇化率、城乡人均收入差距），部分变量则在较低或者较高的分位数水平上分布集中（如人均 GDP 增长率、产业结构），考虑到离群值和极端值对回归结果的影响，将各解释变量按照第 1 百分位数和第 99 百分位数作缩尾处理后回归，回归结果如表 7-9 中（10）所示。

第六，采用可行广义最小二乘回归法（FGLS）。考虑到面板数据可能存在的自相关、异方差等问题对回归结果的影响，利用 Stata16.0 软件，在基准模型的基础上，采用可行广义最小二乘回归方法进行检验，回归结果如表 7-9 中（11）所示。

表 7-9　　　　　　　　　　稳健性检验 2

	（8）非直辖市	（9）非自治区	（10）缩尾处理	（11）FGLS
人均 GDP 增长率（rise_pgdp）	0.4441*** (0.0097)	0.4373** (0.0125)	0.6553*** (0.0028)	
人均 GDP（pgdp）				0.1596*** (0.0042)
人均 GDP 平方（sq_pgdp）				-0.0208*** (0.0029)
城镇化率（ln_urban_ratio）	-0.4464* (0.0782)	-1.2120*** (0.0000)	-0.7595*** (0.0047)	-0.5769*** (0.0000)
城乡人均收入差距（ln_income_gap）	-0.6202** (0.0110)	-0.8050*** (0.0011)	-0.3948*** (0.0946)	-0.2090*** (0.0047)
产业结构（ln_industry_stru）	0.1515** (0.0348)	0.2706*** (0.0012)	0.2141** (0.0115)	0.0405 (0.2611)
就业所有制结构（ln_job_stru）	0.0178 (0.8590)	-0.1383 (0.1436)	-0.0153 (0.8863)	-0.0806* (0.0839)
对外开放程度（fore_trade）	-0.6177*** (0.0006)	-0.1852 (0.2573)	-0.2070 (0.2419)	-0.2287*** (0.0002)
老年抚养比（ln_old_ratio）	-0.1523 (0.1794)	-0.4938*** (0.0000)	-0.3046** (0.0134)	0.0060 (0.8986)

续表

	（8）非直辖市	（9）非自治区	（10）缩尾处理	（11）FGLS
少儿抚养比 （ln_child_ratio）	-0.0340 (0.8208)	0.4214*** (0.0070)	0.3077** (0.0392)	-0.1219** (0.0326)
受教育结构 （ln_edu_stru）	0.2779*** (0.0000)	0.4510*** (0.0000)	0.2180** (0.0388)	0.1991*** (0.0000)
公共服务支出占比 （pub_service）	-1.2672* (0.0969)	-0.7720 (0.3638)	2.3536** (0.0288)	-1.7344*** (0.0005)
社会保障支出占比 （pub_security）	-1.1017* (0.0715)	-0.2605 (0.6905)	0.2606 (0.6999)	-0.5647 (0.1732)
人均医疗卫生支出 （per_health）	-2.3804*** (0.0000)	-1.2620** (0.0322)	-1.4057** (0.0321)	-1.4115*** (0.0000)
年份固定	否	否	是	否
省份固定	是	是	是	是
常数项	0.5232 (0.1993)	-0.0188 (0.9638)	-1.1017* (0.0715)	-0.3776* (0.0857)
观测值	378	364	434	434
R^2 值	0.2371	0.2762	0.3146	
Wald 卡方值				117.20

注：括号内为 P 值，*、**、***分别表示在 10%、5%、1%的显著性水平下显著，R^2 值指组内 R^2 值，模型（11）中 pgdp 指代人均 GDP，sq_pgdp 指代人均 GDP 平方项。

依据进行稳健性检验的不同方法，对稳健性检验的结果相应展开分析：

一是替换被解释变量。以绝对协调度（ab_coor）和相对协调度（re_coor）作为被解释变量，人均 GDP 增长率的影响显著为正，城乡人均收入差距的影响显著为负，其他经济发展类因素，如表 7-8（1）中的城镇化率、（2）中的产业结构、就业所有制结构分别对城乡医疗保障协调度产生显著影响。老年抚养比和少儿抚养比分别对城乡医疗保障相对协调度产生负向和正向影响，以受教育结构衡量的人力资本均有助于提升城乡医疗保障绝对协调度和相对协调度。人均医疗卫生支出的影响显著为负，可能原因是医疗卫生支出存在城乡差距，城镇居民享受到更优质的医疗卫生服务。

二是加入滞后项变量。表7-8（3）中加入综合协调度的滞后一阶项，人均GDP增长率、产业结构和受教育结构显著提升城乡医保综合协调度，而城镇化率、城乡人均收入差距、就业所有制结构的影响显著为负，老年抚养比和少儿抚养比分别具有负效应和正效应。表7-8（4）中加入人均GDP增长率的滞后一阶项，人均GDP增长率、城镇化率、城乡人均收入差距、产业结构、少儿抚养比、受教育结构的影响与基准回归保持一致。

三是加入政策和事件冲击虚拟变量。表7-8中（5）结果表明《社会保险法》的实施确实有助于提升城乡医疗保障综合协调度。在解释变量方面，控制外部事件和政策的影响后，人均GDP增长率、城镇化率、城乡人均收入差距、产业结构的影响依然显著且与基准回归的方向一致，老年抚养比和受教育结构分别产生负效应和正效应。

四是对子样本回归。表7-9中（8）和（9）表明人均GDP增长率、城镇化率、产业结构等经济发展因素的影响依旧显著，方向符合预期。非自治区样本中老年抚养比降低了城乡医疗保障综合协调度，少儿抚养比和受教育结构则促进了城乡医疗保障综合协调度。

五是缩尾处理。表7-9中（10）对样本缩尾处理后，结果发现人均GDP增长率、城镇化率、产业结构、城乡人均收入差距和人口结构因素均对城乡医疗保障综合协调度产生显著影响，方向符合预期。公共服务支出占比提升了城乡医疗保障综合协调度，与基准回归一致。

六是可行广义最小二乘回归。表7-9中（11）人均GDP对城乡医疗保障综合协调度存在非线性影响，随着人均GDP的提高，城乡医疗保障综合协调度呈现先增长后下降的倒"U"形变化趋势，其与本书发现的城乡医疗保障协调度"N"形趋势相互支持。城镇化率、城乡人均收入差距、就业所有制结构、对外开放程度降低了城乡医疗保障综合协调度，受教育结构则促进了城乡医疗保障综合协调度。

综上所述，经济发展类因素对城乡医疗保障综合协调度具有显著影响，且方向符合预期，检验通过假设3。人口结构类因素对城乡医疗保障综合协调度具有显著影响，且方向符合预期，检验通过假设4。财政支出类因素中，人均医疗卫生支出对城乡医疗保障综合协调度具有显著影响，检验通过假设5，结果还表明财政支出的城乡差距不利于促进医疗保障城乡协调发展。

七 内生性处理

本书实证检验采用的是小样本，容易受到自相关和异方差的干扰，此外，内生性问题的存在使得基准回归的结果是有偏和不一致的。简单地说，本书可能存在以下内生性问题：一是遗漏变量，影响城乡医疗保障发展的因素众多，本书无法将各个因素纳入进来，并且许多因素具有不可观测的特征，放大了遗漏变量可能导致的内生性风险；二是反向因果，医疗保障综合协调度不仅受到经济、人口和财政支出因素的影响，其本身也可能对上述因素产生效应，如人均GDP的增长提升了居民参与社会医保的能力，但同时城乡医疗保障协同发展也有利于促进城乡融合发展，提升居民收入水平，反向因果的存在使得基准回归的结论具有脆弱性；三是测量偏差，尽管本书纳入的指标主要从官方统计资料和统计公报获取，但是各类统计资料的测度口径都或多或少存在差异，并且本书的样本周期从2008年到2021年，部分年份的指标调整使得前后数据的可比性下降，也可能导致内生性问题。

为了缓解内生性问题，本书采用工具变量法对回归方程作二阶段最小二乘估计。从以下方面开展工具变量检验：①人均GDP的内生性问题可能相对严重，参考李锴和齐绍洲①的做法，以人力资本作为人均GDP的外部工具变量，人力资本是经济发展的关键要素，而与医疗保障协调度的关系相对较弱。人力资本以6岁及以上人口的平均受教育年限取对数表示，用human_capital表示，人口平均受教育年限的计算公式如下：各地区人力资本=小学学历人口比重×6+初中学历人口比重×9+高中学历人口比重×12+大专及以上学历人口比重×16，相关数据来自《中国统计年鉴》历年的人口抽样调查数据。②城镇化率、少儿抚养比、人均医疗卫生支出可能存在一定的内生性问题，参考既有做法，以上述指标的滞后一期作为外部工具变量，分别用l_urban、l_child、l_health表示。由于本书纳入的主要是经济和人口特征因素，存在一定的时间趋势，滞后一期对当期指标存在影响，但是医疗保障综合协调度对滞后一期指标的影响较弱。③进一步地，本书无法排除其余变量可能存在的内生性问题，出于稳健的目的，将剩余变量的滞后一期作为外部工具变量作2SLS回

---

① 李锴、齐绍洲：《贸易开放、经济增长与中国二氧化碳排放》，《经济研究》2011年第11期。

归，缓解内生性问题。人均 GDP、城镇化率、少儿抚养比、人均医疗卫生支出的工具变量检验结果如表 7-10 的模型（1）—（4）所示，其余工具变量的检验结果在附表 5 列示。

表 7-10　　　　　　　　　　工具变量的 2SLS 估计

	（1） IV：human_capital	（2） IV：l_urban_ratio	（3） IV：l_child_ratio	（4） IV：l_per_health
人均 GDP （ln_real_pgdp）	0.6183** (0.0416)			
城镇化率 （ln_urban_ratio）		-0.7218** (0.0113)		
少儿抚养比 （ln_child_ratio）			0.5514** (0.0141)	
人均医疗卫生支出 （per_health）				-2.2409*** (0.0020)
控制变量	是	是	是	是
年份固定	是	是	是	是
省份固定	否	是	是	是
第一阶段 IV 估计系数	-0.6861*** (0.0000)	0.8153*** (0.0000)	0.6179*** (0.0000)	0.8498*** (0.0000)
Cragg-Donald Wald F 值	26.9730	1833.6656	276.6886	752.6873
LM test （Chi-sq P 值）	26.9126 (0.0000)	359.8242 (0.0000)	183.4198 (0.0000)	288.9094 (0.0000)
观测值	434	434	434	434
R^2 值	0.0534	0.1546	0.1454	0.1555

注：括号内为 P 值，*、**、*** 分别表示在 10%、5%、1% 的显著性水平下显著。模型（1）—（4）第二阶段回归只列出内生变量的回归结果，未列出其他变量的回归结果。

由表 7-10 所示，中间三行给出了 IV 检验的第一阶段回归结果，各 IV 估计系数均在 1% 的显著性水平下通过检验，表明本书选取的工具变量与对应内生变量之间具有显著的相关关系，符合工具变量的相关性要求。进一步考察工具变量的其他统计特征，各工具变量的 LM 统计值均较大，且卡方统计 P 值均小于 0.01，说明不存在识别不足的问题。此外，各工具变量的 F 值均超过 10 的经验标准，说明不存在明显的弱工具变量问题。

从第二阶段回归结果来看，模型（1）—（3）表明人均 GDP、城镇化率、少儿抚养比在 5% 的显著性水平下对综合协调度产生影响，模型（4）表明人均医疗卫生支出在 1% 的显著性水平下对综合协调度产生影响，进一步支持了基准回归的结论。事实上，与基准回归模型（5）相比，人均 GDP、城镇化率、少儿抚养比和人均医疗卫生支出的回归系数绝对值均有所增大，经济意义更加显著，说明采用工具变量法在一定程度上缓解了内生性问题。

第六节 区域异质性分析

一 协调度的异质性

将全国 31 个省（区\市）划分为东部、中部、西部三个地区，其变化情况与全国大体保持一致。如表 7-11 所示，东部地区绝对协调度的变化情况与全国保持一致，东部地区绝对协调度在 2008 年至 2012 年上升，在 2013 年至 2015 年呈下降趋势，在 2016 年至 2021 年转为上升趋势，呈"N"形。而中部地区和西部地区的表现异于东部地区，中部地区、西部地区的绝对协调度在 2008 年至 2015 年一直保持上升趋势，而在 2016 年至 2021 年则转为下降趋势，呈倒"U"形。

表 7-11　　　　　　　　分地区城乡医疗保障协调度

	地区	2008 年	2012 年	2015 年	2016 年	2020 年	2021 年
绝对协调度	东部	0.516	0.733	0.685	0.686	0.707	0.670
	中部	0.516	0.657	0.765	0.672	0.535	0.567
	西部	0.665	0.696	0.750	0.680	0.569	0.501
	全国	0.273	0.804	0.353	0.720	0.819	0.752
相对协调度	东部	0.585	0.709	0.730	0.663	0.840	0.635
	中部	0.728	0.737	0.740	0.788	0.841	0.741
	西部	0.649	0.729	0.753	0.739	0.733	0.580
	全国	0.563	0.853	0.531	0.744	0.954	0.887

注：按照《中国卫生健康统计年鉴》的做法将 31 个省（区、市）划分为东部、中部、西部三个地区。

形成东部地区与中部、西部地区这一差别的原因可能在于经济发展水平的不同,尤其是城市经济的发展水平。中部地区、西部地区的经济发展水平相对落后于东部地区,东部地区随着新农合作用的衰减以及城市经济的迅速发展导致城乡差距再一次拉大,而中部地区、西部地区的各省份,其广大农村地区受新农合作用的影响,保障水平持续提高,同时城市经济的发展却不如东部地区迅速,因此,不足以造成城乡差距的再一次扩大,故中部、西部地区的绝对协调度在2012—2015年依旧保持上升趋势,使得最终的变化趋势不再是"N"形,而是倒"U"形。

在相对协调度方面,通过对东部地区、中部地区、西部地区进行比较,结果发现,中部地区、西部地区的相对协调度优于东部地区,中部地区、西部地区的相对协调度均在0.6以上,多数超过了0.7,而东部地区的相对协调度存在低于0.6的情况,即存在"不协调"的情况。

二 协调度影响因素的异质性

我国东部、中部、西部地区经济发展程度和自然地理条件差异较大,城乡医疗保障协调发展呈现出不同的特点,不同类型因素对城乡医疗保障协调发展的影响可能存在差异,有必要作进一步的分析。本书基于基准模型对东部地区、中部地区、西部地区进行分组回归,探究不同地区影响城乡医疗保障协调度的主要因素。

表7-12反映了2008—2021年东部地区、中部地区、西部地区主要指标平均值,可以发现:①东部地区经济发展程度明显高于中部地区、西部地区。东部地区人均GDP增长率高于中部地区、西部地区,而城镇化率、产业结构、对外开放程度分别达到68.16%、146.80%、53.12%,远高于中部地区、西部地区。东部地区城乡收入比低于中部地区、西部地区,表明城乡居民收入差距更低;东部地区城镇国有单位就业人口占比远低于中部地区、西部地区,一定程度反映了东部地区民营经济相对发达。②西部地区人口结构更加均衡,但是人力资本偏低。西部地区的老年抚养比低于中部地区、东部地区,而少儿抚养比要高于中部地区、东部地区,人口老龄化压力较低。西部地区城镇单位就业人口中拥有高中及以上学历的仅占27.31%,远低于东部地区的42.62%,人力资本水平较低。③财政支出结构的地区差异明显。东部地区的公共服务支出占比为9.57%,低于中部地区、西部地区。中部地区的社会保障支出占比最高,为14.94%,但是人均医疗卫生支出仅有0.0721万元,远低于西部

地区和东部地区水平。

表 7-12　　　　　　　　协调度影响因素的描述性统计

	变量名称	西部	中部	东部
	综合协调度 CD	0.6625	0.6646	0.6666
经济发展类	人均 GDP 增长率（rise_pgdp）	0.0389	0.0307	0.0106
	城镇化率（urban_ratio）	0.4841	0.5332	0.6816
	城乡人均收入差距（income_gap）	3.1176	2.5094	2.4203
	产业结构（industry_stru）	1.0499	0.9722	1.4680
	就业所有制结构（job_stru）	0.5688	0.4819	0.3280
	经济开放程度（fore_trade）	0.1077	0.1077	0.5312
人口结构类	老年抚养比（old_ratio）	0.1341	0.1494	0.1482
	少儿抚养比（child_ratio）	0.2711	0.2329	0.1930
	受教育结构（edu_stru）	0.2731	0.3095	0.4262
财政支出类	公共服务支出占比（pub_service）	0.1033	0.1037	0.0957
	社会保障支出占比（pub_security）	0.1306	0.1494	0.1202
	人均医疗卫生支出（per_health）	0.1026	0.0721	0.0920
	观测值（个）	168	112	154

　　分组回归通过 Hausman 检验确定是采用固定效应还是随机效应，检验结果显示 P 值均大于 0.1，因而适宜采用个体随机效应模型，回归结果如表 7-13 所示。从回归结果可以看出，各类因素对不同地区城乡医疗保障协调度的影响存在明显差异：①经济发展因素。人均 GDP 增长率和就业所有制结构仅对东部地区产生显著影响，城镇化率仅对西部地区产生负向影响，经济开放程度同时对东部地区和西部地区产生负效应，城乡人均收入差距对各个地区城乡医疗保障协调度都有负弹性。②人口结构类因素。老年抚养比对东部地区影响显著为负，人力资本（受教育结构）在中部地区和西部地区影响显著为正。③财政支出类因素。公共服务支出占比仅对中部地区产生负效应，社会保障支出占比仅对东部地区产生正效应，人均医疗卫生支出在东部地区和西部地区具有负效应。对于分组回归中通过显著性检验的各个变量，其方向与基准回归保持一致，符合预期。

表 7-13　　　　　　　　　分地区回归结果

变量	（1）东部	（2）中部	（3）西部
人均 GDP 增长率 （rise_pgdp）	0.6460** (0.0365)	0.1852 (0.4577)	0.0945 (0.7388)
城镇化率 （urban_ratio）	-0.4672 (0.1451)	-0.5366 (0.1986)	-0.5099*** (0.0020)
城乡人均收入差距 （income_gap）	-0.6707*** (0.0018)	-0.4354** (0.0335)	-0.6488*** (0.0024)
产业结构 （industry_stru）	-0.0858 (0.2213)	0.0490 (0.6932)	0.0292 (0.7127)
就业所有制结构 （job_stru）	-0.3954*** (0.0000)	0.1952 (0.1305)	-0.1681 (0.2048)
经济开放程度 （fore_trade）	-0.4354*** (0.0000)	-0.3234 (0.6816)	-0.8936*** (0.0082)
老年抚养比 （old_ratio）	-0.2798*** (0.0019)	-0.1540 (0.2556)	-0.0141 (0.8907)
少儿抚养比 （child_ratio）	0.0976 (0.3105)	0.0081 (0.9566)	-0.0791 (0.4471)
受教育结构 （edu_stru）	0.2573 (0.1196)	0.4052*** (0.0003)	0.2521*** (0.0002)
公共服务支出占比 （pub_service）	0.3162 (0.7924)	-0.1107* (0.0536)	0.6477 (0.5334)
社会保障支出占比 （pub_security）	1.6142** (0.0122)	0.5326 (0.6721)	-0.6857 (0.3235)
人均医疗卫生支出 （per_health）	-0.1044* (0.0707)	-1.7360 (0.2183)	-2.2251*** (0.0000)
常数项	-0.4902 (0.2143)	0.2767 (0.6733)	0.3699 (0.3820)
观测值	154	112	168
R^2 值	0.2796	0.1765	0.2149

注：括号内为 P 值，*、**、*** 分别表示在 10%、5%、1%的显著性水平下显著，R^2 值指组内 R^2 值。

如表 7-13 所示，具体分析分组回归结果：①经济发展因素。人均 GDP 增长率每提高 1%，东部地区综合协调度将提高约 0.65%，中部地区、西部地区则不显著，可能原因是东部地区经济发展程度处在较高水平，根据库兹涅茨曲线，随着人均 GDP 的进一步增长，城乡发展差距会逐步缩小，有利于促进医疗保障的城乡协调发展；城镇化率每提升 1%，西部地区综合协调度降低约 0.51%，可能原因是西部地区城镇化率平均为 48.4%，低于中部、西部地区水平，尚处在初级阶段，城镇化伴随着人口和资源向城市的快速集中，会造成城乡差距进一步扩大，不利于医疗保障的城乡协调发展；就业所有制结构每提高 1%，东部地区综合协调度下降约 0.40%，而中部、西部地区不显著。东部、中部、西部地区的城镇国有单位就业人口比重分别为 32.8%、48.2%、56.9%，东部地区比重要低于中部、西部地区，这与东部地区经济开放程度较高，民营经济相对发达的事实相印证。②人口结构因素。老年抚养比每增长 1%，东部地区综合协调度下降约 0.28%，中部、西部地区影响不显著，可能是由于东部地区的老年抚养比高于西部地区，而少儿抚养比远低于中部、西部地区，人口老龄化趋势更加明显，使得人口结构因素的负向影响更显著；人力资本每提升 1%，中部和西部地区综合协调度分别提升约 0.41% 和 0.25%，东部地区影响则不显著。东部、中部、西部地区人力资本指标的平均值分别为 42.6%、31%、27.3%，中部、西部地区相对较低的人力资本水平，不利于促进城乡医疗保障协调发展。③财政支出因素。东部和西部地区的人均医疗卫生支出降低了综合协调度，经济系数分别为 0.1044 和 2.2251。公共服务支出占比每提升 1%，中部地区综合协调度则下降约 0.11%，社会保障支出占比每提升 1%，东部地区综合协调度提升约 1.61%。东部、中部、西部地区在财政支出因素方面的回归结果存在较大差异，一方面是由于各地区经济发展程度和资源禀赋差异较大，地区内城乡发展差距各不相同，使得财政支出因素的影响存在异质性；另一方面是由于各地区的财政支出结构不同，同时财政支出具有一定的城市偏向性，一定程度上导致城乡医疗保障发展的不均衡。

第七节 结论

本书以我国城乡医疗保障协调发展为研究主题，首先，引入"协调度"的概念，以全国以及 31 个省（市、区）2008—2021 年的数据为基础，通过构建指标体系展开对我国城乡医疗保障协调度的客观评价，包括绝对协调度与相对协调度两方面的内容。其次，针对我国城乡医疗保障协调发展效应整体较差的状态，通过构建计量模型对其影响因素展开实证分析。在此基础上，考虑到我国各区域在经济发展水平上有区别、在医疗保险制度改革的推进上有先后，并且受一些历史遗留问题的影响，尤其东部地区与中部、西部地区之间因为经济发展水平的差距，在许多问题上表现出发展的差异性。为此，本书从城乡医疗保障协调度及其影响因素两个方面，分析不同地区在城乡医疗保障协调发展问题上存在的差异性。

测量结果表明，2008—2021 年，我国城乡医疗保障协调度整体水平不高但上升趋势明显，呈"N"形变化特点，即从 2008 年开始协调度先上升后下降，而后从 2016 年又转为上升。分东部、中部、西部三个地区来看，其中，东部地区协调度取值与总体变化情况与全国保持一致，而中部、西部地区协调度的变化情况有所差异，为先上升后下降的倒"U"形。其原因可能在于中部、西部地区经济发展相对落后于东部地区，农村人口占其人口总数的比例较高，并且在医疗资源的获取上不占优势，如此一来，2008 年新农合的建立为居民提供了更高水平的医疗保障，使农村居民的生活质量得到极大程度的改善，城乡医疗保障的协调度也随之提高，并且由于农村群体的庞大规模，中部、西部地区新农合的影响相较于东部地区更为深远，协调度的上升期持续更长时间。

针对我国城镇企业职工医疗保障与城乡居民医疗保障协调度整体不高的状态，回归结果显示：①在经济发展类因素中，人均 GDP 增长率、城镇化率和城乡人均收入差距三者的回归系数分别显著正、负、负，且绝对值均较大，表明人均 GDP 增长率越高、城镇化率越低、城乡人均收入差距越小，城乡医疗保障协调度越高，与本书的预期一致。此外，产业结构和经济开放程度的回归系数也显著为正。因此，经济发展类因素对城乡医疗保障协调度存在显著影响。②在人口结构类因素中，所有变量的回归系数均显著，其中，老年抚养比的回归系数显著为负，而少儿抚养比和受教育结构变量的回归系数显著为正。③在财政支出类因素中，公共服务支出占比和人均医疗卫生支出的回归系数均显著为正，即公共服务支出和医疗卫生支出越多，越有利于城乡医疗保障的协调发展，同时也说明城乡医疗保障协调度受财政支出类因素的显著影响。有关回归结果原因的分析，前文已详细介绍，故不再赘述。此外，在影响因素的机制分析当中，本书主要关注的是经济类因素影响城乡医疗保障协调度的机制分析，以城镇化率和人均 GDP 增长率为例。回归结果发现，城镇化率和人均 GDP 增长率主要通过影响基本医疗保险参保率、医疗保险基金收支率和报销比例，最终对城乡医疗保障协调度产生影响。

分东部地区、中部地区、西部地区来看，不同因素对不同地区城乡医疗保障协调度的影响存在明显差异。在经济发展类因素中，仅城乡人均收入差距变量对各个地区的协调度存在显著负向影响，经济开放程度同时对东部地区和西部地区的协调度有影响，而人均 GDP 增长率和就业所有制结构只对东部地区的协调度产生影响、城镇化率只对西部地区的协调度产生影响。在人口结构类因素中，对东部地区协调度产生显著影响的是老年抚养比变量，其回归系数显著为负，对中部地区、西部地区协调度产生显著影响的是人力资本变量。在财政支出类因素中，中部地区城乡医疗保障协调度主要受公共服务支出占比的影响，东部地区协调度则主要受社会保障支出占比的影响，人均医疗卫生支出是影响西部地区协调度的主要因素，但它同时也对东部地区的协调度产生影响。这种不同地区的协调度主要受不同因素影响的差异性表明：在促进各地区城乡医疗保障的协调发展时应注重政策的差异性，在保持各地区政策共性的同时，要结合各地区的实际情况，着重发挥对各个地区有突出影响的政策变量的作用。

基于以上对主要研究内容及研究结果的归纳与总结，在追求共同富裕的时代背景下，为切实解决医疗保障领域城乡协调发展问题、提升国民整体福利水平与促进社会公平、实现发展成果更好由全体人民共享，提出以下几点政策建议。

第一，推动实现基本医疗保险全覆盖。提高基本医疗保险的覆盖水平是医疗保障事业发展的基础，只有将更多的人纳入医疗保险体系之中，医疗保障水平的提升、医疗保险基金的可持续发展等内容才有其现实意义，我国的基本医疗保险制度才能走向高质量发展。据相关资料介绍，我国目前基本医疗保险参保率在95%以上，已实现较高水平的覆盖。而本书的测算结果显示，近几年无论是城镇职工医疗保险还是城乡居民医疗保险，参保人数增长率均有所下降，甚至出现负向增长的情形。

我国的基本医疗保险，不仅是一种惠民制度，也具有一定的商品属性，消费者在收入、保险意识和效用偏好方面存在差别，或对疾病风险的认识不同，都会导致对医疗保险这一商品的渴求程度不同。① 因此，在推动实现我国基本医疗保险全覆盖的过程中，应注重对基本医疗保险制度及其相关内容的合理宣传，让广大人民群众了解基本医疗保险制度的重大意义。尤其是居民群体（相较于职工群体而言，包括城镇居民与农村居民），因其在参与基本医疗保险上具有自愿性，加深居民群体对我国基本医疗保险制度的了解有助于提高居民群体的医疗保险覆盖率，此外，在未来医保制度发展中，参照城镇职工医疗保险的做法，从制度层面做出增强城乡居民参加医疗保险的强制性安排，从而实现城镇职工医疗保险与城乡居民医疗保险在覆盖水平方面的协调。对于城镇职工群体，在某种程度上，其被强制参与基本医疗保险，因此，在城镇地区，为提高医保覆盖率，关键是要将城镇职工基本医疗保险体系之外的灵活就业人员、工商个体户、自由职业者、农民工等群体纳入进来，基本医疗保险制度的宣传主要面向这些群体。除此以外，也需要在制度层面做出合理的安排。例如，设计弹性缴费方式、建立个人缴费的梯度补贴机制，以激励城镇灵活就业人员、个体工商户等群体积极参保。而对于农民工群体，应从改革户籍制度入手，并完善农民工医疗保险关系转移接续办法，为农民工群体参保提供便利。

第二，适度提高基本医疗保险缴费标准。提升基本医疗保险的覆盖水平，有助于拓宽基本医保发展的广度，而适度提高缴费标准有助于提高基本医保发展的深度。较高的基本医疗保险缴费水平，意味着较高的待遇给付水平，可以为居民提供更高程度的医疗保障，在全面落实基本医疗保险制度普惠性的同时，推动我国基本医疗保险制度向更高质量发展。除此之外，缴费标准的提高带来的充裕基金可用于推动我国基本医疗保险制度向高质量发展的相关探索。

然而，提高缴费标准面临难题，提高缴费标准使居民面临直接的收入损失，在还未得到更高水平的待遇支付之前，居民的排斥心理较强，如果没有政府的强制干预，可能导致参保率降低，反而不利于我国基本医疗保险制度的正常运行与发展。因此，需要做好提高缴费标准的宣传工作，尤其是基层政府部门，可以通过举办公益讲座、发放宣传手册等方式组织居民学习了解相关内容。对于城镇职工，因其医保缴费部分由

---

① 徐玮：《基本医保也要研究"营销"》，《中国社会保障》2007年第12期。

企业承担，提高缴费标准的做法在一定程度上损害了企业的利益，因此，前期可以通过减免税收、提供税收优惠的方式推进提高缴费标准的改革。

第三，适度提高城乡居民医疗保险支出水平。从测度结果来看，城镇职工医保报销比例远高于城乡居民医保报销比例，如果用报销比例来衡量医疗服务的受益水平，可见我国基本医疗保险在城乡居民受益公平上存在较大问题。此外，随着经济发展水平的提高，人们对医疗服务会产生更多、更高层次的需求。为此，应加快提高城乡居民医疗保险支出水平，提高居民群体的医保待遇给付。提升基本医疗保险支出水平，关键在于提高基本医疗保险基金收入，除可以通过提高缴费标准这一手段之外，加大财政转移支付力度是可行的办法。

除此之外，还可通过属地参保和城镇职工以家庭为单位参保的方式提高居民群体的保障水平。属地参保和职工以家庭为单位参保，增加了城镇职工参保人，减少了城乡居民参保人，使城镇职工家庭成员的保障水平得到迅速提高，并且，由于财政补贴大体保持不变，变相地提高了人均筹资水平，最终使居民整体保障水平得到较大程度的提升。[1] 同时，由于"福利刚性"，应严格把握财政投入的适度原则，不宜在短时间内迅速提高基本医保支出水平，避免在将来面临更大财政压力。[2]

第四，优化城乡医疗卫生资源配置。从本书构建的测度城乡医疗保险协调发展效应的指标体系来看，综合发展性指标、保障度指标与持续性指标三方面的计算结果，发现我国城乡医疗保障发展不协调主要表现为农村地区医疗保障发展落后于城市地区，医疗人才保障指标和医疗设施保障指标的计算结果均说明城镇职工医保的表现优于城乡居民医保。因此，可归纳总结出城乡医保之间发展不协调的主要原因之一是城乡医疗卫生资源分配不均。

优化城乡医疗卫生资源配置，主要在于推动优质医疗卫生资源更多向农村倾斜，包括增加农村医疗卫生机构的卫生技术人员和病床数量，为农村居民提供更高质量的医疗服务；增设医保定点医院，为农村居民看病提供便利，能够提高农村地区医疗服务利用率；增加基层医院的配

---

[1] 李珍：《迈向高质量全民统一覆盖的医疗保险制度》，《中国卫生政策研究》2020年第1期。

[2] Huang Shaoan, Chen Yan, Li Rui, "Welfare Rigidity, the Composition of Public Expenditure and the Welfare Trap", *Social Sciences in China*, Vol. 40, No. 3, 2019.

套设施，为农村居民治病提供基础保障。此外，应加快统筹城乡基层医疗卫生发展，城镇地区拥有更为丰富、优质的医疗卫生资源，城乡基层医疗卫生发展统筹，关键是要调动起城镇大医院与农村卫生机构之间的互动，并由前者向后者提供包括卫生技术人员、医疗设施等内容在内的援助。

第五，维持城乡基本医疗保险基金存量平衡。医疗保障基金存量不足、财政在社会保障方面面临较大压力，对医疗保障事业的可持续发展提出了难题。分城乡来看，在医保基金的可持续性方面，城乡之间也表现出一定的差距，主要反映在基本医疗保险基金的结余率上，城镇职工医保基金结余率明显高于城乡居民医保基金结余率，城镇职工医保基金结余率在2008—2021年保持在2左右，而城乡居民医保基金结余率均小于1。维持城乡基本医疗保险基金存量平衡有利于缩小这一差距，同时，也暗含着职工医保基金与居民医保基金统筹协调之意。通常是职工医保基金更为丰裕，在这种情况下，可以通过省级医疗保障统筹借助职工医保基金拉动居民医保的可持续发展。

我国医疗保障领域各方面的发展最终均由财政兜底，对于医保基金不充裕、财政压力大的问题，最终也只能是由政府通过各种调控措施加以解决。因此，城乡居民医保面对其持续性欠佳问题时，一方面要依靠政府通过财政转移支付的方式获取更为充足的资金；另一方面，在提出城乡医疗保障协调发展的背景下，城镇职工医保在自身有余力的同时，应为城乡居民医保的可持续发展贡献力量。此外，还有地区差异的问题，一般而言，东部经济发达省份其医保基金整体上拥有更高的结余率和收支率，且高于全国平均水平，如上海市、浙江省、福建省等，其中上海市城镇职工医保基金结余率近几年达到3—4的水平，且上升趋势明显。因此，应发挥出各地区统筹发展的作用，先进地区积极开展对落后地区的帮扶，包括向落后地区转移资金、推动优质医疗资源向落后地区流动。

第六，因地制宜，采取合理措施推动各地区城乡医疗保障协调。基于城乡医疗保障协调度影响因素的异质性分析，在推动各地区医疗保障协调发展时，应具体问题具体分析，提高效率。比如，为促进我国城乡医疗保障的协调发展，首先应致力于缩小城乡收入差距，这能从整体上对我国东部、中部、西部地区的协调度产生正向影响。为此，在农村发展层面，应大力发展农村数字经济，通过提高农村地区的收入水平实现缩小城乡收入差距的目标。在城市发展层面，基于斯密—杨格定理，通过延伸城市生产链长度不仅能提升整体的富裕程度，还有助于推动发展成果由城乡共享，从而缩小城乡收入差距。站在政府角度，为缩小城乡收入差距，一方面，借助于财政手段使政策优势偏向农村，助力农村收入水平追赶城镇收入水平，以此实现缩小城乡收入差距的目标；另一方面，在税收上，从税负承担的角度，为缩小城乡收入差距应降低间接税的比重。除此之外，针对东部地区城乡医疗保障协调度低的问题，应着重从经济开放程度、经济发展、就业所有制结构、老年抚养比和社会保障支出方面考虑提升协调度的方法与途径。在中部地区，则应以受教育结构变量和公共服务支出占比变量为主，寻找促进其城乡医疗保障协调发展的方式。在西部地区，为提高城乡医疗保障协调度，则应主要考虑城镇化水平、经济开放程度、人力资本和人均医疗卫生支出等因素。

第八章 社会保障体系协同效应提升面临的挑战、问题与路径

第一节 社会保障体系协同效应提升的目标与原则

一 社会保障体系协同效应提升的目标

我国以社会保险制度为主体，包括社会救助、社会福利、优抚安置等制度在内的功能完备的社会保障体系基本形成，这是世界上规模最大的社会保障体系。我国社会保障制度自建立之初，就缺乏统一筹划与协同管理，制度碎片化问题形成路径依赖，也因此带来统筹层次低的问题。当前，我国社会保障制度改革的系统性、整体性和协同性进一步增强，城乡居民养老保险、医疗保险制度整合，推进提高养老保险、医疗保险统筹层次，尤其在养老保险方面，中央调剂金制度极大地缓和了养老保险基金的省级结构矛盾，社会保障体系协同效应得以提升，但仍有进步的空间。[1]

我国社会保障改革已经进入系统集成、协同高效阶段，应坚持制度的统一性和规范性，提升社会保障体系协同效应势在必行。提升社会保障体系协同效应，就是要形成更大规模和空间上的社会保障结构与功能，使社会保障体系从当前的分散隔离状态走向更高层级的优化整合，推动形成社会保障各制度、各项目及其子项目之间，跨区域社会保障制度之间的联动与交互关系[2]，以及增强社会保障领域和其他相关领域之间改革

---

[1] 张纪南：《开启社会保障事业高质量发展新征程》，《中国社会保障》2021年第7期。
[2] 林闽钢：《"系统集成、协同高效"的社会保障制度改革——以长三角社会保障一体化为例》，《社会保障评论》2022年第3期。

的关系，依此，形成社会保障各方面的整体合力，并最终实现以下三方面的目标。

（一）构建与中国式现代化水平相适应的社会保障体系

以构建与中国式现代化水平相适应的社会保障体系为目标，在促进社会保障高质量发展的过程中，加快实现中国式现代化。社会保障在我国现代化进程中，为缓和社会矛盾，推动不同社会主义建设时期平稳过渡，发挥了不可替代的作用。当前，我国已进入新发展阶段，为诠释中国式现代化的深刻内涵，实现人口规模巨大的现代化、全体人民共同富裕的现代化等，有必要通过提升社会保障体系协同效应，实现覆盖全民、统筹城乡、公平统一、安全规范、可持续的中国式现代化社会保障体系。

（二）完善促进实现共同富裕的社会保障体系

从理论上讲，社会保障制度推进共同富裕是人类社会历史发展的本质要求，在实践层面，实现共同富裕的中国式现代化需要社会保障发挥作用。以推动实现共同富裕为目标，要坚持以人民为中心，不断顺应人民对高品质生活的新期待，从而不断增强人民群众的获得感、幸福感、安全感。通过提升社会保障在城乡之间、区域之间、群体之间的协同效应，充分发挥社会保障的互助共济功能，使不同区域、不同群体所享受的社会保障服务差距尽可能缩小，推动全民共享、全面共享、共建共享、渐进共享改革发展成果，在促进社会保障走向高质量发展的过程中，推动实现共同富裕。

（三）实现社会保障体系可持续发展

社会保障制度是关系国家发展全局的重要制度安排，探索建立可持续的社会保障制度体系事关发展全局。然而，受历史遗留问题约束，我国社会保障事业发展的非协同局面由来已久，其中包含的各方面问题，如主体定位不明晰、制度碎片化、统筹层次低、多头治理等，均使社会保障的可持续发展遭遇严峻挑战。因此，提升社会保障体系协同效应，务必提高社会保障可持续发展能力，从提高资金可持续能力、治理可持续能力、制度设计可持续能力等方面，探索社会保障事业长期健康发展的新路径，促进社会保障可持续发展。

二 社会保障体系协同效应提升的原则

（一）适度原则

适度原则是指以现阶段我国社会经济发展的实际情况为"度"，充分考虑我国社会保障体系的治理能力、资金实力、法律效力，尽可能推动我国社会保障体系协同效应提升。坚持适度原则是在合理范围内，以实际情况为准，协调各方、缩小差距、共同发展，从而在社会整体层面使社会保障的发展达到"1+1>2"的效果，而不是不惜一切代价使社会保障体系各方面向高水平、高层次靠近，避免陷入"福利陷阱"。社会保障和社会经济发展之间是"水涨船高"的关系，必须遵循"水浅行小舟、水深走大船"的客观规律。社会保障不可能超越也不能超越经济发展阶段。否则，在"福利刚性"的影响下，将给财政带来沉重负担，导致社会活力不足。另外，一定时期经济发展水平的高低，与该时期其他民生领域的发展水平密切相关，因而，社会保障体系与社会经济发展水平相适应，即与其他相关领域的发展水平相适应，也是协同的一个方面。[①]

（二）"次优"原则

推进社会保障体系协同效应提升，就是推进社会保障体系中"较优"方面与"次优"方面的协同。根据"木桶原理"，在协同效应提升过程中，"次优"方面的迟缓、滞后发展严重限制了社会保障体系的整体发展，协同效应的推进也面临阻碍，因而，"次优"方面的完善是关键。举例而言，分区域、人群、城乡来看，要加快推动经济落后地区、低收入群体、农村的社会保障发展，完善与之相对应的社会保障内容体系、结构体系和层次体系。

（三）兼顾公平与效率原则

协同不是平均，要避免陷入平均主义陷阱。尤其是在促进社会保障区域协同方面，必须正确把握"协同"的深刻内涵，充分考虑各地发展的实际情况，允许经济发达地区率先取得进一步的发展、经济落后地区缓慢发展，关键是要通过转移支付、资金调剂、促进资源流通等手段，缩小差距，使低水平地区与高水平地区的发展达到协同状态，而不是运用强制手段，使不同区域处于同一发展水平，以达到绝对平均。

（四）小步渐进、分步实施原则

我国提升社会保障体系协同效应面临的挑战与难题是多方面的，复杂性和艰巨程度较高，很难在短期内使这些问题都得到妥善解决，因而，

[①] 胡晓义：《论我国社会保障制度改革的系统集成、协同高效》，《中国社会保障》2023年第2期。

提升社会保障体系协同效应需要坚持小步渐进、分步实施的原则。一方面，避免改革带来的巨大动荡；另一方面，更好兼顾制度环境因素。小步渐进、分步实施的原则要求做好整体谋划，分清事情的轻重缓急，率先处理急需解决且时机成熟的问题，同时，也要突出重点，扎实推进各项重点任务一一落实，而对于目前还没有能力解决的问题，需要细心筹划，做好前期准备工作，为日后改革工作的展开创造条件。

第二节 社会保障体系协同效应提升面临的挑战

一 地方财力相差悬殊

社会保障是用社会的力量规避社会的风险，根据社会风险的不同性质，其有不同的资金来源。如养老保险，对个人而言是一种必然风险，个人应负其责，企业雇用劳动力赚取利润，应承担一部分责任，政府为防范老年群体性贫困，也承担了部分养老保险责任，因此，养老保险资金来源由个人、企业和政府三方负担。在患病、失业、工伤事故、生育和社会救助等方面，政府均负担着不可推卸的责任。此外，在医疗和社会救助方面，因其在管理上较为琐碎，且存在道德风险难题，而更多地由地方政府承担资金支付责任；在生育保险方面，因制度本身所具有的特殊性，以及涉及面较窄的特征，也更多强调地方政府的责任；在住房保障方面，其财产的属地特征，决定了住房保障责任以地方为主。[1] 综上所述，在社会保障领域，第一，对于社会保障各项目，政府为防范社会风险负有部分责任；第二，在社会保障制度中的社会救助、最低生活保障等方面，政府负有不可推卸的责任；第三，面对社保基金的"穿底"风险，政府负有兜底责任。与此同时，考虑到社会保障各制度、各项目的特点，更多地由地方政府承担这些制度和项目的资金。

将我国31个省份按经济特征划分六个区域考察各区域财力差异状况，发现随着时间的推移，各区域财力差异呈逐渐上升的趋势。[2] 地方财力差距逐渐拉大，意味着地方提供社会保障服务的能力差距也在扩大，

---

[1] 林治芬：《中央与地方社会保障事责划分与财力匹配》，《财政研究》2014年第3期。
[2] 郭玲、姜晓妮、钟亚琼：《我国地方政府间财力差异的多维分析》，《郑州大学学报》（哲学社会科学版）2019年第1期。

容易造成社会保障事业的非均衡、非协调发展局面。一方面，政府需要为社保基金风险兜底，且地方政府承担了大部分社会保障事责；另一方面，地方财力相差悬殊意味着存在财力欠佳地区，对于这些财力短缺地区而言，社会保障事责与财力的不匹配，势必影响其社会保障事业的可持续发展。此外，地方财力差异较大的局面也意味着各地区社会保障资源存在较大差异，可能带来社会保障资源的不合理配置与浪费问题。

二 省级以下社会保障事权不清晰

事权和支出责任划分是财政体制改革的重点与难点，分税制改革之后，我国对于事权的划分较为粗略，尤其在涉及民生的社会保障领域，政府责任的划分更加不明确，1994 年分税制对财政支出的划分也并未提及社会保障支出。[①] 社会保障事权包括政策事权与管理事权，政策事权归属于中央，中央在确定社会保障制度模式方面拥有唯一事权，各省级及以下政府必须严格执行，而依据效率原则，在属地管理体制下，管理事权归属于地方政府。[②] 尽管在中央统一的社会保障制度模式下，但在实际运行中，由于社会保障事务大部分由地方政府承担，在社会保障事权缺乏明确划分的情况下，社会保障事权和支出责任呈现出与权力结构相反的分配格局，即政府层级越高，权力越大，而所需承担的社会保障事责越小，违背了对等原则。[③] 此外，地方政府为支持当地社会保障事业的发展，都在实践中自主安排了地方项目，这部分项目的事权与支出责任的划分难以界定，加之，社会保障具有财政投入见效慢、正外部性较强的特点，造成了社会保障事权不明晰、事权交叉等问题，将不利于社会保障事业的发展。

对于各级政府而言，其社会保障事权即其在社会保障事务和服务中应承担的任务和职责，其支出责任是各级政府所承担的为运用财政资金履行其事权，以及满足社会保障服务需要的财政支出义务。在多级政府体系下，要在明确政府间事权的基础上，界定各级政府支出责任，而后

---

① 刘柏惠：《社会保障事权和支出责任划分"双症结"分析》，《地方财政研究》2017 年第 4 期。

② 施文凯、董克用：《确立中央社会保障事项 推进养老保险全国统筹》，《中国行政管理》2021 年第 4 期。

③ 施文凯、董克用：《确立中央社会保障事项 推进养老保险全国统筹》，《中国行政管理》2021 年第 4 期。

才能划分财政收入,并通过转移支付等手段实现"财力与事权相匹配"。①社会保障事权划分不明晰将直接导致支出责任无法界定,从而财政收入的划分也无法顺利实现,财政体制运行闭环受阻。各地方政府间社会保障事权及支出责任界定不明晰,将破坏社会保障权利义务的对等原则,使得地区支出责任不均衡,极易导致地方社保基金的非平衡状态,不利于社会保障制度的可持续发展。

三 部分社会保障项目统筹层次低

社会保障统筹层次的提高意味着社会保障基金统筹层次的提高,有利于充分发挥社保基金的互助共济功能、增强社保基金抵御风险的能力。

就社会保障的主要项目而言,在养老保险制度方面,2020年底,我国养老保险制度实现了各省份基金省级统收统支,解决了省内地区间基金负担不均衡的问题;2022年1月,企业职工基本养老保险启动全国统筹②,基本养老保险基金的全国统筹实施中央调剂制度,中央调剂制度的省际再分配效应使得各省份尤其是支付困难省份的基金可持续性提高。在医疗保险制度方面,如城镇职工基本医疗保险制度,由于各地市内部存在经济发展不平衡、企业经济情况差距大、医保经办部门能力有限等困难,落实市级统筹存在较大难题,截至2009年,大多数地区的城镇职工基本医疗保险只实现县级统筹。在县级统筹模式下,"大数法则"难以有效实现,基金抵御风险能力弱,异地就医困难、区域不公平等问题逐渐显现。于是,2009年提出到2011年要基本实现市(地)级统筹,此后,市(地)级统筹一直居于主体地位,直至2021年,医保基金的市(地)级统筹依然处于主体地位,只有7个省份实现了医保基金的省级统筹,其中包括4个直辖市、2个自治区即西藏和宁夏,以及海南省,因而,医疗保险的统筹层次提升面临较大困难。③

不难发现,目前我国已经实现了城镇职工养老保险制度的全国统筹,城乡居民养老保险制度的统筹发展也逐渐完善,而医疗保险制度的统筹

---

① 《解读:为什么要建立事权和支出责任相适应的制度》,中华人民共和国中央人民政府,https://www.gov.cn/jrzg/2013-12/25/content_2553997.htm,2013年12月25日。

② 《企业职工基本养老保险全国统筹1月起启动实施 养老金及时足额发放有保障》,中华人民共和国中央人民政府,https://www.gov.cn/xinwen/2022-02/25/content_5675550.htm,2022年2月25日。

③ 申宇鹏:《医保统筹层次、医疗服务利用与健康福利——兼论省级统筹下医疗费用上涨的中介机制》,《社会保障评论》2022年第4期。

大体上依然停留在市（地）级层面，省级统筹的落实依然存在难题，进展较慢。社会保障统筹层次低，除对社会保障基金的风险抵御能力有直接负向影响外，也难以适应新发展阶段在人口流动、城市化进程、人口老龄化等方面提出的新要求。在城市化进程加速推进的过程中，人口的高速流动、新型就业形式等也对社会保障统筹层次提出了更高的要求，将倒逼社会保障制度走向公平统一，提高社会保障统筹层次势在必行。[1] 提高社会保障统筹层次的关键在于，化解各地区社会保障长期分割发展的状态、促进区域社会保障协同发展，以实现全国统筹为发展目标。

四 社会保障制度体系碎片化

社会保障体系的碎片化主要指的是在一国社会保障体系的同一项目中，存在针对不同人的各种分立的制度安排，从而导致保障对象、待遇水平、管理体系、资金来源等方面不统一的现象。[2] 我国社会保障制度体系碎片化主要体现为社会保障制度城乡分割的"大碎片"，以及在社会保障制度发展过程中，许多地方政府为满足各地参保群体的要求，采取各种变通手段而形成的"小碎片"，最终导致我国社会保障制度呈现出碎片化的发展趋势。[3] 一方面，在城乡二元结构的约束下，与社会主义经济体系相适应，我国自社会保障制度体系建立之初就分别针对城市和农村建立了不同的社会福利制度，由此形成社会保障制度体系的城乡分割。另一方面，由于我国社会保障行政管理以地方为主，在全国统一的社会保障制度框架下，各地区之间的社会保障政策存在明显差异，主要体现在社会保障制度的筹资、管理、支付、服务、环境等方面。解决社会保障制度碎片化难题，有利于社会保障资源的优化配置、提高公共管理效率，在明晰各社会保障项目功能定位的基础上，遵循处理同类风险的社会保障项目越少越好、制度设计越简单越好的原则，尝试探索部分社会保障项目制度的整合。[4]

党的十八大以来，我国社会保障制度步入整体性治理时期。在社会

---

[1] 郑功成：《中国社会保障：现状、挑战与未来发展》，《中国社会保障》2022年第9期。
[2] 关信平：《论我国社会保障制度一体化建设的意义及相关政策》，《东岳论丛》2011年第5期。
[3] 郑秉文：《中国社会保险"碎片化制度"危害与"碎片化冲动"探源》，《社会保障研究》2009年第1期。
[4] 何文炯：《中国社会保障需要系统集成》，《中国社会保障》2022年第10期。

保险方面，先后完成新农保与城镇居民养老保险、新农合与城镇居民医疗保险制度合并，并实现了社会保障经办服务系统的城乡一体化，推动社会保障制度实现统一；在社会救助方面，2014年颁布的《社会救助暂行办法》，对低保、特困、教育、救灾等救助制度进行了统一规范管理；在社会福利方面，针对老年群体、儿童、残疾人等弱势群体的社会福利制度逐渐发展完善，并进入法制化建设轨道。整体来看，我国社会保障制度体系朝着统一整合、多层次、可持续的方向发展。①

然而，制度整合的道路并非一帆风顺。在历史遗留问题的影响下，尤其是受城乡户籍制度约束以及受宏观经济社会关系与配套衔接机制改革滞后影响，社会保障整体性治理依然面临"碎片化"难题，整合之路任重道远。我国社会保障制度体系中的碎片化问题以制度设计的碎片化最为突出。关于社会保障的制度设计，其碎片化问题体现在：一是宏观层面，社会救助、社会福利、社会保险、优抚安置等制度处于"分立"的状态，分门别类的制度安排极易导致行政机构的"选择性推诿"，可能使一些社会成员无法被任何一种制度所覆盖②；二是中观层面，社会保障各项目间的制度设计亦存在明显差别，在并行分立的同时也存在交叉重叠的部分，不仅带来管理上的难题，也导致社会保障资源的浪费；三是微观层面，单独考察社会保障各项目，发现单个项目的制度设计也存在整体性程度较低的问题，以医疗保险为例，基本医疗保险由城镇职工医疗保险和城乡居民医疗保险组成，即职工群体和居民群体分别适用于两个不同的医疗保险制度，这两个制度在筹资与待遇给付方面存在较大差别，整体差异明显。

五　社会保障体系多头治理

社会保障治理主体未实现协调均衡，各自为政，存在多头治理问题。在社会保障体系内，一方面，各社会保障制度由不同管理部门分管，社会福利和社会救助均由民政部门进行负责和实施，全国的社会保险管理工作由国务院社会保险行政部门负责，另有优抚安置和社会慈善事业等社会保障制度则是由其他政府部门负责；另一方面，在社会保障各项目

---

① 王婷：《中国政策结构的内在逻辑——以农村社会养老保险政策为例》，《政治学研究》2018年第3期。

② 白维军：《高质量发展视角下的社会保障制度整合优化》，《中国高校社会科学》2023年第2期。

中，养老保险归社保部门管理，医疗保险、生育保险和工伤保险由医保局负责管理，国务院劳动保障行政部门主管全国的失业保险工作。从社会保障管理机构的设置来看，在中央一级，人力资源和社会保障部、国家医疗保障局、国家卫生健康委员会、民政部、退役军人事务部等部门，因主管业务的不同，均在社会保障事务管理中负有一定的责任，与中央相对应，各地方也沿袭这种分散化的机构设置，由此形成了社会保障体系"多龙治水"的局面。

社会保障管理机构设置分散、社会保障各项目由各部门分管的多头治理局面，使得各部门权责边界不清晰，社会保障政策实施过程中各项目间协调性差，制度衔接存在难题，并最终导致社会保障制度体系的协同效应难以提升。多头治理也是社会保障制度体系碎片化的原因之一，分散的机构设置形式使社会制度体系存在管理碎片化问题，不仅带来管理成本的上升和管理效率的下降，也形成了对有限的社会保障预算的挤占，增加财政负担。最为关键的是，在社会保障机构分散设置的情况下，可能由于各部门对其主管业务存在理解偏差，导致某些群体被遗漏在社会保障制度体系之外，而某些群体则重复享受保障，以上两种情形均违背了社会保障制度的初衷，不利于我国社会保障事业的高质量发展。

第三节 社会保障体系协同效应提升面临的问题

一 政府与市场在社会保障体系的职责界定不清

党的十八大报告中指出，经济体制改革的核心问题就是处理好政府和市场的关系，要求遵循市场规律，更好地发挥政府职能，随之提出"简政放权"的观点，依此推动理顺政府与市场的关系，推动政府职能发生转变。因社会保障的"保障"属性，社会保障事业并不以营利为目的，在推动我国社会保障事业发展的过程中，政府居于主导地位，市场与社会组织的参与则起到补充作用。然而，在社会保障体系的实际运转过程中，哪些应该是政府做的，哪些应该是鼓励市场各主体参与并承担的，往往区分不清，导致部分社会保障事务供给的定位不明晰，不利于对社会保障服务的绩效进行有效评估，资源利用率低、腐败滋生等问题在所难免。

应对社会保障不公平、不充分难题，多层次社会保障体系建设势在必行。社会保障体系的建设与发展完善，由政府主导，但也离不开社会力量的参与，尤其是在多层次的社会保障体系建设中，市场的力量不容忽视，因而，如何构建权责明晰、功能协同、衔接顺畅的多层次社会保障体系亟待破题。以医疗保障为例，在多层次医疗保障体系的建设过程中，为更好地满足不同消费群体对医疗服务的需求，亟须促进医疗保障领域补充保障模式的健全与发展。补充保障模式包括商业健康保险、慈善捐赠和医疗互助三方面的内容，分别对应市场、社会与政府三个医疗保障主体。补充保障模式发展滞后，严重阻碍了多层次医疗保障体系的建设，其中，市场、社会与政府之间权责不清、未能充分互补衔接是问题的关键所在，导致部分群体在基本医疗保险的覆盖下，医疗卫生支出的个人自付占比依然较大，这与多层次医疗保障体系建设的目标存在较大距离。[①] 此外，市场与社会组织在参与医疗保障的实际运行中，由于责任边界不明晰，很可能面临受制于政府，且相互之间合作性较差的问题，不利于医疗保障体系各制度间的协同效应的提升。

二 多层次社会保障制度体系未能有效全面实施

国家"十四五"规划纲要提出，要健全覆盖全民、统筹城乡、公平统一、可持续的多层次社会保障体系。在人口老龄化趋势加快、社会风险频发、社会主要矛盾转变等现象共存的时代背景下，多层次社会保障体系的实施是对原有单一层次、单一支柱的社会保障体系的突破，能够有效解决涉及民生的重大问题。此外，社会保障制度作为社会治理的重要手段，为打造共建共治共享的社会治理格局，沿着共建共治共享的战略方向，逐步从单一层次、单一支柱向多层次、多支柱转变，致力于实现政府一元管理向多部门协同的转变，这一转变的过程正是多层次社会保障制度体系的建设过程。

尽管历经二十几年的探索，伴随着一系列法律法规的制定与政策性文件的出台，我国多层次社会保障体系也只呈现出大概的轮廓。在改革发展目标明确的条件下，由于存在认识误区，发展理念模糊，实践效果并不理想，总体上表现出第一层次独大，第二层次、第三层次发展滞后

---

① 张宗良、褚福灵：《中国多层次医疗保障体系再思考——兼析补充保障的模式创新与协同发展》，《经济社会体制比较》2023年第1期。

第八章 社会保障体系协同效应提升面临的挑战、问题与路径 / 271

的情形。在养老保险方面，隶属于第二层次、第三层次的企业年金发展速度缓慢，参与的企业只是少数，并且其中的多数为国有企业和机关事业单位，民营企业鲜有参与。在医疗保险方面，商业健康保险等补充医疗保险与基本医疗保险衔接互补、形成合力，是多层次医疗保障体系的重要组成部分，但鼓励商业性健康保险发展只停留在政策宣示层面，保险市场更主要通过参与大病保险业务而参与到医疗保障体系中，真正意义的商业性医疗并未得到实质发展。在其他社会保障领域，如慈善事业方面，我国的慈善组织参与多层次社会保障体系的形式依然停留在传统的筹款救助阶段，发挥的社会保障服务供给作用十分有限。总体来看，我国多层次社会保障体系未能有效全面实施，其实践发展与政策期望还相差较大距离。[①]

三 社会保障体系公平性有待提升

党的十八大以来，围绕坚持全覆盖、保基本、多层次、可持续的基本方针，全面推进社会保障体系建设，经过一系列的实践探索，我国社会保障制度的发展基本形成"制度运行安全有序、保障项目日益完备、保障水平稳步提高"局面，人民群众更多地分享到社会经济发展成果。进入新时代，为适应我国社会主要矛盾发生的新变化，在社会保障体系基本建立的基础上，党的十九大报告提出全面建成多层次社会保障体系，以不断提高保障和提升民生水平为发展目标，推动经济社会发展朝着更高质量、更有效率、更加公平、更可持续的方向前进。[②]

可见，我国多层次社会保障制度体系建设取得了举世瞩目的成就，与此同时，在内外部环境的冲击下，社会保障制度的改革创新与发展面临较大挑战，尤其是社会保障体系公平性相对较低的问题，在社会保障各项目的实践探索中，甚至出现逆向调节的情形，有悖于社会保障制度设计的初衷。社会保障的公平性问题通常围绕区域、城乡和人群（高、中、低收入群体）三方面展开。在社会保障区域公平性问题上，应避免出现社会保障水平"富者更富、穷者更穷"的"马太效应"，以及多个中心和多极化现象。尽管我国社会保障水平的区域差异在不断缩小，但不

---

① 郑功成：《多层次社会保障体系建设：现状评估与政策思路》，《社会保障评论》2019年第1期。

② 《全面建成多层次社会保障体系》，2018年1月9日，https://www.gov.cn/xinwen/2018-01/09/content_5254543.htm。

平衡、不充分的问题依然存在,在区域内,中部地区和东部地区省际差异均有明显上升的趋势,在区域间,东部和西部地区社会保障水平的差异较为显著。[①] 在社会保障城乡公平性问题与群体公平性问题方面,以医疗保障为例,城镇地区相较于农村地区享有更丰富的医疗资源,医疗基础设施更加完备,享受医疗服务的便利性更高,导致整体上城乡医疗保障水平存在较大差距。在城镇群体与农村群体之间,城镇职工适用于城镇职工医疗保险,农村居民适用于城乡居民医疗保险,两项制度在筹资、支付、服务、管理等方面的安排差异明显,由此,群体不公平进一步加深了城乡不公平。在养老保险方面,群体之间的不公平较为显著,由于各类制度的统筹资金来源不同、财政补贴力度不一,企业职工养老保险、城乡居民养老保险、机关事业单位养老保险三者在养老保险缴费和发放水平上差异悬殊。

在共同富裕的时代背景下,社会保障体系公平性较低不利于其收入分配效应的充分发挥,城乡收入差距、不同群体的收入差距依然显著,这种差距反映在社会保障体系内部,是社会保障各项目、各制度之间的差异。因此,社会保障体系公平性低,一方面,阻碍了社会保障为促进共同富裕赋能;另一方面,也不利于社会保障体系协同效应的提升。

四 社会保障体系系统性、全面性有待提高

习近平总书记在中共中央政治局第二十八次集体学习时,研判社会保障发展进入"系统集成、协同高效"的新阶段,要准确把握社会保障各方面之间、社会保障领域与其他相关领域之间的联系,坚持社会保障体系建设"全国一盘棋",提高协调统筹能力,使各项改革形成整体合力。我国已初步建成覆盖全民的社会保障体系,在取得重大成就的同时,社会保障体系建设也面临新的挑战,未来社会保障制度改革更具有复杂性和艰巨性,必须坚持改革的系统性、整体性和协同性。然而,当前我国社会保障体系的系统性和全面性仍存在诸多不足,严重制约了社会保障改革发展进程,也由此引发了一系列问题。

社会保障体系系统性不足主要表现为以下三方面。一是社会保障体系内部三大系统——社会保险、社会救助、社会福利之间存在结构性失衡问题,主要表现为以社会保险为绝对主体,而社会救助和社会福利的

---

① 李琼、白杏:《社会保障水平的区域差异及动态演进》,《统计与决策》2023年第15期。

发展严重滞后。这是由我国社会保障制度改革"经济体制改革的配套"为定位而导致的，社会保障改革并不以完善自身为目的，而着眼于经济体制改革进程中出现的相关问题。使得社会保障改革与发展的空间较为有限。二是在社会保障领域中，法定保障与补充保障之间的关系失衡。法定保障是社会保障的主体，以政府财政为支撑，辅以相关的法律法规与政策文件，其运行具有一定的强制性、稳定性与基础性。然而，为满足人民群众对美好生活的不断追求，仅有法定保障部分远远不够。补充保障，顾名思义在法定保障的基础上起到补充作用，两者的关系本质上是"保基本"和"多层次"的关系，如医疗保障领域的基本医疗保险和惠民保、互助医疗、慈善医疗之间的关系。对补充保障的忽略主要源于认识上存在误区，认为补充保障只是"锦上添花"，严重低估了补充保障的重要性，导致补充保障的发展严重滞后，社会保障与财政部门因此承受过大压力。[①] 三是社会保障各项目之间协调性较低、项目内部各制度之间制度衔接不畅。如养老保险与医疗保险，无论从政策目标还是实际效果来看，两者之间均存在一定的替代关系，彼此之间可能会互相挤出。[②] 此外，养老保险在统筹层次上的表现优于医疗保险，职工养老保险已经实施全国统筹，而医疗保险在推进省级统筹上依然面临难题。又如医疗保障领域，城镇职工医疗保障制度和城乡居民医疗保障制度，二者在筹资、给付、服务等方面均存在较大差距。

五 社会保障体系可持续性亟待解决

社会保障体系协同效应的提升，势必以社会保障体系的可持续发展为前提。然而，习近平总书记在中央政治局进行的第二十八次集体学习上，充分分析了我国社会保障体系建设的现状、问题与完善思路，其中指出一些地方的社会保障基金存在"穿底"风险，我国社会保障制度或将面临可持续难题。社会保障体系在可持续性发展方面迎来的巨大挑战，既有制度层面的，又有财富基础层面的。制度可持续性遭遇的挑战，来源于社会保障财政"兜底"的制度安排，以及缺乏对制度内各因素的统筹和动态调整的制度设计；财富基础可持续性遭遇的挑战则来源于不充

[①] 郑功成、周弘、丁元竹等：《从战略高度完善我国社会保障体系——学习习近平总书记关于完善社保体系重要讲话精神》，《社会保障评论》2021年第2期。

[②] 张川川、魏旭、黄炜：《社会保障项目之间的相互作用：新型农村社会养老保险对医疗保险的挤出》，《经济学（季刊）》2023年第3期。

分的社保资金积累。

一方面，在制度设计上，我国社会保障制度大体上依照"个人账户+政府补贴"的模式运行，且财政补贴占社保基金来源的大部分。以城乡居民养老保险为例，其财政补贴收入高达3310.51亿元，是缴费收入的两倍多①，这种财政"兜底"、缺乏造血功能的保险模式并非长久之计。类似地，政府、社会、市场和个人在社会保障体系中的权责不明晰，政界、学术界针对社会保障领域的多层次主体定位和个人账户等重大问题也未能达成一致意见，最终导致财政被迫承担无限"兜底"责任，制度运行面临较大风险。②此外，缺乏统筹优化与动态调整亦使我国社会保障制度面临持续性风险，社会保障"十四五"规划中也提出，要推进社会保险待遇水平与经济社会发展的联动调整。③以保障国民健康的基本医疗保险为例，尽管我国已实现基本医疗保险全民覆盖，但一些特殊人群、农民工、城市低收入人群等，依然面临较大的医疗支出风险；慢性病患者比重不断提升，慢性病医疗费用成为医疗费用支出的主要构成部分，对医疗保险制度的可持续性带来挑战。

另一方面，在财富基础上，2021年，包括保险费收入、财政补贴收入、利息收入、委托投资收益在内的全国性社保基金收入合计9.69万亿元④，仅占当年GDP的8.5%，显著低于同期OECD国家的整体水平。另外，在社会保障各项目中，工伤保险基金和失业保险基金2021年当年收支结余为负值，离开财政补贴，城乡居民养老保险和城乡居民医疗保险的情况也不容乐观。由此可见，对标OECD国家，我国社会保障体系为应对人口老龄化、人口红利逐渐消退、经济下行、风险事件频发等冲击而做的财富积累准备还远远不够，不利于我国社会保障制度体系的可持续发展。⑤同时，通过考察社保基金的实际收支情况，不少学者对社保

---

① 《2021年全国社会保险基金收入决算表》，2022年7月28日，http://yss.mof.gov.cn/2021zyjs/。
② 林义、刘斌、刘耘礽：《社会治理现代化视角下的多层次社会保障体系构建》，《西北大学学报（哲学社会科学版）》2020年第5期。
③ 《关于印发人力资源和社会保障事业发展"十四五"规划的通知》，2021年6月29日，https://www.gov.cn/zhengce/zhengceku/2021-06/30/content_5621671.htm。
④ 《2021年全国社会保险基金收入决算表》，2022年7月28日，http://yss.mof.gov.cn/2021zyjs/。
⑤ 林义、刘斌：《国家治理现代化视域下我国多层次社会保障制度的创新探索》，《经济体制改革》2021年第6期。

障体系发展的可持续性进行了客观衡量。以收支规模最大的基本养老保险为例，陈元刚等对城镇职工基本养老保险基金的可持续性进行了测算，其研究结果表明，城镇职工基本养老保险基金当期收不抵支将成为常态，基金滚存结余将在2026年耗尽，基金缺口也将越来越大，因此，城镇职工养老保险的可持续发展面临严峻挑战。[①]

六 社会保障协同供给机制有待完善

社会公平是社会保障的基本价值观，互助共济是社会保障的本质属性。进入新时代，在共同富裕的战略引领下，社会保障制度的改革与发展越来越强调其收入分配效应、互助共济功能：一方面，充分发挥社会保障的收入分配效应，推动实现共同富裕；另一方面，强化社会保障互助共济功能，依据风险的射幸性和制度的强制性，实现群体之间、代际、地区之间的互助共济，促进社会公平。[②] 为此，按照"加大社会保障再分配力度，强化互助共济功能"的精神，进一步深化改革、优化制度设计，其中的一个主要方面，就是要完善社会保障服务的供给机制。

社会保障服务是基本公共服务的一部分，因而，在社会保障服务的供给上，必须由政府主导，以确保社会保障的公平性。与此同时，随着社会化的不断发展，民众对社会保障服务的需求也不断提高，在数量上要求更多、在质量上要求更高，而政府只能提供普遍的、基本的、大众的社会保障服务，另有部分特殊人群的需求不能满足，政府因此承担了更大的压力。因而，需要充分发挥社会力量和市场力量，通过增加数量、种类，提高质量，弥补政府普遍性供给社会保障服务的不足，最终形成政府、社会、市场三方共同作用的供给机制，既保证公平，又提高效率。[③]

在多元化的社会保障供给机制下，如何厘清各供给主体之间的权责关系，并最终实现各方协同是关键。由于一方面是社会生活中分散的、个性化的社会保障服务需求；另一方面，是不规则的社会保障服务供给，各供给主体之间存在权责不明晰的问题，通常由政府提供绝大多数社会保障服务，容易导致服务供给的重复或遗漏问题。以养老服务为例，随

---

① 陈元刚、刘嘉艳、齐嵩喆：《中央调剂金制度对各省份养老金负担效应研究》，《上海金融》2022年第1期。
② 何文炯：《论社会保障的互助共济性》，《社会保障评论》2017年第1期。
③ 叶文辉：《中国公共产品供给研究》，博士学位论文，四川大学，2004年。

着人口老龄化不断加快，家庭养老功能出现弱化，机构养老面小而成本高，居家养老逐渐成为一种新型养老模式，面对居民分散的、异质性的养老服务需求，单靠政府难以组织生产，通过鼓励市场和社会参与，能够增加服务供给数量、丰富服务类型，而关键在于如何确定政府、市场和社会在提供服务的过程中各自应发挥何种作用[①]。

第四节　社会保障体系协同效应提升路径

一　促进中国式现代化与社会保障高质量发展的协同

从世界各国发展的客观事实来看，社会保障不仅与社会平等呈正相关关系，也与国家现代化程度呈正相关关系，我国社会保障不断改革发展的过程，也正是我国现代化进程不断向前推进的过程。中国共产党成立初期，民生主张经历了从保障工人到保障工农的转变；抗日战争时期，《抗日军人优待条例》的颁布，极大鼓舞了军民的抗日热情，与此同时，社会保障所发挥的安定民生的作用，极大增长了抗战力量；解放战争时期，社会保障工作以战争的胜利为目标，通过实施对各阶层人民的保障，赢取了最大多数人民的支持；新中国成立初期，在城市与农村均开展了一系列社会保障的实践探索，如城市地区的劳动保险制度、农村地区的"五保"及合作医疗制度；改革开放时期，商品经济快速发展，市场化改革给原有社会保障制度带来了巨大冲击，开始了责任分担、社会化的最初尝试，养老保险与医疗保险的改革相继展开；在跨世纪的时代进程中，随着我国改革开放的步伐逐步加快，我国的社会保障改革完成了为国有企业改革服务到为市场经济改革服务的转变，现代化的社会保障体系逐步确立；党的十八大以来，以人民对美好生活的向往为指引，我国社会保障逐步完成了部分制度的整合，取得了长足发展。以此为基础，我国社会保障进一步朝着不断增强制度公平性和互济性的方向，初步建成旨在保障全体国民获得感、幸福感、安全感的中国特色社会保障制度

[①] 郁建兴、吴玉霞：《公共服务供给机制创新：一个新的分析框架》，《学术月刊》2009年第12期。

体系。①

党的二十大以来，我国进入全面建设社会主义现代化的新阶段，中国式现代化具有十分丰富的内涵，包括"人口规模巨大的现代化""全体人民共同富裕的现代化""物质文明与精神文明相协调的现代化""人与自然和谐共生的现代化""走和平发展道路的现代化"五个鲜明的中国特色，分别对应社会保障发展的"广度""力度""深度""高度""温度"，而其付诸成功实践的道路并非一帆风顺，需要付出艰巨的努力。

推动实现中国式现代化的过程，也是实现社会保障高质量发展的过程。第一，对应社会保障发展的"广度"与"力度"，要求达到有效支撑全体人民共同富裕的目标，其本质是要保证改革发展成果由全体人民共享。一方面，社会保障事务应确保落实"全覆盖"，加快解决社会保险漏保、退保问题，将全体国民纳入社会保障体系中，真正实现人口规模巨大的现代化；另一方面，应充分发挥社会保障调节收入分配功能，增强其互助共济性，真正实现全体人民共同富裕的现代化。第二，对应社会保障发展的"深度"，要求达到既促进经济发展，又构建和谐文明的社会环境的目标。一方面，社会保障应通过积极发挥其调节收入分配的功能，促进不同经济主体之间的良性互动，为创造更高水平的物质文明而努力；另一方面，社会保障本身即蕴含"同舟共济"的价值理念，这是对中华传统美德的弘扬，未来社会保障的发展也应积极承担提升社会道德水平的责任，推动形成互帮互助的良好社会氛围。第三，对应社会保障发展的"高度"，要求达到构建环境友好型社会的目标，主要表现为社会保障应为国家基于环境保护的经济社会政策提供制度支撑。比如，在环境污染型企业的转型发展过程中，社会保障应妥善安置由此而产生的失业工人，为其提供基本生活保障以及解决失业人口的重新就业问题。第四，对应社会保障发展的"温度"，要求达到维护国内社会稳定、维护世界和平发展的目标。与我国经济体制相适应的社会保障具有熨平经济周期的强大功能，在百年未有之大变局的时代背景下，社会保障体系应积极发挥其"社会运行的稳定器"功能，缓解世界经济波动带来的强烈冲击，维护国内社会稳定，只有如此，坚持走和平发展道路的中国，才能致力

---

① 席恒、余澍、李东方：《光荣与梦想：中国共产党社会保障 100 年回顾》，《管理世界》2021 年第 4 期。

于维护世界的和平与发展。

二 促进不同区域社会保障的协同

从社会保障水平来看，我国社会保障发展时空分异明显，这主要受经济、社会、文化、政策等多方面因素影响，并且社会保障水平保持着和经济发展水平一致的变化趋势。[①] 当前，我国社会保障发展已经进入"系统集成、协同高效阶段"，统筹层次有待提高、区域发展不平衡、制度衔接不通畅等问题，严重阻碍了不同区域社会保障的协同发展，在"全国一盘棋"战略方针的指引下，缩小不同区域社会保障差距是必然举措。整体上看，导致我国不同区域社会保障发展不平衡的原因是多方面的，因此，提升区域间社会保障协同效应的方式与手段也是多方面的。

（一）经济因素

在经济因素方面，经济基础决定上层建筑，不同区域财力悬殊，而基层政府又往往承担更多社会保障事责，给区域间社会保障的不平衡发展带来了直接影响。财力雄厚地区通常拥有更多的社会保障基金，与社会保障相关的基础设施更加完善，能更好规划当地社会保障的发展，也更能保证社会保障的可持续性；财力欠佳的地区，反之。此外，经济发展水平不一样，也意味着市场发展程度不一样，在多层次社会保障体系的建设过程中，由于市场的参与至关重要，因此，认为经济发展水平也会间接影响到补充保障模式的发展。为促进不同区域社会保障协同发展，首先应从促进区域间经济均衡发展出发，推动实现社会保障资源的合理配置，积极发挥财政转移支付的作用。此外，参照养老保险的中央调剂金模式，建立区域间的互助共济机制，发挥经济发达地区的带动作用，实现均衡发展的同时，也有利于社会保障资源的高效利用。

（二）制度因素

在制度因素方面，区域间社会保障发展不均衡根源于制度的碎片化，在社会保障实施之初，由于缺乏统一筹划，加之各地政府为更好适应当地实际情况，纷纷做出符合自身情况的不同制度安排。并且，社会保障的发展容易形成制度碎片化的路径依赖，在改善原有制度碎片化问题的同时，也要谨防新的碎片化问题的出现。此外，制度的碎片化问题还体

[①] 李琼、周宇、田宇等：《2002—2015年中国社会保障水平时空分异及驱动机制》，《地理研究》2018年第9期。

现在城乡之间、群体之间，在同一保障项目上，如养老保险或医疗保险，针对城镇职工和城乡居民存在两套并行分立的制度安排，且适用于城镇职工的社会保障制度发展更加完善，由此导致城镇化率更高的地区总体上拥有更高的社会保障发展水平，进一步加剧了区域发展的不平衡。为此，加强整体谋划，推动形成社会保障制度统一标准，加快整合各地差异化的社会保障制度以及城乡分割的社会保障制度，是提升区域间社会保障协同效应的关键。

（三）管理因素

在管理因素方面，统筹层次低是导致社会保障区域发展差异的直接原因，更高统筹层次往往与更高的社会保障发展水平相对应。目前，只有城镇职工养老保险实现了全国统筹，整体上看，我国社会保障依然囿于省级统筹层面。以医疗保险为例，目前，只有部分省（区、市）实现了省级统筹，大多停留在市级统筹层面，这势必导致社会保障发展的省际差异。因此，提升区域间社会保障协同效应还应加快推进社会保障更高层次的统筹，把握从市级统筹，到省级统筹，再到全国统筹的基本路径，以统一社会政策、统一基金收支、统一经办服务和信息系统、统一考核机制为发展目标。[①]

三 促进社会保障各项目、各制度间的协同

我国的社会保障体系，以养老保险、医疗保险、失业保险、工伤保险和生育保险五大保险为依据，分为五个项目；以社会保险、社会福利、社会救济、社会优抚四大福利制度为依据，分为四个制度。从以往我国社会保障的发展来看，各项目、各制度均处于分立并行状态，从制度设计到落地实践，相互之间的联系很少，不利于形成制度的统一性和规范性，这也是社会保障制度碎片化难题的一个主要方面。随着我国社会保障的发展进入"系统集成、协同高效"阶段，势必要着手改变这一情况，不仅要加强社会保障体系内部各方面之间的联系，也要加强社会保障领域和其他相关领域之间的联系。促进社会保障各项目、各制度间的协同主要从以下几方面来考虑。

（一）从整体上把握社会保障各方面之间的协同发展

一方面，从五个项目角度，以"医养结合"为例，这是在人口老龄

[①] 郑秉文：《职工基本养老保险全国统筹的实现路径与制度目标》，《中国人口科学》2022年第2期。

化浪潮的推动下，为实现老年人健康养老，而作出的一种社会治理创新，它并非一种独立的养老模式，而是通过将养老和医疗资源进行有机整合、服务功能有效衔接，以满足老年人多元化需求的一种养老供给方式①，是加强养老和医疗之间联系的一次重大创新。以此为借鉴，推动各项目之间的融合发展，要在制度设计层面统一谋划，加快各方面资源的有机整合，在管理层面也要做到融会贯通，确保发挥出各项目的整体合力，在社保资源高效利用的同时，使社会整体福利达到最大化。另一方面，从四个制度角度，改变社会保险制度独大的局面、推动其他三项社会福利制度的发展，是提升社会保障体系协同效应的关键。我国社会福利的有效提升，整体上有赖于社会保险制度的实施，其覆盖范围广，具有一定程度的强制性，而社会福利制度、社会救助制度、社会优抚制度覆盖面小，所涉及的人群相对于社会整体而言很少，因而发挥的社会福利功能较弱。

（二）在社会保障各项目中，促进城乡社会保障制度衔接

在城乡二元分割的经济体制下，城乡社会保障亦呈现出二元分割状态，表现为在同一社会保障项目中，城镇职工与城乡居民适用于不同的社会保障制度，且在筹资、待遇、资源等方面存在明显差异。坚持社会保障的公平性，提升社会保障体系协同效应的关键一环就是要缩小城乡社会保障差距，推动城市社会保障资源向农村地区的转移，加大财政向农村转移支付力度，从保障水平、保障程度、保障的持续性等方面，使城乡居民享受同等程度的社会保障服务。此外，在制度层面，应加快探索城乡社会保障制度整合机制，形成制度融合发展态势。

（三）促进各项目内基本保障与补充保障之间的协同

这是完善多层次社会保障体系的必然要求。我国多层次社会保障体系虽取得了"立梁架柱"的重大突破，但各层次间因缺乏衔接机制而"分而治之"，且表现出基本保障独大、补充保障模式发展严重滞后的情形，难以形成协同发展局面。为此，应优化定型基本保障模式，厘清补充保障模式的发展空间，通过设立待遇清单、完善医保立法等方式，合理划分社会保障各主体应承担的责任，加快探索基本保障模式和补充保

---

① 邓大松、李玉娇：《医养结合养老模式：制度理性、供需困境与模式创新》，《新疆师范大学学报》（哲学社会科学版）2018年第1期。

障模式之间的有效衔接机制，避免功能交叠和保障空缺共存现象出现。

四 做好社会保障体系协同的长期规划

社会保障体系的发展是一个持续、连贯的过程，随着我国社会经济发展水平的逐步提高，社会保障在缓和社会矛盾、平稳经济运行、改善福利水平等方面也发挥着越来越重要的作用，因此，为促进社会保障体系协同效应提升，做好社会保障体系协同的长期规划十分有必要。当前，我国社会保障已成为全民共享的基本制度保障，积极贯彻落实"全覆盖"的同时，也致力于增进公平性，从城乡居民养老保险、医疗保险的合并，到城镇职工养老保险实现全国统筹，社会保障领域的制度整合、制度融合发展态势日益明晰。充分考虑我国社会保障体系发展的实际情况，以此为基础，在未来的发展中，以提升社会保障协同效应为目标，总体上要坚持系统观念，以及新发展理念、新发展格局提出的新要求；要树立战略眼光，顺应人民对高品质生活的期待；要增强风险意识，科学研判未来社会发展趋势；要拓宽国际视野，关注国外社会保障发展情况。同时，分阶段来看，应做好如下安排。

在短期，提升社会保障体系协同效应，需要进一步完善制度整合相关工作。对于城乡居民医疗保险整合而言，尽管实现了整体的整合，但整合过程中又出现了一个制度内多档缴费与待遇规定，导致新的制度碎片化问题产生。对于城乡居民养老保险整合而言，一方面，受管理绩效、服务质量、服务效率等方面的影响，居民长期参保信心不足，中途退保可能性大；另一方面，城乡居民养老保险缴费水平低，偏向于选择低参保档次，在长缴多得、多缴多得的养老保险机制下，居民保障水平难以提升。因而，对于社会保障各制度整合并轨后出现的问题，均需给予密切关注，加快寻求解决方法。

在中期，妥善处理好城乡居民社会保障相关制度整合工作，只是推动制度融合发展工作的起点。不少学者的研究指出，城镇职工和城乡居民的社会保障福利存在明显差异，包括筹资方式、缴费水平和保障水平等多方面，并因此带来公平性缺失、效率低下、制度可持续性差等问题，因而，推动城镇职工与城乡居民社会保障相关制度整合是这一时期社会保障制度改革的重要方向。以医疗保险为例，城镇职工医疗保险与城乡居民医疗保险的整合面临三方面的严峻挑战：一是城镇职工医疗保险的退休人员不缴费，而城乡居民医疗保险的参保人在退休后仍需缴纳保金才能享受基本医疗保障;二是基金模式的差别,城镇职工医疗保险设立个人账户,而城乡居民医疗保险不设个人账户;三是资金筹集的差别,城镇职工医疗保险为个人和单位缴费,而城乡居民医疗保险为个人缴费和政府补助。如何妥善处理以上三个方面的差异是整合城镇职工医疗保险和城乡居民医疗保险的战略重点,这需要坚持渐进式改革与发展之路,分清问题的轻重缓急与问题解决的先后次序,做好全篇谋划,一步一个脚印。[1]

在长期,要推动社会保障的法治化建设,用法律手段保证社会保障各方面之间,以及社会保障领域与其他相关领域之间的协同,促进各方协同的社会保障体系行稳致远。短期以政策为主导促进社会保障体系协同,长期则应推动社会保障政策的立法转化,未来社会保障立法工作需要充分考虑社会保障体系的动态性、复杂性和多元化特征。从长期视角来看,需要重点落实以下任务:完善社会保障相关法律法规,既要对社会保障制度的基本框架、多层次社会保障中各层次功能、各主体权责等作出根本性指导,也需要对筹资、支付、管理、服务等实务问题作出具体规定,使社会保障的运行管理有据可循。与此同时,对于社会保障各项目、各制度,要设立专门的法规条例,并且要协调好彼此之间的关系,避免造成矛盾与冲突。

---

[1] 申曙光:《全民基本医疗保险制度整合的理论思考与路径构想》,《学海》2014 年第 1 期。

参考文献

一　中文文献

习近平：《习近平谈治国理政》（第四卷），外文出版社 2022 年版。

习近平：《把握新发展阶段，贯彻新发展理念，构建新发展格局》，《求是》2021 年第 9 期。

习近平：《促进我国社会保障事业高质量发展、可持续发展》，《求是》2022 年第 8 期。

习近平：《高举中国特色社会主义伟大旗帜　为全面建设社会主义现代化国家而团结奋斗——在中国共产党第二十次全国代表大会上的报告（2022 年 10 月 26 日）》，《人民日报》2022 年 10 月 26 日第 1 版。

习近平：《决胜全面建成小康社会　夺取新时代中国特色社会主义伟大胜利：在中国共产党第十九次全国代表大会上的报告》，人民出版社 2017 年版。

习近平：《中国式现代化是强国建设、民族复兴的康庄大道》，《求是》2023 年第 16 期。

白维军：《高质量发展视角下的社会保障制度整合优化》，《中国高校社会科学》2023 年第 2 期。

白小平：《城乡社会保障统筹一体化可行性反思与对策》，《中州学刊》2014 年第 7 期。

本报评论员：《中国式现代化是强国建设、民族复兴的康庄大道——论深入学习领会习近平总书记在学习贯彻党的二十大精神研讨班式上重要讲话》，《人民日报》2023 年 2 月 11 日第 1 版。

蔡昉：《刘易斯转折点——中国经济发展阶段的标识性变化》，《经济研究》2022 年第 1 期。

曹春燕等：《EDM 高程导线数据采集处理系统设计及实现》，《人民黄河》2020 年第 S2 期。

陈胜利、万政：《数字经济对中国式现代化水平的影响效应及作用机制》，《统计与决策》2023年第17期。

陈旭辉：《促进共同富裕的社会保障制度改革研究》，《南方金融》2023年第1期。

陈祖洲：《二十世纪英国经济政策的理论基础》，《南京大学学报》（哲学·人文科学·社会科学版）1997年第3期。

迟福林、殷仲义：《市场经济发展不同阶段的政府职能》，《改革》2010年第9期。

仇雨临、翟绍果、郝佳：《城乡医疗保障的统筹发展研究：理论、实证与对策》，《中国软科学》2011年第4期。

仇雨临、吴伟：《城乡医疗保险制度整合发展：现状、问题与展望》，《东岳论丛》2016年第10期。

褚福灵：《中国社会保障发展指数报告（2016—2018）》，天津人民出版社2019年版。

邓大松、李玉娇：《医养结合养老模式：制度理性、供需困境与模式创新》，《新疆师范大学学报》（哲学社会科学版）2018年第1期。

邓大松、李芸慧：《新中国70年社会保障事业发展基本历程与取向》，《改革》2019年第9期。

邓悦、郅若平：《新时代下城乡社会保障制度整合现状与路径分析》，《理论月刊》2019年第6期。

翟绍果、徐天舒：《从城乡统筹到助推共同富裕：社会保障的现实挑战、制度逻辑与渐进路径》，《中共中央党校（国家行政学院）学报》2023年第2期。

董微微、谌琦：《京津冀城市群各城市的区域发展结构性差异与协同发展路径》，《工业技术经济》2019年第8期。

段丹洁：《高质量社会保障助力中国式现代化》，《中国社会科学报》2023年2月24日第1版。

樊霞、陈娅、贾建林：《区域创新政策协同：基于长三角与珠三角的比较研究》，《软科学》2019年第3期。

费清等：《区域差异视角下的我国企业职工养老保险替代率缺口及解决路径探寻》，《保险研究》2023年第1期。

高建伟等：《城镇职工养老保险与城乡居民养老保险的协调发展研

究》,《武汉金融》2017 年第 6 期。

龚建平:《费景汉和拉尼斯对刘易斯二元经济模式的批评》,《求索》2003 年第 3 期。

顾海:《中国统筹城乡医疗保障制度模式与路径选择》,《学海》2014 年第 1 期。

顾海兵、张实桐、张安军:《我国城乡社会保障均匀度的衡量方法与测度评价》,《财贸经济》2012 年第 11 期。

关信平:《论我国社会保障制度一体化建设的意义及相关政策》,《东岳论丛》2011 年第 5 期。

郭红建:《从精准扶贫看完善农村社会保障制度的紧迫性》,《今日财富》2021 年第 8 期。

郭玲、姜晓妮、钟亚琼:《我国地方政府间财力差异的多维分析》,《郑州大学学报》(哲学社会科学版)2019 年第 1 期。

郭璇、郭占恒:《中国式现代化的发展逻辑和历史进程》,《观察与思考》2023 年第 8 期。

韩兆柱、邢蕊:《基于整体性治理的京津冀养老服务协同发展路径研究》,《中共天津市委党校学报》2019 年第 1 期。

何文炯:《论社会保障的互助共济性》,《社会保障评论》2017 年第 1 期。

何文炯:《社会保障何以增强兜底功能》,《人民论坛》2020 年第 23 期。

何文炯:《新中国 70 年:国民社会保障权益的进步与展望》,《西北大学学报》(哲学社会科学版)2020 年第 1 期。

何文炯:《中国社会保障需要系统集成》,《中国社会保障》2022 年第 10 期。

何源、乐为、郭本海:《"政策领域—时间维度"双重视角下新能源汽车产业政策央地协同研究》,《中国管理科学》2021 年第 5 期。

胡晓义:《论我国社会保障制度改革的系统集成、协同高效》,《中国社会保障》2023 年第 2 期。

[美] 霍利斯·钱纳里、[以] 莫伊思·赛尔昆:《发展的型式 1950—1970》,李新华等译,经济科学出版社 1988 年版。

贾玉娇:《社会保障制度推进共同富裕的理论逻辑与实践逻辑》,《社会保障评论》2023年第2期。

贾玉娇:《中国共产党百年社会保障制度实践的本质研究》,《社会保障评论》2022年第2期。

蹇滨徽:《中国城镇职工多层次养老保险制度分析与优化研究》,博士学位论文,西南财经大学,2021年。

蒋永穆、李想、唐永:《中国式现代化评价指标体系的构建》,《改革》2022年第12期。

金晟男、耿献辉:《我国城乡协调发展的动态演变与结构评价》,《江苏农业科学》2021年第9期。

金红磊:《高质量社会保障体系内容及构建路径:一项基于社会质量理论的分析》,《中国行政管理》2022年第11期。

雷新宇、冯黎:《大病医疗保险实施现状及未来发展对策建议——以湖北省襄阳市为例》,《市场周刊(理论研究)》2017年第5期。

李锴、齐绍洲:《贸易开放、经济增长与中国二氧化碳排放》,《经济研究》2011年第11期。

李丽等:《中国服务业发展政策的测量、协同与演变——基于1996—2018年政策数据的研究》,《中国软科学》2020年第7期。

李淼:《城乡二元经济结构理论与我国现实状况的剖析》,《商业时代》2010年第31期。

李敏:《我国机构养老服务的现状及问题研究综述》,《办公室业务》2016年第2期。

李琼、白杏:《社会保障水平的区域差异及动态演进》,《统计与决策》2023年第15期。

李琼等:《中国社会保障与经济发展耦合的时空特征及驱动力分析》,《地理研究》2020年第6期。

李琼、周宇、田宇等:《2002—2015年中国社会保障水平时空分异及驱动机制》,《地理研究》2018年第9期。

李小平、张胄:《国内国际双循环政策相互协同吗:基于"一带一路"倡议和产业转型升级政策的实证》,《中国软科学》2023年第10期。

李旭辉等:《基于五大发展理念的经济社会发展评价体系研究——基于二次加权因子分析法》,《数理统计与管理》2019年第3期。

李雅诗等:《职工与居民医疗保障的受益公平性分析——基于中国家

庭追踪调查数据》,《卫生经济研究》2022 年第 3 期。

李亚青:《中国式现代化与医疗保障体系改革》,《社会保障评论》2023 年第 3 期。

李玉玲、胡宏伟:《京津冀养老服务协同发展研究——基于 SWOT 框架的分析》,《人口与发展》2019 年第 5 期。

李珍:《迈向高质量全民统一覆盖的医疗保险制度》,《中国卫生政策研究》2020 年第 1 期。

李子芹、樊小钢、戈文鲁:《浙江省城镇居民基本医疗保险的可持续性分析》,《中国卫生政策研究》2011 年第 11 期。

梁树发、郗戈、黄刚等:《中国特色社会主义理论体系之逻辑体系研究》,中国人民大学出版社 2020 年版。

廖藏宜:《中国医保建制改革 70 年》,《中国人力资源社会保障》2019 年第 11 期。

林卡:《回顾与展望:中国社会保障体系演化的阶段性特征与社会政策发展》,《人民论坛·学术前沿》2021 年第 20 期。

林闽钢:《"系统集成、协同高效"的社会保障制度改革——以长三角社会保障一体化为例》,《社会保障评论》2022 年第 3 期。

林闽钢:《构建中国特色社会保障制度——面向中国式现代化的自主性发展之道》,《社会保障评论》2023 年第 1 期。

林闽钢:《我国城乡社会保障体系协调发展战略研究》,《苏州大学学报》(哲学社会科学版) 2011 年第 5 期。

林淑周:《中国共产党农村社会保障的百年探索实践及启示》,《广西社会主义学院学报》2021 年第 3 期。

林义、刘斌、刘耘礽:《社会治理现代化视角下的多层次社会保障体系构建》,《西北大学学报》(哲学社会科学版) 2020 年第 5 期。

林义、刘斌:《国家治理现代化视域下我国多层次社会保障制度的创新探索》,《经济体制改革》2021 年第 6 期。

林治芬:《中央与地方社会保障事责划分与财力匹配》,《财政研究》2014 年第 3 期。

刘柏惠:《社会保障事权和支出责任划分"双症结"分析》,《地方财政研究》2017 年第 4 期。

刘欢、戴卫东、向运华:《公共服务均等化视角下城乡居民基本医疗保障受益公平性研究》,《保险研究》2020 年第 5 期。

刘丽:《浅析孔孟社会保障思想》,《人口与经济》2005 年第 5 期。

刘瑞、程卫平、周志文:《中国现代化标准探讨》,《宏观经济研究》2001 年第 6 期。

刘树枫、高硕:《降费背景下我国城镇职工基本养老保险可持续性测度及政策选择》,《西安财经大学学报》2021 年第 6 期。

刘亚娜、董琦圆、谭晓婷:《京津冀养老政策差异与协同——基于"十三五"老龄事业发展和养老体系建设规划的政策文本分析》,《社会发展研究》2019 年第 3 期。

刘忠宇、热孜燕·瓦卡斯:《中国农业高质量发展的地区差异及分布动态演进》,《数量经济技术经济研究》2021 年第 6 期。

柳清瑞、沈毅、陈曦:《社会保障水平变动规律的跨国实证分析》,《人口与发展》2014 年第 6 期。

柳清瑞、苏牧羊:《城乡养老保险协调度、制约因素及对策——基于 1999—2013 年数据的实证分析》,《中央财经大学学报》2016 年第 4 期。

鲁全:《新中国成立以来中国共产党的社会保障理念发展与制度实践》,《社会保障评论》2022 年第 6 期。

陆铭、陈钊:《城市化、城市倾向的经济政策与城乡收入差距》,《经济研究》2004 年第 6 期。

穆怀中、陈曦:《城乡养老保险梯度协调系数及其社会福利改进效应研究》,《经济学家》2014 年第 9 期。

穆怀中:《社会保障适度水平研究》,《经济研究》1997 年第 2 期。

宁吉喆:《中国式现代化的方向路径和重点任务》,《管理世界》2023 年第 3 期。

欧阳日辉:《加快发展数字经济 助推中国式现代化》,《审计观察》2022 年第 12 期。

欧阳雪梅:《推动"两个文明"协调发展》,《人民日报》2021 年 4 月 16 日第 9 版。

彭红枫、余静文:《政策协同与经济增长:基于"一带一路"沿线国家的分析》,《世界经济》2022 年第 12 期。

彭纪生、仲为国、孙文祥:《政策测量、政策协同演变与经济绩效:基于创新政策的实证研究》,《管理世界》2008 年第 9 期。

曲绍旭：《城乡社会保障统筹制度的实证研究——基于农村社会保险的多元 logistic 回归分析》，《中国经济问题》2013 年第 6 期。

邵彦涛：《以更高水平的精神文明建设推进中国式现代化》，《党政干部论坛》2023 年第 2 期。

申曙光：《全民基本医疗保险制度整合的理论思考与路径构想》，《学海》2014 年第 1 期。

申宇鹏：《医保统筹层次、医疗服务利用与健康福利——兼论省级统筹下医疗费用上涨的中介机制》，《社会保障评论》2022 年第 4 期。

施文凯、董克用：《确立中央社会保障事项 推进养老保险全国统筹》，《中国行政管理》2021 年第 4 期。

宋金波、戴大双、宋砚秋：《先进制造技术实施效果评测体系的研究与应用》，《管理科学》2005 年第 6 期。

宋少燕：《我国农村社会保障体系问题研究》，《农村经济与科技》2021 年第 6 期。

苏宝利、时涛：《基于时空尺度的公共卫生资源配置均等化测度研究》，《中国卫生统计》2014 年第 2 期。

苏牧羊：《中国养老与医疗保障的城乡协调水平实证研究》，博士学位论文，辽宁大学，2017 年。

孙淑云、郎杰燕：《中国城乡医保"碎片化"建制的路径依赖及其突破之道》，《中国行政管理》2018 年第 10 期。

孙早、刘李华：《社会保障、企业家精神与内生经济增长》，《统计研究》2019 年第 1 期。

谭燕芝等：《中国农民共同富裕水平测度及时空分异演变》，《经济地理》2022 年第 8 期。

田闻笛：《从"碎片化"走向"一体化"：中国城乡医疗保险制度改革进路》，《河南社会科学》2019 年第 5 期。

汪洪溟、李宏：《改革开放以来社会保障收入分配调节效应实证分析》，《中国软科学》2019 年第 12 期。

汪青松、王辰璇：《中国式现代化的历史演进与新时代高度》，《理论学刊》2022 年第 6 期。

汪兆江、刘丹鹭：《从"发展型社会"到"社会型发展"——中国式现代化社会保障体系的范式取向》，《新经济》2023 年第 6 期。

汪之羽、张梓楠、刘妍：《长期护理保险实施现状与发展模式优化研究》，《现代金融》2021年第4期。

王建新：《探讨我国养老保险发展状况及研究对策》，《经济师》2023年第6期。

王婷：《中国政策结构的内在逻辑——以农村社会养老保险政策为例》，《政治学研究》2018年第3期。

王贤斌、苏蒙蒙：《中华人民共和国70年农村社会救助政策回顾、反思与展望》，《宁波大学学报》（人文科学版）2020年第1期。

王延中、龙玉其、宁亚芳：《"十三五"时期的中国社会保障建设成效与基本经验》，《辽宁大学学报》（哲学社会科学版）2020年第2期。

王郁、赵一航：《区域协同发展政策能否提高公共服务供给效率？——以京津冀地区为例的研究》，《中国人口·资源与环境》2020年第8期。

魏浩、赵春明：《对外贸易对我国城乡收入差距影响的实证分析》，《财贸经济》2012年第1期。

吴小节等：《中国产业政策研究综述》，《华东经济管理》2020年第5期。

席恒、余澍、李东方：《光荣与梦想：中国共产党社会保障100年回顾》，《管理世界》2021年第4期。

夏鼙、徐立青：《共同富裕视域下我国社会保障体系高质量发展测度》，《中国流通经济》2023年第4期。

肖磊、唐晓勇、胡俊超：《中国式经济现代化：发展规律、实践路径与世界意义》，《当代经济研究》2023年第7期。

徐珊、罗帆：《政策工具视角下的中国科技创新政策》，《科学学研究》2020年第5期。

徐玮：《基本医保也要研究"营销"》，《中国社会保障》2007年第12期。

徐增辉：《制约城乡基本公共服务均等化的深层原因》，《经济纵横》2012年第2期。

闫金山：《社会保障能促进居民增加消费支出吗——基于收入的实证分析》，《广西社会科学》2021年第8期。

杨翠迎、何文炯：《社会保障水平与经济发展的适应性关系研究》，

《公共管理学报》2004 年第 1 期。

杨亮、丁金宏、郭永昌：《中国社会保障与经济发展耦合协调度的时空特征分析》，《人口与经济》2014 年第 4 期。

杨林、薛琪琪、陈子扬：《城乡社会保障资源均衡配置：一个文献综述》，《劳动经济评论》2017 年第 1 期。

杨勤：《以高质量社会保障助力中国式现代化》，《中国劳动保障报》2023 年 5 月 10 日第 3 版。

杨穗、赵小漫：《走向共同富裕：中国社会保障再分配的实践、成效与启示》，《管理世界》2022 年第 11 期。

杨志勇：《"十四五"时期中国财政的主要任务：完善现代财政制度》，《中国财政》2020 年第 20 期。

叶文辉：《中国公共产品供给研究》，博士学位论文，四川大学，2004 年。

尹蔚民：《统筹推进城乡社会保障体系建设》，《求是》2013 年第 3 期。

于建华：《统筹城乡医疗保障制度的基本设想》，《卫生经济研究》2008 年第 7 期。

余璐、单大圣：《中国共产党领导社会保障发展的百年探索与基本经验》，《中国发展观察》2023 年第 1 期。

余晓、祝鑫梅、宋明顺：《标准与科技的"乘数效应"是否体现？——政策协同的视角》，《中国软科学》2021 年第 5 期。

郁建兴、吴玉霞：《公共服务供给机制创新：一个新的分析框架》，《学术月刊》2009 年第 12 期。

岳经纶：《社会政策学视野下的中国社会保障制度建设——从社会身份本位到人类需要本位》，《公共行政评论》2008 年第 4 期。

曾龙、江维国：《人口年龄结构转变、社会保障支出与城乡收入差距——基于系统 GMM 和门槛模型的实证分析》，《西北人口》2020 年第 5 期。

张川川、魏旭、黄炜：《社会保障项目之间的相互作用：新型农村社会养老保险对医疗保险的挤出》，《经济学（季刊）》2023 年第 3 期。

张帆、吴俊培、龚旻：《财政不平衡与城乡公共服务均等化：理论分析与实证检验》，《经济理论与经济管理》2020 年第 12 期。

张国兴等:《中国节能减排政策的测量、协同与演变——基于1978—2013年政策数据的研究》,《中国人口·资源与环境》2014年第12期。

张纪南:《开启社会保障事业高质量发展新征程》,《中国社会保障》2021年第7期。

张乐、李杰:《基本公共服务均等化水平测度及区域差异分析——基于2011—2020年省级面板数据》,《内蒙古大学学报》(哲学社会科学版)2023年第3期。

张炜等:《基于多维度评价模型的区域创新政策评估——以江浙沪三省为例》,《科研管理》2016年第S1期。

张兴华、陈家贤:《农村社会保障制度的完善》,《中国集体经济》2022年第20期。

张熠、陶旭辉、韩雨晴:《人口流动与最优社会保障区域协调模式》,《经济研究》2023年第2期。

张宗良、褚福灵:《中国多层次医疗保障体系再思考——兼析补充保障的模式创新与协同发展》,《经济社会体制比较》2023年第1期。

章玉贵、赵文成:《中国式现代化:经济内涵、逻辑演进与范式创新》,《上海经济研究》2023年第5期。

郑秉文:《调整个人缴费比例和缴费公式是健全可持续筹资机制的基础》,《中国医疗保险》2021年第7期。

郑秉文:《职工基本养老保险全国统筹的实现路径与制度目标》,《中国人口科学》2022年第2期。

郑秉文:《中国社会保险"碎片化制度"危害与"碎片化冲动"探源》,《社会保障研究》2009年第1期。

郑秉文:《中国社会保障40年:经验总结与改革取向》,《中国人口科学》2018年第4期。

郑功成、周弘、丁元竹等:《从战略高度完善我国社会保障体系——学习习近平总书记关于完善社保体系重要讲话精神》,《社会保障评论》2021年第2期。

郑功成:《多层次社会保障体系建设:现状评估与政策思路》,《社会保障评论》2019年第1期。

郑功成:《坚持走中国特色的社会保障道路》,《求是》2012年第13期。

郑功成：《中国社会保障：现状、挑战与未来发展》，《中国社会保障》2022年第9期。

郑功成：《中国社会保障70年发展》，《社会科学文摘》2019年第12期。

郑功成：《中国式现代化与社会保障新制度文明》，《社会保障评论》2023年第1期。

郑功成：《组建国家医保局绝对是利民之举》，《中国医疗保险》2018年第4期。

仲德涛：《习近平关于城乡协调发展重要论述的逻辑理路与实践进路研究》，《黄河科技学院学报》2022年第1期。

仲德涛：《新时代城乡协调发展的科学内涵、实现条件及实践进路》，《中共郑州市委党校学报》2020年第5期。

周肖：《新中国构建农村社会保障体系的初步探索（1949—1957）》，《毛泽东邓小平理论研究》2022年第2期。

朱庆芳：《我国社会保障指标体系综合评价》，《社会学研究》1995年第4期。

庄汝龙、张盼盼、宓科娜：《社会保障与经济发展耦合互动关系研究》，《统计与决策》2017年第15期。

二 英文文献

Alesina A, Perotti R, "The Welfare State and Competitiveness", *American Economic Review*, Vol. 87, No. 5, 1997.

Bithas K, Nijkamp P, "Environmental-economic Modeling with Semantic Insufficiency and Factual Uncertainty", *Journal of Environmental Systems*, Vol. 25, No. 2, 1997.

Carley S, "The Era of State Energy Policy Innovation: A Review of Policy Instruments", *Review of Policy Research*, Vol. 28, No. 3, 2011.

Chao Z, "Planning and Design of Public Supply Services for Urban Integration", *Open House International*, Vol. 43, No. 1, 2018.

Chen Y, Yin Z, Xie Q, "Suggestions to Ameliorate the Inequity in Urban/Rural Allocation of Healthcare Resources in China", *International Journal for Equity in Health*, Vol. 13, No. 1, 2014.

Dagum C, "A New Approach to the Decomposition of the Gini Income Inequality Ratio", *Empirical Economics*, Vol. 22, No. 4, 1997.

Diamond P A, "A Framework for Social Security Analysis", *Journal of Public Economics*, Vol. 8, No. 3, 1977.

Dwayne Benjamin, Loren Brandt, Scott Rozelle, "Aging, Wellbeing, and Social Security in Rural Northern China", *Population and Development Review*, Vol. 26, 2000.

Elg M, Wihlborg E, Örnerheim M, "Public Quality for Whom and How? Integrating Public Core Values with Quality Management", *Total Quality Management and Business Excellence*, Vol. 28, No. 3-4, 2017.

Gaur A, Kumar M, "A Systematic Approach to Conducting Review Studies: An Assessment of Content Analysis in 25 Years of IB Research", *Journal of World Business*, Vol. 53, No. 2, 2018.

Gerhard Glomm, Michael Kaganovich, "Social Security, Public Education the Growth - inequality Relationship", *European Economic Review*, Vol. 52, No. 6, 2008.

Howarth R B, Norgaard R B, "Environmental Valuation under Sustainable Development", *American Economic Review*, Vol. 82, 1992.

Huang Shaoan, Chen Yan, Li Rui, "Welfare Rigidity, the Composition of Public Expenditure and the Welfare Trap", *Social Sciences in China*, Vol. 40, No. 3, 2019.

Hughes C E, Ritter A, Mabbitt N, "Drug Policy Coordination: Identifying and Assessing Dimensions of Coordination", *International Journal of Drug Policy*, Vol. 24, No. 3, 2013.

Jütting, Johannes, "Strengthening Social Security Systems in Rural Areas of Developing Countries", Available at SSRN 177388, 1999.

Koen Caminada, Kees Goudswaard, "International Trends in Income Inequality and Social Policy", *International Tax and Public Finance*, Vol. 8, No. 4, 2001.

Kuznets S, "Economic Growth and Income Equality", *American Economic Review*, Vol. 45, No. 1, 1955.

Matei A, Dogaru T C, "Coordination of Public Policies in Romania: An Empirical Analysis", *Procedia Social and Behavioral Sciences*, Vol. 81,

No. 6, 2013.

Mienkowská-Norkiener, "Efficiency of Coordination of European Policies at Domestic Level-challenging Polish Coordination System", *Procedia-social and Behavioral Sciences*, Vol. 143, No. 7, 2014.

Min R, Wang H, Zhang X, et al., "Facing the Urban-rural Gap in Patients with Chronic Kidney Disease: Evidence from Inpatients with Urban or Rural Medical Insurance in Central China", *PLoS ONE*, Vol. 13, No. 12, 2018.

Mingworth V, *The Penguin Dictionary of Physics*, Beijing: Foreign Language Press, 1996.

Paul J, Lim W M, O'Cass A, et al., "Scientific Procedures and Rationales for Systematic Literature Reviews (SPAR-4-SLR)", *International Journal of Consumer Studies*, Vol. 45, No. 4, 2021.

Porto E D, Paty S, "Cooperation among Local Governments to Deliver Public Services: Evidence from France", *Politics&Policy*, Vol. 46, No. 5, 2018.

Rong, Fu, et al., "Trend of Urban-rural Disparities in Hospital Admissions and Medical Expenditure in China from 2003 to 2011", *PloS ONE*, Vol. 9, No. 9, 2014.

Shi L, "Health Care in China: A Rural-urban Comparison after the Socioeconomic Reforms", *Bulletin of the World Health Organization*, Vol. 71, No. 6, 1993.

Wang, Chen, Koen Caminada, "Disentangling Income Inequality and the Redistributive Effect of Social Transfersand Taxes in 36 LIS Countries", Department of Economics Research Memorandum, 2011.

附 录

附表1 全国层面城镇职工医疗保障指标

年份	发展性 参保人数变化率	缴费率	保障度 报销比例	预防性支出比	医疗人才保障	医疗设施保障	持续性 结余率	收支率
2008	0.11	0.05	0.50	0.11	5.58	4.05	2.13	1.43
2009	0.10	0.05	0.52	0.11	6.03	4.31	2.01	1.30
2010	0.08	0.05	0.56	0.10	7.62	5.33	1.80	1.21
2011	0.06	0.05	0.57	0.10	7.90	6.24	1.74	1.23
2012	0.05	0.05	0.59	0.10	8.54	6.88	1.71	1.25
2013	0.04	0.05	0.61	0.10	9.18	7.36	1.67	1.21
2014	0.03	0.05	0.61	0.09	9.70	7.84	1.62	1.20
2015	0.02	0.05	0.62	0.10	10.20	8.27	1.64	1.21
2016	0.02	0.05	0.61	0.10	10.40	8.41	1.72	1.24
2017	0.03	0.05	0.61	0.10	10.90	8.75	1.91	1.30
2018	0.04	0.05	0.59	0.11	10.90	8.70	1.98	1.26
2019	0.04	0.05	0.59	0.11	11.10	8.78	2.11	1.25
2020	0.05	0.05	0.63	0.11	11.46	8.81	2.01	1.22
2021	0.03	0.05	0.59	0.12	9.87	7.47	2.29	1.29

附表2 全国层面城乡居民医疗保障指标（2016年之前为新农合）

年份	发展性 参保人数变化率	缴费率	保障度 报销比例	预防性支出比	医疗人才保障	医疗设施保障	持续性 结余率	收支率
2008	0.12	0.02	0.28	0.12	2.21	0.96	0.18	1.29
2009	0.02	0.03	0.28	0.12	2.46	1.05	0.20	1.10

续表

年份	发展性 参保人数变化率	缴费率	保障度 报销比例	预防性支出比	医疗人才保障	医疗设施保障	持续性 结余率	收支率
2010	0.00	0.03	0.32	0.13	3.04	2.44	0.21	1.14
2011	0.00	0.05	0.36	0.14	3.19	2.80	0.23	1.24
2012	-0.03	0.05	0.38	0.14	3.41	3.11	0.25	1.09
2013	0.00	0.05	0.38	0.15	3.64	3.35	0.25	1.07
2014	-0.08	0.06	0.35	0.14	3.77	3.54	0.28	1.08
2015	-0.09	0.07	0.37	0.14	3.90	3.71	0.87	3.03
2016	-0.33	0.04	0.38	0.14	4.10	3.91	0.80	1.75
2017	0.95	0.02	0.35	0.14	4.30	4.19	0.71	1.14
2018	0.18	0.03	0.36	0.15	4.60	4.56	0.66	1.10
2019	0.00	0.03	0.39	0.15	5.00	4.81	0.63	1.05
2020	-0.01	0.03	0.36	0.15	5.18	4.95	0.74	1.12
2021	-0.01	0.03	0.37	0.15	6.27	6.01	0.72	1.05

附表3　　　　　　　　　　　绝对协调度

省份	2008年	2009年	2010年	2011年	2012年	2013年	2014年	2015年	2016年	2017年	2018年	2019年	2020年	2021年
北京	0.615	0.796	0.769	0.758	0.900	0.689	0.950	0.606	0.617	0.563	0.649	0.440	0.570	0.621
天津	0.882	0.643	0.610	0.529	0.703	0.765	0.601	0.523	0.589	0.435	0.623	0.830	0.784	0.666
河北	0.600	0.441	0.718	0.823	0.711	0.907	0.635	0.785	0.926	0.721	0.812	0.595	0.843	0.490
辽宁	0.481	0.415	0.846	0.752	0.875	0.577	0.516	0.580	0.460	0.632	0.783	0.547	0.585	0.846
上海	0.681	0.706	0.552	0.569	0.691	0.511	0.472	0.520	0.727	0.336	0.582	0.504	0.533	0.613
江苏	0.294	0.608	0.740	0.671	0.670	0.739	0.806	0.718	0.891	0.932	0.578	0.689	0.876	0.887
浙江	0.362	0.783	0.644	0.883	0.555	0.957	0.732	0.786	0.630	0.555	0.678	0.935	0.910	0.681
福建	0.481	0.508	0.619	0.822	0.601	0.799	0.961	0.815	0.580	0.843	0.746	0.808	0.720	0.924
山东	0.454	0.453	0.812	0.884	0.813	0.859	0.675	0.832	0.750	0.546	0.488	0.408	0.662	0.646
广东	0.354	0.438	0.443	0.664	0.831	0.670	0.534	0.616	0.579	0.526	0.507	0.480	0.796	0.406
海南	0.469	0.457	0.928	0.827	0.713	0.625	0.843	0.752	0.795	0.540	0.515	0.445	0.501	0.591

续表

省份	2008年	2009年	2010年	2011年	2012年	2013年	2014年	2015年	2016年	2017年	2018年	2019年	2020年	2021年
东部	0.516	0.568	0.698	0.744	0.733	0.736	0.702	0.685	0.686	0.603	0.633	0.607	0.707	0.670
山西	0.469	0.514	0.817	0.807	0.711	0.889	0.908	0.866	0.574	0.736	0.604	0.627	0.636	0.638
吉林	0.678	0.495	0.718	0.506	0.484	0.719	0.574	0.737	0.870	0.660	0.841	0.571	0.661	0.710
黑龙江	0.543	0.317	0.768	0.799	0.846	0.905	0.883	0.882	0.882	0.837	0.517	0.578	0.561	0.671
安徽	0.416	0.470	0.800	0.710	0.592	0.509	0.697	0.684	0.618	0.485	0.463	0.329	0.516	0.443
江西	0.530	0.838	0.684	0.422	0.557	0.526	0.564	0.546	0.701	0.674	0.487	0.505	0.546	0.577
河南	0.464	0.321	0.703	0.735	0.703	0.633	0.707	0.667	0.708	0.891	0.597	0.678	0.567	0.582
湖北	0.611	0.425	0.835	0.934	0.703	0.642	0.746	0.920	0.558	0.629	0.524	0.492	0.334	0.474
湖南	0.418	0.348	0.864	0.731	0.657	0.735	0.820	0.815	0.469	0.510	0.404	0.396	0.459	0.442
中部	0.516	0.466	0.774	0.706	0.657	0.695	0.737	0.765	0.672	0.678	0.554	0.522	0.535	0.567
内蒙古	0.727	0.658	0.832	0.674	0.769	0.628	0.808	0.849	0.439	0.814	0.571	0.534	0.582	0.539
广西	0.820	0.650	0.871	0.870	0.749	0.620	0.704	0.492	0.894	0.777	0.675	0.926	0.826	0.619
重庆	0.435	0.501	0.502	0.532	0.650	0.751	0.766	0.660	0.622	0.536	0.648	0.565	0.479	0.788
四川	0.647	0.694	0.666	0.768	0.550	0.774	0.939	0.803	0.806	0.487	0.611	0.830	0.663	0.470
贵州	0.600	0.553	0.677	0.773	0.704	0.713	0.853	0.807	0.808	0.407	0.504	0.395	0.508	0.364
云南	0.489	0.356	0.679	0.791	0.710	0.770	0.943	0.844	0.660	0.593	0.474	0.612	0.480	0.531
西藏	0.524	0.708	0.826	0.768	0.577	0.362	0.628	0.928	0.599	0.675	0.764	0.658	0.403	0.387
陕西	0.950	0.452	0.647	0.630	0.799	0.743	0.829	0.673	0.897	0.440	0.424	0.423	0.457	0.431
甘肃	0.554	0.479	0.672	0.776	0.697	0.772	0.686	0.589	0.557	0.680	0.688	0.580	0.589	0.309
青海	0.807	0.586	0.533	0.686	0.697	0.655	0.595	0.819	0.916	0.402	0.548	0.920	0.831	0.704
宁夏	0.921	0.809	0.633	0.670	0.714	0.646	0.551	0.669	0.497	0.490	0.427	0.382	0.493	0.430
新疆	0.512	0.738	0.646	0.810	0.741	0.649	0.864	0.863	0.469	0.501	0.816	0.634	0.518	0.440
西部	0.665	0.599	0.682	0.729	0.696	0.674	0.764	0.750	0.680	0.567	0.596	0.622	0.569	0.501
全国	0.273	0.464	0.758	0.815	0.804	0.644	0.859	0.353	0.720	0.693	0.623	0.599	0.819	0.752

附表4　　　　　　　　相对协调度

省份	2008年	2009年	2010年	2011年	2012年	2013年	2014年	2015年	2016年	2017年	2018年	2019年	2020年	2021年
北京	0.846	0.667	0.439	0.385	0.452	0.593	0.611	0.562	0.486	0.638	0.783	0.639	0.892	0.363

续表

省份	2008年	2009年	2010年	2011年	2012年	2013年	2014年	2015年	2016年	2017年	2018年	2019年	2020年	2021年
天津	0.622	0.247	0.386	0.457	0.759	0.874	0.892	0.841	0.722	0.728	0.756	0.823	0.809	0.749
河北	0.601	0.918	0.825	0.739	0.812	0.675	0.760	0.829	0.538	0.704	0.806	0.634	0.684	0.646
辽宁	0.689	0.789	0.914	0.759	0.834	0.691	0.574	0.722	0.629	0.560	0.714	0.793	0.852	0.740
上海	0.026	0.073	0.364	0.724	0.752	0.656	0.671	0.724	0.622	0.421	0.482	0.748	0.785	0.385
江苏	0.600	0.516	0.671	0.658	0.819	0.791	0.841	0.811	0.878	0.523	0.867	0.772	0.949	0.721
浙江	0.695	0.819	0.681	0.850	0.803	0.935	0.871	0.652	0.801	0.802	0.883	0.975	0.961	0.674
福建	0.717	0.483	0.623	0.727	0.632	0.866	0.772	0.810	0.725	0.631	0.865	0.941	0.933	0.909
山东	0.733	0.691	0.742	0.800	0.664	0.678	0.793	0.647	0.552	0.768	0.780	0.759	0.928	0.869
广东	0.653	0.252	0.591	0.730	0.595	0.380	0.599	0.633	0.696	0.765	0.715	0.747	0.687	0.456
海南	0.255	0.345	0.671	0.838	0.673	0.633	0.760	0.798	0.642	0.846	0.641	0.506	0.763	0.475
东部	0.585	0.527	0.628	0.697	0.709	0.707	0.741	0.730	0.663	0.672	0.754	0.758	0.840	0.635
山西	0.705	0.686	0.492	0.774	0.775	0.805	0.670	0.823	0.757	0.504	0.805	0.794	0.919	0.677
吉林	0.891	0.919	0.331	0.701	0.807	0.381	0.557	0.574	0.774	0.606	0.748	0.749	0.819	0.706
黑龙江	0.691	0.855	0.859	0.926	0.899	0.941	0.811	0.908	0.862	0.519	0.776	0.912	0.931	0.848
安徽	0.627	0.610	0.699	0.652	0.690	0.522	0.366	0.541	0.846	0.455	0.533	0.509	0.785	0.701
江西	0.786	0.898	0.664	0.536	0.643	0.586	0.501	0.548	0.693	0.476	0.759	0.734	0.882	0.825
河南	0.717	0.606	0.587	0.565	0.588	0.635	0.650	0.784	0.889	0.470	0.788	0.834	0.910	0.800
湖北	0.782	0.765	0.635	0.610	0.653	0.779	0.595	0.833	0.775	0.746	0.765	0.714	0.696	0.734
湖南	0.627	0.745	0.764	0.883	0.841	0.884	0.918	0.906	0.710	0.615	0.678	0.664	0.785	0.637
中部	0.728	0.761	0.629	0.706	0.737	0.691	0.634	0.740	0.788	0.549	0.731	0.739	0.841	0.741
内蒙古	0.837	0.659	0.741	0.787	0.796	0.774	0.801	0.912	0.672	0.550	0.844	0.819	0.814	0.693
广西	0.815	0.650	0.624	0.806	0.926	0.808	0.857	0.586	0.548	0.562	0.815	0.784	0.883	0.766
重庆	0.769	0.762	0.440	0.465	0.507	0.734	0.807	0.432	0.840	0.744	0.874	0.867	0.789	0.768
四川	0.825	0.842	0.748	0.631	0.683	0.888	0.929	0.852	0.899	0.550	0.856	0.785	0.907	0.754
贵州	0.649	0.799	0.727	0.632	0.821	0.812	0.818	0.879	0.737	0.667	0.439	0.450	0.776	0.402
云南	0.334	0.623	0.336	0.695	0.778	0.852	0.813	0.915	0.686	0.447	0.654	0.690	0.735	0.446
西藏	0.332	0.435	0.492	0.656	0.640	0.563	0.837	0.817	0.737	0.807	0.725	0.183	0.253	0.711
陕西	0.525	0.377	0.701	0.596	0.852	0.592	0.772	0.920	0.870	0.779	0.699	0.696	0.847	0.680
甘肃	0.665	0.482	0.623	0.839	0.788	0.607	0.832	0.703	0.875	0.597	0.901	0.808	0.771	0.631
青海	0.785	0.748	0.786	0.538	0.662	0.555	0.760	0.538	0.629	0.307	0.462	0.526	0.505	0.291
宁夏	0.958	0.878	0.512	0.624	0.455	0.725	0.733	0.545	0.728	0.814	0.756	0.659	0.825	0.641

续表

省份	2008年	2009年	2010年	2011年	2012年	2013年	2014年	2015年	2016年	2017年	2018年	2019年	2020年	2021年
新疆	0.298	0.212	0.797	0.719	0.838	0.840	0.934	0.936	0.653	0.674	0.915	0.622	0.688	0.177
西部	0.649	0.622	0.627	0.666	0.729	0.729	0.824	0.753	0.739	0.625	0.745	0.658	0.733	0.580
全国	0.563	0.774	0.815	0.827	0.853	0.753	0.808	0.531	0.744	0.526	0.853	0.838	0.954	0.887

附表5　　工具变量的2SLS估计

	(1) IV: l_income_gap	(2) IV: l_industry_stru	(3) IV: l_fore_trade	(4) IV: l_old_ratio	(5) IV: l_edu_stru	(6) IV: l_pub_service
城乡人均收入差距（ln_income_gap）	-0.6066** (0.0408)					
产业结构（ln_industry_stru）		0.2673*** (0.0022)				
对外开放程度（fore_trade）			-0.6236*** (0.0031)			
老年抚养比（ln_old_ratio）				-1.5919* (0.0616)		
受教育结构（ln_edu_stru）					0.3355*** (0.0002)	
公共服务支出占比（pub_service）						3.2157* (0.0532)
控制变量	是	是	是	是	是	是
年份固定	是	否	是	否	否	是
省份固定	是	是	是	是	是	是
第一阶段 IV 估计系数	0.7902*** (0.0000)	0.7894*** (0.0000)	0.6973*** (0.0000)	0.0152*** (0.0000)	0.5925*** (0.0000)	0.5718*** (0.0000)
Cragg-Donald Wald F 值	675.0902	813.8051	784.9516	8.0081	350.8128	230.9486
LM test (Chi-sq P 值)	278.2184 (0.0000)	293.1523 (0.0000)	292.9348 (0.0000)	8.7104 (0.0032)	205.2441 (0.0000)	164.5979 (0.0000)
观测值	434	434	434	434	434	434

注：括号内为 P 值，*、**、***分别表示在10%、5%、1%的显著性水平下显著。模型（1）—（6）第二阶段回归只列出内生变量的回归结果，未列出其他变量的回归结果。就业所有制结构和社会保障支出占比在基准回归（5）中并不显著，因而未采用 IV 估计。

附表6　　我国各省份中国式现代化发展评价结果

省份	2012年	2013年	2014年	2015年	2016年	2017年	2018年	2019年	2020年	2021年	平均值
北京	0.571	0.612	0.618	0.602	0.638	0.659	0.673	0.692	0.683	0.697	0.645
天津	0.430	0.451	0.445	0.455	0.472	0.498	0.499	0.530	0.521	0.541	0.484
河北	0.338	0.384	0.400	0.424	0.438	0.444	0.457	0.478	0.475	0.489	0.433
山西	0.369	0.398	0.417	0.444	0.460	0.472	0.479	0.496	0.493	0.498	0.453
内蒙古	0.372	0.393	0.430	0.461	0.477	0.501	0.507	0.519	0.497	0.514	0.467
辽宁	0.376	0.420	0.426	0.439	0.467	0.480	0.496	0.513	0.502	0.519	0.464
吉林	0.326	0.364	0.389	0.414	0.442	0.429	0.473	0.510	0.507	0.529	0.438
黑龙江	0.304	0.360	0.393	0.428	0.446	0.458	0.476	0.506	0.489	0.511	0.437
上海	0.449	0.473	0.488	0.499	0.518	0.531	0.539	0.547	0.544	0.561	0.515
江苏	0.438	0.453	0.464	0.477	0.483	0.499	0.508	0.522	0.521	0.534	0.490
浙江	0.448	0.469	0.498	0.511	0.529	0.542	0.542	0.554	0.558	0.544	0.520
安徽	0.383	0.402	0.418	0.434	0.431	0.442	0.471	0.478	0.482	0.500	0.444
福建	0.378	0.411	0.424	0.434	0.436	0.461	0.470	0.478	0.482	0.503	0.448
江西	0.376	0.398	0.408	0.427	0.431	0.455	0.468	0.481	0.484	0.498	0.443
山东	0.385	0.416	0.426	0.454	0.468	0.479	0.482	0.500	0.503	0.518	0.463
河南	0.328	0.362	0.384	0.397	0.408	0.435	0.450	0.466	0.464	0.487	0.418
湖北	0.363	0.405	0.424	0.436	0.444	0.471	0.479	0.493	0.493	0.514	0.452
湖南	0.394	0.427	0.453	0.470	0.493	0.513	0.517	0.524	0.518	0.542	0.485
广东	0.397	0.420	0.434	0.455	0.476	0.487	0.491	0.502	0.503	0.513	0.468
广西	0.346	0.378	0.386	0.404	0.413	0.439	0.451	0.471	0.474	0.488	0.425
海南	0.345	0.388	0.400	0.407	0.418	0.436	0.456	0.468	0.478	0.490	0.429
重庆	0.447	0.449	0.452	0.470	0.479	0.481	0.494	0.495	0.501	0.523	0.479
四川	0.382	0.403	0.409	0.429	0.441	0.467	0.479	0.487	0.488	0.485	0.447
贵州	0.353	0.366	0.394	0.413	0.429	0.440	0.461	0.467	0.469	0.483	0.428
云南	0.348	0.371	0.383	0.404	0.420	0.440	0.454	0.460	0.457	0.445	0.418
陕西	0.374	0.404	0.413	0.430	0.432	0.436	0.451	0.458	0.465	0.478	0.434
甘肃	0.293	0.308	0.357	0.391	0.418	0.463	0.467	0.479	0.483	0.490	0.415
青海	0.328	0.328	0.353	0.366	0.408	0.430	0.446	0.467	0.468	0.474	0.407
宁夏	0.319	0.367	0.375	0.405	0.430	0.442	0.450	0.466	0.458	0.472	0.418
新疆维吾尔自治区	0.319	0.336	0.358	0.369	0.383	0.399	0.420	0.431	0.434	0.436	0.389

附表 7　　我国各省份社会保障质量评价结果

省份	2012年	2013年	2014年	2015年	2016年	2017年	2018年	2019年	2020年	2021年	平均值
北京	0.392	0.400	0.408	0.439	0.429	0.433	0.495	0.506	0.561	0.654	0.472
天津	0.297	0.287	0.304	0.312	0.336	0.378	0.406	0.381	0.391	0.426	0.352
河北	0.296	0.280	0.282	0.284	0.283	0.307	0.318	0.305	0.306	0.297	0.296
山西	0.359	0.355	0.347	0.352	0.348	0.359	0.370	0.374	0.364	0.357	0.359
内蒙古	0.299	0.292	0.286	0.291	0.295	0.302	0.307	0.306	0.293	0.300	0.297
辽宁	0.308	0.296	0.302	0.297	0.326	0.329	0.345	0.326	0.296	0.300	0.313
吉林	0.294	0.289	0.275	0.270	0.296	0.298	0.322	0.355	0.327	0.327	0.305
黑龙江	0.297	0.292	0.290	0.275	0.283	0.286	0.283	0.283	0.283	0.286	0.286
上海	0.420	0.433	0.431	0.477	0.496	0.493	0.506	0.517	0.521	0.562	0.486
江苏	0.271	0.258	0.256	0.256	0.272	0.285	0.312	0.332	0.352	0.358	0.295
浙江	0.363	0.353	0.328	0.334	0.337	0.340	0.399	0.405	0.421	0.459	0.374
安徽	0.286	0.287	0.287	0.288	0.301	0.299	0.299	0.321	0.333	0.336	0.304
福建	0.296	0.308	0.311	0.300	0.353	0.317	0.325	0.330	0.339	0.347	0.323
江西	0.272	0.277	0.293	0.294	0.307	0.305	0.327	0.327	0.299	0.289	0.299
山东	0.313	0.299	0.350	0.290	0.334	0.350	0.379	0.364	0.329	0.352	0.336
河南	0.293	0.293	0.283	0.280	0.261	0.277	0.280	0.275	0.280	0.279	0.280
湖北	0.261	0.263	0.240	0.241	0.269	0.274	0.284	0.293	0.330	0.297	0.275
湖南	0.293	0.277	0.274	0.280	0.299	0.346	0.326	0.311	0.286	0.297	0.299
广东	0.349	0.333	0.351	0.343	0.354	0.340	0.343	0.321	0.338	0.343	0.342
广西	0.298	0.271	0.290	0.270	0.267	0.268	0.292	0.264	0.280	0.259	0.276
海南	0.310	0.302	0.298	0.278	0.315	0.301	0.355	0.354	0.338	0.331	0.318
重庆	0.297	0.298	0.307	0.285	0.319	0.337	0.352	0.349	0.371	0.390	0.331
四川	0.287	0.382	0.263	0.248	0.269	0.288	0.296	0.277	0.282	0.286	0.288
贵州	0.312	0.308	0.301	0.311	0.330	0.326	0.326	0.328	0.317	0.320	0.318
云南	0.325	0.311	0.309	0.332	0.340	0.318	0.330	0.329	0.326	0.321	0.324
陕西	0.309	0.320	0.321	0.294	0.313	0.361	0.362	0.358	0.350	0.363	0.335
甘肃	0.332	0.343	0.344	0.316	0.324	0.306	0.306	0.322	0.322	0.326	0.324
青海	0.328	0.339	0.353	0.321	0.337	0.341	0.376	0.403	0.412	0.431	0.364
宁夏	0.354	0.334	0.313	0.314	0.334	0.384	0.393	0.359	0.344	0.344	0.347
新疆	0.362	0.354	0.341	0.337	0.335	0.287	0.336	0.369	0.364	0.366	0.345

附表 8　2008—2021 年各省份城乡医疗保障相对协调度

省份	2008 年	2012 年	2015 年	2016 年	2020 年	2021 年
北京	0.846	0.452	0.562	0.486	0.892	0.363
天津	0.622	0.759	0.841	0.722	0.809	0.749
河北	0.601	0.812	0.829	0.538	0.684	0.646
辽宁	0.689	0.834	0.722	0.629	0.852	0.740
上海	0.026	0.752	0.724	0.622	0.785	0.385
江苏	0.600	0.819	0.811	0.878	0.949	0.721
浙江	0.695	0.803	0.652	0.801	0.961	0.674
福建	0.717	0.632	0.810	0.725	0.933	0.909
山东	0.733	0.664	0.647	0.552	0.928	0.869
广东	0.653	0.595	0.633	0.696	0.687	0.456
海南	0.255	0.673	0.798	0.642	0.763	0.475
东部	0.585	0.709	0.730	0.663	0.840	0.635
山西	0.705	0.775	0.823	0.757	0.919	0.677
吉林	0.891	0.807	0.574	0.774	0.819	0.706
黑龙江	0.691	0.899	0.908	0.862	0.931	0.848
安徽	0.627	0.690	0.541	0.846	0.785	0.701
江西	0.786	0.643	0.548	0.693	0.882	0.825
河南	0.717	0.588	0.784	0.889	0.910	0.800
湖北	0.782	0.653	0.833	0.775	0.696	0.734
湖南	0.627	0.841	0.906	0.710	0.785	0.637
中部	0.728	0.737	0.740	0.788	0.841	0.741
内蒙古	0.837	0.796	0.912	0.672	0.814	0.693
广西	0.815	0.926	0.586	0.548	0.883	0.766
重庆	0.769	0.507	0.432	0.840	0.789	0.768
四川	0.825	0.683	0.852	0.899	0.907	0.754
贵州	0.649	0.821	0.879	0.737	0.776	0.402
云南	0.334	0.778	0.915	0.686	0.735	0.446
西藏	0.332	0.640	0.817	0.737	0.253	0.711
陕西	0.525	0.852	0.920	0.870	0.847	0.680
甘肃	0.665	0.788	0.703	0.875	0.771	0.631
青海	0.785	0.662	0.538	0.629	0.505	0.291
宁夏	0.958	0.455	0.545	0.728	0.825	0.641
新疆	0.298	0.838	0.936	0.653	0.688	0.177
西部	0.649	0.729	0.753	0.739	0.733	0.580
全国	0.563	0.853	0.531	0.744	0.954	0.887

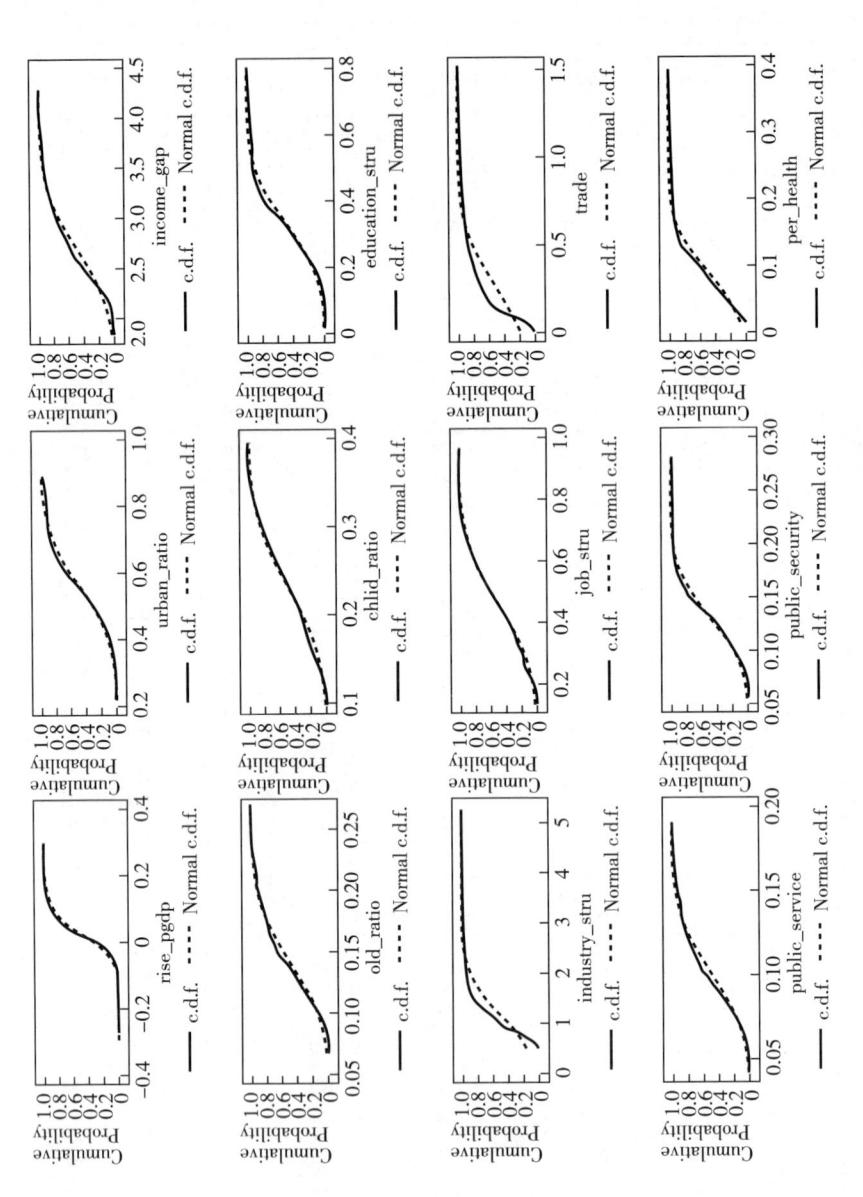

附图1　城乡医疗保障协调影响因素变量累计分布